国家社科基金项目成果

西南政法大学

统筹城乡法治研究丛书

刘俊 主编

2

The Legal Protection System of
Equal Employment Right

平等就业权法律保障制度研究

李雄 著

法律出版社
LAW PRESS·CHINA

总　序

全面建成小康社会是我国民族复兴的重大战略任务，而统筹城乡发展，健全城乡发展一体化体制机制，则是实现这一宏伟目标的必由之路。城乡二元结构是制约城乡发展一体化的主要障碍。因此，必须破除城乡二元结构，形成以工促农、以城带乡、工农互惠、城乡一体的新型工农城乡关系，让广大农民平等参与现代化进程、共同分享现代化成果。

在全面深化改革与依法治国背景下，加快建立健全符合改革发展需要的法律治理体系，加快完善现代市场体系，使市场在资源配置中起决定性作用，是新时期中国改革发展的一项核心议题。在所有法律治理体系的建立健全中，统筹城乡发展法律治理体系更为复杂。从大的方面来看，中国市场经济法律体系尽管已基本建立，但社会管理领域也同时存在市场经济体制机制不足与过度的问题，一些本来应由政府承担公共产品供给责任的领域，也常在市场化的呼声中推向了社会。因此，在我国公有制经济基础上建立市场经济模式，调整市场经济关系的法律制度及其理论，面临许多前所未有的新课题，理论与制度创新将显得更加重要。

2007 年重庆市成为全国统筹城乡综合配套改革试验区，率先在全国探索大城市带动大农村的有效路径。为此，西南政法大学以重庆市法学会统筹城乡发展法制研究会为基础，依托西南政法大学经济法国家重点学科和民商法市级重点学科，聚合理论与实务界相关领域专家学者，成立统筹城乡发展制度创新研究中心（以下简称“中心”）。“中心”专门致力于统筹城乡发展及其制度创新的科学研究、人才培养、学术交流和咨询服务，并最终实现建成统筹城乡发展“国家智库”发展目标。

“中心”以社会改革需求为导向，以体制机制为重点，通过理论和制度创新，推动重庆市统筹城乡发展综合改革社会实践。为此，“中心”将在“十三五”期间完成“五个一”具体任务：一个统筹城乡信息资源平台和数据库、一项统筹城乡发展评价指标体系、一套统筹城乡法治研究丛书、一个制度改革创新与实践基地、一个政策法律咨询平台。

“中心”目前正致力于“五个一”任务中一套统筹城乡法治研究丛书建设。本丛书的主要目的是以国家相关顶层设计为建设方向，通过丛书建设带动科学研究和人才培养，着力研究统筹城乡发展的若干理论与制度创新，为依法推进统筹城乡发展提供必要的理论支撑与制度保障。

我们也衷心希望和诚挚地欢迎对本领域研究有兴趣的社会各界力量汇聚到我们的研究平台，共同破解我国统筹城乡发展制度难题。

刘　俊*

2016年1月

* 西南政法大学党委副书记，教授、博士研究生导师，西南政法大学统筹城乡发展制度创新研究中心主任，法学博士。

自　序

平等就业权研究在中国劳动法学界一直是一个遮遮掩掩、悬而未决的重大理论课题，在法治建设层面更是一个“大而化之”的法律问题，在人们印象中最终沦为一个人云亦云而其真正内涵始终得不到释怀的民生问题。

面对中国劳动法治建设与经济社会发展步调不一致、经济新常态对劳动法提出新要求、修改劳动立法呼声日渐高涨等新形势，依法保障平等就业权，不仅在劳动法基础理论建设、制度建设等层面具有逻辑起点与权利牵引的重要作用，而且将对劳动法的现代化发展与中国劳动法治建设起到积极的推动作用。

但我们也应当清醒地认识到，受多种因素影响，中国的平等就业权研究与制度建设一直处于观念与概念层面，几乎没有实质性内容支撑。如何根本改变这种不幸局面，需要形成新的理论共识与制度框架，以“认真对待权利”之精神对平等就业权展开刨根问底式研究，清晰回答“平等就业权究竟是什么”、“平等就业权究竟如何得到法律的有效保障”两个核心问题。

基于此，本书一改平等就业权研究之传统范式，把人们普遍认为的“平等就业权就是反就业歧视”这一观念误区与理论局限彻底转移到对平等就业权的正面研究上来，着力从平等就业权的概念内涵、平等就业权的内容体系、平等就业权的运行机制即统一人力资源市场、平等就业权的法律保障制度四个层面，全面依法构建具有中国特色的平等就业权制度体系，从而正面回答上文提到的两个核心问题。本书提出的平等就业权概念内涵、内容体系、运行机制和法律保障制度等不仅使平等就业权从抽象走向具体，发展并丰富了平等就业权理论学说，而且联系实践紧密，现实关注度高。本书有幸获得同行专家充分肯定，这是对本人的莫大鼓励。

总之，不平等就业的负面影响及其破坏力是全局性的，已影响人们在其他方面实现平等的可能性与现实性。同时，平等就业权这个既具有朴素平民情结，又关系职场民主化、多样性和机会均等具有社会正义性质和法律意义的重大课题，就不再是一种简单的权利宣示，而是一种积极的权利主张。在中国语境下，平等就业权是一个非常复杂的课题，几乎没有现成"参照物"，研究难度可见一斑，研究创新也必然伴随若干争鸣，尚有许多问题值得深究。本书对平等就业权的填补性和开创性研究仅是一次大胆而积极的学术尝试，可以在一定程度上引起学界更多关注，引发人们对平等就业权更多理性思考，进而推动平等就业权在中国依法治国背景下深入、可持续发展，这也是本书的一大初衷、笔者的一大心愿。

本书得以顺利出版，离不开法律出版社财经分社社长沈小英女士，责任编辑陈妮女士、吴镝女士的大力支持及细致工作，在此对她们一并表示敬意和感谢！

是为序。

李雄

2016 年 6 月

Contents

目 录

前　言

一、世界范围内依法保障平等就业权的挑战与趋势

平等,是一个古老而现代的话题,平等彰显公平正义,成为社会和谐的基础。就业,是民生安邦之本,是体面生活的基本保障,成为基本权利实现的根本途径。促进平等就业与反就业歧视,作为国际劳工组织(International Labour Organization, ILO)制定的一项核心劳工标准,关乎社会公平正义与劳动者基本权利能否实现,不仅被写入联合国人权公约与国际劳工组织的公约和建议书,成为一项最基本的法律原则,也是国际社会普遍关注并积极实践的一项极为重要的基本人权。

当前,世界经济正处于深度转型时期。全球结构中的劳动权正面临前所未有的挑战,①各种灵活就业对传统劳动力市场形成巨大冲击,已根本影响原有政策与制度的实效性。全球化呼唤全球正义与全球治理,改革自然成为各国的普遍选择。近年来,为积极应对日益弹性的劳动力市场以及国际金融危机带来

---

① 比如,在全球结构背景中,资本与劳动的关系突破了传统民族国家的边界,在更广泛的范围内与其他社会关系互动并相互影响,进而为劳动权保障带来一系列挑战,主要包括强资本与弱劳动的格局、全球化带来工作岗位无保障、全球化使就业形式多样化等。参见薛长礼著:《劳动权论》,科学出版社 2010 年版,第 168 ~ 170 页。

的持续冲击，国际社会始终把握促进就业这一条改革主线，力图通过促进就业这一根本性措施来化解各种不稳定的风险。2014 年 11 月 15 日 ~16 日《20 国集团领导人布里斯班峰会公报》明确指出：促进全球增长并提高各国人民生活水平，创造高质量就业，是目前各国面临的最重要的任务；要把促进增长、创造高质量就业的行动纳入全面增长战略和《布里斯班行动计划》；承诺降低高得无法接受的青年失业率，确保年轻人接受教育、培训和雇佣，并关注非正式就业和结构性失业以及长期就业问题，将通过加强劳动力市场及适当社会保障体系加以解决。

综观各国就业制度，尽管促进就业措施难见统一，但基本上都经历了一个从市场自主调节就业到政府积极干预就业并依法促进就业的历程。同时，在市场化就业模式席卷全球的背景下，依法促进就业的关键是回归就业法的核心问题即就业权的法律保护，以就业权尤其是平等就业权为“抓手”，以市场机制配置劳动力资源为核心，以就业促进激励机制为牵引，以法治建设为保障，依法构建一套适合本国国情的就业促进体制机制。特别值得注意的是，随着主要国家对已有就业保障政策与制度的不断反思，国际社会依法保障平等就业权的路径正发生重大转型，即从主要反就业歧视向正面保障平等就业权转型，把依法保障平等就业权从反就业歧视的背后推向“前台”，使其在促进就业与解决失业问题中发挥更加积极主动的作用。同时，国际社会日益突出国家在依法保障平等就业权中的角色和作用，致力于系统构建依法保障平等就业权的“一揽子”行动框架。

二、中国语境中依法保障平等就业权的现状与意义

平等就业权，这个关乎劳动者基本民生与职场民主性和多样化的重大命题，尽管已在我国相关立法中得到原则性规定，但在依法治国背景下，特别是在我国当前社会法的法治化程度还很低的情形下，仍有太多的基础理论问题和法律制度问题亟待解决。与此同时，在中国经济社会转型时期，平等就业自然不会淡出人们的视野，已成为一个备受关注、反复讨论的议题。主要原因是：一方面，中国经济持续高增长并未带来就业高增长尤其是高质量就业。尽管我国已经从宪法层面到劳动法再到一些专门法律层面对公民劳动权利、促进公平就业与反就业歧视等作了一些规定，但实践中各种不平等就业现象依

然很普遍，[1]劳动力市场保护不平等依然很严重。[2] 另一方面，随着改革不断深入，劳动者共享经济发展成果程度却不容乐观，集中体现为劳动者对改革发展成果的获得感不是特别明显，一个重要原因在于地方政府长期“重资本轻劳动”并忽视劳动者的合法权益。[3] 同时，尽管我国已出台《就业促进法》并对公平就业予以专门规定，但离一个“体系健全、制度完备、功能发达、保障有力”的平等就业权法律保障制度体系还有相当距离。近年来，在国际经济形势不好的背景下，中国继续保持较为强势的GDP，却成为“睡不着”的国家。面对现实中形形色色的就业歧视，我们必须承认，并且需要足够的道德勇气来承认，我们正面临就业不力与就业不平等的双重困境。其中，就业不平等的危害远比就业不力严重得多。因为常识告诉我们：一个更符合公平原则的社会比一个非常不公平但对自己更为有利的社会要好得多，尽管后者更符合自利

---

① 较近的典型例子有：据记者调查，湖南省于2015年3月12日发布了《2015年湖南省选调生选拔工作相关要求》，其中10个市州明文规定，考生必须是“985”、“211”高校毕业生。（参见唐湘岳等：“选拔人才，只唯‘985’‘211’？”，载《光明日报》2015年3月21日。）另据广州社情民意研究中心于2013年12月和2014年10月追踪进行的“就业状况全国城镇居民评价”民调分别显示：在2013年的调查中，受调查对象中有51%的受访者认为存在歧视，其中18%表示经常遭遇就业歧视。该数据与2012年相差无几。在2014年的调查中，仍有近半数受调查者认为存在就业歧视，其中以学历歧视和年龄歧视居多，分别达到58%和54%。同时，女性受访者认为，外貌歧视和生育歧视分别达到31%和21%，均比男性高出7个百分点（参见广州社情民意研究中心官方网站，2014年2月24日和2015年1月10日分别访问）。另据调查显示，在全国高校毕业生就业难问题持续发酵的背景下，就业公平问题不断引发社会普遍关注。用人单位设置的招聘“门槛”可谓五花八门，主要有性别限制、容貌限制、身高限制、学校限制、工作经历限制等（参见“就业公平引发关注：消除歧视需合力”，资料来源北方网，最后访问日期：2013年12月23日）。同时，学者专门研究还表明，在对中国社会公平状况的调查分析中，受访者对就业公平状况整体上持悲观态度。比如，受访者认为就业公平、较公平、不太公平、不公平、说不清者所占比重分别为4.8%、20.6%、44.1%、22.9%、7.5%，占67%的受访者认为就业不公平或不太公平。在对就业公平与否的评价中，男性较女性积极，这与女性就业处于不利地位有关。同时，在就业歧视内容上，主要涉及户籍歧视（占30.5%）、年龄歧视（占24.4%）、性别歧视（30.1%）、学历歧视（占41.2%）、外貌歧视（占24.8%）等。（参见郑功成：“中国社会公平状况分析——价值判断、权益失衡与制度保障”，载《中国人民大学学报》2009年第2期。）

② 2008年10月至12月，北京益仁平中心以电话咨询方式，调查了92家跨国公司在中国内地的96家分支机构或者合资公司的招聘体检和录用标准。被调查的企业中仍有逾八成对求职者强制体检乙肝病毒标志物，明确宣称拒绝乙肝病毒携带者的公司比例为44%。这个数字虽比2006年调查的77%大幅下降，但违规强制要求求职者抽血化验乙肝病毒标志物的公司却从2006年的19%上升到40%。参见“《就业促进法》实施一年难止就业歧视”，载《中国青年报》2009年3月4日。

③ 李中建：“劳动者共享经济发展成果程度低”，载《中国社会科学文摘》2014年第5期。

理性原则。

党的十八大报告指出，坚持维护社会公平正义，是全党全国各族人民的一个共同信念。在新的历史背景下，社会公平价值凸显，既是中国特色社会主义的内在要求，也是新时期深化改革的必然走向，更是当下全面推进社会和谐的紧迫任务。同时，在保障社会公平的所有方案中，就业公平无疑是一个带有基础性、全局性和引领性的问题。因为在现有经济社会条件下，就业是人们赖以生存和发展的最重要的手段和途径，就业公平也是人们获得其他公平的最重要的基础。因此，继续深化改革，依法保障平等就业权，使平等就业权这个既具有朴素平民情结，又关系到职场民主性、多样性和包容性的重大课题不再是一个简单的权利宣示，而是一种积极的权利主张，是广大劳动者的一个最普遍、最直接、最根本的利益诉求。

党的十八届三中全会通过的中共中央《关于全面深化改革若干重大问题的决定》（以下简称《全面深化改革决定》）指出：健全促进就业创业体制机制，规范招人用人制度，消除城乡、行业、身份、性别等一切影响平等就业的制度障碍和就业歧视。党的十八届四中全会通过的中共中央《关于全面推进依法治国若干重大问题的决定》（以下简称《依法治国决定》）进一步指出，坚持法律面前人人平等，平等是社会主义法律的基本属性；加强重点领域立法，依法保障公民权利，加快完善体现权利公平、机会公平、规则公平的法律制度。对于法治与人权，李步云教授曾给出一个形象的比喻："如果法治可以称为法学的皇冠，那么人权就应当是皇冠上的明珠。"①全面推进依法治国视域下人权保障的应有之义，也就是国家以保障人权为目标，如何更好发挥法治的引领和规范作用。②

中共中央、国务院《关于构建和谐劳动关系的意见》（中发〔2015〕10号）指出，实现劳动用工更加规范，依法保障职工基本权益，最大限度增加劳动关系和谐因素，最大限度减少不和谐因素。依法保障劳动者平等就业权，是广大职工最关心、最直接、最现实的一个利益问题，是维护职工权益的逻辑起点，是促进劳动关系和谐的前提条件。

2015年4月28日，习近平总书记在"五一"国际劳动节暨表彰全国劳动模范和先进工作者大会上讲话指出，无论时代条件如何变化，我们始终都要崇

---

① 李步云著：《论人权》，社会科学文献出版社2010年版，自序。

② 李龙、余渊："全面推进依法治国视域下的人权保障"，载《现代法学》2015年第2期。

尚劳动,尊重劳动者。党和国家要实施积极就业政策,创造更多就业岗位,改善就业环境,提高就业质量,努力让劳动者实现体面劳动和全面发展。

无论是“中国梦”,还是依法治国,其根本价值依归都是以人为本,以尊重、促进并保障公民的合法权益为本,以促进并保障人民能够过上体面生活为本。这些政策目标的顺利实现,尽管需要采取系统治理措施,但从就业是民生之本、安邦之基角度来看,最终要根本依赖于依法保障劳动者的平等就业权。更为重要的是,依法保障平等就业权,可以克服就业依赖的经济环境不稳定等局限,通过平等配置就业岗位,打通劳动者就业渠道,消减就业歧视等对人力资源不合理的差别对待甚至排斥,促进充分就业,推动我国就业促进政策的理念转型与战略转型,即从以往以解决就业和失业问题为主要目标向充分利用人力资源目标转型,实现我国从人口大国向人力资源大国根本转型,进而为我国经济社会可持续发展与国际竞争提供匹配的人力资源支撑。

同时,创设任何法律制度都离不开对一定功能的追求。所谓功能,即事物的功效和作用。[①] 丹麦的乔根森把法律功能分成外部功能与内部功能,前者由政治学和经济学加以揭示,主要通过法律维持社会秩序、预防和解决冲突;后者维护公民的正义、公平、平等等精神价值追求。[②] 如果不清楚创设一个法律制度所承载的特殊价值功能,法律制度创设就会成为无本之木、无源之水,就没有一个正确的方向,就不能保证制度研究、建设的针对性,就无法产生能够解决实际问题的制度效应。依法保障平等就业权并构建制度体系,概莫例外。

特别是在当前,中国平等就业权研究与实践侧重于经济学、劳动经济学、政治学、社会学等领域,从法学尤其是社会法学来正面研究和认识平等就业权的成果还很少。因此,如何从法学尤其是社会法学视角对依法保障平等就业权予以正面、系统地研究,依法全面构建具有中国特色的平等就业权的权利体系与制度体系,清晰回答“平等就业权究竟是什么”的问题,而不是把其局限于传统意义上的就业机会平等或者反就业歧视,既是平等就业权研究范畴本位的回归,具有正本清源的作用,也是我国平等就业权理论研究对《全面深化改革决定》与《依法治国决定》提出要消除一切阻碍平等就业的制度障碍与就业歧视、加快完善体现权利公平、机会公平、规则公平的法律制度的积极回应;

---

① 辞海编辑委员会编:《辞海》(缩印本),上海辞书出版社1989年版,第580页。

② 付子堂著:《法律功能论》,中国政法大学出版社1999年版,第28页。

既是平等就业权研究范式的有益转换，也是对平等就业权现状的某种突破。

总之，任何法律制度的构建都要有其价值共识作为坚实支撑，建立健全平等就业权法律保障制度体系，首先应当清晰认识到依法保障平等就业权在多维度视野中承载的多元价值功能，才能清晰地认识到我国依法保障平等就业权的紧迫性，才能正确判断制定一部符合我国国情的《平等就业法》的重大意义，才能正确认识依法保障平等就业权中应当处理的各种复杂关系以及要解决的主要问题。进言之，在依法治国背景下，加快推进依法保障平等就业权步伐，在中国语境中具有丰富而深刻的时代意义：

第一，依法保障平等就业权是维护社会公平正义的首要任务。公平正义应有的法理思想是：等者等之，不等者不等之，也就是要实行合理的区别对待。同时，从世界范围来看，社会保障较好的国家面临的就业压力相对较小，反之，就业压力就相对突出。当前，我国社会转型期是社会矛盾的高发期，对法律治理提出了更高要求和新挑战，一个核心是法律治理应当以保障和改善民生为基本向度，应当紧紧围绕实现社会公平正义而展开。《全面深化改革决定》指出，要实现发展成果更多更公平惠及全体人民，这实际上是针对当前基本公共服务供给不足和分配不均提出的改革目标。① 就业承载的保障生存权功能决定了其作为基本公共服务充分供给与公平配置的充分正当性，是基本权利的保护和实现问题。同时，我国现有社会保障能力不足决定了必须通过强化就业保护尤其是公平就业予以弥补，进而促进社会公平与和谐。党的十八大报告把坚持维护社会公平正义作为全国各族人民的一个共同信念来认识，是对30多年来改革深刻总结与发展展望的必然体现。回溯我国30多年来的改革历程，我们不难发现：一方面，很多改革都是在一种相对好的形势下进行的，根本原因是我国一直保持着较好的经济增长。发展压倒一切，发展也掩盖了很多。改革所处的社会环境较好，所面临的外部压力较小，进而有着广泛的民意支持。另一方面，在当下，我国经济社会转型正处于关键时期，改革已步入深水区，以往那种容易的、皆大欢喜的改革已经完成了，剩下的都是难啃的“硬骨头”，民意普遍诉求于公平正义。坚持维护社会公平正义，成为新时期党的执政理念与目标之一。同时，阻碍社会公平正义的因素还很多，国务院总理李克强指出就业是最大的民生，就业公平无疑是民众的最大期待。以就业歧视

① 江必新、李沫：“论社会治理创新”，载田明海主编：《法治社会建设与法律实施——第三届中国法律实施论坛论文集》，人民法院出版社2014年版，第22页。

为例，它剥夺了一个人平等参与和平等被对待的机会，使社会资源和工作机会只在一部分人之间分配和享有，进而造成社会的严重失衡，引发诸多社会危机。

因此，国家应当在目前经济形势依然相对好的条件下，居安思危，清醒认识到一旦我国经济形势下行风险明显，“就业难”与不平等就业带来的各种社会问题就可能来一个总爆发，给社会造成不可估量的风险。从该意义上来讲，从依法治国的根本要求出发，从积极应对未来改革发展风险出发，依法保障平等就业权，通过平等就业公平分享改革发展成果，让广大劳动者对改革有更多的认同感与获得感，既是广大劳动者呼唤社会公平正义的现实诉求，也是国家实现长治久安的长远战略。

第二，依法保障平等就业权是保障人的尊严的客观需要。保护平等就业权发轫于西方人权理念。人权是人之所以为人的权利，“其逻辑是：人们拥有权利的唯一理由是他们是人（大写的人）；人之所以拥有权利，是因为他是一个人。所以，人权往往被定义为人作为人应该享有的权利”。[①] 保护人权的核心议题是保护人的尊严。人的尊严作为人的一种类似本能的需求和渴望，伴随人类社会的产生而产生。人的尊严是每个人的固有属性，具有普遍意义，它与人的出身、地位、身份、权势、财富等因素没有法律上的联系。[②] 从维护人的尊严视角来审视所有劳动者都应享有平等就业权法律保障的正当性，可以使我们更加全面、深刻地诠释依法保障平等就业权的法理学底蕴，更加清晰地剖析人的尊严与依法保障平等就业权之间的辩证关系，更加凸显劳动者的主体价值。[③]

值得注意的是，尽管近年来我国已相继颁布《劳动合同法》、《就业促进法》、《劳动争议调解仲裁法》、《社会保险法》等，劳动立法取得重要进展，基本上建立了劳动法律体系，但也应当看到，在我国适龄劳动力人口体量依然庞大

---

① 张文显著：《法哲学范畴研究》（修订版），中国政法大学出版社2001年版，第401页。

② 齐延平主编：《社会弱势群体的权利保护》，山东人民出版社2006年版，第33页。

③ 李雄、刘山川：“我国制定反就业歧视法的若干问题研究”，载《清华法学》2010年第5期。

的背景下，还有相当大比重的劳动者不能依法享有核心劳动标准下的劳动权益，[①]劳动争议数量更是逐年攀升。以农民工进城就业和转移就业为例，在地方政府长期只要“人手”不要“人口”思维的影响下，针对农民工进城就业和转移就业的各种地方性抑制就业政策依然存在，农民工就业歧视还普遍存在，但却又被普遍认同，至少人们在观念上早已习惯并普遍接受这一客观事实。农民工就业歧视的原因很多，我们这里要关注的重点是农民工就业歧视正面临新的矛盾和挑战：一方面，中国的高增长需要丰富的劳动力资源，高增长本身又为容忍大量农民工进城及遭遇的就业歧视创造了条件；另一方面，一旦经济发展减速或者经济不景气，要想把农民工通过制度“退”回农村，恐怕难度非常大，也是难以想象的。从保护人的尊严角度来看，无论是普遍意义上劳动者核心劳动权益的亏损，还是农民工面临的就业歧视，都足以让我们保持高度警惕，务必看到劳动者“体面劳动”面临的巨大挑战，[②]务必认识到依法保障平等就业权对保障所有劳动者尊严的特殊意义。

第三，依法保障平等就业权是建设和谐社会的重要“推手”。通过促进公平就业来促进社会和谐，这几乎成为所有国家面临的共同课题。2006 年党的十六届六中全会集中关注社会建设问题，将和谐社会确立为法制体系的目标之一。在诸多选择方案中，基于就业尤其是平等就业在安邦治国中承载的带有基础性和全局性重大作用，促进平等就业与反就业歧视被提升为促进劳资和谐与社会和谐的重要手段，备受改革设计者们的青睐，获得了强大的调控依据。从此，平等就业权地位不断得以上升，直接促成了 2007 年《就业促进法》

① 比如，截至 2009 年年末，全国就业人员达到 77995 万人，而其中参加城镇基本养老保险人数为 23550 万人，参加城镇基本医疗保险人数为 40147 万人，参加失业保险人数为 12715 万人，参加工伤保险人数为 14896 万人，参加生育保险人数为 10876 万人。相比庞大的就业人群，我国劳动者的参保率还很低。参见人力资源和社会保障部：《2009 年度人力资源和社会保障事业发展统计公报》。

② 1999 年国际劳工组织首次提出“体面劳动”，并将其定义为“劳动者在自由、平等、保证安全和个人尊严的前提下，获得体面和高效的工作机会”。我国始终非常关注“体面劳动”的发展，“体面劳动”的提出与我国全面深化改革一脉相承。胡锦涛在 2008 年“经济全球化与工会”国际论坛中提出“让各国广大劳动者实现体面劳动”。党的十八大报告指出要推动实现更高质量的就业。党的十八届三中全会通过的《全面深化改革决定》指出，要规范招人用人制度，消除城乡、行业、性别等一切影响平等就业的制度障碍和就业歧视。《依法治国决定》进一步指出，要依法保障公民权利，加快完善体现权利公平、机会公平、规则公平的法律制度。应该说，“体面劳动”既是对我国全面深化改革的具体回应，也是我国就业促进制度改革发展的必然要求。

设专章规定公平就业。[①] 中共中央、国务院《关于构建和谐劳动关系的意见》(中发〔2015〕10号)系统阐述了构建中国特色和谐劳动关系的重大意义及相关要求。习近平总书记指出,努力构建中国特色和谐劳动关系,是坚持中国特色社会主义道路、贯彻中国特色社会主义理论体系、完善中国特色社会主义制度的重要组成部分,其经济、政治和社会意义十分重大而深远。[②]

"和谐社会的建构在最理想的意义上是指社会中的各个要素、各个群体以及各个个体相互匹配、相互理解、融洽相处的一种状态。"[③]和谐社会首先是一种利益的和谐,而利益和谐的关键则是广大劳动者能够安居乐业。在劳动还是人们获得财富、社会尊重和生活保障的基本依据之情形下,劳动者如果不能享有平等就业权,就业歧视任意泛滥,不仅会扭曲正常的用人标准,阻碍就业增长,还会使遭受就业歧视的劳动者因为不能就业而面临贫困风险,并会产生被剥夺感。同时,如果任由就业歧视发展,"这种格局就会沿着其惯性发展下去,就会被制度化。而一种制度化的、为社会主流群体所不能接受的机制所带给社会的,除了动荡和暴力外,没有第三种选择"。[④] 因此,依法保障平等就业权,就不再是仅仅为劳动者提供一个公平就业机会和体面就业岗位,而在推动社会和谐语境中具有更加深刻的政治内涵,成为国家治理现代化转型的一个重大考验。

第四,依法保障平等就业权是就业制度科学发展的必由之路。从就业制度发展视角审视平等就业权承载的价值意蕴,不仅契合了平等就业权研究的国情化要求,也能够清晰地把握中国就业制度发展转型与依法保障平等就业权的内在联系。在传统上,中国就业制度在设计理念上侧重于重城市轻农村,并通过以户籍制度为核心的隔离性制度手段建立起城乡有别的就业制度安排。为配合经济体制改革不断深入,劳动用工制度不断转型,就业制度由此渐次经历了改革国有企业用工制度并确立市场就业主体地位、实施再就业工程并建立市场导向的就业机制、打破城乡分割并建立城乡统筹就业模式、从积极就业政策到就业促进法四个重大转变,而公平就业正是在这种转型中不断走向制度化。比如,为着手解决农村劳动力进城就业问题,国家顶层设计经历了

---

① 阎天:"重思中国反就业歧视法的当代兴起",载《中外法学》2012年第3期。

② 尹蔚民:"努力构建中国特色和谐劳动关系",载《人民日报》2015年4月9日。

③ 任剑涛、龙国智:"权力共享与利益分享:和谐社会的两个前提",载《学术研究》2005年第5期。

④ 邱泽奇著:《当代中国社会分层状况的变迁》,河北大学出版社2004年版,第157页。

一个从内到外、由紧到松、从无序到规范、由歧视到公平的过程，陆续出台并废止了一系列涉及进城人员就业的重要文件，包括2003年国务院下发的《关于做好农民进城务工就业管理和服务工作的通知》、《2003～2010年农民工培训规划》、《关于进一步做好进城务工就业农民子女义务教育工作的意见》，2004年国务院下发《关于进一步做好改善农民进城就业环境工作的通知》，2005年国务院下发《关于进一步加强就业再就业工作的通知》，2005年国务院废止了《农村劳动力跨省流动就业管理暂行规定》及配套文件，2006年国务院下发《关于解决农民工问题的若干意见》，2007年国家出台《就业促进法》并规定公平就业。

上述就业政策演变表明，国家促进就业制度已从以往重点关注城市就业到统筹城乡就业重大转型，而这种转型的一个关键是提出逐步实行城乡统筹就业与平等就业制度，2007年出台《就业促进法》的一个最大亮点则是依法促进公平就业。从历史来看，针对户籍制度形成的城乡与就业二元结构，在我国改革开放后就业制度转型的过程中，顶层设计对城乡统筹发展的重视一直没有中断过，城乡统筹也一直出现在顶层设计的各种规定中。同时，伴随我国经济社会不断转型，城乡统筹的政策含义也有一个不断变化和发展的过程。比如，20世纪80年代，为优先保障城市就业，城乡统筹更多突出对农村劳动力进城就业的严格控制。20世纪90年代，在农民工自发进城就业已形成不可逆转趋势的情形下，并受城市建设与发展需要大量农村劳动力这一客观事实的驱动，城乡统筹强调对农村劳动力就业问题也要考虑，城门适度打开并引导农村劳动力有序转移就业。当历史的车轮迈进新世纪后，城乡统筹被赋予新的时代内涵，集中体现为城乡统筹被纳入整个经济社会协同发展战略的重要组成部分，打破长期以来存在的城乡分割的就业体制和机制，建立城乡劳动者公平就业的制度体系。党的十八大则指出要实现更高质量的就业。

回溯我国就业制度改革发展历程，我们不难发现：一方面，中国就业制度改革发展中普遍存在的"低劳动力成本"竞争模式为中国全面融入世界经济并提振综合国力做出了重大贡献。甚至可以说，中国经济的腾飞，实质上就是中国在全世界范围内打赢了一场全球就业战争，中国就业政策的正确选择将中国社会最沉重的包袱转化为改革发展最强大的动力。人们把中国这种就业优势称为"人口红利"。同时应当看到，伴随知识经济突飞猛进与全球化纵深发展，传统大型企业，特别是劳动密集型企业不再能够承担起支撑我国促进就业的主要任务，我国也不可能再依靠"低劳动力成本"竞争模式打天下了。面对经济新常态对就业的冲击,未来一个时期,全球就业岗位争夺形势将不断严峻化,中国也将面临更大的就业压力。如果不处理好就业问题,这些起初呈结构性的就业压力就会因为就业岗位转移、外包甚至被高科技取代而转变为巨大的就业总量矛盾。对此,国家应当跳出就业看就业,站到新高度并以更加开阔的视野来看就业,积极推进就业制度科学转型,核心是以保障平等就业权利为基础,以提升劳动者就业与职业能力为"抓手",以促进创新为牵引,以市场机制为平台,以法治为保障,通过从"人口红利"向"改革红利"、"制度红利"、"创新红利"的根本转型,就可能在顺利实现经济升级转型的同时,全面构建一种就业新常态,实现我国从人口大国向人力资源大国的重大转型,构建一种引领未来可持续发展的人才竞争和人才红利新模式。另一方面,依法促进公平就业与提高就业质量,既是对以往及当下不平等就业、就业歧视与不诚信用工等深刻反思的必然结果,也是广大劳动者得享安全就业与体面就业的重要保障,更是时代对依法建立健全促进就业新常态的迫切呼唤。

同时,在劳动力资源配置的效率问题上,至今尚无比市场机制更好的选择,关键是如何确保市场就业数量与质量的双提升,即实现"充分就业"与"体面就业"的双突破。"体面就业"是在经济全球化背景下及各种劳动就业问题日益尖锐的情况下提出的一种就业理念和就业目标,并在1948年《世界人权公约》第23条得以规定:一是每个人都拥有工作、自由择业、公正和良好的工作条件以及失业保障的权利;二是每个人都不应受到歧视,享有同工同酬;三是每个在职劳动者都有公正和体面收入的权利以保证自己和家庭享有人类尊严的权利,如有必要,可以由其他社会保障措施予以资助。① "体面就业"的实质就是要实现就业数量与质量并举,实现就业数量与质量的"双提升"。党的十八大报告指出,要推动实现更高质量的就业。如何提高就业质量,应该是下一步改革的一个重点。但人们似乎更关注哪些因素影响了就业质量。一种较有代表性的观点认为,低成本增长模式是当前低就业质量的主要原因。

我们认为:首先,不能把增长模式与就业质量相混淆。我国就业制度转型主要依赖于经济转型,为经济发展服务,但不能简单归结为目前低就业质量问题主要是低成本增长模式造成的。就业质量的本质是以基本权利为中心的"体面劳动",且"体面劳动"的实现主要还是一个制度建设与法律保障问题。

---

① 王传荣:"经济全球化进程中的就业研究",西南财经大学2005年博士学位论文,第123页。

因此,面对当前低就业质量问题,除了要反思低成本增长模式外,更要根据依法治国要求立法尤其是良法先行,加强重点领域立法建设,反思劳动法的法治建设中以平等就业权为核心的基本就业权利短缺问题与权利救济不力问题。其次,增长模式本身不会左右就业质量。客观来看,一个国家经济发展模式本身不会左右就业质量,尽管可以影响与之配套的就业模式。比如,计划经济要求建立计划性就业模式,市场经济要求建立市场化就业模式。即便是在计划性就业模式下,无论是人们的工作热情与敬业精神,还是满意度与归属感,都是非常明显的。从该意义上来看,计划性就业模式下的就业质量是比较高的。反观当下,尽管GDP涨了,以就业不平等、职业发展不足、劳动合同内容残缺不全、劳动关系不稳定、恶意欠薪逃薪、劳动争议数量不断攀升等为代表的就业质量问题确实令人担忧。难道这是市场化就业模式之过吗?我们显然不能如此武断地下结论。最后,影响就业质量的关键因素是劳动权利法治建设滞后。为配合经济改革,尽管我国已经初步建立起市场化就业模式,但市场就业必需的平等的主体地位、清晰合理的劳动权利义务、公平的就业环境等依然存在系统性缺陷。我们不难想象:如果劳动者无法公平就业,就会必然面临难以顺利进入人力资源市场公平竞争的问题,要提高就业质量并实现"体面就业",只是一厢情愿的幻想。正是在该背景下,顶层设计不断与时俱进。《全面深化改革决定》指出,健全促进就业创业体制机制,规范招人用人制度,消除城乡、行业、身份、性别等一切影响平等就业的制度障碍和就业歧视。《依法治国决定》进一步指出,依法保障公民权利,加快完善体现权利公平、机会公平、规则公平的法律制度。因此,无论是从世界经验来看,还是从我国就业制度改革发展来看,实现更高质量就业应当以我国经济社会发展为观察"制高点",以就业质量的核心问题"体面劳动"为制度着力点,以"体面劳动"的基础性权利平等就业权为制度"抓手",把依法保障平等就业权作为提高就业质量的战略突破口。依法保障平等就业权,既是对中国就业制度不断总结的必然结果,也是中国就业制度科学发展的必由之路。

第五,依法保障平等就业权是有效解决失业问题的重要手段。从世界范围来看,随着经济全球化不断深入,各国在解决失业问题的实践中,通过正反经验与教训逐渐认识到,传统的经济理论和就业模式以及建立其上的劳动就业政策,难以化解越来越复杂的就业问题,需要形成的理念并寻求新的机制。其中,平等就业的重要性日益突出,被认为与充分就业是实现就业促进战略"质"与"量"的两个基本面向。比如,欧盟共同就业政策由四个支柱(four pillars)构成：企业家的地位和职能(entrepreneurship)，就业能力(employability)，适应能力(adaptability)，平等的就业机会(equal opportunities)。目前，欧盟已将就业目标与社会平等的主流政策付诸实践，将其建立在促进社会公正与经济发展之上。[①] 世界经验表明，促进充分就业与保障平等就业权，是解决失业问题不可或缺的两个重要手段，是实现就业的"量"与"质"的有机统一。放弃了平等就业，不仅失业问题无法得到根本解决，而且不平等就业所导致的问题也会累计到摧毁社会基本价值体系的严重程度。当然，也许有人会提出质疑：提升就业质量究竟对促进就业产生了何种积极影响？或者说，提升就业质量能否真正促进就业？解释该问题时，除了可以域外已有的相关实践及经验作为佐证外，我们还可以基于常识来进一步阐释：如果就业质量不好，如不平等就业及就业歧视普遍存在，广大劳动者就会被不合理地区别对待，就会被排斥在招聘大门之外，就会放大就业难问题，最终会阻碍促进就业与充分就业。

反观我国，尽管早已建立了与市场经济相应的劳动就业制度，国家也建立了以积极就业政策及《就业促进法》为主体的就业促进制度体系，但有效解决就业数量与质量问题尚不尽人意。我国当前面临的主要就业问题，既有总量上的矛盾，也有结构上的问题。同时，我国就业状况还有一个明显的特征，即需要就业的劳动者数量高而劳动者整体就业与职业素养低。这一"高"一"低"不仅放大了当前就业压力，也要求国家重视劳动者就业与职业能力建设，依法构建劳动者就业与职业能力建设的提振机制，其意义是积极而深远的。如何破解当前就业困局，在市场化就业体制下，从目前可以选择的方案来看，基本解决思路不外乎以下两点：一是国家通过大力发展经济来增加就业岗位，为劳动者提供尽可能多的就业机会；二是国家通过依法保障平等就业权来实现有限岗位的平等配置，最大限度减少市场机制在资源配置中的"失灵"，消减就业岗位不足带来的各种负面影响。同时，即便是在就业岗位受经济形势等影响且有限的情形下，依法保障平等就业权，可以最大限度减少用人单位对劳动者就业各种不合理的限制，清除各种不合理的就业"门槛"，最终实现促进充分就业的目标。

第六，依法保障平等就业权是建设统一人力资源市场的需要。建立城乡统一人力资源市场是我国劳动用工制度改革发展的一项重大成果。回溯我国

---

① 杨雪著：《欧盟共同就业政策研究》，中国社会科学出版社2004年版，第83页。

劳动用工制度改革发展历程,城乡劳动力市场的分割逐渐通过劳动用工制度的统一而不断修复并最终制度化,2007 年出台的《就业促进法》依法确认建立城乡统一人力资源市场。党的十八届三中全会指出,要建设统一开放、竞争有序的市场体系,是使市场在资源配置中起决定性作用的基础。这里就有一个前提,即首先要承认市场经济的道德基础。大约从凯恩斯主义盛行以来,经济学家们一直忽视了市场经济的道德基础问题。"道德"就是人们对相互尊重产权所达成的共识。"产权"包含了基本人权、基本自由和财产权利。进言之,市场经济的道德基础的核心应当是以中国传统道德原则——"己所不欲,勿施于人"为基点,以保护每个人"产权"为核心的一套行为准则或是非标准。从该意义上讲,市场经济的实质是一种人类分工合作的扩展秩序,该秩序的核心是产权关系,它首先要求人们建立尊重产权与基本的信任共识,其次才是维护这个道德基础的强有力的政府和法律体系。① 在尊重劳动力产权尤其是平等就业权的基础上,才有劳资双方相互信任的基础,才有劳资双方平等双向选择的可能,才有进一步讨论市场在资源配置中发挥决定性作用的空间。如果劳动者的核心产权即平等就业权无法得到依法保障,很难想象劳动者在市场化就业体系中能够与用人单位按照市场规则平等交易并获得应有的合法权益。因此,依法保障平等就业权,就是从根本上尊重并实现劳动者的核心产权,进而为市场化劳动用工创造必要的公平交易环境。

值得一提的是,随着全球劳动力市场出现的弹性化就业趋势,劳动力市场在各种灵活就业的驱动下变得越来越非组织化、非正规化、非系统化,如何全面落实"体面就业",已成为新经济背景下国际社会面临的共同挑战。就中国而言,依法保障平等就业权,不仅可以在日益弹性化和多样化的人力资源市场中构建劳权保障之"底线",使劳动法治对人力资源市场调整保持必要的"刚柔相济"与适应能力,还可以不断创新政府对人力资源市场的治理模式,使政府与市场在全面推进城乡统一人力资源市场建设中各自扮演好正确的角色,有利于市场机制在资源配置中发挥其应有的决定性作用。

第七,依法保障平等就业权是充分利用人力资源的客观需要。世界经济发展史反复证明,劳动力资源作为一种最重要的资源要素,其自由流动与充分有效利用,是经济发展中最活跃、最有效和最重要的因素。我国是世界上人口

---

① 汪丁丁著:《市场经济与道德基础》,上海人民出版社 2007 年版,第 35 ~ 47 页。

最多、人力资源最丰富的国家,[①]也是人才数量与质量相对偏少、偏低,甚至有些领域严重匮乏的国家。因此,对人力资源合理开发、配置和利用,是保持经济长期、稳定和高质量增长的重要保障。但我国当前普遍存在的各种不平等就业与就业歧视不仅使很多优秀人才被挡在就业和晋升的“门槛”之外,也造成了人才资源的严重浪费。从该意义上来看,依法保障平等就业权,尊重劳动力产权,是使市场在劳动力资源配置中起决定性作用的前提,是充分利用人力资源的基本途径,是实现我国从“人口红利”大国向“人才红利”大国转型的重要保障。更为深远的意义是,在国家提出城镇化战略背景下,依法保障平等就业权,通过促进平等就业这一主要干预措施,能够根本带动进城人员适应能力与职业发展能力建设,对提升城镇化之核心即人的城镇化具有不可替代的作用。

第八,依法保障平等就业权是促进我国经济社会发展的需要。对平等就业权进行权利论、伦理学研究,已形成较为共识性的理论体系。平等就业权作为劳动权的关键组成,并作为基本人权的属性和地位,通过《世界人权宣言》、《国际劳工组织宪章》、《费城宣言》等文献,得到了清晰的定位。但权利论与伦理学意义上的平等就业权还不足以对经济社会发展产生足够影响力,需要在理论上形成一种新的解释范式。比如,假设平等就业权具有极为重要的、不可或缺的实用性和功利性价值,能够对经济社会发展带来好处或者能够解决一些社会问题,并且相关制度难以替代这种功能的实现,那么平等就业权将获得社会政策意义层面的解释力,[②]并将对经济社会发展产生积极作用。从宏观层面来看,作为社会法范畴的劳动法,在其功能结构中,以保护劳动者、协调劳动关系、保障社会公平、维护社会安全为基本内容的社会功能,当然处于突出地位。但社会功能并非劳动法的唯一功能,以配置和开发劳动力资源、拉动

---

① 以高校毕业生为例,我国高校每年毕业的学生总量整体上呈逐年增长态势。2015 年全国高校毕业生数量已高达 749 万人,为历史最高。同时,我国拥有 13 亿人口和 9 亿劳动力资源,蕴藏着无穷的创造力。参见李克强总理 2015 年《政府工作报告》。

② 在社会政策层面上,发展型社会政策是社会政策的高级形态。发展型社会政策的根本立场是投资现在和未来的劳动人群。面对我国老龄化的来临是在经济不发达与就业压力大的情况下出现的,以及日益不确定的劳动力市场等挑战,发展型社会政策要应对未来 20~30 年出现的老龄化高峰的挑战,提高劳动生产率是最重要的政策安排。比如,面对数以亿计的农村剩余劳动力,重要的问题在于对他们教育及劳动技能培训的投入,建设具有国际竞争力的劳动力队伍,根本措施是不断加大人力资本投资,增强个人的能力来抵御市场风险。参见张秀兰:“发展型社会政策:实现科学发展的一个操作化模式”,载《中国社会科学》2004 年第 6 期。

经济增长、保障经济可持续发展为基本内容的经济功能,也是劳动法的重要功能。[①] 大量研究表明,以平等就业权为代表的劳权不仅是发展的价值、道德,更是发展的最终目的和必经路径。[②] 国际社会普遍认为,一切人权都是普遍的、不可分割的、相互依存和相互关联的。[③]

基于以上论述,平等就业权自获得社会政策层面的解释力后,实现了对理论意义的质的超越,具有对经济社会发展的促进作用。在新的历史背景下,依法保障平等就业权还可以形成劳资各方博弈合作、劳资要素高效配置、劳动力合理定价的市场机制,进而为市场机制在劳动力资源配置中起决定性作用提供制度保障,提振经济持续发展。正如有学者一针见血指出,劳权是发展的基本理论和基本目标之一,资本主权论、新自由主义已经被国际主流社会所扬弃,而更加注重公平正义、共存发展的新型发展伦理,给出了深刻的规诫和教益。[④] 显然,这对我们完善平等就业权理论、深化依法保障平等就业权的价值意蕴提供了新的启示。

第九,依法保障平等就业权是完善我国劳动法治的必然要求。平等是社会主义法律的基本属性,是社会主义法治的基本要求。[⑤] 作为平等范畴的一个具体内容,平等就业权既是宪法保障的基本权利,也是劳动法律体系的一个核心概念,是整个劳动法律体系构建的基础。然而,在我国现有部门法体系中,社会法的法治化程度还很低,特别是权利建设与权利救济的法治化程度低最为突出。在这种背景下,我国平等就业权要么停留在政治权利层面,要么以西方语境为主要参鉴,缺乏自身的理论个性与话语体系。无论我们如何认识并评价平等就业权的若干解读,都会涉及这样一个强势理论:在平等与效率、政府与市场等轴心关系的讨论中,以机会平等来界定的平等就业权曾长期迫使人们接受实际上并不具有全部内涵和实践意义的平等就业权概念。必须指出的是,权利是一个很浓缩的社会历史概念,它从来就必须是具体的。在"保

---

① 王全兴等:"劳动法经济功能的回顾与前瞻",载杨志明等著:《当代中国人力资源和社会保障制度的改革与发展》,中国劳动社会保障出版社 2009 年版,第 92 页。

② 陈步雷著:《劳权与发展:权利论与功能论的多维度分析》,法律出版社 2009 年版,第 322 ~ 324 页。

③ 参见世界人权大会 1993 年通过的《维也纳宣言和行动纲领》第 5 条。

④ 陈步雷著:《劳权与发展:权利论与功能论的多维度分析》,法律出版社 2009 年版,第 326 页。

⑤ 习近平:"加快建设社会主义法治国家",载《求是》2015 年第 1 期。

障平等就业权就是反就业歧视”的“声浪”中，如果我们不重视平等就业权的正面研究，不重视平等就业权在法律层面的制度化，我们对平等就业权的理解就将处于盲从和“大而化之”的状态。① 有学者甚至认为，我国目前出现的大量社会劳动问题，其实质是劳动者的权利缺失和地位沦落。②

《全面深化改革决定》指出要消除一切影响平等就业的制度障碍和就业歧视，《依法治国决定》要求加强重点领域立法，依法保障公民权利，加快完善体现权利公平、机会公平、规则公平的法律制度。顶层设计已把我国劳动法法治建设推向新的历史起点，公平正义观念深入人心。无论是政府，还是学界和全社会，都应当充分借助这一难得的社会思潮和政治形势，抓住机遇，在达成依法保障平等就业权共识的基础上，寻求制度层面的突破，建立健全符合中国国情的平等就业权法律保障制度体系。较为可行的路径是：以总结20年来我国《劳动法》实施效果与改革前瞻为契机，以改革完善我国劳动立法为“抓手”，以正面研究并依法确认平等就业权为核心，通过平等就业权这一基础性权利建设促进劳动者整个权利体系的建设，丰富我国劳动关系的时代内涵，引导并带动整个劳动立法的改革完善和劳动法治的健康发展。

第十，依法保障平等就业权是提升我国国际竞争优势的需要。在经济全球化纵深发展与后金融危机背景下，国际经济竞争日益关注产品背后的劳工权益保障、环境保护等问题，把这些作为跨国企业能否进入国际市场的一道“门槛”。在中国当下，产业提振、经济滞胀、基尼警戒和环保底线等之间的抵牾显现相当程度的“蝴蝶效应”，③不仅作为世界工厂的许多企业正面临如环境公害、损害劳工合法权益等发展陷阱，而且政府一贯以降低劳动用工标准来换取发展的探底竞争策略也正在“囚徒困境”中反思并积极转型。较为明显的例子为，国家近年来提出一系列包容型发展理念，明确要求经济社会发展要与广大劳动者的“体面就业”协同推进。党的十八大报告更是进一步明确指出，要实现更高质量就业。

如何使这些来之不易的新政观念与理念最终落地并为广大劳动者带来改革福祉，一个关键措施是首先要依法保障平等就业权，通过平等就业权引导并

① 李雄、刘山川：“论我国平等就业权重构的必然性”，载《甘肃政法学院学报》2009年第5期。

② 常凯：“中国入世与劳权保障”，载《中国党政干部论坛》2003年第6期。

③ 杨力：“企业社会责任的制度化”，载《法学研究》2014年第5期。

推动“体面就业”的全面发展和实现。更为重要的是，理解中国语境中依法保障平等就业权的价值承载，还必须放眼全球竞争态势。中国需要密切关注世界形势的发展，关注国际劳工标准，保护劳工基本权利。因为在任何国家，无论他们有多大的差异，必然存在最低的共同的劳工标准；同样，无论他们有多大的共同性，也必然存在很多不同的劳工标准。对于中国而言，遵守国际劳工标准是一个必然的选择，也是我们正在努力的。[①] 同时，中国在转变国际竞争模式时，必须在以往出现的各种国际贸易争端中深刻反省，必须警惕社会条款对中国融入世界经济一体化形成的阻碍，必须及时弥补“中国造”产品背后低劳动力成本所掩盖的劳动者权益亏损，必须依法推进以平等就业权为代表的劳动者权利体系建设，使平等就业权等核心劳工标准在“中国造”产品中显示更加浓厚的道德关怀与正义精神，从而大大提升中国在新一轮国际竞争中的比较优势。

三、中国语境中依法保障平等就业权的突破口

全面把握中国语境中依法保障平等就业权的价值承载后，还必须结合当下国情，选择一个合适的改革突破口，才能使依法保障平等就业权的一系统理论制度化并最终落地。

当前，学界对此研究的成果已经很多，部分研究成果还具有一定的建设性和参考价值。但也应当看到，面对当下还很突出的不平等就业与就业歧视现状，既不能简单套用西方理论与模式，也不能习惯性开出各类改革“药方”，而应充分认识到依法保障平等就业既是一个世界性难题，也是一个具体国情问题，需要在关注世界中对“他者”的理解、合作与冲突来认识中国平等就业权问题。

首先，依法保障平等就业权要达成一种广泛的社会共识。平等就业权是一个非常严肃的问题，不能用喧闹或者人云亦云的态度和方式对待它。当前，民生、社会公平正义等正成为中国全面改革的“推手”，而最能彰显公义的法治则成为改革的“引擎”。尽管这些执政理念与美国的“罗斯福新政”、“伟大社会”构想产生于不同的社会土壤，但不约而同的是，追求社会公正、关怀弱势群体的社会立法，都是支撑这些社会变革的脊梁。依法保障平等就业权，不仅仅是为劳动者提供一个就业岗位，还是人们对美好生活的自然流露与理性

---

① 杨伟国：“中国就业战略的四个基点”，载《领导文萃》2009年第24期。

期盼，更是建设法治中国应有的民本内涵与道德情怀，在新时期中国语境中具有多重积极的价值承载。唯有全社会对依法保障平等就业权达成一种广泛的共识，才能由内到外、由表及里地产生一种健康的社会氛围，为平等就业权的法治化建设提供必要的思想支撑。

其次，国家应加快研究测量更高质量就业的指标体系。党的十八大报告指出要推动实现更高质量的就业。从近期来看，国家除了应在确立就业数量与质量并举的就业新战略、制定平等就业规则并改变我国企业长期依靠低劳动力成本探底竞争的“囚徒困境”、建立更加精细化的政策体系等方面全面推进外，还应从就业机会的公平性、核心劳动标准的保障性、劳动关系的和谐性、可就业力的增进性以及就业环境的人文安全性等维度，着手研究并建立测量就业质量的多层次、多维度的指标体系。既要注重不同就业群体就业质量的差异性，也要确保不同层级劳动者在核心劳动标准上的趋同性，还要注意就业质量与经济发展水平的相适应性。同时，国家应加强对灵活就业群体、城市困难就业群体、女性劳动者、残疾人、农民工等特殊就业群体的就业质量研究，建立针对性和实效性强的政策支持体系。

再次，依法保障平等就业权要重视对权利的正面研究与建设。发现问题是解决问题的前提。依法保障平等就业权首先要准确判断当前我们面临的主要就业矛盾以及不平等就业的根本原因。从主要就业矛盾来看，大量研究反复表明：当前中国就业矛盾既有严重的总量问题，又存在结构性问题，还存在融入世界经济的开放性问题，但最重要的可能是经济体制转型中出现的因劳动力供需错位而产生的结构性问题。① 从不平等就业的根本原因来看，尽管我国已在形式上建立起促进就业的法律体系，《全面深化改革决定》与《依法治国决定》也都指出要消除一切阻碍平等就业的制度障碍和就业歧视，并要加快完善体现权利公平、机会公平、规则公平的法律制度，但有关依法保障平等就业权的规定主要还停留在较为抽象的宣示层面。比如，立法对平等就业权的界定、平等就业权的内容、就业歧视的认定、反就业歧视的机构、举证规则、法律责任等都没有一个清晰的表达，导致劳动者不清楚自己究竟享有哪些平等就业的权利。当劳动者面对用人单位形形色色的招聘要求时，无论是劳动者本人，还是执法机构以及司法机关，几乎都不太容易依法辨认用人单位的

① 赖德胜、李长安：“当前我国就业领域的主要矛盾及其对策”，载《经济学动态》2010年第3期。

招工行为是否构成就业歧视，因为本身就没有清晰的有关平等就业权的法律依据。甚至可以说，以《就业促进法》为代表的就业立法面临的最大问题是没有“认真对待权利”。特别要指出的是，在我国现有七大部门法领域中，社会法法治化程度还很低，特别是权利建设与权利救济的法治化程度低最为明显。比如，有关促进平等就业与就业歧视的法律责任制度整体上还很脆弱，主要是法律责任过轻甚至责任缺位，违法成本很低，使违法用工及就业歧视不断公然抵制法律规定。因此，平等就业权救济体系的重塑要特别突出法律责任的强化，一个基本目的就是要达到用人单位及相关主体不敢就业歧视的实质性效果。同时，根据立法先行尤其是良法先行在依法治国中的引领地位和作用，立法与执法设计阶段也要注意用人单位及相关主体不能就业歧视。把不能就业歧视与不敢就业歧视有机结合，应该是平等就业权法律保障制度体系构造时要集中解决的突出问题。因此，我国当下依法保障平等就业权事实上正面临“权利短缺”与“权利配置不平等”的双重困境。前者是指劳动者没有具体的平等就业权；后者是指用人单位往往通过抽象的用工自主权压制劳动者的平等就业权。

总之，无论是基于就业主要矛盾，还是基于不平等就业，其根本共同点仍在于我们长期忽视了对平等就业权的正面研究和制度化建设，最终导致用工自主权与平等就业权这对核心权利在就业总量矛盾、习惯思维、传统用工模式、社会偏见、就业能力等因素共同作用下，平等就业权往往沦为用工自主权的“牺牲品”。同时应当看到，在经济高速增长期，不平等就业所产生的问题或许可以被高增长所掩盖，但是，谁敢断言在经济增长放缓的时候，因为不平等就业所导致的各种深层次问题不会以极端的方式爆发？正是基于这些忧虑，对待中国平等就业权问题，必须走出传统误区，既要清醒认识到当前平等就业权策略主要还是一种对当下各种不平等就业问题简单应对的策略，是一种存在“系统性缺陷”的平等就业权策略，[①]还要按照依法治国基本要求，根本改观司法式立法的旧思维与路径依赖。首先要做到立法尤其是良法先行，应当抓住就业促进立法的核心即就业权尤其是平等就业权，应当通过进一步立法把《依法治国决定》提出的权利公平、机会公平、规则公平所体现的权利内涵清晰地表达出来，应当正面研究平等就业权并使其制度化，并应当依法规制

① 李雄、刘山川：“论我国平等就业权重构的必然性”，载《甘肃政法学院学报》2009年第5期。

用工自主权及其与平等就业权的作用边界，方能正本清源，进而刺破看似主流语境中诸如平等就业权就是就业机会平等、保障平等就业权就是反就业歧视等过于简单化处理的看法或者一厢情愿的幻想，最终构建一个以《平等就业法》为中心的平等就业权法律保障制度体系。

最后，依法保障平等就业权要培育公平就业的文化土壤。从西方国家普遍经验来看，促进平等就业与反就业歧视，除了要强化法治的力量外，培育平等、包容文化至关重要，任何通过刚性制度促进平等就业并反就业歧视，试图达到“速溶咖啡”似的效果的做法最终都是不切实际的幻想。中国平等就业受传统文化“不患寡而患不均”的影响，更要强调平等与包容文化的培育。同时，国家正致力于治理能力的现代化转型。而国家治理所追求的价值内核不仅是通过市场来激活社会生产力，更要在此基础上实现公平正义的政治理念。因此，保障平等就业权除了要依靠法治思维和法治手段外，消除根深蒂固的不平等就业文化才是攻坚的最后“堡垒”。值得一提的是，《依法治国决定》指出，法律的权威来自人民的内心拥护和真诚信仰。人民权益要靠法律保障，法律权威要靠人民维护。必须弘扬社会主义法治精神，建设社会主义法治文化。李克强总理在2015年《政府工作报告》中也指出，文化是民族的精神命脉和创造源泉。要践行社会主义核心价值观，弘扬中华优秀传统文化。依法保障平等就业权，既要积极借鉴域外经验，更要立足于我国国情，力争在制度层面与文化层面实现平等就业的双突破，才能使平等就业观念深入人心，并使市场在国家必要干预下克服逐利原则之弊端，兑现人民福祉并实现社会公平正义，才能使自由平等的法治精神根植于社会每一个成员，践行于人们对平等就业规则的普遍敬畏与尊重。

四、基本概念、研究内容、核心观点与主要创新

（一）基本概念

首先是就业。就业是宏观经济学研究的一个重要范畴，有其特定内涵。根据马克思的思想，就业与失业是劳动者与生产资料结合与分离的两种状态。就业是劳动者与生产资料结合的状态，失业是劳动者愿意与生产资料结合但事实上处于分离的状态。1982年国际劳工统计大会《关于经济活动人口、就业、失业及不充分就业统计的决议》指出，就业人员是指在参照期内从事任何一种工作以获得薪酬或利润（或实物报酬）的人员，或者在此期间生病、休假或产生争议等理由而暂时脱离工作岗位的人员。同时，凡在家庭企业或农场

从事无薪酬工作至少每天 1 小时以上的人员，应被包括在就业统计中。从该界定来看，就业是一个非常宽泛的概念，包括所有类型的就业状况。[①] 原劳动部办公厅《关于落实再就业政策考核指标几个具体问题的函》(劳社厅函〔2003〕227 号)明确指出：就业人员，指在法定劳动年龄内(男 16～60 岁，女 16～55 岁)，从事一定的社会经济活动，并取得合法劳动报酬或经营收入的人员。在实践中，就业一般被理解为从事一定的职业，强调从事一定职业的状态。本书所指的就业，一方面，仅限于劳动法语境中的就业即劳动就业。所谓劳动就业，是指具有劳动权利能力和劳动行为能力并有劳动愿望的公民获得有报酬的职业。[②] 在一般意义上，尽管就业与劳动就业在内涵与外延上皆存在差异，但本书所指的就业是以建立劳动关系为目的的就业。因此，本书所指就业在实质意义上与劳动就业是等同的，是指劳动者依法参加社会劳动并获取劳动报酬的行为，涵盖劳动者在获取职业过程中的全部活动。另一方面，本书所指就业还仅限于就业前的就业，即获取职业过程中的就业，也就是通常意义上的“找工作”。值得一提的是，本书所指就业无论是在内涵上，还是在外延上，都包含灵活就业。所谓灵活就业，西方主流界定是指在劳动时间、劳动报酬、工作方式、工作场地等方面具有灵活性的就业形式。从就业形式来划分，灵活就业包括非全日制就业、阶段就业、临时工、小时工、劳务工、承包工等。[③] 同时，本书所指就业还涵盖了非正规就业。相对灵活就业强调就业形式灵活而言，非正规就业是针对就业部门而言的，国际劳工组织在 20 世纪 70 年代提出了非正规就业概念，即在低收入、低报酬、无组织、小规模企业的就业。《1998～1999 年世界就业报告》又进一步将非正规就业描述为：在小企业、家庭和自雇式的就业。概言之，劳动者求职部门是否正规与否是区分正规就业和非正规就业的标志。[④]

其次是劳动者。从以人为本的角度来看，劳动者是研究和学习劳动法的出发点和归宿点。劳动者在内涵上是指劳动力的所有者，即具有劳动能力的公民。劳动力具有商品属性，而劳动者不是商品，这在国际劳动公约中早成定

---

① 林嘉等著：《劳动就业法律问题研究》，中国劳动社会保障出版社 2005 年版，第 22 页。

② 该方面研究已很多，主要参见关怀主编：《劳动法》，中国人民大学出版社 2001 年版，第 102 页；黎建飞著：《劳动法的理论与实践》，中国公安大学出版社 2004 年版，第 201～205 页。

③ 杨燕绥、赵建国著：《灵活用工与弹性就业机制》，中国劳动社会保障出版社 2006 年版，第 16 页。

④ 杨燕绥等编著：《劳动法新论》，中国劳动社会保障出版社 2004 年版，第 18～19 页。

论。但不同领域对劳动者的界定是不同的。比如,劳动经济学中的劳动者是与特定经济组织(雇主)相关联,发生在劳动力市场范畴内,形成特定劳动力交易关系且具有经济价值的物质载体。人力资源管理学追求劳动力的开发和利用价值,关注劳动效果,其语境中的劳动者是劳动效果的载体。法学意义中的劳动者是劳动力的所有者,是具有劳动权利能力和劳动行为能力的公民,是法律权利和法律义务的载体。① 我国劳动立法未对劳动者这一核心概念作出明确规定,劳动者概念由计划经济背景下国有企业职工这一原型推演而来。从应然层面来看,劳动者作为劳动权利主体,既包括劳动者个人,也包括劳动者团体(主要是工会组织);既包括现实劳动者(在职劳动者),也包括潜在劳动者(如求职者),还包括曾经是劳动者的人员(如失业人员、退休人员等)。从研究目的来看,本书所指劳动者不仅限于劳动法中的劳动者,是指达到法定就业年龄、具有劳动权利能力和劳动行为能力、有劳动愿望、以从事某种社会活动获得劳动报酬或经营收入作为主要生活来源的公民,还限于获取职业过程中的劳动者,即是一个与“求职者”等值的概念。

最后是平等就业权。平等就业权在全世界都是一个重大的责任话语,具有不同的意思场域。平等就业权也绝非一个抽象或均衡的问题,而是一个与各个国家及其未来紧密勾连的具体问题。在当前我国社会法的法治化程度还很低,尤其是权利建设与权利救济的法治化程度还很低的情形下,我国立法对平等就业权的规定尚停留在口号式和宣示性层面,并无具体、实质性权利内容。受上述因素共同影响,人们对平等就业权的认识和理解一般定格于就业机会平等或者反就业歧视等。立足于社会法语境中平等就业权的特殊性、依法保障平等就业权承载的价值功能以及研究目的,本书所指平等就业权是一个权利体系,即由形式平等就业权与实质平等就业权构成。所谓形式平等就业权,是指作为平等就业权的主体劳动者,在法律上享有平等就业的权利,具体包括:劳动者身份平等;劳动者就业权利平等;劳动者就业机会平等;劳动者就业规则平等。所谓实质平等就业权,是指劳动者由于在社会、经济、文化、职业能力等方面存在差异,依法从国家获得就业帮助并在实质层面上实现就业平等的权利,包括获得“体面劳动”、反就业歧视、获得职业培训、获得社会保障。②

---

① 杨燕绥等编著:《劳动法新论》,中国劳动社会保障出版社2004年版,第76~79页。

② 李雄:“论平等就业权”,西南政法大学民商法学2008年博士学位论文,前言第5页。

(二)研究内容

第一章:平等就业权法律保障的实证考察——现状与问题。本章既要梳理国外保障平等就业权与就业法的紧密勾连,以及就业法从“政策法”向“权利法”的重大转型;也要梳理国内保障平等就业权的现状及主要问题,主要涉及平等就业权保障的国情背景、价值导向、理论研究、立法建设、制度设计以及实践效果等方面。同时,还要对我国当前平等就业权保障不足的若干深层次原因以及负面影响等问题予以关注,从而最大限度把握研究的着力点。

第二章:平等就业权法律保障的逻辑起点——概念内涵。本章旨在根本改观我国平等就业权一直处于“大而化之”的抽象状态,通过理性解读平等就业权概念内涵,从而为平等就业权的法律保障提供逻辑起点。同时,在对平等就业权概念内涵的解读中,社会法应成为其主要理论场域。本章不仅探讨社会法概念、理念及其对平等就业权概念内涵的影响等问题,还对平等就业权的概念内涵、平等就业权功能属性、平等就业权与用工自主权关系、保障平等就业权与反就业歧视关系等基本问题予以系统研究。

第三章:平等就业权法律保障的基本依据——内容体系。本章旨在根本改观我国平等就业权一直处于“有名无实”的尴尬状态,在理性解读平等就业权概念内涵的基础上,依法型构出平等就业权的内容体系,从而为我国平等就业权的法律保障提供基本依据。同时,在平等就业权内容体系之构造中,本章指出,社会法视野中的平等就业权是形式平等就业权与实质平等就业权的统一,并对形式平等就业权与实质平等就业权各自的权利内容予以系统构建。

第四章:平等就业权法律保障的运行机制——统一人力资源市场。在对平等就业权的概念内涵与内容体系展开系统研究后,接下来的任务就是如何使平等就业权这个庞大而复杂的内容体系在实践中运行并落实。同时,在市场化就业体制和城乡统筹就业战略背景下,统一人力资源市场是平等就业权法律保障的最佳运行机制。本章研究的主要内容有:有关国家如何通过统一人力资源市场的运行来保障平等就业权的实现,我国应如何处理统一人力资源市场中政府角色、企业社会责任等与平等就业权法律保障的关系,以及我国统一人力资源市场的制度架构。

第五章:平等就业权法律保障的关键措施——制度体系。即便是本书已经确立起平等就业权的概念内涵、内容体系与运行机制,平等就业权保障也不会自动沿着我们预设的道路发展。如何正确处理平等就业权保障中的各种复杂关系,依法保障平等就业权,无疑是最直接、最有效和最可靠的制度选择。

本部分在对以《就业促进法》等为主的现行法和制度安排予以反思后，主要从立法、执法和司法三个层面系统构建我国平等就业权法律保障的制度体系。

（三）核心观点

任何制度的构建都是以价值共识为前提的。国家治理现代化转型是全面深化改革的重要组成，其所追求的核心价值内涵，不仅要通过市场来激活社会生产力，更要在该基础上实现公平正义的政治理念，要以增进人民的福祉为出发点和落脚点。《全面深化改革决定》指出，健全促进就业创业体制机制，规范招人用人制度，消除城乡、行业、身份、性别等一切影响平等就业的制度障碍和就业歧视。《依法治国决定》要求促进公民权利保障法治化，并要求加快完善体现权利公平、机会公平、规则公平的法律制度。人民是依法治国的主体和源泉力量，依法保障平等就业权，就是要在清晰认识平等就业权在中国语境中承载的多重价值基础上，积极推动劳动法治建设，实现“所有劳动者的公平正义”。

《依法治国决定》要求促进公民权利保障法治化。依法治国是实现国家治理能力现代化转型的根本要求。依法治国要求立法尤其是良法应当先行，并要求立法要坚持问题导向，要有针对性、及时性、系统性、可操作性，发挥立法引领和推动作用。权利之本性要求权利必须是具体的，依法保障平等就业权，立法首先要有一个明确的表态，要在社会法这个主要范畴和语境中对平等就业权的概念与权利内容、就业歧视的定义与认定等基本问题予以明确规定，清晰回答“平等就业权究竟是什么”的问题，进而根本改变我国平等就业权长期处于“空洞”与“大而化之”的状态。

立法须保持底线思维。唯有立法保持底线思维，坚持越是在形势好的时候越要有危机意识，越要注重法治建设并注重基本权利建设，坚持从源头治理，才能从根本上提升以平等就业权为核心的劳动者就业与职业能力建设和经济社会发展补强机制建设，促进我国就业促进制度从以往主要解决就业和失业问题向人力资源大国战略转型，更好地使创造价值的劳动活力全面迸发出来，更好地运用就业政策来防治在经济增长与社会保障出现重大调整背景下社会各系统运行不良所产生的就业矛盾，进而有效应对日益不确定的国际国内环境以及日益严峻的就业问题。

理论研究与立法建设应当积极回应顶层设计。党的十八大报告指出，必须坚持维护社会公平正义，逐步建立以权利公平、机会公平、规则公平为主要内容的社会公平保障体系。《全面深化改革决定》指出，规范招人用人制度，消除城乡、行业、身份、性别等一切影响平等就业的制度障碍和就业歧视。《依法治国决定》进一步指出，依法保障公民权利，加快完善体现权利公平、机会公平、规则公平的法律制度。在全面深化改革背景下，顶层设计不仅对依法构建一个更加开放、透明、公平的市场环境高度重视并充满期待，也对依法保障公民权利积极回应并着力勾画改革蓝图。就依法保障平等就业权而言，顶层设计不仅从宏观层面对平等就业权的内涵做了全新的阐释，而且在法律规定的基础上拓展了就业歧视的范围。接下来要集中解决的关键问题是：扭转长期以来我国对平等就业权的模糊认识，通过精细化的理论构建和进一步立法把权利公平、机会公平、规则公平所彰显的权利内涵清晰地表达出来，充实平等就业权的权利内涵，依法正面建设平等就业的权利制度体系，方为中国语境中依法保障平等就业权的"正途"。

党的十八大报告指出，要推动实现更高质量的就业。国家提出推动实现更高质量的就业是马克思劳动价值理论中国化的最新发展，是我国就业制度改革发展的一项重大成果，关键是要找准突破口。认真对待以平等就业权为核心的就业权利，无疑是推动实现更高质量就业的关键。改革基本路径是：以我国经济社会发展背景为观察"制高点"，以就业质量的核心问题即"体面劳动"为制度着力点，以体面劳动的基础性权利平等就业权为制度"抓手"，把依法保障平等就业权作为提高就业质量的战略突破口。

尽管我国已初步建立起以《就业促进法》为核心的就业促进法律机制，但学界普遍认为，现有立法尚不能有效破解当前主要就业矛盾与不平等就业问题。根本原因是，就业法的"政策法"和"软法"特征还很明显，就业法的核心问题即平等就业权法律保障问题尚未引起足够重视，导致我国目前主要依靠政策推动而不是依法促进就业，尚未真正建立起依法促进就业的长效机制。

改革完善我国就业促进法律机制，必须实现理论创新与制度突破，形成新的认识框架。其中，理性回归就业法的核心问题是平等就业权法律保障，既是域外促进平等就业与反就业歧视的新发展和新趋势，具有正本清源的作用，也是我国就业促进法律机制科学发展的基本前提，还是使市场机制在劳动力资源配置中起决定性作用的关键，从而有助于全面依法构建政府与市场合力托举以保障平等就业权为代表的民生新常态。

平等就业权法律保障需要精细化的制度投入与文化建设。逻辑起点是依法规定平等就业权的概念内涵，基本依据是依法规定平等就业权的内容体系，最佳运行机制是加快建设统一人力资源市场。平等就业权的概念内涵主要涉及概念、功能、属性、与自由择业权的关系、与用工自主权的关系以及平等就业权与反就业歧视的关系等基本问题。社会法应成为平等就业权的主要理论场域,社会法语境下平等就业权的概念内涵之界定应当注意五个主要问题:应当反映其承载的主要功能,应当体现该权利的基本属性,应当彰显权利主体的普遍性与特殊性,应当反映权利对应的主要义务主体,应当突出权利保障的主要机制。沿着该思路,就不难为我国平等就业权的概念作如下概括:所谓平等就业权,是指国家通过立法、执法、司法以及文化等手段,保障劳动者在身份平等、权利平等、机会平等、规则平等的基础上享有形式上的平等就业权。同时,国家通过保障体面就业、禁止就业歧视、强化就业与职业培训、加强社会保障等途径,保障社会弱势劳动者享有实质上的平等就业权。平等就业权是形式平等就业权与实质平等就业权的统一。在市场化就业体制下,统一人力资源市场是平等就业权各项权利得以充分展开的最佳平台,是平等就业权制度功能得以最大限度释放的基础,是平等就业权法律保障得以落实的关键。同时,很多就业歧视都是基于人们根深蒂固的偏见所致,反就业歧视,不仅是一项法律工程,更是一场观念改造工程。除了要在法律上建立健全配套制度体系外,还应在思想观念上培育相互尊重、宽容、多元的社会文化,切实推进企业社会责任建设,不断提升劳动者自觉提升职业能力与法治意识,从而全面推动我国平等就业权法律保障事业的发展。

平等就业权法律保障需要依法系统治理。自改革开放以来,具有中国特色的法制体系建设不断走向完备。但客观来看,在我国现有七大部门法中,社会法的法治化程度还很低,其中权利建设与权利救济的法治化程度低最为明显。比如,有关促进平等就业与就业歧视的法律责任制度还很脆弱,集中体现为相关法律责任过轻甚至责任缺位,违法成本很低,使违法用工及就业歧视不断公然抵制法律规定。因此,平等就业权法律保障制度体系的重塑要特别突出两个关键环节:一是立法与执法设计阶段要通过权利义务的清晰界定,配套权力清单制度建设,使用人单位及相关主体不能就业歧视;二是相关法律责任要不断强化,一个基本目的是要达到用人单位及相关主体不敢就业歧视的实质性效果。当前,立法短缺使解决不能歧视的问题显得更为迫切,但从依法系统治理人力资源市场、有效促进平等就业与反就业歧视的实效及长远要求来看,不能歧视与不敢歧视要有机结合,不可偏废,从而形成法律制度规制的良性互动。实现上述两个关键环节目标的基本路径是沿着平等就业权保障的法治化道路,主要措施是从立法、执法和司法三个层面,全面构建具有中国问题导向、中国特色、中国风格的平等就业权法律保障制度体系。

(四)主要创新

一是理念创新。任何法律制度的建构都是以价值共识为前提的。平等就业权在全世界都是一个重大的责任话语,在不同国家和地区乃至不同时期都具有不同的“意思场域”。一直以来,我国对平等就业权的认识和理解主要还是基于促进就业与反就业歧视等基本立场,而对平等就业权承载的其他重要价值理念很少关注,这直接影响了我国平等就业权理论研究与制度建设的目标、水平和实效。因此,新形势下对平等就业权的认识和理解必须形成新的理念。一方面,面对世界范围内促进平等就业正经历着从被动反就业歧视向主动建设平等的重大转型,立足中国就业制度与统一人力资源市场发展走向,本书明确指出:中国语境中平等就业权法律保障制度建设,应当积极实现从以往主要把促进平等就业与保障平等就业权等同于反就业歧视与保障就业机会平等的一般认识,向依法正面建设平等就业权利重大转型,从而使促进平等就业与反就业歧视具有清晰的权利基础和权利支点,并更加主动有效。另一方面,中国语境中平等就业权法律保障制度建设,首先应基于对世界“他者”的辩证理解与中国国情的充分把握,确立一个符合中国需要的平等就业权法律保障的价值理念,从而指导我国平等就业权法律保障制度建设的全过程。本书提出的我国平等就业权法律保障10个主要方面的价值承载,以及社会法理论场域中平等就业权权利建设与救济需要注意的若干理念等,都比较鲜明地彰显了本书在理念上的一定创新与突破。

二是方法创新。平等就业权是一个关乎法律、经济、政治、社会等于一体的综合性问题。本书特别注重学科交叉与范式创新,不仅运用以法学尤其是社会法学为主的跨学科研究方法,对平等就业权法律保障展开综合研究,也收集、梳理、提炼了近年来本领域最新、最前沿的研究文献,并对相关制度与规定予以全面总结,从而为本书提供合理、科学、实用的方法论。

三是理论创新。从世界经验来看,平等就业权具有不同的“意思场域”。对中国而言,平等就业权理论创新应主要来自中国国情与中国的法治经验,平等就业权必须置身于社会法这一主要理论场域,才能获得最充分的理解。一方面,本书对社会法相关问题予以系统把握,较为全面地阐释了平等就业权立论的若干社会法理论基础。另一方面,本书以就业法的核心问题平等就业权法律保障为“抓手”,以《全面深化改革决定》及《依法治国决定》提出的消除一切影响平等就业的制度障碍和就业歧视并加快完善体现权利公平、机会公平、规则公平的法律制度为指引，从理论层面系统构建了平等就业权的概念内涵与内容体系，竭力从正面回答“平等就业权究竟是什么”的问题，而不是把平等就业权局限于就业机会平等与反就业歧视。基于对社会法若干理论与平等就业权本身的阐释，本书在一定程度上实现了我国平等就业权研究的理论创新与突破。

四是制度创新。依法全面构建平等就业权法律保障的制度体系，是本书的最终目的。本书不仅全面、系统地构建平等就业权法律保障的最佳运行机制即我国统一人力资源市场的制度架构，也基于依法治国背景下加强对公民权利法治保障的基本要求，从立法、执法和司法三个层面系统构建平等就业权法律保障的制度体系，从而实现我国平等就业权研究的制度创新与突破。

第一章　平等就业权法律保障的实证考察——现状与问题

一切认知,皆源于对历史与传统的理解及继承,源于对现状的比较及反思。平等就业权作为一个关乎基本民生、职场民主性和多样化的重大命题,既是一个世界话语,也是一个国情表达,具有不同的意思场域。研究平等就业权法律保障问题,首先需要通过对历史及现状、域外与中国的比较,进而提炼经验并发现问题,为中国平等就业权法律保障制度的建构提供有益启示和借鉴。

第一节　域外平等就业权的研究、立法与启示

作为就业法的核心问题,平等就业权的法律保障在域外受到普遍重视,并已形成较为成熟的理论体系与制度机制。认真对待域外经验与教训,是全面推进我国平等就业权法律保障的重要途径。

一、域外平等就业权研究述评

整体上看,目前域外关于平等就业权的研究多为一种从权利自身来研究权利的范式,主要内容涉及基本权利与平等就业权保障、社会权与平等就业权保障、反就业歧视与平等就业权保障等议题,研究方法

涉及实证研究、案例研究、比较研究等，研究结论涉及平等就业权保障的必要性、基本权利或社会权视野中平等就业权保障的路径、反就业歧视的“一揽子”制度框架等。毫无疑问，这些研究不仅丰富多彩，也在理论上为平等就业权保障提供了有益的参考与借鉴。

但值得注意的是，平等就业权作为一种综合性极强的权利，涉及方方面面，仅凭较为单一的权利或者法学视角试图对其全面解读，结果似乎总是难尽人意。因此，本书在对平等就业权研究现状的梳理中并不刻意遵循传统范式，而是特别关注平等就业权本身的问题点及与之紧密联动的相关因素，并特别关注外域平等就业权研究现状究竟能够为我国提供哪些有价值的启示。基于如上考虑，本书特别选择了如下观察点来对域外平等就业权研究现状予以整体评价：

（一）域外平等就业理论及其对平等就业权的影响

域外平等就业的基础理论主要涉及经济学、社会学与法学等。西方经济学与社会学从平等就业的反面就业歧视出发，建立了就业歧视的一系列相关理论。比如，人力资本理论认为：资本的形式有两种：一种是物质资本；另一种是人力资本。该理论假定男人和女人在生活方式上是不同的，这将影响他们对人力资本的投资。妇女在家庭中承担着特殊作用，使其在劳动市场中的就业和人力投资是阶段性的。而男人在就业上总是希望不间断的，所以必须对自己进行持续的人力资本投资。生活方式的不同造成了男女人力资本投资的差异。在劳动市场上，雇主会对这种差异作出反应，更愿意选择男性劳动者。①

从法学来看，平等就业总是与基本人权紧密勾连。在任何一个民主社会中，就业和人的尊严总是密不可分。正如一位美国法官所讲，工作是一种地位、名誉、实现自我价值的一种方式，也是保障经济的根本，为将来偿还当前债务和履行将来义务提供保障。总之，在一个现代工业化的经济中，就业是人的生存和尊严的核心，就业和人权之间的关系很值得讨论。无论是来自经济的还是升迁的压力，无论是雇主还是雇员，都很容易对工作中的尊严带来影响。这些压力的性质会随着时间而改变但永远不会停止，因此保护人权的任务也

---

① 王丽平著：《我国平等就业机会保障研究》，中央民族大学出版社2013年版，第30页。

永无止境。①

同时，人权视野下平等就业的主要问题是贯彻平等原则与反就业歧视，相关研究主要关注了如下议题：(1)什么是平等权。《公民权利和政治权利国际公约》第26条规定："所有的人在法律面前平等，并有权受法律的平等保护，无所歧视。在这方面，法律应禁止任何歧视并保证所有的人得到平等的和有效的保护，以免受基于种族、肤色、性别、语言、宗教、政治或其他见解、国籍或社会出身、财产、出生或其他身份等任何理由的歧视。"平等作为一项最基本的人权，是指每个人在生来有不同的资质、环境和条件的情形下，法律保障每个人有同等的机会参与国家事务并享受经济、社会、文化的权利。平等权不是天赋的，而是法律赋予的权利。反歧视是实现平等权的重要途径，不歧视与平等权是密切相关但又有根本区别的概念，集中体现为平等权是不歧视的权利基础和权利"支点"，是不歧视的目的，不歧视是落实平等权的重要手段和保障。(2)就业歧视定义。根据1958年《消除就业和职业歧视公约》(111号公约)规定，歧视是指"基于种族、肤色、性别、宗教、政治见解、民族血统或社会出身等原因，具有取消或损害就业或职业机会均等或待遇平等作用的任何区别、排斥或优惠"。(3)就业歧视类别。有研究认为，就业歧视分为三种类型，即直接歧视、间接歧视和不公正对待。直接歧视是指由于种族或性别，故意、公开地不利地对待。间接歧视是指一种明显是中性的条件却对一个群体比其他群体有更大的伤害。不公正对待是指由于加入其他反歧视过程而遭受不利对待。② (4)就业歧视类型。大量研究集中在种族歧视、年龄歧视、性别歧视、残疾人歧视、孕妇歧视以及性骚扰等就业歧视类型。(5)反就业歧视专门机构。相关研究主要涉及英国平等和人权委员会(the Commission for Equality and Human Rights)、美国平等就业机会委员会(Equal Employment Opportunity Commission, EEOC)、法国反歧视促平等高级公署(High Authority to Combat Discrimination and Promote Equality)，以及香港平等机会委员会等。③ (6)反就业歧视的救济。相关研究主要集中在司法层面，如美国建立了反就业歧视

---

① Robin Allenand Rachel Crasnow, *Employment law and human rights*, Oxford University Press, c2002, p. 1.

② Gwyneth Pitt, *Employment law*, Sweet & Maxwell, 977, pp. 28 – 36.

③ 该方面研究已很多，主要参见蔡定剑、刘小楠主编：《反就业歧视法专家建议稿及海外经验》，社会科学文献出版社2010年版，第102～136页；王春光、王旭莅著：《平等就业——部分国家和地区反就业歧视的立法与实践》，知识产权出版社2011年版，第105～124页。

的申诉机制和诉讼机制。德国则建立了反就业歧视的申诉机制、禁止报复机制以及诉讼机制。法国是实行法院双轨制的国家,即在审理刑事、民事案件的普通司法法院之外,另设立行政法院系统,专门受理行政诉讼。法国普通司法法院与行政法院在保障平等原则、制裁歧视行为方面大有作为。加拿大在解决就业歧视上已经过长期运作并积累了丰富经验,对平等就业权的救济主要涉及协商、申诉和诉讼等程序。[①] (7)反就业歧视诉讼的举证责任。相关研究主要关注了如下议题即举证责任倒置。比如,德国《一般平等待遇法》规定了举证责任倒置,即在诉讼中,如果一方提出了间接证据,根据此间接证据可推测出发生了基于法定原因的歧视行为,那么诉讼的另一方有证明未发生违背反歧视保护规定的行为的举证责任。这种举证责任大大减轻了歧视受害者的举证压力,相应也增加了雇主的管理成本,因为雇主要通过完善档案管理等为可能诉讼提供有利于自己的证据。值得一提的是,法国最高法院社会庭从2000年开始采用"比较判断法"判定歧视是否存在。在一个关于"工会活动"歧视的案件中,法官认为:声称受到歧视的雇员应向法官提供证据证明存在违反平等原则的歧视事实。如果雇主认为这些事实不构成原告所指的歧视,雇主就应证明存在的差别待遇是因为另有与所指控的歧视标准(即工会活动)无关的客观考虑。如果雇主无法证明,法院将认定歧视成立。在"比较判断法"框架内,法官尽管无须替代雇主举证,但应当考察原告职业生涯的实际情况,通过比较处境相似的其他雇员的职业升迁来核实是否存在原告诉称的歧视现象。[②] (8)就业歧视的法律责任。相关研究集中在如下议题:经济性补偿,如补发工资(Back Pay)和未来工资,补偿性和惩罚性赔偿金以及积极措施等。[③]

(二)域外就业制度转型及其平等就业权的影响

从就业制度来认识平等就业权,契合了平等就业权根植于具体就业制度并需要通过具体就业制度来具体认识的客观规律。世界上大多数国家都从各自实际出发,不断探索建立适合本国国情的阶段性就业制度。

比如,德国在第二次世界大战后,把促进就业作为社会政治经济发展的重

① 刘小楠主编:《反就业歧视的机制与原理》,法律出版社2013年版,第320~324页。

② 张莉:"法国反歧视制度与实践",载蔡定剑、张千帆主编:《海外反就业歧视制度与实践》,中国社会科学出版社2007年版,第155页。

③ 刘小楠主编:《反就业歧视的机制与原理》,法律出版社2013年版,第335~343页。

要目标，不仅在宏观经济政策和国家政治行为中制定有利于促进就业的措施，还在人力资源市场和就业培训等具体方面采取有效措施。从德国就业制度发展历程来看，战后德国就业制度大致经历了消极人力资源市场政策、积极人力资源市场政策、激活人力资源市场政策三个主要阶段。[①] 另外，德国政府高度重视促进失业人员的再就业工作。2003～2005 年德国对人力资源市场进行重大改革，用就业促进制度替代失业保险制度，政策要义是尽量保障不让工人失业，即使失业，也要尽早实现就业，主要措施有强化人力资源市场研究、职业咨询与职业介绍、职业培训、开发岗位、发放开工不足补助金等。[②]

又如，在经济转型期，一些发展中国家针对巨大的就业压力，开始通过立法或者采取相关政策措施，促进和扩大就业。主要政策措施有：刺激经济增长以增加就业，促进中小企业发展以创造就业机会，实施灵活就业制度以扩大就业，强化职业教育和培训以促进就业，建立和完善失业保险制度以促进再就业等。[③]

通过梳理较有代表性国家就业制度发展情况，不难发现：一方面，尽管每个国家的就业制度存在一定差别，但就业制度的主要原则和内容仍带有一些共性，集中体现为注重人力资源市场机制、注重人力资源市场的规范化、注重通过发展经济促进就业、注重制度的体系化与配套、注重依法促进就业等。另一方面，多样化的就业制度在转型发展中也释放出一些带有趋向性的信号，主要包括市场机制在促进就业中的地位和作用日渐显露、政府对人力资源市场的干预不断减少、改革社会保障制度激活就业等。可以说，这些经验都值得我国认真对待并适度借鉴。同时也应看到，尽管这些国家通过变革来不断完善就业制度并促进就业，但面对日益灵活的人力资源市场以及不稳定的各种因素，就业制度在转型发展中如何有效保障劳工权益问题，已成为一个迫在眉睫的问题。研究表明，自劳动就业政策的新自由主义变革以来，随着政府对人力资源市场干预不断减少、工会力量削弱以及集体谈判分散化和低层次化等因素的叠加，包括平等就业权在内的劳工权益保护机制不断遭受破坏，进而导致

---

① 黄春梅："西方发达国家劳动就业政策的比较研究及其启示"，载《求是》2005 年第 4 期。

② 郜风涛著：《中国经济转型期就业制度研究》，人民出版社 2009 年版，第 72 页。

③ 同上书，第 90～92 页。

工作不确定性因素不断增加以及“工作贫困”问题，①加剧劳工边缘化与社会排斥。

（三）世界灵活就业趋势及其对平等就业权的挑战

进入20世纪70年代以后，在国际市场竞争日趋激烈、产业结构深化调整、科技高速发展和文化理念不断更新等因素的共同作用下，劳动力市场中就业方式发生了巨大变化，灵活就业应运而生。所谓灵活就业，是指在劳动时间、劳动报酬、工作方式、工作场所等方面具有灵活性的就业形式。从就业形式来划分，灵活就业可划分为非全日制就业、阶段就业、临时工、小时工、劳务工、承包工等。② 灵活就业不等于非正规就业。前者是针对就业形式而言的。后者是针对就业部门而言的，通常是指与非正规就业部门相对应的就业形式，非正规就业部门是指属于个人或家庭所有的、使用劳动密集方式和简单技术的小规模生产和服务部门。国际劳工组织在《1991年局长报告：非正规部门的困境》中指出，非正规部门是指发展中国家城市地区的低收入、低报酬、无组织、无结构的很小生产规模的生产或服务单位。国际劳工局在《1998～1999年世界就业报告》中又将非正规部门细分为三种类别：第一类是小型或微型企业；第二类是家庭企业；第三类是独立的服务者。

相关研究在关注灵活就业具有的诸如促进就业、满足企业用工需求、平衡工作与家庭等积极意义的同时，也注意到灵活就业背景下劳工权益保护问题。比如，目前灵活就业在很多国家还处于非规范用工地位，灵活就业可否同时实现促进就业与劳权保障，是很多国家面临的共同挑战。现有研究对此主要有两种观点，有人主张放任市场那只看不见的手来解决问题，另有人主张通过改善劳动法的功能来解决问题。③ 显然，这种非此即彼的主张都不可行，出路还是在于如何在公平与效率、规制与自由中取得平衡。欧洲劳动立法的基本做法是：1990年欧盟委员会就规范灵活用工合同提出三点建议：明确劳动条件；

---

① 大卫·史普勒在《工作的穷人：在美国所看不到的》中指出，所谓工作贫困，是指虽然每天都很辛苦地工作，但仍处于贫困之中。根据美国人口普查局2003年度经济报告公布的数据，美国贫困人口连续两年上升。2001年美国贫困人口增加了130万人，是10年来首次增加；2002年贫困人口又增加了170万人，达到3460万人，占美国总人口的12.1%。更重要的是，这些贫困人口大多数是有工作的，且导致他们贫困的原因在于工作的不确定性以及报酬太低。参见郜风涛著：《中国经济转型期就业制度研究》，人民出版社2009年版，第85页。

② 杨燕绥、赵建国著：《灵活用工与弹性就业机制》，中国劳动社会保障出版社2006年版，第16页。

③ 同上书，第136页。

抵制不正当竞争;提供安全与卫生条件。这三条建议表达了同一思想:向灵活就业人员提供与全职劳动者同样的保护。[①] 相关研究也注意到欧盟在该方面的制度推进。1996年欧洲产业与雇主联盟、欧洲贸易联盟、欧洲公共事务单位中心发布的《关于兼职工作的框架协议》明确指出,应对兼职劳工实行不歧视原则。除欧洲外,其他国家和地区就如何回应灵活就业中劳权保护挑战也做了积极探索。从整体上看,改善劳动立法是国家和政府支持并规范灵活就业的权威方式,是依法规制灵活就业的关键措施。同时,灵活就业对劳动立法改善的核心是"刚柔并举"。"刚"即坚持,坚持基本原则和基本标准,实施底线保护;"柔"即放权,适度放松政府管制,尽可能由劳动力市场自主决定劳动条件和工作安排。从平等就业权保障来看,"刚"就是要坚守核心劳动标准中的平等与不歧视原则;"柔"就是要对各种灵活就业中的平等就业权保护与反就业歧视设置灵活的区分政策与制度,使促进灵活就业与保护平等就业权能够实现某种程度的平衡与和谐。当然,实践中究竟如何把握刚性与柔性的度却是一个技术难题,需要深入研究与精细化的制度设计。

(四)全球化结构中保障平等就业权面临的新课题

20世纪中期以来,全球化趋势日趋强劲,成为不以人的意志为转移的社会现实。尽管人们基于不同视角对全球化的认识各异,但对全球化的主要特征和发展趋势已达成一些基本共识,其主要包括:全球化涉及经济、政治、社会、文化等方方面面,全球化是一个动态过程,全球化的影响是结构性的,全球化呼唤新的伦理、全球正义和全球治理等。[②]

在全球化过程中,价值多元主义与价值普遍主义之间的紧张关系所引发的知识讨论把全球化问题提升至哲学、伦理学等高度,我们不再抽象地讨论全球化问题,而是具体运用一些主题去评断全球化。比如,伴随全球化纵深发展,资本与劳动关系始终是一对轴心关系,并随着全球化发展为劳权保障带来诸多正面或负面影响。国际社会对劳动权的实践探索是非常丰富的,特别是在全球化结构深刻影响和改变人们生活背景下,劳动权的实践形态面临诸多挑战。同时,作为一个全球性话题,劳动权与政治统治关系紧密。围绕劳动权的诸多讨论,既有意识形态的向度,也有法律性质的维度。尤其是在法治经济

---

① Roger Blanpan:"不断地追求——工作、人权与尊严",刘黄丽娟译,载杨燕绥等编著:《劳动法新论》,中国劳动社会保障出版社2004年版,第34页。

② 薛长礼著:《劳动权论》,科学出版社2010年版,第164~166页。

受到越来越多国家接受的背景下，劳动权的法的性质日渐突出，成为法学界普遍关注的一个重要议题。作为劳动权体系中的重要一环，平等就业权问题自然不会淡出人们的视野，而成为一个备受世界关注的焦点问题。研究的关键议题及主要忧虑是：一方面，在全球化结构中，面对社会不平等、强资本与弱劳动格局、就业形式多元化、就业岗位无保障等现实挑战，平等就业权如何形成新的保障机制。另一方面，在全球化结构中，随着国际劳工标准、核心劳工标准、体面劳动、社会条款等国际人权机制的普遍适用，平等雇佣如何实现与工作和家庭生活的平衡与和谐。①

二、域外平等就业权立法述评

自1215年英国《大宪章》以来，世界的民主化运动就是围绕平等这一轴心展开的。同时，自1789年法国《人权宣言》将平等作为基本人权确立之后，平等便成为欧洲乃至世界各国宪法所确认的基本原则。

“他山之石，可以攻玉。”平等就业权是一个实践品性特别强的法律概念，在国际人权文件、区际人权文件和各国法律中皆得以清晰地规定。同时，国际社会对平等就业权的立法保障主要是通过正面规定及反面禁止就业歧视来实现的。为避免面面俱到和泛泛而谈，本书力争有所侧重，述评一些较有特色的域外立法，以期对我国有所裨益。

（一）反就业歧视法的基本脉络

世界各国反就业歧视法的发展主要经历了三个阶段：从20世纪五六十年代分散的反歧视条款到七八十年代专门的单行法，再到90年代后统一的基本法。② 在分散的反歧视条款阶段，域外主要是从20世纪五六十年代开始出现反歧视立法，最初立法多以散见于宪法、民法、劳动法、社会保障法、行政法、刑法等法律中的反歧视法律条款的形式存在。在专门的单行法阶段，20世纪七八十年代，各国反歧视法加快发展，立法内容迅速扩张，开始出现大量专门的反歧视法律。这些专门法律主要包括英国《平等报酬法》（1970年）、《性别歧视法》（1975年）、《种族关系法》（1976年）、荷兰《男女同工同酬法》（1975

---

① ［日］荒木尚志著：《日本劳动法》（增补版），李坤刚、牛志奎译，北京大学出版社2010年版，第80页。

② 蔡定剑、刘小楠主编：《反就业歧视法专家建议稿及海外经验》，社会科学文献出版社2010年版，第24页。

年)、《男女平等待遇法》(1980年)、美国《1963年联邦同工同酬法》、《1972年平等机会法》、《1967年就业年龄歧视法》、《1978年怀孕歧视法》等。在统一的基本法阶段,20世纪90年代后,随着各国反歧视法不断成熟,近年来各国不仅对原有单行立法修订完善,开始出台统一的反歧视基本法,通过基本法统一规定歧视的概念、分类、领域、反歧视机构、救济机制以及法律责任等。比如,德国于2006年通过了反歧视基本法《一般平等待遇法》,英国在整合以往立法基础上于2010年出台了新的《平等法》。

(二)联合国相关公约考察

平等与不歧视是联合国人权条约的基本核心。1945年《联合国宪章》明确将"不分种族、性别、语言或宗教,增进并激励对全体人类之人权及基本自由之尊重"作为联合国的宗旨之一。1948年联大通过的《世界人权宣言》充满了平等观念,详细列举了《联合国宪章》中平等权的内容。在联合国这两个文件之后,又产生了两个重要的国际人权公约,即《公民权利和政治权利国际公约》与《经济、社会及文化权利国际公约》,都明确以法律形式将不歧视原则编撰为具体的条约法规范。① 正如舍思特克所指出的,平等与不歧视原则是"人权法的核心"。②

《公民权利和政治权利国际公约》第26条规定,所有人在法律面前人人平等,并有权受法律的平等保护,不得歧视。法律面前人人平等是指法律平等地适用于每一个人,防止任意、专断地适用法律,并要求执行法律之机关不得因为法律所规范对象的不同而适用不同的标准。平等地受法律保护,要求国家在制定法律时应当平等对待。不得歧视要求国家应采取积极行动,制定相应的反歧视立法。《经济、社会及文化权利国际公约》第2条第2款规定,各缔约国应保证本公约所宣布的权利应予普遍行使,而不得有种族、肤色、性别、语言、宗教、政治和其他见解、国籍或社会出身、财产、出生或其他身份等任何区分。值得注意的是,该公约还专门规定了工作权,其中绝大多数涉及与就业相

---

① 分别参见《公民权利和政治权利国际公约》第2条、第26条;《经济、社会及文化权利国际公约》第2条第2款和第3条。

② Jorome J. Shestack, The Jurisprudence of Human Rights, in Theodor Meron(eds.), *Human Rights in International Law: Legal and Policy Issues*, 1984, p. 101.

关的权利,并被置于核心地位。①

(三)国际劳工组织相关公约考察

国际劳工组织根据《凡尔赛条约》成立于1919年,是国际联盟的附属机构。该组织实行"三方代表"原则,即各成员国代表团由政府、工人、雇主代表共同组成,三方都参加各类会议和机构,独立表决。国际劳工大会是最高权力机构,国际劳工局是其常设秘书处。

国际劳工组织的宪章明确规定:"普遍和持久的和平只能建立在社会正义(公平)的基础上。"在此思想指导下,国际劳工组织通过了一系列保障社会正义、促进公平就业的公约。其中较为重要的有:1958年《消除就业与职业歧视公约》(第111号公约)和《消除就业与职业歧视公约建议书》较为全面地对就业与职业歧视作了规定,即歧视包括:第一,基于种族、肤色、性别、宗教、政治见解、民族血统或社会出身等原因,具有取消或损害就业或职业机会均等或待遇平等作用的任何区别、排斥或优惠;第二,有关会员国经与有代表性的雇主组织和工人组织以及其他适当机构协商后可能确定的、具有取消或损害就业或职业机会均等或待遇平等作用的其他此种区别、排斥或优惠。《消除就业与职业歧视公约》同时对就业歧视的除外情形做了规定:(1)针对有正当理由被怀疑为或证实参与了有损害国家安全活动的个人所采取的任何措施,不得视为歧视。但是,有关个人有权向主管机构提出申诉。(2)国际劳工大会通过的其他公约和建议书规定的保护或援助的特殊措施不得视为歧视。(3)会员国经三方协商,确定为适合某些人员特殊需要而制定的其他专门措施不得视为歧视。这些人员因为诸如性别、年龄、残疾、家庭负担或社会、文化地位等原因而一般被认为需要特殊保护或援助。② 1964年国际劳工大会通过的《就业政策公约》(第122号公约)提供了旨在通过无歧视的就业政策并达到消除贫困、促进发展的政策干预指导框架。该公约第1条规定,所有成员国都应宣布并推行积极的国家政策,促进充分的、自由选择的生产性就业,保证每一个工人不论其种族、肤色、性别、宗教信仰、政治见解、民族血统或社会出

---

① K. 得罗兹维基把工作权的内容分为:与就业相关的权利;就业派生的权利,包括公正的工作条件权、安全卫生和工作环境权、社会保障权等;平等对待和免受歧视的权利;实现工作权的手段性权利,如结社权、集体谈判权、罢工权等。参见 K. 得罗兹维基:"工作权和就业中的权利",载[挪]A. 艾德等编:《经济、社会和文化权利》,黄列译,中国社会科学出版社2003年版,第257页。

② 《消除就业与职业歧视公约》第4条、第5条。

身如何，都有选择职业的自由，并有获得必要技能和使用其技能与天赋的最大可能的机会，去获得担任他适合担任工作的资格。①

（四）欧盟反就业歧视立法考察

欧洲联盟作为当今世界上最重要的经济与政治实体，是反就业歧视的最早地区之一，也是目前反就业歧视最积极、最活跃的地区。客观来看，欧盟反就业歧视立法的初衷并非基于今天所倡导的人权与社会公正，而是主要源于当时经济因素之考虑。这是由欧盟的前身欧洲经济共同体创设的宗旨决定的。

1976年欧盟发布的《平等待遇指令》是欧盟反就业歧视的一个里程碑。《平等待遇指令》全面提出对整个就业领域的妇女权益实施平等保护，全面禁止性别歧视，成为欧盟反就业歧视的骨干立法。之后，《平等待遇指令》经过不断修正完善并增加补充指令，使就业方面的性别平等保护逐渐向社会保障等多个领域的平等保护扩展。进入21世纪后，伴随世界经济与政治发展、人权与法治不断进步，欧盟反就业歧视立法也从当初主要考虑经济因素向更多考虑社会发展因素并追求社会公正转型。与此同时，欧盟反就业歧视立法步伐不断加快，2000年一举通过两项重要反就业歧视立法即《种族平等指令》与《就业框架指令》，标志着欧盟反就业歧视立法进入一个新的阶段，从单纯禁止性别歧视扩展到种族、宗教信仰、年龄、残疾以及性取向等更多领域。整体上看，欧盟反就业歧视立法主要体现在欧盟共同就业政策之中。

在欧盟一体化进程中，就业政策问题的提出是从20世纪50年代开始的，但当时并未得到各成员国的普遍重视。随着就业问题日渐突出，欧盟成员国才意识到建立欧盟统一就业政策的重要性并积极着手推进。目前，欧盟共同就业政策的基本框架由四个支柱构成：第一个支柱是可雇佣性。它通过职业教育和培训以及积极的劳动力市场政策，②包括在工作经验方案中为年轻劳动者提供支持，围绕防止长期失业和青年失业问题的出现展开有关工作。第二个支柱是发展中小企业，提升企业家的地位和职能。其内涵是改革欧盟现行劳动就业政策，刺激产生更多更好的就业机会。第三个支柱是提高企业和雇员的双向适应能力。该支柱的要义是：为企业和雇员提供知识和设备，包括

---

① [英]边沁著：《道德与立法原理导论》，时殷弘译，商务印书馆2000年版，第57～59页。

② Resolution of the Council and Representative of the Government of the Menber States on the employment and social dimension of the information society(2000)OJ C8/1.

新技术和新的市场条件，提高两者的协调适应能力。第四个支柱是平等待遇。其内涵是：为使欧盟经济有全面发展空间，男女应当享有平等就业机会，并拥有平等权利和义务。

值得注意的是，欧盟共同就业政策的一个核心即平等就业机会政策是欧盟反就业歧视立法的灵魂。在欧盟《社会政策白皮书》中，①委员会提到了根据某些共同的价值观来建立一个“欧洲的社会模式”，而这些价值观包含了民主与个人权利、集体协议的自由、市场经济以及全体人员的机遇平等。欧盟共同就业政策中的机遇平等除了诉求于通过机遇平等促进就业及解决失业问题外，还考虑到劳动力市场中各种影响实际平等的因素，进而主张更为实际的平等概念，其目标是实现结果平等。这不仅要求根据个人的特点来判断，而且要求重视那些在劳动力市场中处于不利地位的妇女所面临的真实情况。② 总之，欧盟根据“如果个人以不同的起点开始，真正的平等就无法实现”的观念，③致力于构建形式平等与实质平等相统一的平等就业政策。

（五）国家层面反就业歧视立法考察

平等就业权既是一个权利命题，也是一个经济命题、社会命题和政治命题。平等就业权与反就业歧视关乎人权，关乎社会和谐与稳定，成为各国立法治理的重点。就像古希腊思想家亚里斯多德把法律看作正义的化身，他指出：“要使事物合于正义（公平）须有毫无偏私的权衡；法律恰恰正是这样一种道德的权衡。”④

综观国家层面反就业歧视立法，尽管各有千秋，特色鲜明，但大都注重宪法、基本法等在反就业歧视中的牵引作用。比如，欧洲大陆的成文宪法当以法国最为先进。在1789年法国国民议会通过的《人权与公民权利宣言》并未规定劳动权或类似内容的公民权利。《1791年宪法》第一篇有如下条文：“应设立或组织一个公共救助的总机构，以便养育弃儿，援助贫困的残疾人，并对未能获得工作的健壮贫困人供给工作。”这是世界范围内第一部将“供给工作”

---

① Treu, “European Collective Bargaining Levels and the Competences of the Social Partners”, in Davis(ed.) *European Community Labor Law: Priciples and Persperctive*, Clarendon, Oxford, 1996, p.179.

② Fenwick and Hervey, “Sex Equality in the Single Market: New Directions of the European Court of Justice”, (1995)32 *CMRev*, pp.443,445.

③ Fredman, *Women and Law*, Clarendon, Oxford, 1997, p.384.

④ ［古希腊］亚里斯多德著：《政治学》，商务印书馆1965年版，第169页。

作为国家公共救助措施的宪法。尽管范围有限,也可视为国家公权力保障公民劳动权的开端。[①] 法国《1958 年宪法》第 1 条宣布:"法国保证法律面前人人平等,任何人不因出身、种族、宗教信仰而受到差别待遇。"荷兰 1983 年修订的《荷兰王国宪法》第 1 条明确规定:"荷兰所有公民在同等条件下,应当受到同等待遇。禁止基于宗教、信仰、政治观点、种族、性别或其他任何条件的歧视。"印度《宪法》序言表述了"人人生而平等"的平等理念,宪法保证公民的地位和机会平等,并要求国家采取纠偏行动消除实际不平等。美国反就业歧视立法集中体现在基本法中。比如,1964 年《民权法案》第七章声明,雇主因为一个人的种族、肤色、宗教信仰、性别或最初国家来源等原因而没有雇佣或拒绝雇佣此人,或解雇此人,或在薪酬、就业条件或就业权利等方面采取歧视性行为以及对雇员或求职者以任何一种方式实施限制、隔离或分类,从而剥夺此人的就业机会或者对其雇员地位产生负面影响的行为都属于非法行为。

各国除了在宏观层面通过宪法和基本法反就业歧视外,还致力于构建若干具体制度来保障促进平等就业与反就业歧视的有效性。相关制度和措施主要包括:

一是通过国家宏观就业政策保障平等就业机会。比如,日本《雇佣措施法》(1966 年)规定:本法目的在于促进国家经济平衡发展和实现充分就业,为实现所规定目标,国家应在以下款项方面采取必要综合性措施:第一,为促进人人适应于技术进步、产业调整等变化,应支持技能培训和技能测试;第二,为促进就业困难群体就业并修正劳动力供需不平衡,帮助劳动者在地区间、在职业调整中和类似情况下流动、换岗;第三,实现稳定老年人就业,实施并改进继续就业政策;第四,国家应促进扩大就业机会并消除阻碍劳动者有效运用自身能力的就业行为。

二是通过规定歧视定义和分类反就业歧视。大多数国家反就业歧视立法都规定了歧视定义,[②]并对歧视作直接歧视与间接歧视之区分。各国对歧视的定义大同小异,基本模式在遵循国际劳工组织关于歧视定义的基础上,根据本国国情规定歧视的具体含义。比如,荷兰 1994 年《平等待遇法》规定:直接歧视指基于宗教、信仰、政治观点、种族、性别、国籍、性取向以及婚姻状况等因

---

① 赵宝华著:《公民劳动权的法律保障》,人民出版社 2013 年版,第 36 页。

② 只有少数国家没有规定歧视定义,如美国《1964 年民权法》就未具体规定歧视定义,只是列出了视为歧视的不同种类和行为。

素而做出的区别对待。间接歧视通常发生在这样的情况下,一个看似中立的要求或条件,却间接地导致对属于某种宗教、信仰、政治观点、种族、性别、国籍、性取向以及婚姻状况等群体(或个体)的歧视。

三是通过设立专门机构反就业歧视。促进平等就业与反就业歧视,并非一朝一夕的事情,除了立法要禁止歧视外,还需要强有力的执行方能贯彻平等就业原则与反就业歧视法律意图。为此,世界上许多国家为消除根深蒂固的就业歧视,通过立法设立独立的平等机构,专门履行反歧视法所赋予的职能。这些反就业歧视的专门机构称谓各异,如英国"平等和人权委员会"(the Commission for Equality and Human Rights)、美国"平等就业机会委员会"(Equal Employment Opportunity Commission)、加拿大"人权委员会"(Human Rights Commission)、法国"反歧视促平等高级公署"(High Authority to Combat Discrimination and Promote Equality)、澳大利亚"人权与平等机会委员会"(Human Rights and Equal Opportunity Commission)。尽管这些专门机构的称谓不一,但也有一些共同特点:(1)这些专门机构依法成立,其地位、职权、组成、工作程序、工作范围等都有法律依据,具有高度权威性。(2)这些机构由政府成立,经费与人员来自政府,但又依法独立于政府,属于公共机构或特殊法人。(3)这些机构的职责主要有三方面:负责处理就业歧视方面的投诉;向政府、企业及司法机关提供有关就业歧视方面的法律咨询及建议;向社会开展教育与宣传。(4)这些机构处理就业歧视的程序与手段主要是接受投诉、开展调查、进行调解,其调解虽不具备强制性法律约束力,但因其专业性和权威性,深受当事人及社会大众的尊重。(5)与司法机关相比,这些机构更注重就业歧视纠纷的和平解决,在调解无效的情况下,可以建议当事人采取诉讼方式解决。有特别需要时,这些机构有权独立向法院起诉。①

四是通过职业教育和培训促进平等就业。针对就业歧视产生原因的综合性与复杂性,很多国家在依法反就业歧视中也特别注重从源头干预,帮助劳动者通过提升就业能力以增强就业主动性,一个明显例子是注重职业教育和培训在反就业歧视中的特殊作用。如俄罗斯《联邦居民就业法》规定:在下列情况下,就业机构可指定失业公民参加职业培训、转业培训和技能提高培训:公民无职业;缺乏必要的职业技能而无法选择合适的工作;由于没有适合其现有

---

① 王春光、王旭莅著:《平等就业——部分国家和地区反就业歧视的立法与实践》,知识产权出版社2011年版,第105~106页。

职业的工作,公民必须改变职业;公民丧失了从事原有职业的能力。

五是通过就业服务和就业援助促进平等就业。促进平等就业与反就业歧视最终实现于劳动力市场,如何在尊重市场就业机制基础上依法切实反就业歧视,是各国面临的一个共同挑战。很多国家的普遍经验是:一方面,国家整合资源并强化就业服务,减少劳动力市场信息不对称,对劳动力市场供需现状分析并发布就业趋势分析,为求职者提供职业指导等;另一方面,国家针对不同就业困难群体,采取多种措施实施就业援助,最大限度促进平等就业。比如,国家通过实施就业配额制度、提供公益就业岗位、举办雇佣福利事业等特殊就业计划,旨在实质上实现就业弱势群体的平等就业。

六是通过强化企业积极义务反就业歧视。促进平等就业与反就业歧视的关键是对用工自主权与平等就业权这对轴心关系的平衡。同时,现代社会中任何企业对经济效益的追求都必须建立在道德、法律和人权基础上。为此,很多国家反就业歧视立法都特别注重企业履行积极义务。比如,加拿大《平等就业法》规定雇主应当反对就业歧视,并应在以下主要方面履行积极义务:应当实施和监督计划并不定期审查和修改,应当保证特定群体在雇佣中的比例,应当制定长短期数字目标来提高特定人群的就业比例,应当经雇员同意后方可将具有特定身份的雇员列入特定人群并实施有关平等就业措施,应当制定长短期培训计划并推动特定人群平等就业,应当公开平等就业信息等。

七是通过平等雇佣与工作和家庭的和谐反就业歧视。就业歧视的一个重要原因在于传统观念对女性地位与角色的不当认识。比如,在日本传统的以男性为中心构建的雇佣制度中,女性被认为是非全日制的、次要的和辅助性的劳动者。使用女性劳动者的行业常对已婚女性实行强制退休制度,或对女性规定较早的强制退休年龄。整体上看,在日本传统的以男性为中心的劳动制度中,劳动市场中女性的增加使性别歧视问题更加突出。随后,为积极促进平等就业并反就业歧视,日本劳动立法已经意识到雇佣平等与工作和家庭生活和谐之间的紧密关系,主要采取以下两种方式以达到男女在雇佣机会上的平等:其一是禁止和纠正以性别为基础的歧视,主要规制措施有《劳动基准法》、1985 年《雇佣机会平等法》和判例法等;其二是为劳动者工作和家庭生活的和谐提供法律支持,主要规制措施是 1991 年《照顾子女休假法》,该法在 1995 年修订,并重新命名为《照顾子女和家庭休假法》。①

八是通过建立救济机制及责任制度反就业歧视。无救济则无权利,平等就业权除了在国家法律层面要有一个明确的表态、界定、反就业歧视专门机构等外,还最终依赖于一个健全有效的权利救济机制与法律责任制度的支撑。就业歧视具有很强的破坏性,不仅剥夺了劳动者的平等就业权,还对人们平等就业的观念产生持续的影响。为此,很多国家现有反就业歧视立法都设置了综合救济措施,包括协商、调解、仲裁、诉讼等,并不断完善制裁就业歧视的法律责任制度。比如,各国在司法救济程序中,不断健全诉讼程序和机制,如引入举证责任倒置、刑法惩罚机制、“禁止报复行为”、申请禁止令、“现行给付”等多种救济机制。同时,各国不断加大对就业歧视行为的惩罚力度,如增加赔偿额度,建立精神赔偿或者惩罚性赔偿制度等。总的趋势是就业歧视的法律责任形式日益多样化,法律责任程度不断加强。其目的是加大雇主在就业歧视中的违法成本,使其不敢冒犯法律。②

三、小结:域外平等就业权的趋势及启示

平等就业权在全世界都是一个重大的责任话语,各国都注重法律在保障平等就业权中的权威性,建立了相应的促进平等就业与反就业歧视的法律制度体系。近年来,社会民主意识与平等观念不断变化,人权行动纵深发展,社会多元化与社会融合趋势不断增强,社会公平正义不断普遍性回归。这些重要因素共同推动了促进平等就业与反就业歧视领域出现了一些新的变化及趋势性的现象。认真研究这些变化和趋势,是我国依法构建保障平等就业权制度体系的宝贵资源。

(一)域外平等就业权的发展趋势

第一,价值取向上矫正正义与分配正义的博弈。以英、美两国为例。尽管两国反就业歧视法都体现了对矫正正义与分配正义的追求,但两国追求的侧重明显不同。比如,美国反就业歧视法主要诉求于矫正正义,即如何为歧视这一不当行为提供救济,不当行为者通常具有可谴责性。英国反就业歧视法更

① [日]荒木尚志著:《日本劳动法》(增补版),李坤刚、牛志奎译,北京大学出版社2010年版,第80~81页。

② 李雄、刘山川:“我国制定《反就业歧视法》的若干问题研究”,载《清华法学》2010年第5期。

加诉求于分配正义，即不仅仅是对就业歧视不法行为提供救济，还试图保证工作和其他社会商品分配的公正和平等。[①] 相比之下，英国反就业歧视法在价值取向上侧重于分配正义的做法更符合促进平等就业与反就业歧视的价值内涵，这决定了英国反就业歧视执法机构拥有更多的执法权力，其积极推进平等就业权实现的功能更为明显。[②]

第二，立法目标从反歧视到保障平等转向。平等原则与不歧视是国际人权法的两个核心，是目标与手段的关系。平等原则虽然在各国表述上有所不同，但在实践中却常常很少有不同，集中体现为反就业歧视法律制度逐渐放弃仅仅依靠自身单打独斗的理念，转而积极向其承载的价值目标平等原则靠拢。域外经验表明，法律制度经常将不歧视与促进平等相结合，旨在彰显就业领域的多样化与多元化，[③]并体现人们对促进平等就业与反就业歧视的一种期待。在欧盟，传统上反就业歧视侧重于反对歧视，即禁止雇主基于法定原因实施差别对待。这种对不歧视的强调实际上是一种消极义务。面对日益复杂而严峻的环境，欧盟意识到仅仅事后反对歧视的做法往往难以如愿，近年来开始通过法律注重积极义务来构建一种补强机制，不仅在用语上从非歧视到平等实现重大转型，而且越来越关注法律的有效性，即确保实现充分的平等。欧盟不仅通过改革平等法使个人诉讼更为容易，更为重要的是，欧盟立法试图引入其他机制，如 2000 年的《种族待遇指令》和 2002 年修改后的《平等待遇指令》要求成员国必须建立促进平等待遇的独立机构，[④]修改后的《平等待遇指令》还要求成员国鼓励雇主采取积极措施促进平等。[⑤] 总之，欧盟一系列改革旨在朝着一种“主动的平等观念”方向发展。[⑥] 另外，日本近年来反就业歧视立法也逐渐实现从被动保护到积极平等转型。如立法改变有关女性优惠待遇的政策，在 1997 年修订的《雇佣机会平等法》废除了《劳动基准法》规定的女性特

---

① Julie Chi-hye Suk, "Antidiscrimination Law in the Administrative State", *University of Illinois Law Review*, 2006, pp. 407,412.

② 谢增毅著：《劳动法的比较与反思》，社会科学文献出版社 2011 年版，第 155 ~ 156 页。

③ D. Schiek, "A New Framework on Equal Treatment of Persons in EC Law?" *In European Law Journal*, Vol. 8, No. 2, pp. 290 - 314.

④ Article 13, Racial Equality Directive (Council Directive 2000/43); Article 8a, Revised Equal Treatment Directive (Council Directive 2002/73).

⑤ Article 2 (5), 8a(4), Revised Equal Treatment Directive.

⑥ Mark Bell, "Equality and the European Union Constitution", *Industrial Law Journal*, September 2004, p. 252.

殊保护内容,只有所采取的优惠待遇是以改变工作场所中目前对平等雇佣机会的阻碍,该优惠待遇才能被作为例外。因此,将男女立法分离的做法已经被禁止。正如有学者所指出,日本就业歧视立法通过废除对女性的“单方平等”和《劳动基准法》中适用于女性的保护条款,而向真正的平等法迈出重要一步。①

第三,立法原则从特别保护向社会融合转向。一般认为,反就业歧视法的立法目标是增进某种意义上的平等,②且这种平等又被解释为机会平等。同时,过去有关男女平等立法的理论推理是女性在诸多方面与男性不同,应该给予特殊照顾。20 世纪 90 年代后,这种观念有所改变,在家庭责任方面开始注意到两性照顾家庭责任应该是平等的。在该观念推动下,有关国家立法积极跟进,如 2007 年 1 月 1 日开始生效的德国《父母金及父母休假法》,旨在鼓励父母双方共同承担家庭责任。在对待残疾人方面,过去立法保护是实行企业配额制,现在扩大到要求企业尽量为残疾人提供适合其需要的工作。在对待兼职工方面,过去兼职工与全职工在劳动条件、劳动待遇等方面都有很大差距,现在立法则要求雇主实行同等对待。这些立法变化的一个共同点是:尽管各个就业群体存在差异,但立法应本着最大限度尊重人的尊严、尊重职场民主与多样性、积极建设宽容的社会文化等考虑,在实质层面为特殊就业群体提供帮助,使其尽量与社会融合并和谐相处。应该说,这种注重社会融合的反就业歧视立法原则更符合现代社会发展需要。因为,很多就业歧视都是基于人们根深蒂固的偏见所致,反就业歧视不仅是一项法律工程,更是一场观念改造工程。③

第四,禁止歧视的类别不断扩展。综观各国就业歧视立法对就业歧视类别的规定,尽管大都涉及如种族、民族、肤色、性别、宗教、信仰、出生地、户籍地、主要居住地、残疾、年龄、性取向等因素,但并无一个统一模式,因为就业歧视本身就是一个发展中的概念,需要根据不同国家需要解决的主要问题来具

---

① [日]荒木尚志著:《日本劳动法》(增补版),李坤刚、牛志奎译,北京大学出版社 2010 年版,第 85 页。

② Christopher MeCrudden, “Changing Notions of Disriminatin”, in Stephen Guest & Alan Milne eds. ,*Equality and Discrimination*; Essays in *Freedom and Justice*, pp. 84, 86 (1985); John Garder, “Liberals and Unlawful Discriminaiton”, 9 *Oxfod J. Leg. Stud.* 1(1989).

③ 李雄、刘山川:“我国制定《反就业歧视法》的若干问题研究”,载《清华法学》2010 年第 5 期。

体确定。比如,随着科技发展,基于基因信息的歧视逐渐引起人们的普遍关注。2008 年美国通过了《反对基因信息歧视法》。正如国际劳工组织指出的那样,一些最露骨的歧视表现形式已经淡出,但许多歧视依旧存在或者采取了新的形式。[①]

第五,立法形式从单行法向基本法发展。回溯世界反就业歧视法的发展历程,我们已经注意到,20 世纪 90 年代后,很多国家开始制定统一的反就业歧视基本法。反就业歧视基本法并非要取代反就业歧视单行法,而是要与其共生共存,各自发挥不同的作用。例如,荷兰 1994 年通过《平等待遇法》这一反就业歧视基本法后,又通过了《长期雇用和短期雇用平等待遇法》(1996 年)、《就业年龄平等待遇法》(2002 年)以及《残疾与慢性病人平等待遇法》(2003 年)等。[②]

第六,保障平等就业权日益突出国家作用。就业歧视具有复杂的形成原因。面对顽固不化的各种偏见以及根深蒂固的歧视文化,促进平等就业与反就业歧视除了要在立法上有一个明确表态外,还需要通过强有力的执法使反就业歧视立法的价值、原则与目标得以深入贯彻并最终落地于实践。一个重要趋势是,各国都特别注重建立健全反就业歧视专门机构,依法明确这些专业机构的地位、职能与工作机制等,推动平等就业向更为实质的方向发展。因为专业化的执行机构可以以非正式和低成本的方式协助被歧视者处理投诉,普通人一般更倾向于使用投诉而不是去法庭,并且投诉程序对复杂敏感的歧视案件更容易做出反应。[③] 英国在该方面的做法与经验值得关注。在英国,平等机会委员会、种族平等委员会和残疾权利委员会都有权对雇主展开正式调查,并且可以发布“不歧视通知”,[④]并有权对雇主提起民事诉讼。[⑤] 最近一个值得注意的变化是:为了克服这三个委员会存在的独立运作、过于分散等弊

---

① ILO, “Time for Equality at Work”, Report of the Director-General, International Labour Conference, 91st Session, Geneva, 2003.

② 蔡定剑、刘小楠主编:《反就业歧视法专家建议稿及海外经验》,社会科学文献出版社 2010 年版,第 33 页。

③ 李薇薇、Lisa Stearns 主编:《禁止就业歧视:国际标准和国内实践》,法律出版社 2006 年版,第 177 页。

④ Sex Discrimination Act, 1975, Sec 57(1), 67(2); Race Relations Act, 1976, Sec 48(1); Disability Rights Commission Act, 1999, Sec 3,4.

⑤ Sex Discrimination Act, 1975, Sec 71(1); Race Relations Act, 1976, Sec 62(1); Disability Rights Commission Act, 1999, Sec 6(2).

端,英国政府决定成立一个统一的平等就业促进机构即平等和人权委员会(Commission for Equality and Human Rights, CEHR)。平等和人权委员会由《平等法》(2006年)创设,其职责不仅在于消除就业歧视,更多在于促进平等的实现,包括执行平等保护法的立法、提高人们的平等和尊重多样性的意识、鼓励有利于平等和多样性的良好行为、促进机会平等、给予包括残疾人等在内弱势群体优惠待遇等。①

(二)域外平等就业权对我国的主要启示

促进平等就业与反就业歧视是一个世界共识。总结平等就业权的域外经验与不足,不仅有助于对平等就业权本身的理解和判断,也能为我国平等就业权法律保障制度的建构提供有益参考。

第一,在西方语境下,促进平等就业与反就业歧视的主要思想渊源是西方的人权理念,即是建立在主张"人人生而平等"的理念和主张"社会正义"的价值取向基础上的。这种理念清晰表达在国际劳工组织的《费城宣言》中,即"全人类不分种族、信仰和性别,都有权在自由和尊严、经济有保障和机会均等的条件下,谋求其物质福利和精神发展"。如果我们忽略这种理念,也就丢失了消除就业和职业歧视的灵魂。② 但这种建立在以西方为中心的人权普适主义是值得反思的,因为没有适用于全世界的统一的人权观。实际上,促进平等就业与反就业歧视,在全世界都是一个重大的责任话语,具有不同的"意思场域",是一个需要国际化视野与国家化行动的"具体问题"。我国对平等就业权的态度应当立足于国情与实际需要,既不能只满足于对相关域外立法与实践进行简单地描述,不能用表态的方式去看待促进平等就业与反就业歧视的国际化,也不能不加思索和批判就在描述中不知不觉地接受西方经验及其支配。确切地讲,促进平等就业与反就业歧视,不是一个全新的现象,而是一种对待平等就业权的视角。③ 总之,我国应在充分认识域外促进平等就业与反就业歧视所依据的特殊思想观念的基础上,坚持立足国情,首先要借助当下国家大力推行法治中国建设之"东风",在思想上求同存异,争取广泛的政治共识,构建具有中国特色的平等就业权"意思场域"。

---

① See Equality Act 2006, Section 8.

② 李薇薇、Lisa Stearns 主编:《禁止就业歧视:国际标准和国内实践》,法律出版社2006年版,第182页。

③ 李雄、刘俊:"我国就业歧视界定模式之选择",载《新华文摘》2010年第17期。

第二，域外促进平等就业与反就业歧视的规定主要有两种形式：一种是一般性、原则性的不歧视规定；另一种是具体的不歧视规定。前者具有高度的概括性和原则性，为后者的适用提供规范基础，具有广泛的适用空间，而后者则为立法、执法和司法机关提供了更为直接的法律依据。同时也应当看到，域外促进平等就业与反就业歧视立法尽管已有从被动禁止歧视向主动平等转型，但受传统文化、经济、社会、政治等因素影响，这种转型依然较为缓慢，且"主动的平等"主要还是一种观念或原则性探索，尚未基于平等与不歧视原则构建相应的平等就业权利体系，使平等就业回归权利本位，制度着力点依然是反就业歧视。对我国而言，在国家提出依法治国背景下，促进平等就业与反就业歧视，除了要关注域外发展动向外，还要借鉴其反就业歧视的若干具体做法。更为重要的是，我国促进平等就业与反就业歧视，要根据依法治国要求树立"底线"思维，[①]核心是在目前可以组合运用司法解释、典型案例指导制度、法律修正案、行政法规、规章等途径基础上，尽快启动论证并适时制定促进平等就业与反就业歧视的基本法。[②] 从立法着手，认真对待反就业歧视背后的平等就业权利。如果忽视了平等就业权，反就业歧视就成了"无本之木、无源之水"。因此，我国促进平等就业与反就业歧视，基本路径应是以权利为依托和"支点"，方能根本破解长期以来我国平等就业权面临的系统性困境。值得一提的是，域外平等就业权理论与实践由于受不同文化、各国具体情况等因素影响，平等就业权在西方语境中很难探究其直接而完整的概念及内容体系，这为我国平等就业权法律保障模式提供了广阔空间。进言之，依法治国语境中我国应构建一个什么样的平等就业权法律保障制度，不仅是改革必然给我们出的一道难题，也是平等就业权改革者和设计者们面临的一个新的重大课题。

第三，促进平等就业与反就业歧视的立法与执法等必须彻底。平等就业权关乎人的尊严、体面工作、和谐稳定与社会融合等多重价值意蕴，同时又面临雇主在经济利益驱动下极力规避以及根深蒂固的文化偏见的阻碍，因此，各国都特别注重反就业歧视立法要彻底这一鲜明立场。比如，欧盟立法除了要禁止基于法定因素的直接歧视外，还规定间接歧视来消除表面中立背后所隐

---

① 李雄："立法需要底线思维"，载《检察日报》(学术版)2014 年 1 月 21 日。

② 目前，关于制定我国统一的反就业歧视法的主张有很多，较有代表性的是由蔡定剑老师牵头的专家组于 2008 年 6 月完成初稿、2009 年和 2010 年两次修改后的《反就业歧视法专家建议稿》。该立法建议稿在总则、反就业歧视措施、平等机会委员会、救济机制、法律责任和附则等内容上做了较为全面的设计。

藏的歧视陷阱,进而把反就业歧视斗争推进整个社会的潜意识层面。[①] 又如,立法要规定促进平等就业与反就业歧视的具体法律程序,包括权利申诉与投诉机制、争议受理机制、举证责任机制、处罚机制等。同时,促进平等就业与反就业歧视法律的实施不仅仅是一种强迫,而应首先鼓励当事人自愿执行,采取对话方式建立一种信任机制,在最大限度化解对立情绪的基础上使法律得到当事人的自觉遵守。另外,很多国家都认识到“徒法不足以自行”,依法设立促进平等就业与反就业歧视的专门机构,赋予该机构不同程度的权力,切实推进反就业歧视在实质层面的落实。再如,欧盟甚至提出性别意识主流化要求,[②]在制定任何政策时都必须要用性别平等的观点予以评估,切实防止女性在就业中遭遇的各种歧视。我国当注意域外这些积极经验,在明确我国面临主要问题的基础上,应在依法界定就业歧视定义与就业歧视判断标准,依法建立健全国际法上普遍推行的暂行特别措施,[③]依法建立促进平等就业与反就业歧视专门机构,以及依法建立健全男女平等就业制度体系等方面系统改革。如果立法与制度设计一手硬、一手软,或沿袭一贯的“酌情处理”思维方式,依法保障平等就业权便会成为“水中月、镜中花”,成为一种不切实际的幻想。

第四,促进平等就业与反就业歧视应当重点突出并逐步推进。促进平等就业与反就业歧视涉及面广而复杂,试图通过法律一蹴而就并达到“速溶咖啡”似的效果,是难以想象的。因此,各国在促进平等就业与反就业歧视策略上都注重重点突出并逐步推进。欧盟最基本的歧视类型是性别歧视与国籍歧视,其最初制度的着力点也就是要首先解决这些问题,在取得成熟经验后又进一步将制度扩展到其他领域,从而较为容易地建立起一个全面的反就业歧视法律体系。同时,对于如宗教、基因特征、残疾、年龄和性取向等较为敏感的领

---

① 李薇薇、Lisa Stearns 主编:《禁止就业歧视:国际标准和国内实践》,法律出版社 2006 年版,第 214 页。

② “社会性别主流化”这一概念最早出现在 1985 年第三次世界妇女大会上,集中反映在北京《行动纲领》中。在 1995 年第四次世界妇女大会上,社会性别主流化被联合国确定为促进性别平等的全球战略,指不再单纯追求特别在整体制度框架之外,为保障受歧视群体设立专门机构或计划,寻求全面、系统地把性别视角融入所有政府主要机构和政策制定和实施中。参见刘伯红:“性别主流化的概念和特点”,载《中华女子学院山东分院学报》2009 年第 6 期。

③ 暂行特别措施是指为实现真正的、实质性的平等,需要对特殊群体采取特殊的积极行动。该行动的名称还有“肯定行动”(affirmative)、“积极行动”(positive action)等,一些国际人权公约倾向使用“暂行特别措施”或“特别措施”。参见李薇薇、Lisa Stearns 主编:《禁止就业歧视:国际标准和国内实践》,法律出版社 2006 年版,第 139 ~ 140 页。

域，最初只能得到少数非政府组织和传统福利国家政府的关注，能够在2000年《就业框架指令》中得到明确定义与救济措施，要归功于推动者将这些歧视行为与欧洲日益迫切的就业和经济发展问题等有效结合，促进共识并寻求制度突破。但也应当看到，域外在促进平等就业与反就业歧视中尽管也注意到对灵活就业的回应，如欧盟对灵活就业提出三点建议，即明确劳动条件、抵制不当竞争以及供安全与卫生的条件，对灵活就业与全职就业要实行同等保护，但问题是：一方面，这种理念与做法是否真正体现了平等就业的本质要求，是否需要具备相应的制度与文化基础，是否符合我国国情，平等就业与反就业歧视是否存"度"的问题。另一方面，针对灵活就业提出的"刚柔相济"的思想究竟如何在制度层面具体体现，也是一个亟待研究的重要课题。总之，我国在对待域外这些观念、理论、制度与实践时，既要积极借鉴其突出重点与逐步推进的经验，又要警惕其在灵活就业中面临的纠结与困境。比如，我国当下面临的性别歧视、户籍歧视、残疾歧视等主要问题仍很突出，需要积极借鉴域外立法经验，通过开展科学立法规划，分步推进到全面建设，按照"重点突出、从易到难、逐步推进"的改革思路，并应重视灵活就业中如何促进平等就业与反就业歧视问题，建立健全符合我国国情的平等就业权法律保障制度体系。

第五，促进平等就业与反就业歧视应当重视社会一致行动。毋庸置疑，促进平等就业与反就业歧视的最重要手段是法律，但法律并非全部手段。国际劳工组织认为，无论歧视的形式是什么，都需要一整套类似的手段予以消除。这些手段主要涉及法律、政策、就业与职业培训、就业服务等。同时，平等就业权是一个综合性权利和整体性框架，其保障需要广泛参与和集体行动。在欧盟，政治意志与社会一致是促进平等就业与反就业歧视不可或缺的重要组成。所谓社会一致，即社会各方面都应当对促进平等就业与反就业歧视承担责任并做必要之牺牲。对我国而言，面对传统文化影响、制度缺失、诚信缺失以及经济民主观念淡薄等系统性障碍，促进平等就业与反就业歧视，更需要在法律牵引下，形成政策支持、劳动力市场配套、社会文化推动等一致行动。

第六，促进平等就业与反就业歧视应当注重纠纷解决中的合作。目前各国都将反就业歧视立法作为治理就业歧视行为的主要手段，但由于国情不同，不同国家对于不同的就业歧视行为采取不同的标准。同时，由于法律的原则性和难以操作性，一些规定恰恰伤害了法律想要保护的群体。研究表明，反就业歧视效果之所以不好，关键在于绝大多数企业在国家制定了反就业歧视法的情况下，选择了规避风险，即为了避免劳动力市场中的雇佣诉讼，从一开始就不雇佣那些受歧视的群体，从而更加助长了就业歧视的产生。[①] 这种现象在引起学界的警惕后，他们的结论是：与其要问为什么歧视案件如此之多，还不如问为什么歧视案件如此之少。有学者甚至提出了一种新的视角，即以往的社会学者对性别不平等的分析太过局限于追问其原因，而不是通过对社会制度的分析来探求有关产生不平等的机制理论。因此，在歧视方式不断复杂化和微妙化的新时代，反就业歧视法必须放弃以诉讼为导向、力图惩罚违反者的路径依赖，而要转移到用法律激励雇主自动消除其组织内的歧视这种解决问题的新方法上来。[②] 对我国而言，鉴于当前及今后一个时期面临的就业主要矛盾、劳动争议处理的敏感性、劳动争议妥善解决在和谐社会中的特殊作用、反就业歧视要与最大限度促进就业良性互动，以及推动构建包容社会文化等诸多因素的考虑，促进平等就业与反就业歧视纠纷的解决应当特别注重对话与合作，综合运用协商、调解等非诉讼程序机制，[③]使就业歧视争议尽量通过便捷和低成本的途径解决，[④]力争把就业歧视争议带来的各种负面影响和问题降到最低程度。

第二节　我国平等就业权的研究、立法与问题

我国理论界对平等就业权及反就业歧视的关注起步较晚，主要是随着我国就业问题以及不平等就业问题日渐突出而逐步展开的。在立法上，尽管早在1994年制定的《劳动法》已规定劳动者享有平等就业权，并规定禁止就业歧视，2007年制定的《就业促进法》又重申要依法禁止就业歧视，但对于究竟什么是平等就业权，以及究竟如何界定就业歧视等带有基础性和全局性的问题，立法基本上持回避态度。在立法对平等就业权和就业歧视等规定缺位的情形下，实践中各种不平等就业规则公然抵制法律，就业歧视依然严重，我国当下促进平等就业与反就业歧视现状令人担忧。因此，认真梳理我国平等就业权现状，是全面推进依法保障平等就业权的基础。

---

① 冯祥武著：《反就业歧视法基础理论问题研究》，中国法制出版社2012年版，第20页。

② Laura Beth Nielsen, Robert L. Nelson, *Handbook of Employment Discrimination Research: Rights and Realities*, Springer, Chicago, 2008, pp. xiv - xvi.

③ 李雄："我国劳动争议调解制度的理性检讨与改革前瞻"，载《中国法学》2013年第4期。

④ 谢增毅著：《劳动法的比较与反思》，社会科学文献出版社2011年版，第202页。

一、我国平等就业权研究述评

整体观之,我国对平等就业权的研究基本上形成了一种具有中国特色的研究范式,即无论是在研究的知识场域上,还是在研究的主要进路上;无论是在研究的主要题域上,还是在研究的视野与方法上,以及在研究的成果上,要么对域外做法采取照搬的经验主义模式,要么对现象采取介绍并提出问题与对策的述评模式,要么对制度文本采取评价并开出类似"药方"的"治疗"模式等。客观地讲,这些研究彰显了学界对平等就业权这个极具朴素平民情结,又关系到职场民主化、多样性和机会均等,且具有社会公平正义性质的重大课题的普遍关注与研究兴趣,有的研究提出了真知灼见,对进一步发展我国平等就业权法律制度具有非常好的参考价值。但我们也应当看到,我国对平等就业权的研究还存在诸多问题及挑战,理论研究的不足与缺陷已经实质性地影响到我国平等就业权法律制度的建立健全,并最终影响我国平等就业权的实践效果。

因此,从研究的终极目标出发,本书并不想刻意遵循传统研究范式,而是要反复追问如下三个问题:(1)在当下我国社会法理论整体"欠账"的背景下,我国平等就业权理论研究究竟要为制度建设与实践提供什么样的理论支撑?(2)在依法治国背景下,我国平等就业权理论研究究竟要着力尤其是要优先解决哪些主要问题?(3)在形形色色的就业歧视面前,我国平等就业权理论研究究竟要选择怎样的符合我国国情的研究视角?

基于如上考量,本书特选择从题域视角对我国平等就业权研究现状展开分析。从题域视角研究平等就业权,是我国学界较为普遍的研究偏好。① 谓之题域研究视角,是指从若干具体向度与维度来对就业歧视因素及其相关问题予以研究。选择从题域视角审视我国平等就业权研究现状,不仅可以大致反映出当前理论研究的基本范式、主要内容、核心观点以及存在问题等,也可以为本书的深入研究提供较为全面的一线素材。综观现有相关研究,涉及平等就业权与反就业歧视的十大题域有:

一是有关性别就业歧视的研究现状。随着我国经济社会不断转型,就业竞争日趋激烈。受当前劳动力市场供需总量矛盾、招工传统思想以及文化等

① 李雄、刘山川:"论我国平等就业权重构的必然性",载《甘肃政法学院学报》2009年第5期。

因素影响,就业歧视温床大量存在,尤其是女性劳动者遭遇更为严重的就业性别歧视,导致我国职场普遍存在这样一种奇怪现象:求职时男性优先,下岗时女性优先;很多重要岗位常常优先考虑男性,而家庭中的主要家务首先想到女性。从应然层面来看,男女平等本是一项重要的法律原则,但实然层面的就业性别歧视却不容乐观,首先反映为就业机会不平等。据《2003 年中国劳动统计年鉴》显示,从 1997 年起,城镇妇女就业人数逐年下降,占就业总人口的比例也逐年下降。2002 年妇女占就业总人口的 37.8%,比男性低 24.4%。[①] 另据统计表明,尽管目前我国高等学校女生比例已达 44%,基本上撑起校园的"半边天",但其就业机会却远远低于男生。数据表明:在招聘录用这个职场关键环节,在有求职经历的女大学生中,24.7% 曾经遭遇不平等对待。[②] 同时,残障妇女比残障男性更容易遭受就业歧视。调研显示:62.8% 的残障妇女在求职时遭遇过就业歧视,比残障男性高出 5.4 个百分点,其中城镇残障妇女遭遇的就业歧视高达 72.1%,比城镇残障男性高出 11.5 个百分点。[③] 值得一提的是,相关研究还注意到就业性别歧视中出现的另一严峻问题:孕期歧视已成为女性劳动者求职面临的一个左右为难的问题。她们往往面临的处境是:要么被迫接受用人单位招聘设置的硬性规定即工作期间不得怀孕,要么无奈选择放弃就业机会。

二是有关身份就业歧视的研究现状。在中国当下,在形形色色的就业歧视中,身份歧视时常成为社会关注的一个焦点。所谓身份,是指人先天或后天获得的某种特征,即人的自然或社会性的属性,如社会阶层、性别、民族、出生地域等。美国社会学家拉尔夫·林顿对身份作出的经典定义是"身份是在特定社会结构模式中所占据的一个位置"。[④] 在中国,身份是人们获得某种职业、地位、享有某种社会资源、占有某种社会声望的基本前提。[⑤] 当前,劳动者身份就业歧视主要体现在农村户籍歧视和外来人员身份歧视两方面。中国政

---

① 郜风涛、张小建主编:《中国就业制度》,中国法制出版社 2009 年版,第 392 页。

② 第三期中国妇女社会地位调查课题组:"第三期中国妇女社会地位调查主要数据报告",载《妇女研究论丛》2011 年第 6 期。

③ 刘小楠主编:《反就业歧视的机制与原理》,法律出版社 2013 年版,第 8 ~ 9 页。

④ 姚裕群主编:《中国人力资源开发利用与管理研究》,首都师范大学出版社 2001 年版,第 199 页。

⑤ 李路路:"中国非均衡的结构转型",载袁方主编:《社会学家的眼光》,中国社会出版社 1998 年版,第 208 页。

法大学宪政研究所对全国十大城市开展的就业歧视调查表明，在国家机关、企事业单位等用人单位中，招聘中明确有户口要求的占28.7%，其中要求本市户口的占22.3%，有18.5%的受访者表示，曾经因为户籍问题而没有被用人单位录用，身份在就业因素中排在第三位。[①] 研究表明，用人单位对劳动者就业机会的身份歧视主要类型有：第一，以本地户籍为就业必要条件。如在2004年国务院国资委直属企业招录的5708个职位中，对户籍提出要求的共有142项，其中129项要求具有北京户口。[②] 时隔10年，2014年11月中央网信办直属事业单位公开招聘30名工作人员，虽然形式上要求坚持公开、公平、公正的原则，但要求报考者需符合1979年11月1日（含）以后出生、具有北京市城镇常住户口且人事行政关系在京等报名条件。[③] 第二，限制外地劳动者就业，如在就业总量上限制，或在就业行业与工种上限制。第三，对外来人员提出比本地人更高的就业要求。第四，明确规定不招录某些特定地域的劳动者。第五，招聘单位对身份要求干脆不解释也不说明最终为什么不招录某些特定身份的劳动者。

三是有关健康就业歧视的研究现状。在涉及劳动者健康的各种因素中，诸如乙肝歧视、糖尿病歧视、高血压歧视、精神疾病歧视等不断见诸报道，且这些健康就业歧视具体表现为劳动者在就业时被直接拒之门外或无法通过体检或被拒绝录取等。自出现"中国乙肝歧视第一案"以来，[④]就业健康歧视问题不断引发社会的普遍关注，成为劳动者就业面临的一大歧视困境。统计显示：受访者对乙肝病毒携带者平等就业持赞成态度的仅占39.5%，持反对态度的则占56.0%。[⑤]

四是有关残疾就业歧视的研究现状。根据国际劳工大会《（残疾人）职业

---

① 蔡定剑主编：《中国就业歧视现状及反歧视对策》，中国社会科学出版社2007年版，第195页。

② 周伟等著：《中国的劳动就业歧视：法律与现实》，法律出版社2006年版，第169～171页。

③ 参见《中央网信办直属事业单位2014年公开招聘工作人员公告》。

④ 2003年6月安徽省芜湖市人事局在组织实施辖区公务员招录考试中，对经体检查明乙肝为"小三阳"的求职者张先著不予录取。后张先著提起行政诉讼，诉讼理由是"人事部门歧视乙肝患者"。法院最后判决：确认被告芜湖市人事局做出取消原告进入考核程序资格的具体行政行为主要依据不足，但鉴于招考工作已经结束，故该行为不具可撤销内容，原告要求被录用的请求未获支持。此案是我国首例因为乙肝歧视引起的行政诉讼案件，被称为"乙肝歧视第一案"。

⑤ 蔡定剑主编：《中国就业歧视现状及反歧视对策》，中国社会科学出版社2007年版，第394页。

康复与就业公约》,残疾人是指那些由于被正式确认的生理或心理上的缺陷,致使其获得和保持合适的职业,并得以提升的前景大为降低的人。① 残疾人就业歧视既是一个世界性难题,也是我国长期面临的一个困境。数据显示:2003 年年底,我国实际就业人数为 74432 万,其中城镇就业人数为 25639 万,占总就业人数的 34.4%;实际就业残疾人为 2088.3 万,其中城镇就业的残疾人为 403.1 万,占残疾人总就业人数的 19.3%。② 不难看出,我国城镇残疾人就业率远比健康人低。另外,残疾人就业集中于低层次的工作,且从事的工作一般不需要太多技能。这些因素直接造成残疾人非"体面就业"以及长期无法摆脱经济困境。

五是有关年龄就业歧视的研究现状。我国目前年龄就业歧视主要表现为用人单位随意设定年龄标准。尽管年龄就业歧视相当普遍,但由于缺乏法律具体规定,劳动者一般无法依法维护自己平等就业权益。同时,年龄就业歧视相关研究主要涉及用人单位对妇女年龄的招聘限制。2013 年 8 月 1 日 ~7 日,对重庆市解放碑人才市场招聘会随机调查 50 家招聘单位的招聘广告并经统计显示:整体上看,至少有 82% 以上的招聘单位对求职者提出了明确的年龄要求,且年龄限制最为集中的是 35 岁以下(女)和 45 岁以下(男)。《大连晚报》2003 年"前程招聘专版"上招聘广告的年龄歧视比率高达 72%,上海市《人才市场报》上 2002 年全年招聘广告的年龄歧视比率则高达 68%。③ 厦门大学关于妇女就业受年龄限制的调查显示:就业准入存在年龄歧视,35 岁以上的妇女找工作困难。受访企业不招 35 岁以上妇女的情况相当普遍,私营企业和外资企业几乎只招聘"黄金年龄段"的女工。④

六是有关教育背景就业歧视的研究现状。人才高消费与对劳动者的教育背景进行歧视是当前就业领域一个较为突出的问题。2013 年 8 月 20 日 ~30 日,对重庆市江北区华兴街人才市场招聘会随机调查 50 家招聘单位的招聘广告后,经统计显示:总体上讲,至少有 90% 以上的招聘单位对求职者提出了明确的专业与学历要求,涉及的就业领域涵盖金融、会计、法律、管理、文秘、市场

---

① 林燕玲著:《国际劳工标准》,中国工人出版社 2002 年版,第 140 页。

② 中国网:"2005 年中国就业报告",资料来源 http://www.china.com.cn,最后访问时间 2007 年 10 月 2 日。

③ 王丽平著:《我国平等就业机会保障研究》,中央民族大学出版社 2013 年版,第 88 页。

④ 蒋月:"女工劳动权益保障现状及对策研究——以厦门地区为例",载《2002 年福建省社会科学院规划研究项目研究报告》。

营销、水利等,且学历限制最为集中的是至少是全日制本科,其中至少又有75%的招聘单位对求职者的学校提出了明显要求,如必须是"985"、"211"以及一类重点本科院校等。在科技兴国与人才兴国战略背景下,通过教育获得上升的职业发展通道,是公众普遍的心理预期。但用人单位对求职者的教育背景歧视,不仅使人们丧失了平等就业的机会,也会极大挫伤民众投资教育的积极性,更会对我国教育发展事业持续产生破坏性影响。

七是有关身体就业歧视的研究现状。在就业中对求职者的身体状况进行歧视,是我国就业中较为突出的另一大问题。调查显示:在其他条件同等或类似的情况下,用人单位几乎一边倒式地倾向于优先录用身高及容貌较有优势的求职者。较为普遍的现象是:只要我们随意看看身边各类招聘广告,就不难发现,在涉及餐饮、酒店、公关、文秘等岗位时,如要求求职者身高至少达到1.6米(女性)或1.75米(男性)、容貌姣好(女性)或阳光帅气(男性)等关键词刺激着我们的感官神经。在四川大学与挪威奥斯陆大学法学院人权研究中心合作的项目中,对国资委监管的186家国有企业录用劳动者的广告进行了统计,在涉及的5708项职位中,共有64个职位有容貌限制。①

八是有关制度性就业歧视的研究现状。学者在讨论我国就业歧视的类型及原因时,大都注意到制度性歧视的危害。比如,户籍制度把我国城乡居民分割为城乡不同类别的劳动者,享有不同的劳动就业政策和待遇。在构建城乡统一人力资源市场背景下,户籍制度对城乡劳动者的身份分割至今仍然持续影响着城乡劳动者的平等就业。最为典型的一个例子是:尽管国家层面已经取消对进城务工人员的不合理限制规定,但地方政府依然"只要人手、不要人口",通过各种手段对农村劳动者以及外来就业人员进行限制或歧视。如要求外来人员就业必须办理就业证和就业登记卡,②要求用人单位只有在招聘本地常住人口的劳动力不足的情况下才能使用外地劳动者,要求有关单位在招聘高校毕业生时要优先安排本地生源的毕业生,限制外来人员就业行业及岗位,增加就业成本等。③ 研究也表明,现行一些劳动立法也存在制度性就业歧视,如原劳动部《关于贯彻执行〈中华人民共和国劳动法〉若干问题的意见》

① 王丽平著:《我国平等就业机会保障研究》,中央民族大学出版社2013年版,第102页。

② 例如,《广东省流动人员劳动就业管理条例》第6条规定:流动人员劳动就业实行广东省流动人员就业证和外出人员就业登记卡制度。

③ 王丽平著:《我国平等就业机会保障研究》,中央民族大学出版社2013年版,第154页。

规定，家庭保姆不适用于劳动法，这造成了当前我国大量存在的家庭保姆不能得到劳动法有力保护的尴尬。甚至有学者直接指出，我国劳工立法上的就业歧视根本上是一种身份性歧视。①

九是有关通过制度清理反就业歧视的研究现状。相关研究认为，尽管宪法规定公民享有平等权，国家尊重和保障人权，但由于我国没有建立违宪审查制度，国家立法与地方立法中与宪法不符的规定不能得到及时清理，进而影响到我国促进就业平等与反就业歧视的实效。在依法治国背景下，如何从立法选择改革突破口，突出立法质量并制定良法，是学者普遍关切的一个焦点。比如，立法要树立“底线”思维，越是在形势好的情况下国家越应注重公民基本权利建设，通过建立健全公民基本权利这一补强机制来应对未来各种不确定因素并维护社会和谐稳定，是建设法治中国的题中之义和一项首要任务。②如果政府不重视法律、法规和规章等清理工作，政府制定的一系列规定本身就是一种严重歧视。很难想象，一个有偏见且带有歧视观念的政府又如何带动全社会反就业歧视？在这方面走在前列的是，重庆市人大常委会和重庆市政府根据依法治国的相关要求，依托西南政法大学专业优势，于 2013 年和 2014 年对其制定的各种地方性法规、政府规章等开展了全面而深入的清理工作，取得了良好效果。

十是有关文化偏见阻碍平等就业的研究现状。研究普遍注意到，我国就业歧视产生的原因除了用人单位随意设置招聘条件以及制度性就业歧视等主要原因外，根深蒂固的文化偏见才是阻碍平等就业与反就业歧视的最后“堡垒”。以进城务工人员和外来劳动者为例，尽管他们多年前已经在一个城市工作与生活，尽管制度层面已经取消对其部分限制，但多年后他们依然面临“制度接纳但偏见文化不接纳”的困境，难以与当地城市居民建立平等对话、相互尊重、和谐相处的生活环境。又如，我国在性别方面形成了许多传统观念，男尊女卑、男耕女织、男主外女主内等思想观念已经根深蒂固，成为影响男女平等就业的重要因素。因此，促进平等就业与反就业歧视，除了要在制度层面获得全面建设与改革外，更要培育尊重、宽容、多样化的社会文化。如果没有平等文化支撑，促进平等就业与反就业歧视就会失去“灵魂”。

---

① 周伟等著：《中国的劳动就业歧视：法律与现实》，法律出版社 2006 年版，第 210 页。
② 李雄：“立法需要底线思维”，载《检察日报》(学术版)2014 年 1 月 21 日。

二、我国平等就业权法制述评

《依法治国决定》指出要加强公民权利的法治保障,要加快完善体现权利公平、机会公平、规则公平的法律制度。因此,从法制视角审视我国平等就业权现状,不仅高度契合了依法治国的根本要求,也能够从制度层面直观反映促进平等就业与反就业歧视的主要成果及面临的关键问题,进而有助于为建立健全依法保障平等就业权制度体系提供问题导向明显、针对性强、实效预期显著的有益参考。

(一)我国促进平等就业与反就业歧视的法律渊源

从立法的归属来看,截至 2010 年我国已制定宪法和现行有效法律 237 件,根据全国人大常委会法工委的分类,包括七个法律部门,即宪法及其相关法、行政法、刑法、民商法、经济法、社会法和程序法。其中,社会法部门共有法律 18 件,占全部有效法律的 8%,主要由劳动保障法、社会保障法、社会公益与慈善法三部分组成。① 目前,我国已批准加入国际组织关于促进平等就业与反就业歧视的相关公约,但尚未建立统一的反就业歧视基本法或者平等就业法,有关促进平等就业与反就业歧视的规定还比较分散而凌乱。总体上看,我国促进平等就业与反就业歧视的法律渊源主要有:我国政府批准生效的有关国际公约和文件、宪法有关平等权和劳动权的规定、全国人大及其常委会制定的有关平等就业权与禁止就业歧视的法律、中央政府有关禁止就业歧视的政策性文件、国务院制定的有关禁止就业歧视的行政法规、国务院相关部委制定的与禁止就业歧视有关的政府规章、与禁止就业歧视有关的地方性法规等。

(二)我国促进平等就业与反就业歧视的主要规定

一是《宪法》对平等权与劳动权的规定。宪法作为国家的根本大法,对平等及劳动权做了原则性规定。《宪法》第 33 条规定:"中华人民共和国公民在法律面前一律平等";第 36 条规定:"任何国家机关、社会团体和个人不得歧视信仰宗教的公民和不信宗教的公民";第 42 条规定:"中华人民共和国公民有劳动的权利和义务";第 48 条规定:"妇女在政治、经济、文化、社会和家庭生活等各方面享有与男子平等的权利"。

二是《劳动法》对平等就业权的规定。《劳动法》第 3 条规定,劳动者享有

---

① 朱景文:"中国特色社会主义法律体系:结构、特色和趋势",载《中国社会科学》2011 年第 3 期。

平等就业和选择职业的权利；第 12 条规定，劳动者就业，不因民族、种族、性别、宗教信仰不同而受歧视；第 13 条规定，妇女享有与男子平等的就业权利。

三是《就业促进法》对平等就业权的规定。《就业促进法》的一面“旗帜”是公平就业，其设“公平就业”专章。该法第 3 条规定，劳动者就业，不因民族、种族、性别、宗教信仰等不同而受歧视；第 26 条规定，用人单位、职业中介机构应当向劳动者提供平等的就业机会和公平的就业条件，不得实施就业歧视；第 27 条规定，国家保障妇女享有与男子平等的劳动权利；第 28 条规定，各民族劳动者享有平等就业的权利；第 29 条规定，用人单位招用人员时，不得歧视残疾人；第 30 条规定，用人单位招用人员，不得以是传染病原携带者为由拒绝录用；第 31 条规定，农村劳动者进城就业享有与城镇劳动者平等的劳动权利，不得对农村劳动者进城就业设置歧视性限制。

四是《妇女权益保障法》对平等就业权的规定。2005 年修订的《妇女权益保障法》对妇女公平就业和反就业歧视作了规定，主要有：第 22 条规定，国家保障妇女享有与男子平等的劳动权利和社会保障权利；第 23 条规定，各单位在录用职工时，除不适合妇女的工种或者岗位外，不得以性别为由拒绝录用妇女或者提高对妇女的录用标准；第 27 条规定，各单位在执行国家退休制度时，不得以性别为由歧视妇女。

五是《残疾人保障法》对平等就业权的规定。2008 年修订的《残疾人保障法》对残疾人公平就业和反就业歧视作了规定，主要有第 3 条规定：“残疾人在政治、经济、文化和家庭生活等方面享有与其他公民平等的权利”；第 38 条规定：“在职工的招用、转正、晋级、职称评定等方面，不得歧视残疾人。”该法还规定为保障残疾人平等就业权的落实，要求政府应当采取积极措施。

六是《劳动争议调解仲裁法》对平等就业权救济的规定。2007 年出台的《劳动争议调解仲裁法》第 2 条规定，因订立劳动合同发生的争议属于劳动争议。从逻辑和实践来看，订立劳动合同环节主要包括用人单位与劳动者相互选择以及双方订立劳动合同，前一环节即招聘与求职过程中发生的争议包括就业歧视。[①] 该法把就业歧视作为劳动争议对待并纳入准司法程序解决，无疑有助于劳动者平等就业权的救济。值得一提的是，为使平等就业权救济获得更多可能和途径，不仅《劳动法》第 85 条规定县级以上各级人民政府劳动行政部门依法对用人单位遵守劳动法律、法规的情况进行监督检查，对违法行

① 王全兴著：《劳动法》（第 3 版），法律出版社 2008 年版，第 425 页。

为有权制止，并责令改正。《劳动法》第89条规定，用人单位制定的劳动规章制度违反法律、法规的，由劳动行政部门予以警告、责令改正。对劳动者造成损害的，应承担赔偿责任。而且《就业促进法》第62条规定，劳动者受到就业歧视的，可以向人民法院起诉。该规定既是对我国就业歧视纠纷解决机制的一大突破，也与劳动行政监察、劳动争议仲裁以及行政处罚等共同构成我国平等就业权救济机制的重要组成部分。

七是其他规范性文件对平等就业权的规定。首先是行政法规。如在妇女权益保障方面，2012年国务院颁布的《女职工劳动保护特别规定》对如何保障妇女平等就业作了规定。在残疾人权益保障方面，2007年国务院颁布的《残疾人就业条例》对残疾人平等就业作了规定。其次是部门规章。如劳动部于2007年颁布《就业服务与就业管理规定》，对促进平等就业作了规定。国务院办公厅于2003年颁布《关于做好农民进城务工就业管理和服务工作的通知》，作出取消农民工就业的限制条件，提出要消除户籍歧视。最后是地方性法规。法律、行政法规和部门规章涉及公平就业和反就业歧视的规定，通过地方实施办法而细化。如在保障残疾人和妇女平等就业方面，各省、自治区和直辖市都制定了实施办法。

三、我国平等就业权面临的主要问题

通过对我国促进平等就业与反就业歧视理论研究与法制建设的梳理，我们不难发现：一方面，我国学界对平等就业权的研究倾注了无比热情与大量精力，推出了令人肃然起敬的研究成果。同时，我国平等就业权法制建设整体上已初步搭建起促进平等就业与反就业歧视的制度框架，在有些方面基本上实行了有法可依。另一方面，平等就业权在我国遭遇了单位制社会和身份制社会的长期困扰，先天性缺乏与之相适应的文化底蕴和意思场域。尽管就业歧视原因包括政治、经济、文化乃至传统风俗习惯等，但作为一个严肃的法律问题，我国促进平等就业与反就业歧视面临的关键问题仍在于理论研究和法制建设与现实需要出现严重脱节。从现有研究来看，相关研究带有不同的偏好，集中体现为对各种就业歧视的关注，而平等就业权的正面研究整体上仍处于被“边缘化”境地，且平等就业权一般被解读为反就业歧视。当前，保障平等就业权就是反就业歧视，这种观点还有较强的号召力。但必须指出的是，一切反就业歧视制度的创设，首先应建立并依托于一个完备的平等就业权利制度体系。当平等就业权正面研究尚未达成普遍共识的时候，进行反就业歧视立法与制度建设无疑是非常困难的，平等就业权这种看似天经地义的规则就会被忽视。[①] 从法制建设来看，我国尽管已经初步建立了平等就业权的法制框架，却对若干带有基础性和全局性的问题，要么持回避态度要么模糊处理。现有平等就业权的制度策略主要还是一种应对当前各种就业问题的被动策略，是一种没有形成明显的中国立场的平等就业权策略，是一种存在系统性缺陷的策略。在全面建设法治中国背景下，这种结构性缺陷和系统性缺陷显得特别明显。总之，现有平等就业权法制离一个“体系健全、制度完备、功能发达、保障有力”的平等就业权法律制度体系还有相当距离。

（一）我国平等就业权理论研究存在的主要问题

一是理论研究的意思场域尚未完全“中国化”。平等就业权在全世界都是一个重大的责任话语，具有不同的“意思场域”，是一个需要国际化思维和国家化行动的具体问题。西方人权理念认为，应当以个体主义为本，个人自由和公民权是人的最基本权利。[②] 同时，促进平等就业与反就业歧视不仅是一项极为重要的国际劳工标准，更是建立在人人生而平等的基本理念基础上的。保障平等就业权，不仅是一个国际共识，也是一个需要具体对待的国情问题。我国平等就业权遭遇了单位制社会和身份制社会的长期困扰，先天性缺乏西方语境中平等就业权的意思场域。另外，我国平等就业权理论研究起步稍晚，受西方人权理念及意思场域等影响较深，学界研究带有明显的不同偏好，分散特征较为突出，碎片化研究模式尚占主导地位，国情意识与问题意识还不是特别明显，对关键问题的沉默较为普遍。这些因素导致我国平等就业权理论研究尚未真正实现“中国化”。

二是理论研究的价值目标尚不统一。客观地讲，现有研究热情日渐高涨，无疑显示了平等就业权本身的重要性。但也应当看到，学界对平等就业权的关注主要还是以点推进，即很多研究尚停留在侵犯平等就业权的若干具体“点”上，尤其是集中在若干视角的反就业歧视上。同时，对反就业歧视的系统价值与目标讨论，学界关注甚少。面对这种表面热闹的研究现状，我们不禁要追问：平等就业权理论研究究竟要解决什么核心问题？难道仅仅是为了反就业歧视而研究反就业歧视吗？在《全面深化改革决定》提出要消除一切阻

---

① 李雄：“论平等就业权的界定”，载《河北法学》2008 年第 6 期。

② 李薇薇、Lisa Stearns 主编：《禁止就业歧视：国际标准和国内实践》，法律出版社 2006 年版，第 182 页。

碍平等就业的制度障碍和就业歧视，以及《依法治国决定》提出要加快完善体现权利公平、机会公平、规则公平的法律制度的背景下，平等就业权理论研究是否能够为我国平等就业权法治建设提供符合国情的理论支撑。可以说，对于这些带有方向性的问题，现有研究似乎尚未引起足够重视并形成清晰统一的共识性判断。

三是理论研究的视角与范围过于狭窄。平等就业权既是一项基本人权，也是一项涉及面特别广的综合性权利，确切地讲，平等就业权是一个“权利束”。因此，讨论平等就业权的视角理应涉及法律、政治、经济、社会等多视角与多层面，但现有研究多从政策转型、就业制度发展、劳动经济学、制度经济学等角度展开，[①]从法学尤其是社会法学来审视平等就业权的较少。同时，即便从法学展开，研究一般都认识到平等就业权首先要在宪法层面获得全新突破，但究竟如何突破以及如何正面回答“平等就业权是什么”等问题时，所谓表面上的共识即平等就业权就是反就业歧视的谎言便不攻自破。因为，平等就业权与反就业歧视明显是两个不同的概念范畴，其基本关系是：平等就业权是反就业歧视的基础和“权利支点”，反就业歧视是平等就业权的保障，两者是目标与手段的基本关系。进言之，即便是从反就业歧视来看，有关研究也还面临一些具体问题：如虽然关注了不同因素的就业歧视却忽视了对就业歧视本身的界定，虽然提出要加强反就业歧视却对如何构建反就业歧视的法律机制关注不够，虽然提出要强化用人单位的就业歧视责任却对如何细致设计有关制度关注不足等。另外，值得注意的是，现有研究对日益灵活就业趋势下平等就业权的保障关注还非常欠缺。这是研究视角与范围狭窄的又一突出表现。在日益灵活就业背景下，平等就业权保障的核心问题是：针对不同的招聘单位，理论应如何构建富有弹性的劳权保障制度，达到既要底线保护又能促进灵活就业的双重目标。

四是理论研究的内容还不能构建起平等就业权的权利体系。在法治中国语境下，依法保障平等就业权首先要有法可依的诉求特别突出，即首先要有明确的平等就业权可依法保障。现在的问题是，学者们在不同场合几乎都在使用平等就业权这一概念，似乎已达成惊人一致的默契。但一旦提及平等就业

① 潘光军著：《中国就业问题的宏观经济研究》，中国财政经济出版社2006年版，第60页。

权究竟是什么这一关键问题时，学界对平等就业权的态度又是比较暧昧的，[①]或者干脆主观性或者引用性地把平等就业权当成反就业歧视。同时，正如我们已提到的，平等就业权是一个“权利束”，具有丰富的权利内涵与权利内容，而现有研究要么把其作为反就业歧视对待，要么把其等同于就业机会平等。

五是理论研究的制度转化与实效明显不足。客观来讲，我国理论界对平等就业权的关注和研究在时间上尽管没有西方国家那样持久，但从我国整个社会法理论发展来看，促进平等就业与反就业歧视不断出现在人们讨论话题或者研究主题中，大致可说明学界对平等就业权在我国的理论研究时间已有相当时日。尤其是在2007年出台《就业促进法》后，学界对平等就业权的关注度日渐高涨。但问题是，经年之后，我国平等就业权制度建设似乎不尽如人意，尽管原因很多，但一个重要原因在于理论研究不成熟且不能适时转化为行之有效的制度。事实上，很多学者也认为，我国当前面临的诸多劳动法问题，大致可归结为理论不成熟是其一个重要原因。

（二）我国平等就业权法制建设面临的主要问题

一是立法过于分散且不统一。现有对平等就业与反就业歧视的规定既有宪法和法律，也有行政法规、规章和地方性法规，可谓林林总总，名目繁多，但主要问题还是立法过于分散且不统一。可以说，我国目前这种分散式和单行法立法，既损害宪法权威，也因各地标准不一而损害法制的统一性；[②]既与域外反就业歧视法的发展趋势不吻合，也与建设法治中国的要求不匹配。域外反就业歧视法的发展趋势已经表明，促进平等就业与反就业歧视如果再依靠以往那种分散式和单行法的做法，已不能应对日益多样复杂的就业歧视现状，故必须在宪法的统领下，尽快建立统一的促进平等就业与反就业歧视的基本法。[③]

二是立法的政策性特征突出。早在1994年出台的《劳动法》中，平等就业权就得到明确规定，但该权利法的属性与法的特征等尚未依法确立。这与

---

① 李雄、刘山川：“论我国平等就业权重构的必然性”，载《甘肃政法学院学报》2009年第5期。

② 在我国社会法的法治化程度整体上还较低、尤其是权利建设和权利救济的法治化程度还很低的情形下，立法层面未对平等就业权明确界定，且未对就业歧视的认定规则明确规定，受优先发展经济情结、司法能动不足等因素共同影响，各地对就业歧视的认定呈现出见仁见智的现象，已经严重影响法治统一与权威。

③ 冯祥武著：《反就业歧视法基础理论问题研究》，中国法制出版社2012年版，第139～140页。

当时历史背景密不可分。20世纪90年代中期,我国正大力推进劳动用工制度改革,核心是不断放权于国有企业并回归劳动权自由平等之本色,才有了《劳动法》对平等就业权的表态。尽管当时国家提出劳动者享有平等就业权,但其主要考虑仍是基于立法要与改革同步并服务于改革,至于究竟什么是平等就业权以及如何保障平等就业权,立法还未能深入探究。从该意义上看,我们也不能对《劳动法》原则性规定平等就业权求全责备。但时至今日,诸多立法都对平等就业权与反就业歧视作了规定,《就业促进法》甚至专章规定了"公平就业",但整体上几乎都回避了平等就业权本身应有的概念界定、权利内容等核心规范,以至于人们常面临这样一个困境:法律规定了平等就业权,但对平等就业权究竟为何物,却不得而知。同时,《就业促进法》规定了相关主体促进并保障平等就业的义务与职责,但却没有相应的法律责任作为支撑。有义务无责任,是立法最忌讳的事情之一。出现这种状况,一个重要原因在于立法的政策性特征还很突出,没有认真对待权利,没有从法的属性、法的要求与法的逻辑来规定平等就业权。《就业促进法》的"政策法"、"软法"特征十分明显。

三是立法的宣示性特征明显。权利需要包括政治、法律乃至社会的共同宣示并表明一种态度,但其首先需要立法的明确规定,因为权利又是具体的。综观现有立法,一个最大的问题是,平等就业权多停留在宣示层面。不仅《宪法》仅规定了平等权与劳动权,而且《劳动法》也只是原则性规定劳动者享有平等就业权,《就业促进法》尽管规定"劳动者就业不因民族、种族、性别和宗教信仰等而受歧视",但该规定不仅存在法定就业歧视范围过于狭窄之弊端,且最多是对《劳动法》相关规定的简单继承,因为上述规定都未正面规定究竟什么是平等就业权。当前劳动问题所反映的焦点是劳动者地位的沦落和权利的短缺,①立法对平等就业权概念与内涵的回避无疑会使劳动者不清楚自己究竟享有哪些权利,也会使用人单位不清楚用工自主权的边界究竟在哪里。同时,立法对禁止就业歧视的规定也很模糊。如就业歧视定义、就业歧视认定规则、反就业歧视专门机构、就业歧视举证责任、反就业歧视的法律责任等基本问题,都没有在现有立法中得以明确规定。总之,我国禁止就业歧视规定还未能真正形成完备的法制体系。我们不难想象,在平等就业权正面规定与禁止就业歧视规定尚未形成较为健全的制度体系时,依法保障平等就业权与反就业歧视就只是一个不切实际的幻想。

---

① 常凯:"中国入世与劳权保障",载《中国党政干部论坛》2003年第6期。

四是政府责任存在“软肋”。平等就业既是不歧视国际劳工标准所贯彻的法律精神，也是禁止就业歧视的“权利支点”。一个体系完整、制度健全、功能完备的禁止就业歧视法律制度，必然依赖于一个成熟的平等就业权利支撑体系。目前，国际社会对政府必须承担促进就业和治理失业的主要责任已形成共识，促进就业普遍成为各国政府施政纲领的重要内容。在我国，虽然《就业促进法》对政府促进就业的职责已有相应规定，但伴随不平等就业问题日益严重，依法保障平等就业权成为劳动者一个最为普遍的利益诉求，《就业促进法》有关政府职责的规定已将许多深层次问题推到我们面前，集中体现为：政府促进平等就业的职责亟待强化。比如，《就业促进法》的立法宗旨没有规定政府促进平等就业并依法保障平等就业权。尽管平等就业要讲效率，但从平等就业权所属的社会法范畴来看，它的效率只能来自公平与平等。即促进就业中平等与效率的关系是目标与手段的关系，促进就业中讲效率是有条件的而不是无条件的，目标与手段的关系不能本末倒置。同时，平等就业权是劳动者的一项基本权利，价值意蕴广泛而深刻，把促进平等就业并依法保障平等就业权作为《就业促进法》一个不可或缺的基本理念和立法宗旨，在我国当前显得尤为迫切。①

五是平等就业权与用工自主权关系处理不到位。平等就业权与用工自主权是市场化就业体制中的一对轴心关系，直接影响平等就业权的法律保障效果。《就业促进法》一方面规定劳动者享有平等就业权；另一方面也规定用人单位享有用工自主权，但都未对这两种权利予以界定，也未规定两种权利的各自边界及相互关系如何。在我国长期面临就业总量矛盾、强资本弱劳动，以及用人单位习惯性随意招工等因素的共同作用下，用工自主权占据“上风”就成为自然而然的事情。同时，《劳动合同法》仅规定用人单位应当依法建立健全规章制度，即应当遵循程序民主、内容合法、结果公示三个要求。2001 年最高人民法院出台的《关于审理劳动争议案件适用法律若干问题的解释(一)》也只是规定，用人单位根据《劳动法》第 4 条规定，通过民主程序制定的规章制度，不违反国家法律、行政法规及政策规定，并已向劳动者公示的，可以作为人民法院审理劳动争议案件的依据。从表面上看，立法似乎对用人单位的招聘制度作了限制，但如稍加分析，我们就会发现这些规定仍然存在很多问题，集中体现为：只要规章制度满足三个原则性要求，就可作为定案依据，但现实情

---

① 李雄、刘俊：“《就业促进法》中平等就业的制度困境”，载《河南省政法管理干部学院学报》2010 年第 2 期。

况却异常复杂，在立法没有对三个要求进一步细化并限制的情形下，用人单位往往通过各种手段来满足或者至少在外观上满足这三个要求，就可以"顺理成章"地使其招聘等规章制度"合法化"，进而对劳动者提出各种不合理的要求和限制。① 如果立法仅仅原则性要求用人单位应依法制定规章制度，而没有跟进如何进行过程监督并配置必要的法律责任制度，则立法规定的用人单位有制定规章制度的权利和义务实际上成了其仅有的权利。从有效规制用工自主权的客观要求来看，这种立法无疑令人担忧。

六是统一人力资源市场不能为平等就业权运行提供有效保障。在市场化就业体制下，依法保障平等就业权除了需要法律明确规定平等就业权是什么的问题外，最终还依赖于一个成熟的市场机制。《就业促进法》规定县级以上人民政府培育和完善统一、开放、竞争、有序的人力资源市场，为劳动者就业提供服务。应该说，建立统一人力资源市场，不仅是我国劳动力市场发展的新目标，也是促进平等就业与公平分享改革发展成果的新要求。尽管《就业促进法》以崭新的姿态规定建立统一的人力资源市场，但我们也必须看到，我国劳动力市场在完成改革开放与社会主义市场经济建设迫切需要所推动的初创性建设之后，为实现建立一个定位准确、体系完备、制度健全、功能发达、富有活力的人力资源市场的终极目标，已将许多深层次问题推到我们面前。② 比如，我国统一人力资源市场的定位如何，即我国统一人力资源市场是城乡一体化统一还是城乡有别的统一？我国统一人力资源市场的制度架构如何？这些制度架构如何为平等就业权平滑有序地运行提供市场支持？我国统一人力资源市场如何与社会保障制度有效对接？因为从根本上讲，能够建立与经济转轨要求相适应的社会保障制度，直接决定市场就业机制能否真正建立并发挥作用。我国统一人力资源市场与政府职责的边界如何？从政府与市场的深层次关系来看，权力与权利、干预与自由、平等与效率等之间出现了旷日持久的争论，而这些争论对如何让市场机制在资源配置中起决定性作用形成了巨大挑战。总之，发轫于我国计划经济的劳动力市场，在社会转型时期必然受到各种因素的影响和制约。新时期统一人力资源市场的构造，既要与计划经济的

---

① 事实上，根据笔者近年来调研接触到的很多案例，无论是人力资源管理者，还是法官，几乎都意识到现有规定对用人单位制定规章制度并无多少实质性约束，用人单位可以通过各种手段要么打法律的"擦边球"，要么直接在"法外"获取便利，用工自主权依然很任性，依然我行我素，招聘制度依然对劳动者提出各种不合理的要求和限制。

② 李雄："我国统一人力资源市场的障碍与出路"，载《经济经纬》2008 年第 2 期。

“遗产”对接，又要直面新形势、新问题和新要求；既有破题之难，也有立题之惑，确实是一项宏大而艰巨的任务。

七是依然存在各种制度性就业歧视。制度性歧视是指由于历史原因而非故意实施造成通过广泛的中性政策、习惯和待遇固定形成的特定群体遭受的普遍的有规律的社会不利状况。① 大量研究反复表明：一方面，我国制度性就业歧视主要表现为我国就业区分政策下对进城人员的就业歧视和对外来人员的就业歧视。就业区分政策是指在就业制度中，国家将劳动者因其身份不同而区分为不同的就业群体，并针对不同就业群体采取不同就业政策的现象。② 据统计，自1949年以来，我国在不同时期出台的有关就业政策、法律和法规等都不同程度地存在政策和立法歧视问题，主要体现在对农民工的歧视、干部和工人的身份歧视和临时工歧视等。③ 当前，尽管国家层面已经取消针对农民进城就业的限制和歧视性规定，但一些地方政府在唯GDP情结和经济优先思维等影响下，依然通过各种地方性规定对进城农民就业以及外来人员就业设置诸多限制。有关对农民进城就业、外来人员就业以及所有劳动者就业不合理限制及歧视的规定，不仅不能得到及时清理，还将进一步形成制度依赖，不断放大当前不平等就业与就业歧视问题。另一方面，我国制度性就业歧视在大学毕业生就业中也显得比较突出。随着经济体制改革，大学生就业经历了一个从行政安置到市场配置的转型过程。当前，大学生就业正面临就业不力与就业不平等的双重困境。一个主要原因是，我国对大学毕业生就业采取的地方性需求抑制政策依然存在。政府面对日益严峻的就业压力，出台了很多规范性文件，限制入学前户口不在本地的大学毕业生在本地就业，主要包括学历限制、专业限制、外语水平限制等。④ 特别要指出的是，在限制大学毕业生就业的所有措施中，户籍制度和人事指标成为最大的障碍。

八是平等就业权救济机制与法律责任制度不健全。有权利便有救济，但我国平等就业权不仅面临立法不认真对待权利的境遇，也遭遇了执法、司法与法律责任不力的多重困境。

首先从执法来看。执法层面问题主要有两个方面值得关注：一方面，由于

① ［澳］罗宾·雷顿：“采取临时特别措施，防止就业歧视”，奥斯陆大学人权中心中国项目组2004年北京研讨会演讲稿。

② 肖玉：“我国制度性就业歧视的法理学分析”，吉林大学2005年硕士学位论文，第19页。

③ 周伟等著：《中国的劳动就业歧视：法律与现实》，法律出版社2006年版，第189～207页。

④ 同上书，第126页。

执法规定过于原则,反就业歧视实际“无法”可依。比如,2004 年出台的《劳动保障监察条例》未把就业歧视明确规定为劳动保障监察的事项,虽然该条例第 11 条做了扩张性解释,可以将禁止就业歧视作为劳动保障监察事项之一,但由于我国目前未制定专门的反就业歧视法,有关规定过于分散,并未得到劳动监察部门重视。同时,各地劳动保障监察机构对禁止就业歧视的认识观念还较淡薄,地方政府对劳动保障监察的投入也很有限。① 另外,2007 年出台的《就业服务与就业管理规定》尽管规定用人单位在录用劳动者后应到当地公共就业服务机构备案,为劳动者办理就业登记手续,但这种招工备案制度是针对就业后的,而就业中也就是招工行为并未进入法律监督视野。常识告诉我们,用人单位的招工行为往往才是就业歧视发生的“重灾区”,法律无视对用人单位招工行为的监督,已成为就业歧视产生的执法环节的一个重要原因。另一方面,我国目前尚无一个统一、独立的专门反就业歧视执法机构。除了劳动行政部门外,只有一些指代不明的“有关主管部门”、“上级机关”等,②这与国外普遍建立反就业歧视专门机构的做法尚有差距。特别要指出的是,国家一直重视保护劳动者合法权益,也建立了门类繁多的劳动标准,劳动法理应更好地保护劳动者,但事实并非如此。这种悖论的出现,说明制度实施确实存在严重问题。

其次从司法来看。司法层面的问题主要是反就业歧视尚无一个有效的司法救济机制,主要包括:《宪法》因为没有规定禁止歧视、没有确立就业歧视诉讼制度,导致《宪法》反就业歧视机制“缺位”;《劳动法》因为排除用工前即建立劳动关系前发生的争议应归属于劳动争议,导致反就业歧视争议无法进入仲裁乃至诉讼程序;③《劳动争议调解仲裁法》尽管把订立劳动合同争议纳入

---

① 林嘉等著:《劳动就业法律问题研究》,中国劳动社会保障出版社 2005 年版,第 252 页。

② 李雄、吴晓静:“我国反就业歧视法律规控研究”,载《河北法学》2010 年第 12 期。

③ 大量司法实践表明:当前平等就业权诉讼之“乱象”面临的一个突出问题是案件定性非常混乱。例如,劳动者周某诉广西某纸业有限公司就业歧视案件中,法院将案由定为“一般人格权纠纷”[参见钦州市钦南区人民法院〔2008〕钦南民初字第 312 号民事裁判]。劳动者张某诉湖北某广告有限公司就业歧视一案中,法院将案由定为“其他人身权纠纷”[参见武汉市江汉区人民法院〔2008〕汉民一初字第 1993 号民事裁判]。劳动者于某诉山东某报社就业歧视案中,法院将案由定为“特殊侵权纠纷”[参见济南市历下区人民法院〔2008〕历民初字第 3972 号民事裁判]。劳动者诉北京某通讯技术有限公司就业歧视一案中,法院将案由定为“一般劳动争议纠纷”[参见北京市朝阳区人民法院〔2008〕朝民初字第 06688 号民事裁判]。劳动者诉某电子(广州南沙)有限公司就业歧视案中,法院将案由定为“平等就业纠纷”[参见广州市南沙区人民法院〔2008〕南法民一初字第 180 号民事裁判]。

劳动争议,但由于没有进一步细化规定其内涵,实践中少有把就业争议及就业歧视争议纳入劳动争议范围;《就业促进法》尽管突破性规定劳动者受到就业歧视可以向人民法院起诉,但由于我国相关诉讼法对就业歧视诉讼规定缺位且劳动者不知道究竟如何起诉,该规定最终“有名无实”。值得一提的是,尽管我们说劳动争议诉讼机制尚存在诸多困境,但并非要突出诉讼在劳动争议解决中的主导地位。恰恰相反,现有劳动争议处理机制对抗性过强,各种非诉机制尚不健全,不利于劳资对话并和谐解决问题,容易造成“双输”甚至“多输”局面。

最后从法律责任来看。就业歧视后果具有很强的破坏性,不仅剥夺了劳动者的平等就业权,还对人们平等就业观念产生持续的影响。因此,世界各国都在不断完善制裁就业歧视的法律责任制度,总的趋势是不断增加责任形式并不断加大用人单位的违法成本。反观我国,《就业促进法》规定的就业歧视的法律责任依然没有脱离计划经济的旧思维,法律责任形态主要是罚款、没收违法所得、责令改正、关闭与吊销营业执照等行政措施,就业歧视的民事责任和刑事责任还较单薄,就业歧视责任中如何构建对话与合作机制尚未引起注意。同时,我国就业歧视法律责任成本还很低,①导致实践中用人单位侥幸心理突出,“铤而走险”的现象还较普遍。总之,我国对就业歧视法律责任的配置尚未真正建立起不能歧视、不敢歧视与不想歧视的有机统一体。其中,不能歧视要解决的关键问题是立法与制度设计要依法正面建设平等就业权,并依法规制用工自主权。不敢歧视要解决的关键问题是立法与制度设计要强化就业歧视的法律责任与违法成本,真正能够遏制就业歧视。不想歧视要解决的关键问题是立法与制度设计要立足于市场化就业体制和机制的内在要求,尊重市场机制在资源配置中起决定性作用的地位,着力解决依法促进平等就业中政府责任与市场边界、法律规制与市场自治、国家规范与市场激励等核心关系。

(三)我国平等就业权面临的其他主要挑战

对于一个正处于深度且复杂转型的中国来讲,依法保障平等就业权尽管已具备建设法治中国政治形势与社会思潮之“东风”,但通过全面、仔细对比

---

① 以残障妇女就业歧视为例。调查显示,遭遇就业歧视的残障妇女未采取任何行动的主要原因是认为“自身有欠缺”(占41.9%)和“找了也没有用”(占28.1%)。这说明在就业歧视违法成本还很低的情况下,残障妇女对通过法律、制度解决就业歧视问题缺乏信心。参见刘小楠主编:《反就业歧视的机制与原理》,法律出版社2013年版,第15页。

中外平等就业权研究与法制建设等历史和现状,我们不难发现:中外平等就业权保障尽管具有诸多相同或类似之处,但各自面临的国情、理念、理论研究、制度建设与实践等都还存在诸多差异。同时,我国平等就业权的现状已经非常明显地折射出很多问题,除了理论研究与法制建设面临的系统性缺陷外,还面临很多其他主要挑战。准确发现问题是有效解决问题的关键,认识到并理性对待这些挑战,是全面有效构建我国平等就业权法律保障制度体系的又一重要前提。

首先,平等就业权在我国面临如何定位并如何"中国化"的挑战。平等就业权在全世界都是一个重大的责任话语,无论是在国际组织层面,还是在不同国家层面,平等就业权都有其具体"意思场域",且其内涵及外延在不同环境中呈现出明显的开放性和包容性。在我国,如果我们把依法保障平等就业权"嵌入"社会转型这一宏大背景全面观察,就会发现:一方面,我国社会转型是一个复杂的社会改造和进步过程,既是从传统到现代转型的过程,也是从计划经济到市场经济转型的过程,更是政治转型和文化重构的过程。这使我国社会转型几乎比任何一个国家都要复杂得多和艰巨得多。① 另一方面,中国社会转型中依法保障平等就业权的关键无疑是从立法入手,依法正面建立健全平等就业的权利制度体系。关键问题是,如何在法律上给平等就业权归位,依法厘定其概念、权利内容、与自由择业权的关系、与用工自主权的关系、与反就业歧视的关系、运行机制、法律保障机制等重要问题,既是平等就业权法律保障制度建设的关键性前提和难题,也是平等就业权"中国化"的挑战。

其次,平等就业权在我国还面临如何构建文化支撑的挑战。在我国,尽管传统上有"不患寡而患不均"的思想,但这种朴素的观念还难以作为平等就业权的支撑性理念,主要原因是:一方面,"不患寡而患不均"的传统思想尚不具备法治国家需要的讲理性、讲规则的精神内涵,难以为平等就业权提供匹配的文化支撑;另一方面,"不患寡而患不均"在我国还遭遇了各种非市场化和非竞争化因素的围堵,整体上看,我国还存在较为普遍的崇拜关系、依赖完全劳

---

① 李雄:"如何破解社会转型中的法律供给'综合症'",载《中国党政干部论坛》2013年第8期。

动权、[①]固守偏见等与平等就业权不匹配的文化现象。如果没有匹配的平等文化支撑,依法保障平等就业权将面临难以消除的扭曲文化“阴影”。

最后,平等就业权在我国还面临更为复杂的社会环境。综观域外,平等就业权保障及反就业歧视也并非一帆风顺,而是经历了一个曲折的发展历程。在我国,伴随全球化、劳动用工制度改革以及全面深化改革等不断深入发展,我国尽管早已建立市场化劳动用工制度和就业体制,但尚未真正建立起与之匹配的平等就业制度。平等就业权无论是在理论研究上,还是在法制建设上,都还存在如下旷日持久的争论:平等就业权承载的价值理念与制度功能究竟是什么?平等就业权与用工自主权的关系如何处理?政府与劳动力市场在保障平等就业权中各自的边界如何?企业社会责任对平等就业权有什么影响?在兼顾公平与效率面前,平等就业权保障的度如何设定?面对日益广泛的灵活就业,依法保障平等就业权又如何处理劳动力市场安全与灵活之间的关系?这些问题与矛盾基本上构成了当下及未来一个时期内我国依法保障平等就业权必须破解的重大挑战。

---

① “完全劳动权”是相对于市场经济下“限定劳动权”而言的,是指劳动者享有要求国家或社会提供劳动机会并获得适当报酬的权利,即计划经济下就业的“统包统配”。“限定劳动权”是指劳动者就业主要通过市场解决,国家不再直接包办,但在市场不能保障时,国家有责任提供补充就业机会或提供维持劳动者生活的必要资金的权利。参见常凯:“中国入世与劳权保障”,载《中国党政干部论坛》2003年第6期。

第二章　平等就业权法律保障的逻辑起点——概念内涵

任何理论体系都必须通过某一核心概念展开其自身。平等就业权法律保障制度研究以及平等就业权利制度建设，首先必须依赖于对平等就业权概念本身的清晰把握。同时应当看到，平等就业权在全世界都是一个内涵丰富的多形概念，需要结合具体范畴得以确定。平等就业权本身还涉及与自由择业权、用工自主权以及反就业歧视等重要关系的厘定。厘清这些重要问题，是依法建构中国语境中平等就业权概念内涵的基本面向，也是构建平等就业权法律保障制度的逻辑起点。

第一节　社会法应成为平等就业权的主要理论场域

在考察域外平等就业权理论研究与制度实践后，可以发现：平等就业权在全世界都是一个依赖于不同"意思场域"的具体问题，具有丰富而多变的权利内涵。同时，我国对平等就业权的理论研究及制度建设现状无不说明平等就业权本身尚面临诸多难题，关键是我们究竟要站在何种立场来看待平等就业权。本书认为，公法和私法的融合早在20世纪初已引起学界关注，而法律体系的"三元结构论"（公法、私法和社会法)的分类方法以及劳动法属于社会法范畴的观点,不仅在西方得到广泛认同,也成为我国劳动法学界的通说。因此,社会法应成为平等就业权的主要理论背景和理论场域。平等就业权唯有置身于社会法语境,才能获得最充分的理解和把握。

一、社会法的前世、今生和未来

任何法律的产生都有其特定的社会背景和需要解决的主要问题作为支撑。弗里德曼说:"构成法律的是要求,即真正施加的社会力量。"[①]产业革命促进了生产力的极大发展和市场经济的空前繁荣,在由农业社会向工业社会过渡中和完成过渡后,出现了许多社会问题,包括劳工劳动条件恶劣尤其是职业安全卫生等受到严重威胁、社会贫富差距扩大、人们生存环境污染等。这就迫使人们不得不对绝对的私法自治观念产生怀疑和不满。最终,国家权力开始越过公法界限而介入私法领域,旨在更好地保护社会弱势群体的权利。从该意义上看,社会法的产生尽管也有其社会、经济、思想和法律等基础,但总体上还是基于解决社会问题的需要,[②]即社会法产生的社会基础。大量研究也反复表明,社会法的产生源于社会的结构性矛盾,社会法产生的直接目的是解决一国的社会问题和社会矛盾。同时,社会法的内容必然体现一国所面临的主要或严重的社会问题和国家采取的社会政策。[③] 比如,在社会法理论与实践相对发达的德国,一般认为,社会法的产生是福利国家政策推行并保护社会中处于弱者地位的社会主体的结果。弱势群体保护是社会法中的重要议题。所谓弱势群体,是社会上经济贫困或受到制度、法律、政策排斥导致权利贫困的人的总称。[④] 在本质上,弱势群体是一个社会学概念,应根据人的社会地位、生存状况而非体能状态和生理特征来界定,且贫困性并非弱势群体的唯一特征,应区分"弱势群体"、"特殊群体"、"贫困群体"。现实中,弱势群体是一个虚拟概念,不具有社会学上的"群体"特征。[⑤] 进入20世纪后,以1919年德

---

① [美]劳伦斯·M.弗里德曼著:《法律制度》,李琼英、林欣译,中国政法大学出版社1994年版,第359页。

② 郑尚元著:《劳动法与社会法理论探索》,中国政法大学出版社2008年版,第268页。

③ 陈甦主编:《社会法学的新发展》,中国社会科学出版社2009年版,第8页。

④ 余少祥:"社会弱势群体保护的正当性论纲",载林嘉主编:《社会法评论》(第3卷),中国人民大学出版社2008年版,第221页。

⑤ 余少祥:"法律语境中弱势群体概念构建分析",载《中国法学》2009年第3期。

国《魏玛宪法》为标志，社会法成为国家为实现社会政策而制定的诸如劳动法、消费者权益保护法等法律的总称。直到今天，社会法这种实用性的色彩也依然存在。同时，社会法尽管主要基于解决社会问题而出现，但在不同国家却有不同称谓。在法国，凡是有关公共秩序或利益、劳动关系以及经济安全保障的法律，并且不属于传统公法学所界定的研究范围的，都称为“社会法”；在英国，类似的法律被称为“社会安全法”；在美国，则被称为“社会福利法”。

社会法的产生也有其特定的思想基础。考察社会法产生的背景并梳理有关研究表明，社会法产生的思想基础主要包括社会正义理论与社会连带责任理论。从社会正义理论来看，这一道德和政治哲学理论常被认为是继承和发展了社会契约论的基本精神和方法。“在他的正义论中，正义的主题或对象是社会的基本结构——用来分配公民的基本权利和义务、划分由社会合作产生的利益和负担的主要政治和经济制度。”①社会正义理论除了体现在分配领域外，还在非利益分配领域有相当的表现。有学者认为，市场不能阻却歧视，“如果竞争性市场赶走了歧视，那么当前联邦政府政策存在的问题就不是缺乏有歧视的法律，而是缺乏真正具有竞争力的市场”。② 因此，市场竞争产生歧视是不可避免的，政府通过分配正义规制市场歧视并对社会弱势群体特别保护，便成为社会法证成的一个思想注脚。从社会连带责任理论来看，该理论定位于社会存在为统一整体，认为社会中人们之间存在相互作用、相互依存的社会连带关系，应在不同主体的诉求之间寻找连接点和契合点，即所谓的社会责任。通俗地讲，社会连带责任理论强调“人人为我，我为人人”。社会连带责任理论是社会法存在的又一思想基础。根据社会连带责任理论，社会存在强者和弱者是必然的，而强者与弱者并非一成不变的，社会没有理由抛弃弱势群体。社会对弱势群体同样存在依赖，社会主体在社会存在和发展中是相互依存、相互作用和相互发展的。③ 值得一提的是，早期以福利国家思想、社会正义理论和社会连带责任理论为基础的社会法理论与实践关注于社会弱势群体的利益，在进入现代社会后，则更需要关注这一社会问题。如20世纪70年

---

① 何怀宏著：《契约伦理与社会正义——罗尔斯正义论中的历史与理性》，中国人民大学出版社1993年版，第119页。

② [美]凯斯·R. 孙斯坦著：《自由市场与社会正义》，金朝武等译，中国政法大学出版社2002年版，第201页。

③ 郑尚元著：《劳动法与社会法理论探索》，中国政法大学出版社2008年版，第272～273页。

代,德国社会理论界提出了“风险社会论”,该理论主要是反省现代化的一种理论,认为工业化并不等于现代化,甚至认为工业化与现代化存在一定程度的冲突,集中体现为工业化进程中的社会不平等和层级制并未得到制服。[①]

同时,社会法的产生还有其法律基础。现代社会中市民社会与政治国家不再是泾渭分明的关系,私法与公法融合为社会法提供了法律基础。自古罗马法学家乌尔比安提出公法和私法的划分标准以来,公法和私法的划分长期影响着大陆法系各国法律部门的定性。私法与公法之间的划分成为法律体系化的基础。[②] 然而,以公法和私法为基本划分体系的“二元法律结构”在现代社会中正经历一场声势浩大的解构运动:“在现代法治社会,公法和私法就像两个波涛汹涌的巨大冷暖气团,彼此之间交融渗透,并汇集成既有部分合流、又有更深层次上的分流的强劲浪潮。对于这种法治现象,法学家尤其是公法学家必须予以关注和思考,必须勇敢地应对并抓住这一挑战和机遇。总体而言,20世纪以来公私法的交融渗透大致呈现三种趋势:一曰私法的公法化;二曰公法的私法化;三曰公私法融合为社会法。”[③]这种公私法融合的现象在西方主要表现为“私法公法化”,而在我国则主要表现为“公法私法化”。[④] 基于以上论述,公法与私法融合是社会法产生的重要法律基础。

在我国,社会法兴起时间相对稍晚。社会法虽然重要,关系民生国计,但并非显学,尚未受到学界的细致研究并形成较为成熟的理论体系。与之相对的是,在社会法理论尚无多少眉目之前,社会法之说却成为理论研究、著作与刊物普遍使用的概念。尤其是在全国人大常委会将社会法列为独立的法律部门后,社会法的被关注度日渐高涨。在立法层面,较为显著的是在2007年国家出台的法律中,包括《劳动合同法》、《就业促进法》、《劳动争议调解仲裁

① 刘小枫:“‘风险社会’与现代化”,载《二十一世纪》1994年8月号。

② [奥]凯尔森:《法与国家的一般理论》,中国大百科全书出版社1996年版,第226页。

③ 袁曙宏:“论建立统一的公法学”,载《中国法学》2003年第5期。

④ 所谓“私法公法化”,其实质是运用国家权力调整一些原来属于私法的社会关系,使私法带有公法的性质和色彩。所谓“公法私法化”,其主要意蕴是随着社会发展,政治国家的治理理念和管理方式也不得不进行改革:一方面,按照以往的观念,政府是管理社会公共事务的唯一权力中心,但现今,因各种社会利益集团的形成及其事实上的权力增长,管理社会公共事务的权力中心必然趋于多元化;另一方面,过去的统治观念认为管理是“我命令、你服从”,而现在的治理观念则认为管理是社会方方面面的共同参与,治理方式强调加强政府、非政府组织和公民之间的平等协商与合作。参见吕世伦、任岳鹏:“根本法、市民法、公民法和社会法”,载《求是学刊》2005年第5期。

法》等社会立法与《物权法》出台，凸显了社会法在顶层设计的地位，甚至2007年被称为“社会法年”。但也应当看到，在我国现有七大部门法体系中，社会法的法治化程度还很低，其中又特别以权利建设和权利救济的法治化程度低最为突出。当前，我国对社会法的认识和理解整体上尚处于探索阶段，还未建立系统的社会法理论体系，但正如我们已经提及社会法主要产生于解决社会问题这一特殊背景，我国社会法的整体幼稚并不影响我们对社会法承载的核心价值的基本判断。

总之，社会法和私法一样，“是社会共同的、由一定物质生产方式所产生的利益和需要的表现，而不是单个的个人恣意横行”。[①] 它们的产生，“市民社会、经济关系的领域是决定性的因素”。[②] 即社会法的出现同样适应了经济社会发展的客观需要，只不过人们当时并未清晰认识到这一点。同时，社会法天然具有的以解决社会问题尤其是切实关注社会弱势群体利益为价值依归，不仅使社会法的政策性和时代性特征非常明显，也是推动社会法生成和发展的源动力。社会法将随着社会问题的不断显现和国家采取的不同社会政策而在范围和内容上不断调整和发展。

二、社会法的主要范畴

第二次世界大战以后，西方法学家明确提出了社会法概念，并将社会法视为介于公法与私法之外的第三法域。[③] 在我国，社会法亦得到广泛认同。但社会法在我国作为一种后进学科，其面临的问题也不少，如什么是社会法，社会法的范畴有哪些，社会法是法律制度或法律体系的构成之一还是一种研究方法？[④] 为便于讨论，本书将沿着以下思路逐步展开：

（一）社会法的概念

对社会法概念的认识一直是一个很有争议的话题。有学者指出，社会法是20世纪“学者们比较喜欢使用的术语，但其含义却有多种”。[⑤] 由于社会法

---

① 《马克思恩格斯全集》（第6卷），人民出版社1961年版，第291～292页。

② 《马克思恩格斯全集》（第4卷），人民出版社1972年版，第247页。

③ 林嘉：“论社会保障法的社会法性质——兼论劳动法与社会保障法的关系”，载《法学家》2001年第1期。

④ 郑尚元：“社会法的定位和未来”，载《中国法学》2003年第5期。

⑤ 赵红梅著：《私法与社会法：第三法域之社会法基本理论范式》，中国政法大学出版社2009年版，第44页。

从开始并非一个特定化的概念,有关社会法的定义自然见仁见智了。比如,即便是在具有相似经济社会背景和法律传统的欧洲大陆,现在流行的社会法理论也没有提供统一的被普遍接受的社会法概念,社会法或者仅仅等同于社会保障法,或者等同于劳动法和社会保障法的集合。进言之,从域外关于社会法界定来看,有三种代表性学说:(1)广泛社会法学说,即将社会法定义为所有为实现社会政策而制定之法律,社会法不为独立之法律部门,而为法律之社会化;(2)狭义社会法学说,即认为社会法为社会安全之法,又分为最狭义社会法且仅包括社会保障法、①泛狭义社会法如包含劳动法与社会保障法以及环境法等;②(3)中义社会法学说,即认为社会法为公法与私法之外第三法域。

在我国,由于长期受社会主义法的性质认识之限制,不仅公法与私法的划分没有被认同,社会法之说也无从说起,社会法一直处于理论发现的"禁区"。"我们不承认任何'私的东西',在我们看来经济领域的一切都属于公法范围。"③随着改革不断深入以及社会关系不断分化,以解决诸多社会问题需要为根本动因的社会法开始进入研究者与立法者的视野。1993年由中国社会科学院发表的研究成果《建立社会主义市场经济法律体系的理论思考和对策建议》明确指出,我国社会主义市场经济法律体系主要由民商法、经济法和社会法三大部分构成。2001年在第九届全国人大四次会议上,时任全国人大常委会委员长李鹏在工作报告中提出了法律部门的划分问题,"关于法律部门,法学界有不同的划分方法,常委会根据立法工作的实际需要,初步将有中国特色的社会主义法律体系划分为七个法律部门,即宪法及宪法相关法、民法商法、行政法、经济法、社会法、刑法、诉讼与非诉讼程序法"。同时,社会法第一次被官方界定为"调整劳动关系、社会保障和社会福利关系的法律"。

需要指出的是,社会法概念自被引入我国以来,尽管在我国官方早已被确认,但学界对其讨论从未停止。当前,有关社会法界定的争论主要集中在社会法究竟是一个独立的法律部门还是归位于"第三法域"。赞同社会法为一独立法律部门学者认为:一方面,鉴于法的现代化趋势下公法与私法本身也在不断突破传统之边界,公法私法化和私法公法化已成为法律的普遍现象,只不过

---

① 陈继胜:"劳工法体系之基本认识",载《劳工研究季刊》1983年第77期。

② 蔡茂寅:"社会法之概念、体系与范畴——以日本法为例之比较观察",载《政大法学评论》1997年总第58期。

③ 《列宁文稿》(第4卷),第222页。转引自林嘉:"论社会保障法的社会法性质——兼论劳动法与社会保障法的关系",载《法学家》2001年第1期。

有些法律部门的公法性质更为强烈一些，而有些法律部门的私法性质相对明显。因此，要从公法、私法之外刻意划分出第三法域，是相当困难的。现在的法律需要甄别的只是哪些法律的公法性质或私法性质更为明显一些，或者在同一法律部门中公法规范和私法规范如何相互配合。另一方面，不仅立法机关对社会法作为法律体系中的一大法律部门加以确认，而且如果将法制建设中活生生的社会法继续描述为与公、私法并列的第三法域，将无助于在具体的立法实践中得心应手地构建社会法自身的规范体系，社会法将只能继续孵化为一种法律性质或者法律理念上的学术描述，最终将有损于社会法作为具体规范体系的存在价值，有损于社会法在社会实际生活中的制度生成。① 支持社会法为“第三法域”的学者则认为：一方面，在公法与私法相互融合趋势不断明显的背景下，社会关系中确有一部分不属于公法或私法调整的范围，不能单靠公法或私法调整。调整这些社会关系的法律规范即属于社会法的领域，且保护公民权利尤其是社会弱势群体的权利，恰恰是社会法的精髓和宗旨所在。因此，社会法的出现，是法治精神日趋细密和深化的反映，是社会文明程度趋势不断增强的表现。② 同时，在法的现代化趋势下，只有将社会法置于现代法体系结构之中，合理安排其位置并有效协调其与私法的关系，才能使社会法获得生命力。③ 正如有学者指出，社会法是指以维持社会弱势群体主体的生存及其福利的增进为目的而形成的，调整社会弱势群体在社会活动中所产生的社会关系，兼具私法和公法特点的新型法律部门。我们是按三元法律结构来理解社会法的。从第三法域的意义上认识“社会”，应当与某些弱势群体相联系，并以“结果公正”为基石来进行构建。④ 从社会法生成的历史及其承载的特殊价值和功能来看，社会法是指“调整自然人基本生活权利保障而衍生的社会关系的法律规范的法律群”，⑤是以保护与社会整体利益密切相关的公民经济、社会、文化权利为主旨的公法、私法规范融合的法律领域中法律群

---

① 陈甦、谢增毅：“社会法基础理论研究”，载陈甦主编：《社会法学的新发展》，中国社会科学出版社2009年版，第13～15页。

② 史探径著：《社会法学》，中国劳动社会保障出版社2007年版，第32页。

③ 赵红梅著：《私法与社会法：第三法域之社会法基本理论范式》，中国政法大学出版社2009年版，第73页。

④ 董保华主编：《劳动关系调整的社会化与国际化》，上海交通大学出版社2006年版，第1～2页。

⑤ 郑尚元：“社会法的定位和未来”，载《中国法学》2003年第5期。

体的统称。[①] 还有学者也认为,“在现代法律体系中,出现了经济法、劳动法、社会保障法等,它们是以传统公法要素与私法要素为基本结构、以传统公法与私法的调整方法为原型混合而成的第三种结构要素,我们称为社会法”。[②] 目前,这一见解在我国劳动法学界关于社会法的基础理论研究中,亦为通说。[③] 另一方面,如果把社会法定位于一个独立的法律部门,把它的调整对象、法律关系到责任制度等,都归属为一个独立系统进行论述,使之成为一套完整的区别于公法、私法的理论体系,将是十分困难的,甚至会劳而无助,很难达到预期目的。因此,把社会法作为“法律部门”只是便宜粗略之说,并未细究其含义。[④]

从我国学界对社会法的界定来看,尽管社会法的范围稍有不同,但大部分学者都认识到,应从社会法源起于解决社会问题且保护特殊社会群体的生存权这一客观现实诉求,因此,社会法应以保护公民权利尤其是社会弱势群体权利为核心任务和价值依归。只要厘清了社会法这一关键价值,至于其究竟要定位于一个独立的法律部门,还是定位于“第三法域”,无论站在哪个立场都有其相对合理性。笔者要强调的是:一方面,用“第三法域”难以形成社会法的规范体系来证明社会法为独立的法律部门,似乎难以自圆其说。因为私法也非一个具体的法律部门,但其包含的诸多法律已自成规范体系,且各法律大致能就私法的精神、价值、原则等达成共识。结合前述关于把社会法作为“第三法域”的主要理由,我们认为把社会法归位于“第三法域”似乎更为妥当。另一方面,在社会法归位于“第三法域”基础上,现在面临的关键问题是,如何构建我国社会法的理论体系,或者我国社会法理论体系构建的最优路径应如何选择?有学者一针见血地指出,从“法律理念”来看,社会法理论研究还不成熟,幼稚本身就是独立的天敌。[⑤] 笔者认为,如何推进社会法研究,仍然需要回到社会法产生的根本动因,即社会法是以解决社会问题尤其是保护社会弱势群体权利为价值驱动的。相应地,我国社会法理论体系构建的基本路径

---

① 史探径著:《社会法学》,中国劳动社会保障出版社2007年版,第24页。

② 孙笑侠著:《法的现象与观念》,山东人民出版社2001年版,第94页。

③ 黄昆等:“中国劳动法和社会保障法2002年学术研讨会综述”,载《法律科学》(西北政法学院学报)2003年第2期。

④ 史探径著:《社会法学》,中国劳动社会保障出版社2007年版,第13页。

⑤ 董保华:“社会法研究中‘法律部门’与‘法律理念’的关系”,载《法学》2014年第2期。

应当是回归社会法范畴的核心即社会权利,[①]以社会权利为"抓手"和牵引,进而带动整个社会法理论体系的逐步建立健全。正如有学者指出的,如果我们把社会权利作为社会法体系的逻辑起点,社会法体系的清晰性和协调性便得以展现。[②]

(二)社会法的特征

如果说社会法的概念尚不足以揭示其全部内涵,对社会法的特征的解读将有助于我们进一步揭开社会法概念的神秘面纱。

一是社会法的法律本位特殊。"本位"乃指基本观念、基本目的或者基本任务。社会法以社会本位为依归,它与公法所体现的国家本位或私法所体现的个人本位相区分。何谓"社会",尽管理论界对此尚无统一解释,但有一种解释可作为认识社会本位的基础:"理论上的社会是一种特殊的群体,是相当数量的人们按照一定的规范发生交互行为与相互关系的生活共同体,是指一定时期与范围内各种人际关系和群季关系的总和。"[③]此种解释把"社会"与某种特殊群体联系在一起,是对社会做出的一种狭义的理解。在对"本位"及"社会"界定的基础上,从社会法所调整的社会关系及其实现的目的出发,社会法所蕴含的社会本位之内涵包括如下三个方面:第一,维护社会安全,增进人类社会的共同福祉;第二,促进社会的均衡发展;第三,增进人类社会的合作与协调能力。[④]

二是社会法的调整对象特殊。调整对象是不同部门法区分的一个关键标

---

① 《经济、社会、文化权利公约》中所包含的经济、社会、文化权利,通常被人权法或宪法概括为"社会权利"。"社会权利"作为国际人权法中的一个通行概念,可以用来指代经济、社会、文化权利,同时"社会权利"的主要内容更侧重于经济和社会权利。如有学者指出,所谓社会权利,即通过国家对经济社会的积极介入而保障的所有人的社会或经济生活的权利。传统的社会主义宪法中的社会权利主要包括劳动权、休息权、生存权、退休人员生活保障权、受教育权等多项内容;现代资本主义宪法中的社会权利主要包括生存权、受教育权、劳动权、劳动者的结社自由权及团体交涉和争议权等(参见林来梵著:《从宪法规范到规范宪法》,法律出版社2001年版,第178～179页)。许多学者赞同社会权利的概念及其对社会法体系的建构功能,如有学者认为社会权是社会法的逻辑起点和核心范畴(参见李炳安:"社会法范畴初论",载《福建政法管理干部学院学报》2007年第3期)。

② 陈甦、谢增毅:"社会法基础理论研究",载陈甦主编:《社会法学的新发展》,中国社会科学文献出版社2009年版,第18页。

③ 朱力等著:《社会问题概论》,社会科学文献出版社2002年版,第4页。

④ 董保华主编:《劳动关系调整的社会化与国际化》,上海交通大学出版社2006年版,第23页。

志。社会法发轫于公、私法融合的后市场经济时代，旨在通过国家对市场的干预实现对社会弱势群体利益的切实保护。因此，社会法必然有其特殊的调整对象，以实现其解决社会问题之目的。笔者赞同这样的观点，即社会法所调整的社会关系应当是同类社会关系或者同质社会关系，该类社会关系基本可归结为基本生活权利保障关系，法律保障之对象为社会弱势群体之自然人，法律关系主体为特定的社会团体、国家和受保护的自然人。即社会法实际上是"调整自然人基本生活权利保障而衍生的社会关系的法律规范的法律群"，①且社会法的调整对象因解决社会问题之需要而呈现出一定的开放性和发展性。

三是社会法的理念宗旨特殊。法的发展是随着现代社会的进步而实现的。在现代社会中，日益完善的法律制度使法律的数量不断增多，法律内容日趋繁杂。如何区分不同法律之间的差异，除了法律调整的对象外，法律的理念宗旨是不同法律得以存在的基本依据和灵魂。社会法有其独特的理念宗旨。社会法尽管生成于市场经济体制机制中，但却与市场经济体制机制中占主导地位的民法所固有的理念宗旨根本不同。近代民法以自由、平等为核心理念，坚持意思自治与契约自由。毋庸置疑，以抽象人格确定的具体行为规范的民法理念的运用，虽然以地位平等、机会均等、优胜劣汰的机制推动了社会发展，但却不能消除这种机制导致的弱肉强食以及社会不平等的阴影。在市场机制占支配地位的交易环境中，弱者的产生是竞争的副产品。自由、平等永远是一种精神或价值取向，实质不平等才是客观存在。当自由竞争最终导致贫富不均、社会不和谐等社会危机时，无论出于何种考虑，国家都必须站出来对市场进行干预，通过以社会法为中心的治理手段对市场经济以及民法理念进行矫正，首先要确保弱势群体的权利并消解其面临的生存危机。这便是社会法存在的道德与伦理正当性。即社会法所追求的理念宗旨在于通过对社会弱势群体之具体人的法律关怀，增进其权利与福祉，推动实现社会整体上的实质公平正义。

四是社会法的价值功能特殊。从社会法产生的历史背景来看，社会法的出现源于社会矛盾使特殊社会群体面临生存威胁，社会法从一开始就秉持对社会弱势群体权利尤其是生存权的切实保障。从该意义上讲，保障社会弱势群体的生存权是社会法的精神内核和存在目的。生存权是在近代市民宪法所

---

① 郑尚元："社会法的定位和未来"，载《中国法学》2003年第5期。

保障的人权宣言体系中前所未有的崭新的基本人权。"生存权的目的,在于保障国民能过像人那样的生活,以在实际社会生活中确保人的尊严;其主要是保护帮助生活贫困者和社会经济上的弱者,是要求国家有所作为的权利。"①需要进一步指出的是,社会法除了要优先关注社会弱势群体的生存权外,还应当秉持社会法兼有的社会政策价值功能。应该说,对社会法具有的社会政策及促进功能的警觉,不仅是对社会法理论的一种突破,也对社会法的全面构建提供了更为广阔的思考空间。②

五是社会法的调整模式特殊。社会法为实现对社会弱势群体权利的切实保护,具有明显区别于私法或公法的法律调整模式,集中体现为:

首先,社会法调整的基本原则特殊。社会法作为调整自然人基本生活权利保障而衍生的社会关系的法律规范的法律群,其法律本位彰显了社会法的法律原则只能是倾斜保护社会弱势群体的合法利益。倾斜保护并非一个独立的价值判断,应由倾斜立法和保护弱者两方面构成。③ 从倾斜立法来看,目前相关立法还有相当距离,主要问题是立法并未认真对待强弱主体的区分问题,而采取整齐划一的"一刀切"立法思维与模式,对所有用人单位和劳动者一视同仁。显然,这既根本违背了公平正义的价值内涵"等者等之,不等者不等之",也为法律的有效实施制造了麻烦,集中体现为立法起始阶段的不公平使法律实施面临难以适用、用人单位公然抵制法律、选择性执法等问题。可以说,劳动立法这种没有合理区分的理念与模式已成为我国当前劳动法法治化建设面临诸多问题的一个根本性原因。改革完善劳动立法的基本路径是在立法起始阶段就应贯彻合理区分原则,通过劳动基准、立法倾斜、司法平等等途径来实现。④ 这一点在劳动法的基本原则中体现得尤为明显,我国劳动法的

---

① [日]大须贺明著:《生存权论》,林浩译,法律出版社2001年版,第16页。

② 比如,有学者从社会法的核心权利社会权视角论证了社会法的经济发展价值。该学者认为,当前世界各国政府在处理社会权与经济发展关系时陷入了迷茫的两难困境。问题的症结是,片面强调经济发展对社会权的决定作用,忽视或根本没有认识到社会权对经济发展的价值。而走出当前困境的唯一出路是发现并重视社会权对经济发展的价值。社会权作为一种特殊的生产性制度资源或资本必然具有经济发展价值,如社会权为经济发展提供公平有序的制度环境和稳定和谐的精神环境等社会环境。参见龚向和:"论社会权的经济发展价值",载《中国法学》2013年第5期。

③ 董保华等著:《社会法原论》,中国政法大学出版社2001年版,第143页。

④ 董保华:"论劳动合同法的立法宗旨",载《现代法学》2007年第6期。

立法目的首先是保护劳动者的合法利益。[①] 从保护弱者来看，其要义是基于劳资地位事实上的不平等而保护相对弱势方即劳动者的实质平等。

需要指出的是，尽管社会法把倾斜保护作为法律调整的优先原则，但这并不排斥对平衡劳资双方乃至多方利益的追求。恰恰相反，随着社会法依赖的各种环境已发生翻天覆地的变化，社会法必须充分注意到并理解其追求的社会本位所蕴含的利益诉求的平衡。即社会法在优先考虑对弱势群体实施倾斜保护的时候，也不应忽视对各相关主体利益的平衡。从法学的角度来看，通过把社会利益转化为多种社会群体和个人在制度上可以提出要求的权利，通过加强关于社会保障的法律制度，来保护和平衡社会利益关系。这个使命主要由在传统的公法和私法之间出现的一个叫作"社会法"的学科来承担。[②]

其次，社会法调整的手段多样化。私法以"契约即权利义务"为经典，社会法则应充分注意现实中各个具体交易主体之间存在的各种不平等事实，力图通过倾斜保护、对话合作等矫正机制实现对社会弱势群体的切实保护。[③] 该方面最为突出的一个表现是社会法特殊的权利义务观。社会法以义务为重心，一方受的利益并不必然是其享有的权利，而是利益主体自身也应负担的义务。如劳动条件、劳动保障等强制性劳动基准不仅压缩了当事人意思自治的空间，也要求当事人必须履行该法定义务。社会法这种特殊的权利义务观不仅刺破了私法权利与义务相对应的基本原则，也为社会法调整手段的多样性提供了可能。比如，在以义务为重心的权利义务观中，社会法在法律调整模式上特别突出集体力量与国家干预，旨在克服当事人地位不平等之缺陷及其带来的各种负面影响，已成为各国的普遍经验。

---

① 黎建飞："论我国劳动法的立法目的"，载《河南省政法管理干部学院学报》2003 年第 5 期。

② 夏勇著：《依法治国——国家与社会》，社会科学文献出版社 2004 年版，第 71 页。

③ 对话合作是社会法的一种特殊治理机制与保护机制。一般认为，社会法以倾斜保护为价值依归，突出国家对劳资干预，强调公权在劳资关系管理中的主导作用。伴随劳动力市场中不断出现的国家干预过于刚性导致劳动法被排斥适用、公权干预使劳资双方"双输"以及劳资政三方共同治理理念与实践日益勃兴等新的挑战与趋势，社会法的现代化发展要求果断调整其对劳动力市场的管理理念与模式，进而植入现代社会政策与当代劳动力市场系统治理内涵的干预与自治、对抗与合作等价值理念。实际上，对话合作不仅可以在微观层面构建劳资新型发展关系，还可以为政府创新劳动力市场治理模式提供新的启示，使政府在最大限度尊让劳资自治的基础上，从源头缓解劳资紧张关系，激发劳资相互依存的活力，实现用人单位从过去被动承担用工义务向主动承担企业社会责任的根本转型，最终促进劳资政"多赢"与劳资和谐稳定。

应当注意的是,社会法的社会本位及其蕴含的社会利益不仅要维护社会安全,还要通过提升合作与协调能力来增进人类社会的共同福祉。① 从该意义上看,社会法其实已为我们展示出极具法律魅力与社会政策魅力的社会治理的新模式和新机制。进言之,社会法不仅要通过法律治理来实现对社会弱势群体的保护,还要通过社会政策治理尤其是发展型社会政策治理来确保整个社会以及人类的持续健康发展。② 这里已经涉及与社会法本位、理念与功能等另一个不得不提及的关系紧密的重大命题,即社会法的发展理念或发展价值功能,且这种发展的要义首先是促进社会弱势群体中具体的人的发展。如在劳动法语境中,劳权作为劳动法的一个最为核心的权利概念,既是发展的目的,也是发展的手段,③通过劳权保障来促进经济社会发展,进而通过经济社会发展带动并实现劳权保障的提升。正是在发展理念下,社会法的调整模式不仅要突出集体行动与国家干预,还要强调劳资政以及相关主体的共同参与及对话合作,力图建构一种能够兼顾各方利益的新型调整模式与机制。在这方面已有的主要经验是:近年来各国在处理如劳资等社会法范畴的关系或矛盾时,不再简单套用或者主要寄托于传统的诉讼这一刚性解纷机制,而逐渐确立了非诉讼纠纷解决程序(Alternative Dispute Resdution, ADR)与调解制度。④

最后,社会法的救济与责任机制特殊。任何实体法的存在都应有相应的程序救济手段。如果程序救济不完善,即调整模式上有缺陷,将动摇该实体法

① 董保华主编:《劳动关系调整的社会化与国际化》,上海交通大学出版社2006年版,第23页。

② 作为一个学科概念,"社会政策"这一术语出现于19世纪后半叶,是指政府通过提供服务或资金直接影响公民福利的一系列行动,其核心包括社会保险、公共援助、卫生福利服务和住房政策。20世纪90年代以来,发展型社会政策理论迅速发展,逐渐为人们所认同,并且被吸纳进社会政策的设计之中。发展型社会政策的核心理论是将社会政策看成生产力的一个要素,是一种社会投资行为。发展型社会政策在以往社会政策价值上增加了发展这一基石,强调政策的重点应关注对人力资本的投资,以及劳动力人群能否顺利进入劳动力市场。同时,发展型社会政策在思维方式及调整模式上注重对社会问题进行"上游干预"和"源头治理",并突出公民的责任感。分别参见林卡、陈梦雅著:《社会政策的理论和研究范式》,中国劳动社会保障出版社2008年版,第16~19页;张秀兰等编著:《中国发展型社会政策论纲》,中国劳动社会保障出版社2007年版,第3~10页。

③ 陈步雷著:《劳权与发展:权利论与功能论的多维度分析》,法律出版社2009年版,第322页。

④ 李雄:"我国劳动争议调解制度的理性检讨与改革前瞻",载《中国法学》2013年第4期。

作为独立部门法的地位。社会法是一个以保护社会弱势群体权利为宗旨的法律群，有其特殊的本位即社会利益。从诉讼角度来看，诉的利益是诉讼追求的核心价值目标，诉的利益的性质决定了应采取匹配的利益救济机制。社会利益是社会法承载的本位，社会利益兼有的国家利益属性与个人利益属性决定了社会利益救济手段的综合性。已有的大量实践反复表明，在涉及劳动用工的诸多争议中，由于用工的复杂化导致用工中各种法律关系的复杂化，进而导致纠纷性质不能再简单对接于纯粹的私法或者公法范畴，任何试图依靠单一的民事诉讼或者其他诉讼机制似乎难以奏效。因此，近年来大陆法系一些国家和地区出现的一个明显的趋势是：依然适用传统诉讼程序实现社会公共利益，或者在现行某个诉讼程序中以"拉补丁"的方式安排公益诉讼的做法，有逐渐被弃用的趋势。与此同时，这些国家和地区系统推出公益诉讼的专门程序立法或审判规则，已经被提上立法或司法改革的日程。[①] 所谓公益诉讼，是指"有关组织和个人依据法律的规定，对违反法律而给国家、社会公共利益造成了事实上损害或者潜在损害的行为，向法院起诉，由法院追究违法者的法律责任的诉讼活动"。[②] 公益诉讼的目的在于"通过法律让司法获得变革的力量"，从而实现对社会利益的切实维护。

除了救济机制特殊外，社会法的法律责任制度也很特殊。就法律责任的历史来看，法律责任归责原则经历了结果责任原则、过错责任原则和严格责任原则等。公法中的"没有犯罪意图就没有犯罪行为"的法律格言依然备受推崇，传统私法的归责原则一般为过错责任原则，而社会法则是一种更为严格的责任原则，主要包括严格责任原则和无过失责任原则。[③] 严格责任原则和无过失责任原则皆强调损害结果的实际发生，即只要有损害事实与损害结果，一般都要追究损害主体的法律责任。如根据工伤保险相关规定，只要劳动者不是因为自残、自杀、酗酒等且因为工作原因而受到伤害，用人单位一般都要承担相应的法律责任。社会法实行这种特殊的法律责任原则，目的在于对社会弱势群体予以更为全面务实的保护。另外，社会法的责任形式与程度也是其法律责任制度的一个重要组成。社会法的本位即社会利益的属性不仅决定了

---

① 赵红梅著：《私法与社会法：第三法域之社会法基本理论范式》，中国政法大学出版社2009年版，第381页。

② 颜运秋著：《公益诉讼理念研究》，中国检察出版社2002年版，第58页。

③ 董保华等著：《社会法原论》，中国政法大学出版社2001年版，第383页。

社会法救济程序的特殊性,也决定了社会法法律责任原则、责任形式与责任程度的特殊性。当前,各国都在不断完善社会法的法律责任制度。总的趋势是社会法的法律责任形式日渐多样化,法律责任程度不断加强,①一个基本目的是使相关义务主体在高违法成本压力下不敢再任意妄为。

三、社会法语境中依法保障平等就业权的特殊性

我们已经认识到,社会法应成为平等就业权的主要理论背景和理论场域。平等就业权唯有被置于社会法语境下,才能获得最充分的理解和把握。在对社会法的基本范畴整体把握后,接下来的任务便是考察社会法对平等就业权有哪些主要影响,进而为我国平等就业权的概念构造提供必要的理论铺垫。

(一)社会法本位决定了平等就业权内容体系应当全面建设

社会法本位旨在追求一种包容性极强的社会利益,且该社会利益不仅来源于私法固有的自由与平等精神,尊重契约自由与意思自治;而且对私法形成一定程度的超越,集中体现为社会利益更加关注现实生活中各种具体的人的利益,尤其是关注那些在市场经济中因为种种原因处于不利竞争处境的人的生活状况与生存危机。从该意义上看,社会法所追求的本位即社会利益不是对个人利益的否定,社会利益在根本上讲是个人利益由经协调与平衡的产物,是"利益结构的一个终点"。② 值得一提的是,社会利益相较于个人利益而言,只是相对平衡而非绝对优位,不能把平衡简单理解为放弃个人利益而选择社会利益。否则,便会回到把社会利益视为完全超然于个人利益的逻辑中。另外,社会利益与个人利益的边界不是恒定的,社会利益可纳入个人利益的实现过程,只要两者能够和谐共处并拥有共同发展的机会就足够了,两者的界限并非问题的重点。最后要强调的是,社会利益之求解固然可以通过市场机制自发形成,因为社会利益与个人利益也存在一致性,但在一个民主法治国家,政府不能坐视市场竞争中那些处于不利境地的社会弱势群体,更不能无视社会弱势群体的权利,其必然对市场适度干预,旨在追求公平竞争基础上社会弱势群体中具体人的公平正义即实质正义。

总之,社会法本位即社会利益本身就蕴含了对自由平等以及公平正义的

---

① 李雄、刘山川:"我国制定《反就业歧视法》的若干问题研究",载《清华法学》2010年第5期。

② 岳彩申、袁林:"经济法利益分配功能之解释",载《社会科学研究》2002年第3期。

尊重与关注,但更突出对社会弱势群体中具体人的生活状况与生存危机的关注。这不仅是社会法得以存在的基本依据,也是社会法的精髓和宗旨。如此一来,社会法本位决定了社会法理论场域中平等就业权不应当只是一种原则性或者宣示性的法律表达,而应得到法律认真对待,并应当依法从形式平等与实质平等两个层面全面建设平等就业权的内容体系,使平等就业权保障的范围能够覆盖到现实生活中所有劳动者特别是那些处于弱势地位的劳动者身上。

(二)社会法理念与功能决定了平等就业权应突出实质平等

社会法保护社会弱势群体的理念以及保障社会弱势群体中具体人的生存权的功能决定了社会法语境中平等就业权的内容规定性。具体来看,社会法保护社会弱势群体的理念是社会法对私法自治中竞争过度的矫正及对公法干预"鞭长莫及"的弥补,且社会弱势群体不是一个抽象的概念,而是要落实到现实生活中具体人的身上,尤其要落实在具体人的具体权利上。可以说,社会法这种对权利追根问底的姿态显然不满足于只提倡一种表面上的保护弱者或者走走过场,而是要秉持一种对权利"咬牙切齿"的认真态度。同时,社会法保障生存权的功能与其捍卫的理念不谋而合。"生存权的实质是保证每个人过起码的生活的权利,是要求国家积极履行保障义务的权利。"①生存权渗透出这样的重要信息:(1)生存权的内容是维持人的基本生活需要,但这种生活应是有尊严的和"体面"的生活;②(2)生存权的权利主体不仅包括普遍的和"抽象的"意义上的人,更强调个别的和"具体的"人,如劳动者和消费者等;③(3)生存权的实现和保障,依赖于国家公权的介入、干预并积极地"作为"。生存权内涵的这种"国家责任"理念,在社会保险法律关系中体现得淋漓尽致,"劳动者在这一法律关系中,既是受益主体,更是权利主体"。④

总之,社会法语境中的平等就业权应避免泛泛而谈的、抽象的人的平等性,而应突出现实生活中具体的人的差异性与不平等性,进而在微观层面实现

① 齐延平著:《人权与法治》,山东人民出版社2003年版,第86页。

② 许建宇:"社会法视野中的劳动权——作为社会权的劳动权之基本范畴解析",载林嘉主编:《社会法评论》(第1卷),中国人民大学出版社2005年版,第82页。

③ 值得注意的是,这种权利主体的范式转变在民法学界也受到极大的关注,并被称为民法中的"人的再发现或复归的方向"。"相对于梅因'从身份到契约'的公式,在今后似乎被反过来说成'从契约到身份'。但这完全并非意味着向旧的身份制的复归或新的身份制的出现的概念。"参见[日]星野英一:"私法中的人——以民法财产法为中心",王闯译,载梁慧星主编:《为权利而斗争——梁慧星先生主编之现代世界法学名著集》,中国法制出版社2000年版,第371~372页。

④ 常凯:"论社会保险权",载人大复印报刊资料:《经济法学、劳动法学》2002年第10期。

对社会弱势群体中具体的人的权利的切实保障。同时，这种对平等就业权的保障的关键是要突出实质平等，并应建立相应的思想基础与实现机制：

一方面，生存权语境中平等就业权的权利主体是普遍性与特殊性的统一。① 所谓权利主体的普遍性，是指按照权利平等的一般要求，生存权语境中平等就业权的权利主体应该是所有劳动者，每个人都有权获得生存、维持其体面生活需要的基本人权。所谓权利主体的特殊性，是指生存权语境中平等就业权的权利主体已不限于普遍的劳动者，不再是抽象意义上的劳动者，而是个别的、具体的劳动者。这种个别的、具体的劳动者所享有的权利也可被称为"类人权"。它与集体权利不同，这些权利的主体不是一个有组织的集体，而是某一类人。它与一般的个人权利也不同，这些权利的主体不是所有的人，而是某一类、某一时期或处于某状态的个人。② "类人权与其类的每个个体权利的人权之间是同一的关系，类人权可以直接落实为每个个体的人权，二者是相同的，没有放大、缩小或转化。"③还应特别强调的是，生存权语境中平等就业权的权利主体尽管要突出个别的、具体的劳动者，但这并不意味着要针对现实生活中每一个劳动者。即便承载了生存权保障价值的平等就业权的权利主体也是有限度的。这主要是因为法律意义上的平等就业权的最终实现还得依靠包括经济、社会、政治、文化等多重因素的共同影响。如果仅仅根据法律意义上的平等就业权来要求国家对现实生活中每一个劳动者都承担起能够落地的义务和责任，不仅是不现实的，在其他国家和地区也是不存在的。这里就进一

---

① 关于生存权的权利主体，有学者提出不同看法，认为生存权是以社会弱势群体为主体的权利。（参见齐延平主编：《社会弱势群体的权利保护》，山东人民出版社 2006 年版，第 58 页。）我们认为，把生存权的权利主体局限于社会弱势群体无疑有其必要，体现了法律对社会弱势群体的实际关怀和保护。但把生存权的权利主体局限于社会弱势群体又是不恰当的。实际上，生存权的权利主体既是普遍的，也是特殊的。或者说，生存权的权利主体首先是普遍的，其次是特殊的。因为：首先，从权利平等的一般要求来看，权利主体的普遍性是权利平等的应有之义，生存权的权利主体也应当是普遍的，每个人都享有生存的最基本人权。其次，从生存权所承载的价值功能来看，生存权的权利主体又是特殊的，或者说生存权的权利主体是社会弱势群体。生存权的权利主体的普遍性和特殊性恰如其分地体现了生存权特殊的价值和意义，即生存权不仅是全人类的共同的基本人权，更是社会弱势群体的基本人权。认为生存权只是社会弱势群体的权利的观点不仅有违基本权利之一般理念，而且在实践中是非常有害的，它会转移人们的视线，容易陷入因为生存权保障而随意侵犯其他权利之困境。

② 常健：《人权的思想·悖论·现实》，四川人民出版社 1992 年版，第 104 页。

③ 曲相霏："人权主体论"，载徐显明主编：《人权研究》（第 1 卷），山东人民出版社 2001 年版，第 50 页。

步提炼出一个关于平等就业权保障的重大命题，即社会法理论场域中平等就业权的保护尽管要依据社会法的保护社会弱势群体及保护生存权的理念和功能来要求，也就是要实现实质平等，但这种实质平等依然是有限度的。要深入讨论的核心问题是：这种限度的标准和边界究竟如何确定，对这种限度的确定是否会造成公平与效率关系的紧张或者损害作为社会基本价值之一的公平？可以说，这些问题是多年以来我国改革中若干反复争论的焦点问题之一，其复杂程度已远远超出我们的想象。但无论怎样，笔者提出这些问题，并非是想把简单问题复杂化，更不是想把复杂问题简单化，而是基于平等就业权这个既具有很强的朴素平民情结又关乎职场民主化与多样性等重大课题所承载的价值与使命，力图对其做一个尽可能全面细致的研究，使其以往一直处于宣示、空洞的状态能够得以具体地展示，进而能够获得实质性保护。这就是笔者不厌其烦地对其关注之根本动因。有关社会法理念与功能语境中平等就业权应当实质保护的问题以及保护限度的问题，我们将在后文“平等就业权内容体系”中进一步阐述。

另一方面，生存权语境中平等就业权的内容体系更加丰富、充实而具体。前文已经论及，社会法本位决定了平等就业权内容体系应当全面建设，平等就业权是形式平等与实质平等的统一。在生存权语境中，平等就业权的内容体系获得了更加充分的解释力与建构力，其权利内容更加丰富、充实而具体。权利本身就是一个很浓缩的社会历史概念，权利从来就必须是具体的，即具体规定某件事情、某个人的权利。这对生存权语境中平等就业权来说显得尤为迫切。尽管我们已经注意到平等就业权是形式平等与实质平等的统一，但这尚不足以回答平等就业权究竟是什么，以及究竟包括哪些具体权利等实质问题。在生存权语境下，平等就业权内容体系的建构应当为我们展示这样一幅生动而形象的画卷：每个劳动者都享有平等就业权，确保人人获得“体面劳动”，禁止就业歧视，人人享有就业与职业培训的权利，人人享有失业保险的权利等。总之，唯有在生存权语境中，平等就业权的权利内容才能获得最全面、最充分、最彻底的解释力与建构力。这是平等就业权从“纸面的权利”走向“实践的权利”的必由之路。

（三）社会法权利义务观决定了平等就业权特殊的义务机制

社会法作为一个有别于公、私法的独立法律类别或独立法域，必然有其特殊的权利类型与之对应。一般认为，社会权是社会法特殊的权利形态，是随着社会法的兴起与发展而逐渐生成的一种独立权利类型。在人权发展史上，社会权被认可的时间比自由权要晚些,一般认为是19世纪后半叶出现的新权利。西方人权观念发轫于“自由”、“平等”等基本理念,其最初形态是自由权。自由权首先在1776年美国《弗吉尼亚州宪法》的人权宣言中得到保护,它是资本主义成立的产物。自由权是一种与“夜警国家”和自由国家相对应的一项基本人权,是指“一种旨在保障应该委任于个人自治的领域而使其不受国家权力侵害的权利,是要求国家权力在所有国民自由领域中不作为的权利”。① 然而,自由权所推崇的自由、平等在资本主义发展中逐渐暴露其固有弊端,“市场失灵”导致的诸多问题不仅使自由与平等本身不能得到保障,而且引发了一系列社会矛盾与社会危机。社会急需产生一种新的秩序。笔者反复谈到,社会法正是在这种背景下为解决社会问题而产生的,以其特殊的权利观作为改革的旗帜,旨在修复自由权导致的社会裂痕。德国《魏玛宪法》开现代社会权立法之先河,其第151条规定:“经济生活秩序以使各人获得人类应得生活为目的,并须符合正义原则。各人经济自由在此限度内予以保障。”之后,社会权立法在全世界呈现出燎原之势,彰显了人权重心从自由权向社会权的转移。欧洲学者 T. M. Marshall 将社会法及其所特有的权利观的发展视为法制史上的第二个里程碑,“民事权利产生于18世纪,政治权利产生于19世纪,社会权利产生于20世纪。民事权利给人民以人身和财产的保护,政治权利给人民参与国家管理的机会,社会权利给人民分享社会财富和对抗社会风险的保护”。② 但究竟何为社会权,论者给出了令人眼花缭乱的定义。本书赞同这样的观点,即社会权是指公民依法享有的、主要是要求国家对其物质和文化生活积极促成以及提供相应服务的权利;③社会权是指那种兼有公权和私权性质,同时又超越了公权与私权界限的、以社会利益为本位的权利范畴;④社会权是“基于福利国家或社会国家的理念,为使任何人都可以获得合乎人性尊严的生存,而予以保障的所有权利的总称”。⑤

---

① [日]大须贺明著:《生存权论》,林浩译,法律出版社2001年版,第16页。

② 董保华、杨燕绥:“国内学者关于社会法的研究”,载杨燕绥等主编:《劳动法新论》,中国劳动社会保障出版社2004年版,第273~274页。

③ 龚向和著:《作为人权的社会权:社会权法律问题研究》,人民出版社2007年版,第14~15页。

④ 许建宇:“社会法视野中的劳动权——作为社会权的劳动权之基本范畴解析”,载林嘉主编:《社会法评论》(第1卷),中国人民大学出版社2005年版,第71页。

⑤ [日]清宫日朗:《宪法I》,有斐阁1986年版,第22页。转引自齐延平主编:《社会弱势群体的权利保护》,山东人民出版社2006年版,第56页。

在对社会权整体性认识后,还需进一步探究社会权的效力,以便理解它对与之关系紧密的平等就业权会产生哪些影响。德国与西欧国家的学者普遍认为,社会权的效力主要有以下四种:(1)视为"方针条款",即宪法的规定是给予国家公权力一种日后行为的"方针指示",将社会基本权利条款完全由立法者来达成;(2)视为"宪法委托",即宪法在其条文内,仅为原则性规定,而委托其他国家机关之特定的、细节性的行为来贯彻之;(3)视为"制度保障",即将社会基本权利视同宪法的一个制度保障,是指宪法明白的规定,保障其某些社会基本权利,如同宪法所特别保障的政党、财产制度一样;(4)视为"公法权利",即社会基本权利是宪法赋予人民可主张的公法权利,受到侵害时公民可请求法院予以救济,如同自由基本权利一样,具有直接的、强行的效力。[①] 迄今为止,有关社会权效力问题的讨论已经为我们充分展示了社会权效力的如下两个核心议题:一是社会权的义务主体问题;二是社会权的可诉性问题。社会权的可诉性,即社会权是否"可以被司法机关进行裁判的属性",[②]确实是一个异常复杂的问题。但本书此处并不打算陷入争论的旋涡。因为是否具有可诉性问题,主要关乎社会权及与之紧密关联的平等就业权是否可以得到司法救济。基于本书结构安排需要,该问题将在文后展开。这里要深究的是,在社会权的义务主体论中,社会权之利益主体(并非就是权利主体)具有的要求国家积极作为并保障的观点已得到学界普遍认同。那么,社会权的此种效力会对平等就业权的义务履行机制产生何种具体影响?

要回答该问题,仍然要回到社会权特殊的权利义务观这一基本问题上来。从对社会权的已有论述中,我们似乎不难对社会权的权利义务观及其对平等就业权义务履行机制的影响做如下归结:一方面,在"需要就是权利"已成为社会法普遍性权利模式中,社会权以义务为重心,[③]一方所受的利益并非必然是其享有的权利,而且利益主体自身也承担一定的义务;一方所受的利益同时也可能是其享有的权利,且不以其履行义务为对价。社会权这种特殊的权利

---

① 陈新民:"论社会基本权利",载陈新民著:《宪法基本权利之基本理论》(上),台湾三民书局1992年版,第112~115页。

② 黄金荣著:《司法保障人权的限度——经济和社会权利可诉性问题研究》,社会科学文献出版社2009年版,第16页。

③ 实际上,社会法"义务重心"的实质仍然是"权利中心",只是社会法上许多权利是通过特殊的权利义务配置机制而实现的。因此,"义务重心"并非是对"权利中心"的否定,而是一种积极的扬弃。

义务观的一个根本原因在于,社会法的本位即社会利益所蕴含的生存权优先保障、体面生活等理念决定了社会法范畴中利益与权利主体的非一致性以及利益主体与义务主体的重叠性等。另一方面,社会权语境中平等就业权的实现应当建立一种更为积极的机制,核心是构建一种特殊的义务履行机制。该机制主要包括:国家应通过立法、执法与司法等途径切实履行保障平等就业权的义务;国家应对平等就业权的实现过程有效监督,核心是依法确立具有社会权属性的平等就业权在各方义务主体中的拘束力;国家应当依法构建违反促进并保障平等就业权之义务的法律救济机制与法律责任制度,确保有权利便有救济等。

(四)社会法调整原则决定了平等就业权保护应兼顾公平与效率

倾斜保护是社会法调整的一项基本原则已成为学界共识。倾斜保护的基本要求,主要包括立法层面的倾斜立法与法律实施中的平等对待两方面,其渗透的基本精神是社会法对公平与效率的尊重与守护。这主要是因为,社会法的目的并非是要否定市场经济,也并非是要对社会弱势群体进行无限度的全方位保护,而是要在尊重市场经济的基础上,通过适当方式对自由竞争所产生的社会问题予以解决,且解决社会问题的最终目的不是建立一种对立的、新的不平衡状态,而是消除那些在自由竞争中遭遇不利境地的社会弱势群体面临的生存危机与发展困境。从该意义上来讲,社会法在选择法律调整原则时应该是非常谨慎的,不仅要旗帜鲜明地坚持倾斜保护,也要认同不能破坏市场经济最基本的价值即自由与平等。或者说,社会法所坚持的两个主要法律调整原则之精髓仍然是自由与平等,只不过它通过对现实生活中那些弱势群体的具体人的关怀,以期实现各个主体之间的某种平衡与和谐。

总之,社会法秉持的倾斜保护与平衡的法律调整原则之本质依然是充分尊重公平与效率。只不过这种公平与效率的关系在社会法语境中获得了又一次深刻的解释力。基于社会法本位社会利益以及社会法理念、宗旨等,社会法必须以公平为逻辑起点,即首先要保护社会弱势群体的权利。这是社会法得以独立和存在的基本价值。如果脱离了公平这一价值内涵去追求所谓的效率,不仅会丧失社会法的价值本色,也会回到自由竞争的初始状态,而社会法的出现就仅仅是走走过场罢了。正是基于这种特殊的公平与效率观,社会法对其理论场域中的平等就业权产生了深刻影响,社会法语境中平等就业权才获得了更为理性和成熟的发展:平等就业权首先应是形式平等与实质平等的统一体。实质平等的目的在于纠正形式平等的缺陷和不足,实质平等并不意味着结果平等或者结果均等。实质平等只是解决现实生活中需要保护的社会弱势群体的不平等就业问题,但什么是社会弱势群体以及如何确定社会弱势群体,显然又是一个世界性难题,需要多角度进一步考量。实质平等是有限度的而不是无限度的,关键是要根据具体情况设定一个能够较好兼顾公平与效率、相对合理的实质平等保护标准。

(五)社会法调整手段决定了平等就业权保护注重干预与对话

社会法之本位社会利益关乎人的生存与发展,并关乎人的体面生活,进而使社会法获得了"需要就是权利"这一独特的权利义务观。"需要就是权利"、社会法理念、宗旨以及社会法具有的社会政策属性等决定了社会法特殊的法律调整机制:既要坚守社会法保护社会弱势群体权利的"底线",又要注重在保护中促进发展;既要加强对市场干预及规范,又要突出对话与合作精神。可以说,社会法这些特色鲜明的法律调整理念与模式不仅使社会法本身不断获得新的成长空间与发展前景,也对社会法理论场域中平等就业权的保护产生了深刻影响。

一方面,"权利的性质是决定权利保护的关键性因素",①社会法语境中平等就业权作为社会权子权利并具有积极权利之属性,强调国家积极作为和干预,确保劳动者能够平等就业并能"像人那样生活"。同时,国家对市场干预应当围绕以下要点逐一展开:首先,平等就业权需要明确的法律规定。"恰恰因为事物的力量总是倾向于破坏平等,所以,法律的力量就应该总是倾向于维护平等。"②法律规定平等就业权,既是法治国家对依法保障公民权利要求的具体体现,也是实现平等就业权法律保障的必由之路。依法规定平等就业权,需要对平等就业权定义、权利内容、权利实现机制、侵犯权利的法律责任等基本问题予以全面规定。其次,平等就业权需要一个健康的市场运行机制。在市场化就业背景下,没有什么比市场机制更能促进就业并保护就业权。因此,平等就业权的保护除了要在法律上有一个清晰的规定外,还需要一个健康的劳动力市场。最后,国家应当根据社会权的基本要求,对市场适度干预,把市场自由竞争带来的风险降到最低,使平等就业权在市场机制的推动下尽可能地落实到最广泛的劳动者身上。

---

① 李忠:"论少数人权利——兼评《公民权利和政治权利国际公约》第27条",载《法律科学》1999年第5期。

② [法]卢梭著:《社会契约论》,何兆武译,商务印书馆1980年版,第70页。

另一方面,社会法兼有的社会政策属性要求社会法的法律调整应当正确处理法律调整与社会政策调整的关系,核心是突出法律调整中的对话及合作精神。如前文所述,社会政策尤其是发展型社会政策与社会法在理念上具有很多相通之处。如把法律或政策投入不能仅视为一种纯粹的成本,还应作为一种重要的人力资本投资,这一点与社会法的人本情结与本位精神不谋而合。注重"源头"干预和"上游"干预,亦即注重预防;注重在规范的同时还应发挥促进功能,核心是促进人的全面发展,通过促进人的全面发展最终促进社会的持续发展,进而又使人的发展获得无限的可能;注重强制干预与对话合作,致力于建设一个宽容、相互尊重、和谐的发展环境等。可以说,社会法具有的这些独特的调整理念及模式对社会法理论场域中平等就业权的保护产生了极为深远的影响,平等就业权的法律保护也由此获得了不同于自由权的特殊的保护理念与实现机制,集中体现为社会法理论场域中平等就业权的救济除了要注重法治外,还应注重激励与对话,尽可能使平等就业权的法律保障与市场化就业体制和机制有机衔接。

第二节　平等就业权的概念内涵

平等就业权在全世界都是一个需要具体分析的问题,具有不同的"意思场域"。我们对平等就业权的理论场域即社会法有一个较为全面的认识后,就不难以社会法相关理论为铺垫,对平等就业权法律保障的逻辑起点即平等就业权的概念内涵做出既符合世界趋势又能彰显我国国情的细致解读。平等就业权在我国以原则性、宣示性、口号式规定并存的模糊状态即将获得定义明确、内涵丰富、体系健全的质的飞跃。

一、平等与平等权

平等与平等权是平等就业权概念内涵的重要构成,社会法理论场域中平等与平等权的解析是把握平等就业权概念内涵的前提之一。

(一)什么是平等

在讨论什么是平等之前,我们首选要认识理解平等面临的困难。一方面,平等是一个无须定义人人皆知的概念,平等概念本身是一个或者能够被理解为世界上最简单的概念。[①] 因为它很容易找出实在的例证，如两个人在某方面相同或相似，可以说这就是平等。另一方面，平等概念本身与自由一样歧义重重，对平等的界定人言人殊。平等又可以成为一个无确定含义的概念，具有很大的主观性和时代性，是我们所有理想中最不知足的一个理想，其他理想在经过种种努力后都有可能达到一个饱和点，而追求平等的历程却没有终点。因为在某些方面实现了平等，会在其他方面产生或发现不平等。[②]

何谓平等，即相似之人应获得相似对待。这糅合了数千年来的西方思想。在思想史上，平等观念可以追溯到古希腊。如亚里斯多德认为，"平等在道义上是指：同类的事物应该类似对待"。这通常被描述为正式平等原则或类似情形的测试。[③] 但问题是，谁与谁是相似的或同类的？人类的属性在于，他们都是独一无二的和各不相同的。因此，韦斯顿对亚里斯多德的平等观提出了批评，认为其平等定义是一种循环论，"这种概念意义的平等，是一个自己本身没有任何实质性道德内容的空瓶子"。[④] "一切人，作为人来说，都具有某些共同点，在这些共同点所及的范围内，他们都是平等的。这样的平等观念自然是非常古老的。但是，现代的平等要求与此完全不同，这种平等要求更应该是从人的这种共同特征中，从人就他们是人而言的这种平等中引申出这样的要求：一切人，或至少是一个国家的一切公民，或一个社会的一切成员，都应当有平等的政治地位和社会地位。"[⑤]

梳理平等思想史，我们不难看出：人与人之所以平等的核心在于其作为人的尊严的无差别性，论者几乎都注意到这一点。但仅从人的尊严来认识平等的内涵似乎又是不全面的，毕竟人与人之间还有许多其他方面需要比较，以便对资源配置设置某种价值取向或分配标准。平等是一个具有不同含义的多形概念，平等要获得意义，必须吸纳某些外部价值，以决定哪些人和哪些人是平等的。从平等的价值内涵来看，一般认为，平等应当包括形式平等与实质平等两个层面的内涵。形式平等兴盛于古典自由主义时期，强调竞争起点的平等。在形式平等观点的论者看来，其秉持的是个人主义思想，强调将每一个个体都

---

① ［美］乔·萨托利著：《民主新论》，冯克利、阎克文译，东方出版社 1993 年版，第 23 页。

② 李薇薇著：《反歧视法原理》，法律出版社 2012 年版，第 57 页。

③ Aristotle, Ethica Nicomachea V. 3. 1131a - 1131b (Rose, trans., 1925), cited in Westen, "The Empty Idea of Equality", (1982) 95 *Harvard Law Review*, pp. 537, 543.

④ Westen, "The Empty Idea of Equality", (1982) 95 *Harvard Law Review*, p. 547.

⑤ 《马克思恩格斯全集》（第 3 卷），人民出版社 1995 年版，第 444 页。

作为其利益实现的最佳判断者，将个人判断置于权利保障的优先地位，由此确立起宽松、自由的竞争体系。然而，随着这种自由竞争导致越来越多的社会问题，人们逐渐认识到古典自由主义思潮下的自由与平等在一定程度上是矛盾的，核心是人的尊严受到极大的挑战。在该背景下，实质平等原则应运而生，该原则旨在纠正形式平等导致的某些不足。①

总之，回顾平等的历史时就会发现，人们对平等本身的界定和论证其实是非常困难的，远没有人们论证不平等那样简单。“平等既可以证明人人享有同样的权利，也可以论证人人负有同样的义务，关键是看界定平等的外在价值是什么。”②在社会法视野下，平等的界定仍然是非常困难的，但社会法却为我们提供了一个阐释平等的独特的理论场域。社会法视野中平等的界定，应当从社会法本位及其承载的理念、宗旨等范畴中具体对待。笔者认为，社会法理论场域中平等的含义尽管不能被武断地、确切地表述，但其大致应涵盖如下主要内容：在社会利益、保护社会弱势群体及生存权等外在价值的统一下，平等是形式平等与实质平等的统一，平等应当处理好与效率的关系，平等具有保护人的尊严和促进发展的多重功能，平等应当是有限度的，平等争议的解决应当兼顾法律的刚性与社会对话的柔性等。

（二）平等权的依据及含义

平等是权利吗？这一直是一个似是而非且纠缠不清的问题。平常见到平等理念、平等精神、平等原则、平等权利等字眼时，总会追问平等究竟是不是权利这个敏感的问题，尽管我们已经习惯了平等权利这种表达。但从学术研究及本书要讨论的核心问题出发，我们又必须重提平等是否是权利这一看似古老的而又纠结的话题，旨在为后文的展开提供一个明确的术语铺垫及理论支撑。

一方面，从平等的思想史来看。平等发轫于人权的要求，平等在本质意义上是作为人的共同点的平等，主要是人的尊严的平等。笔者赞成“人就他们是人而言的平等”的平等观。主要原因是：“人就他们是人而言的平等”是一种无差别的、抽象的平等，该平等观的提出反映了这样一个理念，即人的道德价值是平等的或者人在自由人格的形式上是平等的。人权是一种道德权利，

---

① 龚向和等著：《从民生改善到经济发展——社会权法律保障新视角研究》，法律出版社2013年版，第16页。

② 齐延平主编：《社会弱势群体的权利保护》，山东人民出版社2006年版，第101页。

作为人权道德基础的平等观基本上是指一种形式上的平等。德沃金也认为："通过对约翰·罗尔斯的有说服力的、有影响的正义理论的分析，凭我们对正义的直觉可以推测，人们不仅具有权利，而且在这些权利中还有一个基本的，甚至不言自明的权利。这一最基本的权利便是对于平等权的独特观念，我将称之为受到平等关心与尊重的权利。"①

另一方面，从平等的法制与实践来看。平等作为权利来规定早已成为国际共识。② 平等权是贯穿于所有人权的基础性权利，③是现代人权法的核心。在各国宪法和宪法性文件中，平等权基本上都居于公民基本权利之首或前列。法国《人权宣言》第1条明确规定："在权利方面，人们生来是而且始终是自由平等的。除了依据公共利益而出现的社会差别外，其他社会差别，一概不能成立。"在法国《人权宣言》后，各国宪法无一例外地宣布法律面前人人平等的原则，将平等作为一项重要的宪法权利予以保障。我国《宪法》(1954年)第85条规定："中华人民共和国公民在法律上人人平等。"《宪法》(1982年)第33条规定："中华人民共和国公民在法律面前一律平等。任何公民享有宪法和法律规定的权利，同时必须履行宪法和法律规定的义务。"值得注意的是，我国宪法学界通说认为，"法律面前人人平等"具有双重属性，它既是宪法的一般原则，也是公民享有的一种基本权利。④

总之，无论是在平等思想史上，还是在平等法制史中，平等作为权利被对待在逻辑上应该已无障碍。接下来要讨论的问题是：平等作为权利或者平等权的内涵为何？为使平等权具有实际意义，就像理解平等一样，应为平等权提供一个外在价值或者理论场域。在社会法语境下，平等权又有哪些具体含义？一般认为，法律上的平等包含积极与消极两方面。前者要求国家必须平等地保护公民享有和行使权利，即国家在权利保护上应积极作为，这在法律上称为法律面前平等和受法律的平等保护。后者则坚持"法无禁止则自由"的理念，

① [美]罗纳德·德沃金著：《认真对待人权》，广西师范大学出版社2003年版，第7页。

② 统计显示，1788～1975年人类社会的245部宪法中，平等作为一项价值或权利在各个时间段出现的最低比率是78.6%，最高比率是90%。参见[荷兰]亨利·范·马尔赛文、格尔·范·德·唐著：《成文宪法的比较研究》，陈云生译，华夏出版社1987年版，第251～255页。

③ 比如，美国宪法的普遍权利部分主要是两大块：正当程序与平等保护，正当程序是指普遍的自由权，平等保护指的即是平等权。参见张千帆主编：《宪法学》，法律出版社2004年版，第181页。

④ 林来梵著：《从规范宪法到宪法规范——规范宪法学的一种前言》，法律出版社2001年版，第111页。

禁止国家在权利保护上无正当理由的区别对待即禁止歧视。可以说,平等权与不歧视原则不仅是国际人权公约的两个核心,也构成了平等权的支柱体系。在社会法语境中,平等权获得了更为丰富的价值内涵与权利内容。所谓平等权,是指所有社会成员平等地享有权利,并受法律平等救济和保障。平等权的具体内容主要包括如下三层含义:一是权利主体的普遍性。在大致相同或类似的条件下,社会法范畴中的所有社会成员皆为权利主体。同时,所谓所有社会成员在社会法语境中具有相对确定的范围,即主要是社会弱势群体中的所有社会成员。这种权利主体的界定与社会法的本位及理念等是一致的。二是权利内容的同一性。所有权利内容在量和质上同一或大致同一,禁止不合理的差别对待。这里要特别注意的是,如果脱离了社会法这一理论场域,平等权的权利内容要达到量与质的同一性,不仅有违客观现实,毕竟每个人实现法律规定权利的能力不一,也与权利的一般理论相冲突。但在社会法语境中,由于具有社会权属性的平等权承载着维护公平与效率、保障社会弱势群体中具体人的生存权等的多重功能,平等权的权利内容就不能只满足于一般平等权中量的同一,还应在实质层面保障权利的质的同一。如果脱离了质的同一去追求量的同一,不仅会使平等权回到法律规定层面的表态状态或者实践中几乎不能度量权利保障效果的状态,也会使社会法语境中平等权与一般平等权或者自由并无根本差别。三是权利救济的平等性。当权利实现有障碍时,法律应对所有社会成员平等地救济和保障。进一步来讲,社会法语境中平等权的救济除了要体现一般平等权救济的普遍性要求外,更应彰显社会法语境中权利救济的特殊性,即不仅要突出国家干预,也要注重市场自治;不仅要设置底线保护,也要引入发展理念;不仅要强制履行,也要提倡对话合作。可以说,社会法理论场域中平等权的这些权利救济理念与模式不仅特色鲜明,也为社会法语境中平等就业权的隆重出场与权利救济等提供了最直接的理论支撑。

二、就业的基本范畴

就业是平等就业权概念内涵的一个基础性问题,就业概念内涵的把握首先要依赖于对就业若干基本范畴的解读。

(一)什么是就业

在论及就业时,必然涉及与之紧密关联的失业。就业与失业是工业社会以来私有制市场经济的伴生物,首先是经济学家们研究的对象。对就业与失业的界定,也首先来自经济学家。所谓就业,是指劳动力与生产资料相结合的形式，大体是指具有劳动能力和劳动愿望的人，运用生产资料从事合法社会劳动，并获得相应的劳动报酬或经营收入的经济活动。失业则是指劳动者与生产资料分离，从而失去获得劳动报酬或收入机会的一种状态。①

就业除了是经济学关注的议题外，也是劳动法领域一个极为重要的概念，并在一些国家的劳动立法中得到较为直接和清晰的界定。如越南《劳动法典》第13条规定：凡参加产生收入来源而不为法律所禁止的各种劳动活动，都被视为就业。1982年第13届国际劳工统计大会《关于经济活动人口、就业、失业及不充分就业统计的决议》对就业与失业的概念给出了科学的解释，即就业人员被界定为在参照期内从事一种工作以获得薪酬或利润（或实物报酬）的人员，或者在此期间生病、休假或产生争议等理由而暂时脱离工作岗位的人员。该决议还规定，凡在家庭企业或者农场从事无薪酬工作至少每天1小时以上的人员，应被包括在就业统计中。可以看出，国际劳工统计大会对就业的规定实际上是一个非常宽泛的概念，几乎包括所有类型的就业。我国原劳动部和社会保障部办公厅《关于落实再就业政策考核指标几个具体问题的函》（劳社厅函〔2003〕227号）明确指出：就业人员，指在法定劳动年龄内（男16~60岁，女16~55岁），从事一定的社会经济活动，并取得合法劳动报酬或经营收入的人员。在实践中，就业一般被理解为从事一定的职业，强调从事一定职业的状态。另外，学界对就业定义尚存不同见解。

笔者认为，在法律上理解就业时，既不能套用经济学的现成定义，也不能无视现代劳动力市场出现的新趋势及其对就业的影响，而必须运用法律的思维尤其是社会法的思维和价值理念来理解就业的基本内涵。为使社会法语境中的就业概念得以深入，本书将对以下问题展开讨论：现代劳动力市场出现了哪些新的变化以及发展趋势，这些变化和趋势对就业概念的理解会产生哪些影响，这些变化又将对平等就业权的法律保障产生哪些重要影响？

一方面，现代劳动力市场中就业概念正在转向。在经济全球化与信息技术革新等因素的共同推动下，现代劳动力市场日益出现灵活就业的新趋势。所谓灵活就业，是指在劳动时间、劳动报酬、工作方式、工作场地等方面具有灵活性的就业形式。从就业形式来划分，灵活就业可以分为非全日制就业、阶段

① 于法鸣主编：《培训与就业》，中国劳动社会保障出版社2005年版，第160页。

就业、临时工、小时工、劳务工、承包工等不同的就业形式。① 灵活就业也可被理解为弹性就业,不仅是现代劳动力市场出现的一种新的就业类型,也对传统就业概念之重构提出了现实诉求。例如,美国政府和企业界已明确主张将原来的就业概念改为"可就业性"概念。在欧盟《就业指导纲要》的四个"支柱"中,第一个支柱是可雇佣性。② "可就业性"即可被雇佣性,反映了找工作的人在劳动力市场中受欢迎、受重视的程度和可选择的可能性,其基本任务是防止并解决长期失业和青年失业的问题,其主要手段包括职业教育、职业培训以及积极的劳动力市场政策等。③ "可就业性"概念的提出是国家为应对日益不确定的劳动力市场而主张的一种新的战略性就业政策,反映了国家促进就业理念从"工作保护"向"就业能力保障"的重大转型。同时,"可就业性"的核心是就业能力的提升,就业能力可以理解为获得工作和保持工作的能力。④

"可就业性"作为现代劳动力市场出现的一种新的就业概念,自然会对劳动力市场产生诸多影响。我们要着重关注的是,"可就业性"概念对平等就业权的法律保障将产生哪些重要影响,有关制度安排又将如何积极应对这些新的挑战? 回答这些问题,同样离不开社会法这一最佳理论场域。在社会法语境中,根据已有相关论述,我们不难型构出"可就业性"将对平等就业权的法律保障产生如下主要影响:第一,对劳动者而言,就业或者找到一份工作不再是其最终目的,面对流动性日益增强且不稳定的劳动力市场,如何保持"可就业性"与"体面就业",实现就业、人的发展与经济社会的融合,才是劳动者就业的终极目的。因此,在"可就业性"范畴下,劳动者就业将面临更为艰巨的挑战,就业不稳定性将进一步突出。同时,在"可就业性"压力驱动下,劳动者在就业观念、自主责任、职业能力持续提升与职业发展等方面将面临新的考验。第二,对用人单位而言,"可就业性"无疑会进一步强化其用工权,但同时也应强化用人单位的相关义务,如依法制定招工制度,平等招工并禁止就业歧

---

① 杨燕绥、赵建国著:《灵活用工与弹性就业机制》,中国劳动社会保障出版社2006年版,第16页。

② Barnard and Deakin, "A Year of Living Dangerously? EC Social Policy Rights, Employment Policy and EMU", (1982) 2 IRJ *European Annual Review*, p. 117.

③ Resolution of the Council and Representatives of the Governments of the Member States on the employment and social dimension of the information society (2000) OJ C8/1.

④ [美]帕特丽夏·威奈尔特等编:《就业能力——从理论到实践》,郭瑞卿译,中国劳动社会保障出版社2004年版,第6页。

视,积极履行企业社会责任(Corporate Social Responsbility,CSR),注重对劳动者的职业培训,严格执行解雇保护规定,创新用工模式并致力于构建和谐劳动关系等。第三,对劳动力市场而言,"可就业性"更加突出市场机制在劳动力资源公平配置中的积极功能,并需要配套的富有弹性的劳动法制及时跟进。同时,为了最大限度防止市场就业中出现的各种不公平就业以及就业歧视等负面问题,政府应当依法治理,核心是依法构建一个自由、公平竞争的就业环境,并对就业歧视实施综合治理,旨在创造一个宽容、合作、和谐、持续发展的劳动力市场。

另一方面,现代劳动力市场中就业理念正经历新的发展。在传统福利国家模式下,[①]国家促进就业的理念主要是一种"国家福利",进而设计相应的促进就业制度。"国家福利"理念下就业制度的特征主要有:国家通过发展经济提供更多的就业岗位、国家依法规定公民享有就业权、国家通过发展劳动力市场促进就业、国家为失业人员提供相对优厚的社会保障等。进入20世纪70年代后,福利国家普遍遭遇"社会福利危机"。随着传统的国家"大包大揽"式社会福利制度面临的问题日益尖锐化,人们开始深刻反思社会福利制度存在的若干深层次问题及其在全球化背景下面临的新的挑战,核心是传统的社会福利制度应当有一个积极的转型与重构。[②] 在全球化与新经济背景下,国家促进就业的理念已从传统的"国家福利"向"工作福利"积极转型。工作福利早在凯恩斯所倡导的充分就业和贝弗里奇提出的国民最低保障的理念中就有所体现。工作福利产生的社会背景是:在以往充分就业的条件下,人们可以通过雇主和雇员对社会保险的投入获得一个相对稳定的收入保障;但在新的社会背景下,人们生活在一个风险社会中,就业日益不稳定,雇佣状况的不确定性意味着社会保险缴费与获得保障津贴的日渐脆弱。这就迫使人们主张工作福利理念,强调通过努力工作为自己的生活和福利状况提供保障。[③] 同时,针

---

① "福利国家"论原是19世纪英国、德国一些经济学家的主张。进入20世纪30年代,英国经济学家庇古提出福利经济学说,30年代又兴起了凯恩斯学派的就业理论等经济学说,为英国战后实施社会福利政策提供了理论依据。参见刘诚著:《社会保障法比较研究》,中国劳动社会保障出版社2006年版,第17页。

② 李雄、刘俊:"论我国社会保险立法的新理念与新使命",载《河南省政法管理干部学院学报》2011年第3期。

③ 林卡、陈梦雅著:《社会政策的理论和研究范式》,中国劳动社会保障出版社2008年版,第199页。

对以往福利国家中政府责任过大而个人几乎不承担什么责任之流弊，各种改革方案都提出了个人在福利事务中的责任问题。① 科尔奈指出，“福利国家的改革应该在首先确立个人自主性和责任感的新文化的基础上进行”。② 总之，改革的总体趋势是要增强个人在就业中的责任，反对把促进就业的责任都往政府身上推的倾向，但又不能放弃政府应有的责任。

“工作福利”作为一种主要应对福利国家危机而出现的新的就业理念与就业战略，无疑会对现代劳动力市场产生全面影响。这里要重点讨论的是，“工作福利”将对平等就业权的法律保障带来哪些重要影响？按照同样思路，首先要为该问题的回答选择一个最佳的理论场域即社会法语境。在社会法理论场域中，“工作福利”对平等就业权的法律保障可能会带来如下主要影响，并值得我们认真对待：

首先，国家应把公平就业法作为劳动者的权益法和福利法。纵观各国就业政策发展历程，我们不难发现：基于就业与公平就业本身承载的保障生存权、发展权等价值功能，在“需要就是权利”理念的驱动下，公平就业不是对劳动者的恩赐或者奖赏，而是国家促进就业义务的集中体现，是国家促进就业战略的一种主动转型，各国立法都把促进公平就业确立为劳动者的福利权益。我国也不例外。同时，应当注意：一方面，“工作福利”语境下依法保障平等就业权依然要坚持“需要就是权利”的理念，这主要是由平等就业权承载的保障生存权这一特殊功能所决定的。“需要就业是权利”不仅突破了市场经济“权利与义务对等”的一般法律原则，也使“工作福利”的内涵更为丰富且富有道德和人性，并对“工作福利”产生了某些限制，关键是国家应基于平等就业权承载的价值功能对所有劳动者实行底线保护，也就是我们已经初略提及的形式平等就业权。另一方面，“工作福利”语境下平等就业权仍然要践行“权利与义务相结合”的基本原则，这主要是由于市场化就业体制机制所决定。实际上，“工作福利”催生了福利权利的重构，福利给付从公民权转向了一种契约性义务，而这种转变需要国家实施更加积极的就业政策作为支撑。从该意义上看，“需要就是权利”仍然是有限的，它必须受到“权利与义务相结合”的合理限制，而该限制的节点即是国家在普遍保障形式平等就业权的基础上，仅

---

① 薛小建著：《论社会保障权》，中国法制出版社2007年版，第242页。

② ［匈］雅诺什·科尔奈等著：《转轨中的福利、选择和一致性——东欧国家卫生部门改革》，中信出版社2003年版，第15～16页。

对社会弱势群体的平等就业权进行实质平等保护。如此一来,“需要就是权利”和“权利与义务相结合”共同理念与原则下的平等就业权就能较好兼顾公平与效率的关系,而这反映的实质问题恰恰是如何看待政府与市场在依法保障平等就业权中的相互关系及各自作用边界。该问题将在后文“我国统一劳动力市场建设”中予以深化。

其次,国家应在依法保障平等就业权中植入发展型社会政策理念。在社会法语境下,平等就业权所承载的价值功能不仅要满足于解决劳动者当下具体的就业问题,更要秉持保障劳权既是手段也是目的的理念,把促进劳动者的全面发展作为依法保障平等就业权的终极目标。为实现该目标,“工作福利”视野下依法保障平等就业权应当植入发展型社会政策理念。而该理念下依法保障平等就业权的框架性制度机制,应当包括:国家应本着“以人为本”理念,把促进劳动者的全面发展置于经济社会发展战略的优先地位,把保障平等就业权纳入就业促进战略各项制度的考虑和设计;国家应构建一种促进就业尤其是促进公平就业的新型权利义务关系机制,核心是在“工作福利”理念牵引下,正确处理政府与市场、干预与自治、国家责任与个人责任等基本关系;国家应积极发展“体面就业”战略,把依法保障平等就业权与实现劳动者更高质量的就业有机结合,进而推动实现劳动者的全面发展;国家应构建一种促进平等就业的社会保护机制,通过政府规制、集体协商、劳资对话、社会参与、增进劳动者就业与职业能力、突出非讼解纷等途径营造一种全员有序参与且氛围和谐的平等就业社会环境;等等。

再次,国家应处理好依法保障平等就业权中公平与效率的关系。西方发达国家就业制度改革实践无不说明:公平与效率的关系是就业制度改革的一大“轴心关系”。关于公平与效率关系的争论已经很多,结果究竟是谁占了“上风”,并非问题之症结,关键是要选择一个合适的理论场域或者语境范畴。在社会法理论场域中,正确处理公平与效率的关系,目前迫切需要达成的共识是:一方面,经济发展水平对促进平等就业确有影响,但绝非唯一因素。任何国家就业制度的确立,都必然受到政治、经济、文化甚至观念的影响。从保障平等就业权的制度目标出发,几乎所有国家都是不够的。尚未听说哪个国家已经真正满足人们对平等就业的所有需求。我们只能说,随着平等就业面临的形势不断复杂化,人们对平等就业的需求是无限的,国家的责任也应当是不断变化的。第一,国家要让劳动者有安全感和幸福感。“工作福利”不是要放弃国家责任,而是要进一步优化国家责任以应对日益复杂的外部环境。国家责任首先要确保就业岗位的充足性和稳定性,这在新经济背景下工作岗位不断减少的趋势下,对国家确实是一个重大的考验。[①] 第二,国家应致力于提高就业质量。就业对劳动者而言不仅是一份维持生存的工具,更是其体面生活的基本保障。因此,国家应在创造就业岗位的基础上努力实现劳动者"体面就业",使劳动者感受到工作带来的获得感与幸福感。国家履行该义务的关键措施和突破口是依法保障平等就业权,使劳动者获得"有尊严的工作"。另一方面,在"工作福利"语境下,我们强调依法保障平等就业权首先要突出公平理念,并非要否定效率。应当说,社会法理论场域中平等就业恰恰是公平的象征,它的效率只能来自公平,是"公平里面出效率",而且在平等就业中讲效率的根本目的也是更加公平。因此,社会法理论场域以及"工作福利"语境中依法保障平等就业权不仅要坚持公平与效率,更要正确对待公平与效率。公平与效率的基本关系是目标与手段的关系。

最后,国家应强化促进平等就业的责任。一直以来,国家在促进就业中究竟要扮演何种角色并如何定位职责,是很多国家面临的一个共同课题。在"工作福利"语境下,国家促进平等就业的职责不仅应从已发生的市场机制神话破灭的经历中吸取教训,还应立足于社会法本位社会利益、社会法理念与宗旨等积极转型。关键路径是:国家应理性对待当前较为流行的"小政府大社会"、放松管制、让市场机制在资源配置中发挥决定性作用等观念,既要在发展经济并提供更多就业岗位、建设公平的制度环境、培育平等宽容的社会文化等方面承担起投资主体角角色,发挥主导性作用。又要建立健全相应的法律责任体系作为国家促进平等就业义务的有力支撑,确保"工作福利"语境下国家依法保障平等就业权各项制度的贯彻落实,发挥其应有的制度绩效。

基于以上论述,在社会法理论场域中,根据本书研究主题以及对新经济背

---

① 关于新经济背景下劳动就业工岗位不断减少的研究已有很多。如随着新技术的不断引入,传统岗位大量被机器取代。针对此种情形,有论者甚至预言我们正处于一个岗位不断消亡和工作终结的时代;随着灵活用工及非正规就业不断兴起,用人单位不断创新用工模式,包括岗位分享、核心员工与非核心员工并存、劳动用工与非劳动用工并存等新的用工模式的兴起,传统的一个岗位对应一个员工以及规模化劳动用工等用工现象在一些新兴产业和高科技产业中日渐式微。分别参见 J. Rifkin, *The End of Work*, published by G. P. Putnam's Sons, New York, 1995, p. 25;陈维政、李贵卿著:《实施工作分享 破解就业难题》,中国经济出版社 2007 年版,"前沿"第 1 页;杨燕绥、赵建国著:《灵活用工与弹性就业机制》,中国劳动社会保障出版社 2006 年版,第 12 页;杨燕绥:"面对前所未有的就业压力,需要改变就业观念",载杨燕绥等编著:《劳动法新论》,中国劳动社会保障出版社 2004 年版,第 18 页。

景下就业面临的各种变化的理解和判断，就不难为就业定义做出如下归结。本书所指的就业，其定义主要涉及三个层面：第一，本书所指的就业仅限于劳动法语境中的就业即劳动就业。所谓劳动就业，是指具有劳动权利能力和劳动行为能力并有劳动愿望的公民获得有报酬的职业。① 在一般意义上，尽管就业与劳动就业在内涵与外延上皆存在差异，但本书所指的就业是以建立劳动关系为目的的就业。因此，本书所指就业在实质意义上与劳动就业是等同的，是指劳动者依法参加社会劳动并获取劳动报酬的行为，涵盖劳动者在获取职业过程中的全部活动。第二，本书所指就业还仅限于就业前的就业，即获取职业过程中的就业，也就是通常意义上的"找工作"。值得一提的是，本书所指的就业无论是在内涵上，还是在外延上，都包含灵活就业。所谓灵活就业，西方主流界定是指在劳动时间、劳动报酬、工作方式、工作场地等方面具有灵活性的就业形式。从就业形式来划分，灵活就业包括非全日制就业、阶段就业、临时工、小时工、劳务工、承包工等。② 同时，本书所指的就业还涵盖了非正规就业。相对灵活就业强调就业形式灵活而言，非正规就业是针对就业部门而言的，国际劳工组织在20世纪70年代提出了非正规就业概念，即在低收入、低报酬、无组织、小规模企业的就业。在《1998～1999年世界就业报告》中又进一步将非正规就业描述为：在小企业、家庭和自雇式的就业。概言之，劳动者求职部门正规与否是区分正规就业和非正规就业的标志。③ 第三，本书所指的就业还必然涉及对劳动者的界定。劳动者是研究和学习劳动法的出发点和归宿点。劳动者在内涵上是指劳动力的所有者，即具有劳动能力的公民。劳动力具有商品属性，而劳动者不是商品，这在国际劳动公约中早成定论。但不同领域对劳动者的界定是不同的。比如，劳动经济学中的劳动者是与特定经济组织（雇主）相关联，发生在劳动力市场范畴内，形成特定劳动力交易关系且具有经济价值的物质载体。人力资源管理学追求劳动力的开发和利用价值，关注劳动效果，其语境中的劳动者是劳动效果的载体。法学意义中的劳动者是劳动力的所有者，是具有劳动权利能力和劳动行为能力的公民，是法律权利和法律义务的载体。④ 在比较法中，欧洲法院坚持认为劳动者应该具有广

① 关怀主编：《劳动法》，中国人民大学出版社2001年版，第102页。

② 杨燕绥、赵建国著：《灵活用工与弹性就业机制》，中国劳动社会保障出版社2006年版，第16页。

③ 杨燕绥等编著：《劳动法新论》，中国劳动社会保障出版社2004年版，第18～19页。

④ 同上书，第76～79页。

泛的欧共体含义，从而保证劳动者在所有成员国的解释是一致的。同时，劳动者必须根据能区别涉及当事人权利与义务等劳动关系的客观准则来定义，而劳动关系的实质特征是“在一定时间内一个人提供服务或受另一个人领导并因此获得报酬”。[①] 我国劳动立法未对劳动者这一核心概念作出明确规定，劳动者概念由计划经济背景下国有企业职工这一原型推演而来。从应然层面来看，劳动者作为劳动权利主体，既包括劳动者个人，也包括劳动者团体（主要是工会组织）；既包括现实劳动者（在职劳动者），也包括潜在劳动者（如求职者），还包括曾经是劳动者的人员（如失业人员、退休人员等）。从研究目的来看，本书所指劳动者不仅限于劳动法中的劳动者，是指达到法定就业年龄、具有劳动权利能力和劳动行为能力、有劳动愿望、以从事某种社会活动获得劳动报酬或经营收入作为主要生活来源的公民，还限于获取职业过程中的劳动者，即是一个与“求职者”等值的概念。

（二）就业权的证成

就业在法律上究竟是权利还是义务，直接关系本书对平等就业权概念内涵的界定。该问题需要从理论、法制等层面获得全面证成。

首先，从理论层面来看，就业体现了权利的属性，或者说就业是被作为权利来对待的。关于权利，通说认为，乃得享受特定利益之法律上之力。[②] 权利是法律和法学的基本范畴及核心概念，但要回答“权利究竟是什么”问题时却不容易。在就业与权利要素的关系中，大致可作如下归结：就业首先体现了一种利益，即就业是劳动者得以生存和发展的基本条件，体现了劳动者的生存和发展利益；就业还是劳动者的一种主张，且该主张在法治国家一般由劳动者向国家提出，即国家是就业作为权利范畴的主要义务主体；就业是劳动者的一项资格，凡具有就业能力和就业愿望的公民，在道义上或者法律上都具有主张就业利益的资格；就业还体现了劳动者的就业能力，即劳动者可以凭借自己不容被侵犯的就业权威和就业能力享有就业利益、主张或资格的实际能力或可能性；就业最后还反映了自由的基本内涵，即就业与否是劳动者的自由，除非特别例外，禁止强迫就业或者禁止不自由的就业。通过对比就业与权利，我们不难看出就业体现了权利的构成要素，从而使就业在理论上获得了之所以成为权利的证成。

---

① ［英］凯瑟琳·巴纳德著：《欧盟劳动法》，付欣译，中国法制出版社2005年版，第145页。

② 王泽鉴著：《民法概要》，中国政法大学出版社2003年版，第38页。

其次，从法制层面来看，就业作为权利被对待也获得了国际组织相关文件及各国宪法的一致承认。国际人权法上的就业权概念，源自《世界人权宣言》，复见于为响应、贯彻和落实该宣言而制定的各区域性人权宪章和联合国《经济、社会和文化权利国际公约》中。同时，就业权还在国家宪法层面获得了确认。如1919年德国《魏玛宪法》规定：人民应当享有劳动并取得生活资料的机会。1946年法国《宪法》明确规定了公民的就业权。然而，就业权并未在法律上获得完备的定义，即使具有实证法律效力的《经济、社会和文化权利国际公约》也未对就业权给出明确定义。[①] 该公约第6条说明了工作权所包括的内容，但未说明其详尽的范围，更未作出严格的定义。[②]

欧洲人权法学家、工作权研究领域的权威学者克利斯托夫·德泽维奇认为，人权法上的工作权涉及复杂的规范体系，并非单一的法律概念。他同时认为，工作权是社会经济权利的核心，甚至是基本人权的核心。笔者认为，就业权究竟如何定义，需要在具体范畴及语境中具体确定。如关怀老师在1984年为《中国大百科全书》（法学卷）撰写的“劳动权”词条时，把劳动权定义为具有劳动能力的公民能够获得有保障并有适当报酬的工作的权利。[③] 但关怀老师在其日后著作中又对劳动权这一术语有所修正，将其称为劳动就业权，认为其在各项劳动权利中居于首位，是指“有劳动权利能力与劳动行为能力的有劳动愿望的劳动者依法从事有劳动报酬或经营收入的劳动的权利……包括平等就业权和职业选择权”。该权利“也可称为就业权或工作权，是指公民享有的使自己劳动力与生产资料结合实现职业劳动的权利”。[④]

不难看出，学者对就业权的认识不仅在概念上稍存差异，[⑤]或称为工作

---

① 《经济、社会和文化权利国际公约》第6条规定：“一、本公约缔约各国承认工作权，包括人人应有机会凭其自由选择和接受的工作来谋生的权利，并将采取适当步骤来保障这一权利。二、本公约缔约各国为充分实现这一权利而采取的步骤应包括技术的和职业的指导和训练，以及在保障个人基本政治和经济自由的条件下达到稳定的经济、社会和文化的发展和充分的生产就业的计划、政策和技术。”

② 李运华著：《就业权研究》，中国社会科学出版社2009年版，第30页。

③ 《中国大百科全书》编辑部编辑，江平主编：《中国大百科全书·法学卷》中国大百科全书出版社1984年版，第358页。

④ 关怀主编：《劳动法》，中国人民大学出版社2001年版，第60～61页、第102页。

⑤ 我国台湾地区“劳动法”学者黄越钦先生也多次声明：“为方便叙述起见，在引用宪法条文时称工作权，在学理叙述上用劳动权。”参见黄越钦著：《劳动法新论》，中国政法大学出版社2003年版，第57页。

权，或称为劳动权，或称为就业权，且对就业权内涵及外延的把握也略有不同。但从本书研究主题来看，本书所指的就业权除了要与“就业”及“劳动者”这两个核心概念相吻合外，还应突出就业权界定的核心要素。笔者认为，所谓就业权，是指劳动者得以自由支配自身劳动力并要求国家和社会为其提供有报酬的就业机会的权利。

在对就业属性以及就业权定义这两个基本问题有了整体性认识后，还必须进一步明确如下两个问题，才能把对就业权的认识推向本书试图达到的极致境地：一是就业权是否有限度；二是如何理解我国宪法规定的“公民有劳动的权利和义务”。

关于就业权是否有限度的问题。就业被作为权利对待，无疑是由就业本身与权利关系的紧密耦合以及就业承载的保障生存权的特殊功能所决定的。但就业权是否有限度，或者说就业权是否要受到限制，不仅关乎对就业权本身的理解，也将影响对平等就业权的认识。以下三个重要维度值得注意：首先是就业观的进化及其对就业权的影响。随着世纪变迁，就业环境和就业条件等皆发生了巨大变化，人们正在告别20世纪传统的就业观念并逐步树立21世纪新的就业观。传统的就业观认为，只有在正规部门从事全日制甚至终身制工作才可称为就业，各类灵活就业现象处于非法律保护的地下状态。进入21世纪以来，国际组织和各国政府普遍注意到，随着劳动力市场不断发展，劳动者正面临信息不对称、教育与职业培训投入不足、劳权受损等棘手问题，国际社会一致呼吁保护灵活就业以及非正规就业。同时，在科技革命、新兴产业、生活观念等因素共同影响下，就业的不确定性风险将不断增加。学者甚至普遍认为，21世纪的劳动力市场将出现“非集体化、非规范化、非制度化、全球化”的弹性发展趋势。[①] 这就要求劳动者不断调整自己的择业观念，核心是树立“可就业性”、终身学习、拓宽职业范围并乐意到灵活就业领域就业等新的就业观。其次是国家“工作福利”理念与战略的提出及其对就业权的影响。如前文所述，“工作福利”既是福利国家深刻反思的产物，也是福利国家积极应对现代劳动力市场而采取的一种新的就业理念与就业战略，代表了当今世界就业政策的一个基本走向。在“工作福利”理念与战略下，公民就业权无疑会被植入新的价值内涵，就业权的实现机制也无疑会更加多样并富有生机。

---

① 杨燕绥：“公民就业权”，载杨燕绥等编著：《劳动法新论》，中国劳动社会保障出版社2004年版，第46页。

整体上讲,"工作福利"对就业权的关键影响是就业权的价值内涵被植入个人责任理念,就业权的实现机制被赋予包括劳动者要转变就业观念、国家应加大教育与职业培训投入、劳动者应树立终身学习理念等生动活泼的多元参与及多方合作的制度机制。最后是"完全劳动权"的破灭及其对就业权的影响。"完全劳动权"是与"限定劳动权"相对应的一个概念。前者是指一国之内,凡其人民具有劳动意思及能力,得对国家主张劳动机会,并获得适当报酬之权。此种主张系站在共产主义之立场,其权利之内容为工作及报酬,其权利人为人民,主张对象是国家。① 后者指国家在法律上承认生产方法、生产手段的私有企业所拥有的完整的经营自主权,劳动者原则上只能自行寻求劳动机会,只有该机会难以寻找时,国家补充提供劳动机会或提供维持生活之必要资金。② 在市场化就业体制机制下,"完全劳动权"已无存在之基础,世界上至今没有哪一个国家向其人民承诺国家能够保障所有有就业愿望且有就业能力的公民能够在现实层面获得就业岗位,尽管我们已经习惯了政治家们竞选时对人民是多么令人激动的承诺。道理很简单,就业权的最终实现不仅是一个政治问题。也是一个经济问题、社会问题乃至观念问题,即便是在社会主义初期国家基于共产主义立场而对人民承诺的"完全劳动权",也是不现实的。如此一来,随着"完全劳动权"理想的破灭,就业权蕴含的国家责任、社会责任与个人责任相结合的价值内核更为突出,就业权实现的市场机制与国家干预相结合的运行路径更为明晰。概言之,在就业权进化、"工作福利"理念与战略不断兴起以及"完全劳动权"理想破灭等因素的叠加影响下,就业权的有限性特征之轮廓不断被研究者与立法者所认识,就业权有其实现的程度这一长期被忽视的重要观念正被人们普遍接受。

需要深入讨论的终极问题是,国家应在就业权有限度之名义下介入多深。从本书研究的主题及已有的论述来看,就业权的限度大致可做如下归结:一方面,就业权首先应具有最大程度的普适性,即就业权应针对所有劳动者并在形式平等的基础上惠及所有劳动者。这既是就业权形式平等之精髓,也是就业权首先要捍卫公平价值的集中体现。另一方面,就业权还应尊重市场化就业的基本规律和要求,在权利要求上保持必要之克制,使就业权兼顾的公平与效率价值能够最大限度地平衡并和谐共生,而就业权要兼顾实现公平与效率价

① 黄越钦著:《劳动法新论》,中国政法大学出版社2003年版,第57页。

② 董保华等著:《社会保障的法学观》,北京大学出版社2005年版,第149页。

值的核心机制是只能针对社会弱势群体而保障其实质层面的就业权。就业权实现的程度问题所涉及的形式就业权与实质就业权,后文将深入展开。

关于如何理解我国宪法规定"公民有劳动的权利和义务"的问题。我国《宪法》第42条规定:"公民有劳动的权利和义务"。劳动究竟是公民的权利还是义务?《宪法》该规定引发了学者旷日持久的争论。目前较为流行的看法是,《宪法》该规定的主要理论依据是"完全劳动权"理论。在这一理论观点看来,社会主义制度与劳动权的享有具有天然的联系与基础,即社会主义公有制。在社会主义国家,不仅失业现象不存在,而且劳动权的实现是天经地义和不证自明的。甚至有学者认为,"社会主义社会里公民的劳动权是指劳动者在社会主义社会里有最大限度的从事劳动的可能性,国家对于这种可能不仅不加限制,而且为之创造一切条件使之成为现实。这里包括两种形式:一是国家对劳动者提供现成的就业机会,也就是分配就业;二是国家对劳动者提供各种便利,使劳动者自行就业"。①

尽管"劳动义务论"在我国当时有其特定的生成背景,但"公民有劳动的权利和义务"规定仍然存在诸多障碍。一方面,劳动义务论面临"两难"困境:首先,如果把劳动作为公民的义务,用人单位在劳动者无过错时的单方解除劳动合同行为、企业经济性裁员等将被视为剥夺劳动者履行法定义务之机会而被禁止,但这又与给企业放权自相矛盾。其次,义务与责任相连,如果对自愿失业者采取强制措施并使其劳动,则与就业者应有就业愿望这一国际公认的就业原则相违背。实际上,我国除对主动失业者规定其不能享受失业保险待遇外,并未规定其他法律责任或对失业者的不利后果。这说明我国在实践中并未把劳动作为公民的法律义务来对待。最后,把劳动作为义务,无异于把义务标签强制贴在劳动者身上,国家就应当为所有有劳动愿望且有劳动能力的劳动者提供现实的就业机会,即我国不应存在失业现象,但残酷的"就业难"现实却早已给予劳动义务论有力的批判。另一方面,"劳动权利义务竞合论"也值得商榷。"劳动权利义务竞合论"实际上是"劳动权利义务论"的翻版,并无实质新意,且其本身也有诸多商榷之处:首先,"劳动权利义务竞合论"混淆

① 谢怀栻、陈明侠:"宪法确立的劳动法基本原则",载中国劳动法学研究会主编:《劳动法论文集》,法律出版社1985年版,第34页。

了国家义务与公民的劳动权利。“一切权利都需要以他人的义务为条件”,①公民劳动权的主要义务主体是国家,国家应履行其对公民劳动行使并享有劳动权的相应义务。“劳动权利义务竞合论”在国家与公民如何在劳动权利义务关系范畴中确立各自地位与角色这一实质问题上制造了混乱。其次,“劳动权利义务竞合论”混淆了用人单位与劳动者之间的权利和义务。在劳动者与用人单位缔结劳动契约之前,劳动对劳动者而言是权利,是自由的。只有当劳动者通过劳动契约把自己的劳动权让渡给用人单位后,劳动才暂时成为劳动者对用人单位的主要义务,并由此成为用人单位用工自主权支配的对象,但该劳动义务不具有强制性和永久性。“劳动权利义务竞合论”显然没有区分劳动究竟是谁的权利,也显然未深究用工自主权得以成立的基础。最后,“劳动权利义务论”还混淆了权利与义务本身的界限。有学者指出,宪法规定劳动既是权利也是义务,必然在法律上混淆权利主体与义务主体之间的关系,同时也给宪法实施带来困难和混乱。②

总之,就业作为权利存在不仅有其理论基础,也有其现实基础和法律基础。同时,在市场化就业体制和机制背景下,就业权应当处理好公平与效率的关系。就业权因受诸多因素共同影响,又是有限度的。该限度的关键节点是针对社会弱势群体保障的实质就业权这一底线,从而使就业权建立起针对所有劳动者的形式就业权与针对社会弱势群体的实质就业权这一基本理论框架与制度模型。必须强调的是,在就业首先作为一种基本权利的范畴中,我国宪法规定的“公民有劳动的权利和义务”有其特定的历史背景,需要辩证对待。但无论如何,在市场化就业体制和机制下,就业权都不意味着国家对劳动者负有直接雇佣或者招募的义务。国家不可能为每个公民提供工作岗位,这是显而易见的,劳动权的最初实践也说明国家不可能承担直接提供工作的义务。③

三、平等就业权的概念

任何理论体系的构建都必须通过某一核心概念展开其自身。一直以来,我国平等就业权仅停留在法律宣示层面与没有实质内涵的概念层面,尽管人

---

① [美]J. 范伯格著:《自由、权利和社会正义——现代社会哲学》,王守昌、戴栩译,贵州人民出版社1998年版,第89页。

② 张庆福、李忠:“中共宪法100年:回顾与展望”,载张庆福主编:《宪政论丛》(第1卷),法律出版社1998年版,第31页。

③ 张翔:“基本权利的受益权功能与国家的给付义务”,载《中国法学》2006年第1期。

们又在不同场合频繁地使用它。依法保障平等就业权,建立相应制度体系,首先必须依赖于对平等就业权概念本身的清晰把握。同时,平等就业权概念内涵的界定,主要内容涉及平等就业权的概念、功能、属性、与自由择业权的关系、与用工自主权的关系以及与反就业歧视的关系等基本问题,这些问题构成我国平等就业权概念内涵的基本范畴。

(一)平等就业权的概念

平等就业权是什么?这确实是一个难以回答的理论和实践问题。考察平等就业权在国际层面上的理论研究与立法实践,我们就会发现:平等就业权在西方语境中尽管根植于人权这一核心理念,但受各国经济、政治、文化等不同因素的影响,平等就业权并未在国际人权文件或者各国宪法及法律中得以清晰的界定。或者说,他们与其是在界定什么是平等就业权,毋宁说是在禁止对平等就业这一法律原则和权利的一切行为,而实现该目标的关键手段无疑是反就业歧视。同时,虽然近年来西方国家立法出现了促进平等就业的一些新动向,主要是从以往主要反就业歧视到正面保障平等就业权积极转型,但有关改革及立法依然回避直接界定什么是平等就业权这一个关键问题,从而使平等就业权这一关乎基本人权、职场民主化和多样性、并带有朴素平民情结的重要权利概念仍处于模糊而神秘状态。

在我国,平等就业权遭遇了单位制社会和身份制社会的长期困扰。一直以来,我国劳动法学界对平等就业权概念的态度是比较暧昧的:一方面,在各种著作和文献中,把它作为不言自明的概念频繁地使用;另一方面,则对该概念的定义、内涵、内容及保障等问题保持惊人一致的沉默。① 同时,受多种因素共同影响,学界一直存在一种很强势的观点:平等就业权就是就业机会平等,保障平等就业权就是反就业歧视。应该说,在我国立法尚未对平等就业权明确定义的情形下,这种观点具有很强的号召力。但必须注意的是,所有禁止就业歧视法律制度的创设,都必须建立在一个完备的平等就业权利制度基础之上。② 另外,《就业促进法》虽然规定了劳动者享有平等就业的权利,但却没有对平等就业权的概念及权利内容明确界定。《就业促进法》这种对平等就业权含糊其词的暧昧态度,已经造成诸多困境。比如,在认识上,平等就业权

---

① 李雄、刘俊:"《就业促进法》中平等就业的制度困境",载《河南省政法管理干部学院学报》2010年第2期。

② 李雄:"论平等就业权的界定",载《河北法学》2008年第6期。

的空洞化或者直接被等同于反就业歧视的观念就会进一步强化,就会形成"观念依赖",就会使平等就业权始终处于"大而化之"的状态。在实践中,由于立法未明确规定平等就业权究竟为何物,受我国传统观念、劳动力市场供需矛盾等因素影响,法律上的平等就业权最终在用工自主权面前显得无地自容并且地位卑微,且劳动者最终也不清楚自己到底享有哪些平等就业的权利。总之,无论是在理论认识上,还是在法律规定上,平等就业权在我国依然处于"只见权利规定而不见该权利是什么"的尴尬境地。而当我们试图借鉴西方禁止就业歧视经验来解决我国不平等就业问题的时候,总是面临难以跨越的理论障碍与制度"瓶颈":禁止就业歧视的权利基础和权利支点是什么?如果没有平等就业权作为反就业歧视的权利支点,一切看似美好的禁止就业歧视的主张和建议,都将成为无本之木和无源之水。

笔者认为,就像平等至今尚无一个统一的界定一样,以至于人们甚至认为平等观念之所以经久不衰,恰恰是因为其内涵的空洞性与包容性,从而能够在世界各国不同环境下显示出无比强大的适应能力。但正如国际人权法所确认的那样,平等既是一项重要的法律原则,也属于权利范畴,而权利的本性要求平等必须是具体的和确定的,权利从来都是具体的,权利也需要秉持一种"咬牙切齿"的坚持态度。同时,平等就业权作为平等权利项下的一种具体权利,自然应当继承平等权的具体性和明确性等权利秉性。另外,平等就业权概念的解读还应当立足于该权利承载的保障生存权这一核心功能来认识,而该核心功能的实现又主要是基于"体面劳动"得以实现。国际劳工组织在 1999 年第 87 界年会上提出了"体面劳动"这一概念。按照国家劳工组织的解释,"国际劳工组织当今的首要任务是促进男女在自由、平等、安全和具备人格尊严的条件下,获得体面的、生产性的工作机会"。[①] "体面劳动"的核心是促进工作中的权利、就业、社会保护与社会对话,把经济增长与人们日常生活的渴望紧密结合起来。从该意义上讲,平等就业权就不应被仅仅视为反就业歧视,或者把平等就业权局限于就业机会的平等。应该说,权利平等不能仅仅视为反对特权的政治宣言,更应该体现于权利从生成到实现的全过程。

基于以上论述,我们对平等就业权的基本态度就不应当再沿袭传统的认识和理解范式,即不应当仅仅满足于把平等就业权作为一种观念性权利或者

---

① Report of the director-General in the international labor conference, *Decent Work* (87th session, 1999), International Labor Office, Geneva.

宣示性权利就够了，而应当认真对待平等就业权，在理论上和制度层面上为平等就业权建构一个清晰的概念，使人们对该权利有一个非常清楚的认识，知道它究竟是什么，究竟包含哪些具体的权利内涵。同时，由于平等就业权在全世界都是一个内涵不确定的多形概念，其界定须在具体意思场域中才能获得清晰的把握。如前文所述，社会法应成为平等就业权的主要理论场域，社会法语境下平等就业权概念的界定，应当注意如下五个主要问题：应当反映其承载的主要功能，应当体现该权利的基本属性，应当彰显权利主体的普遍性与特殊性，应当反映权利对应的主要义务主体，应当突出权利保障的主要机制。沿着该思路，就不难为我国平等就业权的概念做如下概括：所谓平等就业权，是指国家通过立法、执法、司法以及文化等手段保障劳动者在身份平等、权利平等、机会平等、规则平等的基础上享有形式上的平等就业权。同时，国家通过保障体面劳动、禁止就业歧视、强化就业与职业培训、加强社会保障等途径，保障社会弱势劳动者享有实质上的平等就业权。平等就业权是形式平等就业权与实质平等就业权的统一。

（二）平等就业权的特征

为进一步解读平等就业权的概念内涵，还需对其特征予以刻画。同时，在社会法理论场域中，基于本书研究目的，主要将平等就业权的特征集中在价值功能、权利属性以及度量标准这三个关键维度上。

第一，在价值功能上，平等就业权具有多重价值承载。综观平等就业权在全世界的理论研究及立法实践，尽管其发轫于西方人权理念，在人权普适价值上具有世界共性，但各国不同文化、政治、经济等背景又决定了平等就业权在各个国家乃至各个国家的不同时期承载着不同的价值功能。在我国当下社会深度转型时期，平等就业权，这个既具有朴素平民情结，又关系职场民主化、多样性、权利公平、机会公平和规则公平等彰显社会公平正义性质的重大议题，就不再是一个简单的政治表态或权利宣示，而是一种更为积极的权利主张，是广大劳动者最关心、最普遍、最直接的一个利益诉求。同时，我国平等就业权又必须在世界语境中予以全面观察，平等就业权功能价值的提炼和厘定必须把世界的和中国的有机结合。具体而言，根据前文已有论述，我国平等就业权的价值功能除了要在促进社会公平正义、保护人的尊严、解决失业问题、促进经济社会发展等方面体现世界的普遍性外，更应在促进社会和谐、推动劳动用工制度改革发展、推进城乡统一人力资源市场建设、促进充分利用人力资源、带动劳动法治建设以及提升国际竞争力等方面彰显中国风格与中国特色。只有把握这些带有中国国情的元素，才能使平等就业权这个在全世界都很重大的责任话语实现“中国化”。而在平等就业权价值功能的诸多中国元素中，面对我国人力资源市场与劳动用工中普遍存在的劳动法法治相对缺失、平等就业权利缺失、诚信用工规则缺失、平等就业文化缺失等系统性问题，当前要特别注意平等就业权在捍卫法律面前人人平等、规范劳资关系、促进劳动者权利建设、培育社会平等意识等方面具有的基础性和导向性作用。总之，中国语境中平等就业权的价值功能应该是多元的，既要反映世界的普遍性，也要彰显中国风格与中国特色；既立足于当下要解决的主要问题，又着眼于长远发展的客观需要。

第二，在权利属性上，平等就业权具有复合权利属性。一般来看，社会法学界习惯于把平等就业权纳入社会权范畴予以解读。但有关社会权的诸多争论尚未停息，平等就业权所依据的社会权理论场域需要进一步拓展。现有对平等就业权的解释视角既涉及社会权，也涉及基本权利，还涉及生存权等。但从权利体系的内部逻辑来看，平等就业权所依据的权利理论基础的基本顺位应该是从宏观层面的基本权利到中观层面的社会权最后到微观层面的生存权。

首先是宏观层面的基本权利。基本权利非我国固有之观念或概念，此与域外先有各种权利典章或宣言后有现代政治国家之架构不同。① 目前，有关基本权利之称谓可谓林林总总，但尚无统一概念，如有“基本权利”、“人民之权利”、“基本人权”、“宪法权利”、“公民基本权利”等。同时，各国对基本权利产生依据之认识也不尽相同。如崇尚自由主义的英美诸国由于受民权理论影响，主张基本权利先于国家而存在，即“天赋人权”，以基本权利来限制政府，并作为证成政府合法性的权利。而在未经自然法洗礼的国家，则采用法律实证主义，认为基本权利是国家法律规定的权利。比如，德国 1919 年《魏玛宪法》虽然首次规定了基本权利清单，②不过当时宪法学者普遍认为，基本权利不是真实的权利，而是一种方针规定，因而也就不将其具体化。甚至德国早期公法学家耶林内克（Jellinek）也认为，一切自由只有在法律限制之范围内才能获得承认。从基本权利的理论研究与立法实践来看，基本权利概念的界定确

① 张红著：《基本权利与私法》，法律出版社 2010 年版，第 40 页。

② 秦奥蕾著：《基本权利体系研究》，山东人民出版社 2009 年版，第 35～45 页。

非易事,很多学者因此才诉诸对该权利的描述而非定义之方式。① 正如吴庚大法官所言:"对于基本权利的描述,已经不是对基本权的定义,而是一种基本权理解。"②在我国,基本权利尽管为"舶来品",但早已得到现有法制之确认。我国对基本权利的理解,应当与《宪法》规定紧密结合。我国《宪法》第13、33~49条规定了公民享有广泛的基本权利,可视为公民基本权利的权利清单。同时应看到,尽管我国学者对基本权利的理解相继推出力作,③但由于我国宪法诉讼机制缺乏,实践层面的基本权利尚处于介绍层次。究竟如何理解基本权利,与其说我们是在为其下一个精准的定义,毋宁说我们是在描述它。本书赞同这样的观点,即在借鉴欧美基本权利及我国台湾地区已有实践的基础上,在法治中国语境下,基本权利的如下基本点应得到确认:(1)基本权利是人皆有的权利,是人之为人的权利,具有最大普适性,不以国家存在为前提,也不以国法为依据,宪法只起确认和保护作用。(2)基本权利为宪法规范,具有最高规范效力,一切国家权力皆应与之吻合。基本权利也是客观规范,可通过民法概括条款规范调整私人关系。(3)基本权利的实现程度与质量是评价政治作为和政体正当性的唯一基准,国家负有保障基本权利实现的主动义务。(4)国法限制基本权利应有明确立法规定并经法律规定之程序,制宪者或修宪者如侵害基本权利,则视为破坏宪法行为。④

基本权利与平等就业权关系为何,平等就业权的权利属性与基本权利存在何种关系?这自然涉及基本权利的分类问题。尽管各国通常以基本权利作为其宪法表现形式,但这些权利服从于不同的价值信仰,是特定价值观的宪法化。⑤ 因此,对基本权利本身予以分类,既是基本权利内部细化和体系化建构的需要,也是各具体基本权利实践保护的需要。一般认为,自由权与社会权是

---

① 张红著:《基本权利与私法》,法律出版社2010年版,第42~43页。

② 吴庚著:《宪法的解释与适用》,三民书局2003年修订版,第88页。

③ 该领域研究已有很多,主要参见张翔:"基本权利双重性质",载《法学研究》2005年第3期;刘志刚:"人格尊严的宪法意义",载《中国法学》2007年第1期。

④ 张红著:《基本权利与私法》,法律出版社2010年版,第46页。

⑤ 郑贤君著:《基本权利原理》,法律出版社2010年版,第131页。

基本权利分类的一个重要面向,[①]而作为社会权的子权利平等就业权自然归属于基本权利范畴,平等就业权在权利属性上也自然获得宏观层面上基本权利的性质。进言之,在基本权利范畴中,平等就业权本质上是一种由宪法确认的、由权利人(劳动者)得向国家主张维持其生存利益与发展利益的、符合人性与体面生活需要的平等就业的权利。同时普遍认为,基本权利范畴中平等就业权在权利属性上主要是积极权利。权利按属性区分,一般分为消极权利和积极权利。所谓消极权利,是指依市民社会中自由的法则获得的,个人不需要社会、国家或集体的帮助即可享有财产权和自由权等。对于这些权利,国家只能消极地"不作为"。只有当权利人与他人发生纠纷时才居中裁决,进行干预。所谓积极权利,是指弱势主体通过国家的积极行为来实现其利益的一种权利。[②]

其次是中观层面的社会权。自17世纪英国自由主义先驱洛克开创自由权理论以来,社会权思想一直伴随左右。[③] 但社会权始终处于一种边缘化境地,国家对社会权"渐进式"确认和实施引发学界对该权利的定位及发展等问题产生诸多争论,主要问题涉及社会权是什么、社会权与自由权的人权二分法是否合理科学、社会权与自由权的关系是否可以等同于积极权利和消极权利的关系、国家对社会权承担的义务是政治义务或道德义务还是法律义务,以及社会权的实现机制如何等。从本书研究目的来看,笔者并不想陷入社会权界定以及如何精确确定其权利清单的陷阱,而把社会权限于一种关乎劳动者生存与发展的权利,社会权的核心子权利包括平等就业权。同时,无论社会权存在怎样的分歧,但人们对它的出现与平等价值中实质平等的拓展以及对实质正义的追求是分不开的这一点早已达成共识。至于有人仍然提出异议,认为就业权非社会权,主要理由是持该观点者否认在公、私法之外有独立的第三法域或第三种权利即社会权的存在,就业权当然也就无所谓社会权的属性之说。

---

① 关于社会权与自由权关系,主流理论一直将其等同于积极权利和消极权利的关系。同时,社会权所要求的保障义务是积极义务,自由权所要求的保障义务是消极义务。由于社会权的实现受制于现有资源,各类社会权之间存在冲突,而自由权只需国家不予干预即能实现,各类自由权之间不存在冲突。问题是,社会权是否都是积极权利,自由权是否都是消极权利,是否社会权之间相互冲突而自由权之间可以和谐共生?对于这些问题,学界至今仍存分歧。

② 黄越钦著:《劳动法新论》,中国政法大学出版社2003年版,第54页。

③ 尽管人们认为洛克的人权理论排除社会、经济福利为人权内容,但实际上并非完全如此,洛克并不否认经济和社会人权。参见[美]杰克·唐纳利著:《普遍人权的理论与实践》,王浦劬等译,中国社会科学出版社2001年版,第五章"人权与西方自由主义"。

持该观点者同时也认为,就业权的基本定性应为"消极的就业权乃私权,积极的就业权乃公权",就业权的典型特征为"混合权利"。① 笔者认为,且不论该论点是否合理科学,就其主要论据即否认第三法域并认为"消极的就业权乃私权,积极的就业权乃公权"来看,就很值得商榷。同时,如果把就业权视为一种兼有公权与私权性质的权利,且以"混合权利"为典型特征,这无异于把就业权置于一种非常模糊的境地,不仅"就业权究竟是什么"更难回答,也会使就业权这一基本权利不能进一步类型化和精细化,进而也不利于对就业权的保障。

社会权在基本权利项下且作为中观层面的权利究竟对平等就业权产生哪些影响?或者说,社会权语境中平等就业权的权利属性又有哪些特点?回答该问题,又会涉及社会权的权利义务观这一基础问题。如前文所述,在社会法范畴中,"需要就是权利"已成为社会法普遍性权利模式,社会权以义务为重心,一方所受利益并非必然是其享有的权利,且利益主体自身也承担一定义务。一方所受利益同时也可能是其享有的权利,且不以其履行义务为对价。在社会权这种特殊的权利义务观影响下,社会权项下的平等就业权在权利属性上自然应体现社会权的权利特性。即以中观层面的社会权作为理论支撑,平等就业权的受益主体可能是权利主体与义务之一体,也可能是义务主体的一方,受益主体并不必然与权利主体重叠。从平等就业权的权利主体来看,平等就业权既是一种被动要求权,也是一种主动请求权。被动权利是一种"合法存在的状态",主动权利是一种"合法的行为权利"。"存在"意味着一个人拥有权利,它是处于被动状态,很像是自由权和要求权。"行为"意味着一个人拥有创造权利的超权利,它是一个主动的过程,被称为支配权。② 同时,平等就业权的被动权利属性又集中体现为对国家的某种防御,即要求国家不得侵犯;③平等就业权的主动权利属性则集中体现为对国家提出有关要求并保障该权利能够实现。

最后是微观层面的生存权。生存权发轫于国家为保障自由权过度导致的弱者生存危机的客观需要。随着资本主义高度发展,失业、贫困以及社会不平

---

① 李运华著:《就业权研究》,中国社会科学出版社2009年版,第167页、第170页、第176页。

② [美]托马斯·雅诺斯基著:《公民与文明社会》,柯雄译,辽宁教育出版社2000年版,第38页。

③ 张翔著:《基本权利的规范建构》,高等教育出版社2008年版,第44页。

等等社会问题接踵而至。在该背景下，作为资本主义社会的法律支柱并且构筑起全部自由权基础的财产权和契约自由，其主要作用就压倒性地有利于有产者，一切权利和自由就有可能变成无任何实际意义的画饼充饥般的存在。国家基于对自由竞争中社会弱者生存危机保障需要的干预由此产生，旨在保障个人的生存权就登上了历史舞台。① 奥地利法学家安东·门格尔早在1886年出版的《全部劳动权史论》中就提出，劳动权、劳动受益权和生存权三权是构成新一代人权群——经济基本权的基础。并认为，保障人们要求国家平等分配生活资料来满足生存欲望和要求国家确保劳动阶级获得劳动受益这两项权利是社会主义的基本目的。前者是狭义的生存权，后者可称为劳动受益权。同时，这两项权利的确保又必须由国家来保证国民获得具体的劳动作为实现的手段。② “生存权的实质是保证每个人过起码的生活的权利，是要求国家积极履行保障义务的权利。”③作为基本权利体系中最基础的权利，生存权在其权利属性上应把握如下要点：(1)生存权的内容是维持人的基本生活需要，但这种需要应是有尊严的和“体面”的生活，④应该是与时代发展同步的；(2)生存权的权利主体不仅包括普遍的和抽象意义上的人，更强调个别的具体的人，如劳动者、消费者等；(3)生存权的实现和保障依赖于国家公权的介入、干预和积极作为。

处于基本权利体系最低端的生存权对平等就业权权利属性的归位产生了何种影响？回答该问题，需要把平等就业权的价值功能与生存权予以比较，从中厘定两种权利在价值承载上的基本关系。通过对比平等就业权与生存权各自承载的价值功能，我们就会发现，生存权与平等就业权价值功能的一个重要交叉点即在于通过国家干预对自由竞争予以修正，实现对弱者生存危机的保护，即实现实质公平正义。同时，生存权的权利属性还对平等就业权权利属性之归位产生了如下具体影响：首先，生存权语境下平等就业权的价值内涵尽管首先旨在确保劳动者的基本生活，但该种生活一定是有尊严的和“体面”的，而不是像“撒胡椒面似的”一种得过且过的生活。其次，生存权语境下平等就

---

① [日]大须贺明：《生存权论》，林浩译，法律出版社2001年版，第12～13页。

② 林嘉等著：《劳动就业法律问题研究》，中国劳动社会保障出版社2005年版，第91～92页。

③ 齐延平著：《人权与法治》，山东人民出版社2003年版，第86页。

④ 许建宇：“社会视野中的劳动权——作为社会权的劳动权之基本范畴解析”，载林嘉主编：《劳动法评论》(第1卷)，中国人民大学出版社2005年版，第82页。

业权的权利主体不仅是所有劳动者，而且更突出对社会弱势劳动者的倾斜保护。最后，生存权语境中平等就业权内含的“需要就是权利”的权利属性更为突出。权利的属性决定权利的保障机制，在生存权语境下平等就业权天然的“需要就业是权利”这一特殊的权利观，决定了其实现机制特别强调国家的促进义务和保障义务。

第三，在度量维度上，平等就业权具有多重度量标准。从逻辑层面来看，权利功能决定权利属性，进而决定权利衡量的尺度。权利度量是衡量权利的价值标准和内容尺度，是权利的一个重要特征。平等就业权的度量维度要解决的关键问题是，如何在宏观上为平等就业权的型构确立一个价值标准和内容尺度，进而有助于我们整体把握平等就业权。基于我们对平等就业权承载的价值功能及其权利属性的梳理和提炼，就不难型构出平等就业权的如下度量维度：

首先，平等就业权应是形式平等与实质平等的统一。一方面，形式平等是近代市民社会革命确立起来的一个基本原则，与人权保护的普适性和无差别性紧密勾连。在社会法视野下，平等就业权的制度目标及其权利属性决定了平等就业权应是形式平等与实质平等的有机统一。形式平等就业权不仅为劳动者提供了一个平等获取就业岗位的机会，使人们在观念上容易普遍接受，而且形式平等就业权所造成的负面影响还可以通过相关措施予以补救。因此，社会法理论场域中形式平等就业权是平等就业权内容体系构建的先决要求，其权利内容主要体现在劳动者身份平等、就业权利平等、就业机会平等，以及就业规则平等等。另一方面，实质平等是国家针对形式平等可能导致的事实上的不平等，根据具体情况和实际需要，采取适当、合理、正当和必要的区别对待。① 形式平等就业权旨在为劳动者就业创造一个起点意义和初始状态上的平等，而实质平等就业权则旨在为劳动者就业时弥补形式平等就业权之不足，并为劳动者创造某种程度的结果上的平等。在社会法语境下，相对于形式平等就业权是平等就业权内容体系构建的先决要求而言，实质平等就业权是平等就业权内同体系构建的终极目标，其权利内容主要包括平等获得体面劳动、不歧视、职业培训以及社会保障等。

其次，平等就业权应存在合理差别。哈耶克曾指出，平等存在不可避免的悖论，包括程序平等与结果平等，两者不可兼得。但在平等就业权范畴中，形

① 林嘉等著：《劳动就业法律问题研究》，中国劳动社会保障出版社2005年版，第125页。

式平等与实质平等都是平等就业权诉求的重要制度目标,两者不可偏废。虽然人们一般能理解实质平等就业权是对形式平等就业权不足的某种补救,但问题是该补救程度应如何界定?如果实质平等就业权过度,不仅形式平等就业权得不到保障,而且整个平等的价值秩序以及市场化就业机制也会受到严重影响。为使实质平等就业权具有更为充分的正当性,法律就应当为其设置一个合理的"度",而这个"度"的关键是合理差别。何谓合理差别,最好的解释是"等者等之,不等者不等之"。① 合理差别究竟应如何确定方为合理,目前尚无定论。解决该问题仍离不开以形式平等就业权和实质平等就业权的基本关系作为核心理论支撑。即实质平等就业权旨在弥补形式平等就业权之不足,并对社会弱势劳动者给予特别保护,帮助他们能够实际享有平等就业权。沿着该思路,我们不妨对实质平等就业权中合理差别的"度"做如下整体性刻画:实质平等就业权的"度"只能停留在能够消除形式平等就业权之不足的层面。这至少应成为处理形式平等就业权与实质平等就业权关系的首要原则。至于这个"度"究竟如何进一步判断,则需要根据个案而定。无论如何,形式平等就业权与实质平等就业权之间的合理差别以及"度"的确定,最终都应当符合社会法理论场域中社会正义要求,并应当服从社会法本位社会利益与社会法理念宗旨的要求。

最后,平等就业权应处理好公平与效率关系。在市场经济模式下,公平与效率常被认为是一对不可调和的价值与矛盾,成为我国改革开放以来被反复讨论但又一直没有被很好解决的一对核心关系。一个有效率的解决问题的办法可能是不公平的,而一个公平的解决问题的办法有可能缺乏效率。究竟如何处理公平与效率的关系,依然需要为其找一个具体的理论场域。在社会法理论场域中,公平与效率的关系有其特殊性,并对平等就业权内含的公平与效率关系产生了直接影响:(1)公平与效率是有顺位的和层次的,不能笼统地说谁优先或谁从属于谁。(2)公平与效率具有不同的实现机制。公平是人类社会的一种核心价值,公平不会自动实现,需要某种外部保障机制。效率则不同,效率首先是一个"自然"原则,人们会自动追逐效率,并不需要激励。(3)对效率的追求必须满足平等的基本自由和公平的机会这两个基本正义原则,即是说,平等就业权范畴中的效率应当是一个综合性效率,既要激励社会

---

① 郭玲惠著:《男女工作平等法理与判决之研究》,台北五南图书出版公司1999年版,第13页。

生产力发展,又要保障人的全面发展。效率是动力,公平是尺度,公平与效率最终统一于社会正义之中。“有一种东西,对于人类的福利要比任何其他东西都更重要,那就是正义。”[①]“正义被认为是人类精神上的某种态度、一种公平的意愿和一种承认他人的要求和想法的意向。”[②]相较于公平与效率,社会正义是一种更重要的美德,公平与效率最终应统一于社会正义中。

(三)平等就业权与自由择业权的关系

我国《劳动法》第3条规定:劳动者享有平等就业和选择职业的权利。厘清平等就业权的概念,必然会涉及对平等就业权与选择职业权即自由择业权关系的认识。就业权一般被界定为,它是一个以职业工作机会的获得或保持为核心的利益指向,以工作自由权、平等就业权、解雇保护权、就业服务权和失业保险权等内容为一体的权利群或权利族的概括称谓。[③] 从本书研究的主题及术语界定来看,就业权仅为劳动用工即建立劳动关系前这一部分的权利,[④]即就业权一般意义中的工作自由权与平等就业权,且该平等就业权仅限于求职或找工作阶段的权利。

何谓自由择业权?它是指劳动者在法律允许范围内,[⑤]根据自己意愿并不受强制地自由选择工作或职业的权利,包括是否从事职业、从事何种职业、何时何地从事职业等方面的权利。自由择业权是近代国家普遍承认的一项基本人权,它反对的是封建社会的职业由身份决定、强迫劳动和行政安置职业。[⑥] 市场经济与劳动就业市场化改革赋予人们选择职业和改变职业的自由,一个文明的社会也不该允许社会“集体无意识”的公然歧视它的一部分成员。一个连名义上的“平等”都无法实现的社会是不正常的,也是耻辱和不能

---

① [英]郭德文著:《政治正义论》(第2卷、第3卷),何慕李译,商务印书馆1982年版,第375页。

② [美]E.博登海默:《法理学——法学哲学与法律方法》,邓正来译,中国政法大学出版社1999年版,第264页。

③ 李运华著:《就业权研究》,中国社会科学出版社2009年版,第37页。

④ 《劳动合同法》第7条规定,用人单位自用工之日起与劳动者建立劳动关系。

⑤ 作为基本权利体系的重要组成,自由择业权限制正当性的证成可参照基本权利限制的相关主要理由。基本权利是一个相互关联的价值体系,行使一种权利可能影响另一种权利。从维护个人依赖生活的共同环境及其伴随的整体利益出发,基本权利又不是无限的,而应当受到限制。基本权利限制的内涵主要包括剥夺一部分主体的基本权利、停止行使某些基本权利、出于社会公共利益需要对基本权利特殊主体的活动予以限制等。基本权利限制的主要目的包含公共利益、公共秩序、国家安全、紧急状态以及他人权利和自由等。参见郑贤君:《基本权利原理》,法律出版社2010年版,第206~211页。

⑥ 林嘉等著:《劳动就业法律问题研究》,中国劳动社会保障出版社2005年版,第109页。

容忍的。[①] 同时应当看到,自由择业权除了意指劳动者可以自由选择或安排就业外,还应当与“完全劳动权”明显区分开来。相对于以共产主义名义提出的“完全劳动权”而言,自由择业权尽管是劳动者的一项自由权,但“自由择业权并不意味着政府必须保证给予每一个人一份他希望得到的工作,而应该指国家平等地为每一个有工作愿望和能力的人创造工作机会,包括从大的方面讲,制定政策和采取相关措施促进经济、社会和文化的稳定发展;具体来讲,为个人提供适当的就业和职业培训、就业指导和安置”。[②] 绝对的个人自由择业权不仅在理论上是不存在的,在实践中也是不可能的。正如奥地利代表所言:“工作权如果被理解为拥有一份工作和特定工作之意,那么奥地利法律制度中并没有包括该项权利。也不可能要求国家保证给某一地方的个人一份工作。就业机会完全依赖于经济形势。国家所能保证的是帮助个人寻找新的工作,并克服导致失业的各种困难。”[③]德国学者也指出,无论如何也不存在对具体工作岗位的个人请求权意义上的劳动权。这种所谓的宪法意义的请求权不符合传统意义上对基本权利的理解,即它们是针对国家的防御权。[④] 尽管自由择业权性质为自由权,是公民个人意志和行动自由的结果,是不受国家和他人非法强制干预的消极自由,[⑤]但我们必须承认这样一个事实:就业权中的自由择业权虽然并不必然意味着国家为每一个人提供一份现实的工作,但国家却应基于就业权承载的保障生存权等价值功能,并基于“需要就是权利”之理念,有义务采取积极措施,保证每一个劳动者都能够享有自由择业的权利。

平等就业权与自由择业权关系的实质可归结为平等与自由的关系。自由与平等总是如影相随。从历史上看,平等否定了封建身份的不合理的歧视,自由则是对自治的最大承认。依法理,自由先于平等,平等是自由的保障。同时,在自由与平等关系范畴中,自由之本性在于尊重个人自治和个人利益最大化。为确保这一点,自由主体在形式意义上必须是完全平等的,即平等只要保

---

① 刘翠霄著:《天大的事:中国农民社会保障制度研究》,法律出版社2006年版,第161页。

② 李薇薇、Lisa Stearns主编:《禁止就业歧视:国际标准和国内实践》,法律出版社2006年版,第129页。

③ 同上。

④ [德]W.杜茨著:《劳动法》,张国文译,法律出版社2005年版,第35页。

⑤ 柏林对消极自由有一个精辟的定义:消极自由“是一个能够在不受他人阻碍的情况下活动的空间。如果我被别人阻止去做我本来可以去做的事情,那么,在这个程度上,我是不自由的;如果这个空间被别人压缩到某种最低限度之下,那么,我就可以说,我受到强制和奴役”。参见李强著:《自由主义》,中国社会科学出版社1998年版,第177页。

证起跑线上各人的机会均等就可以,而不问由个人努力和能力而获取的结果是否也要平等。或者说,平等与自由关系范畴中的平等只要机会平等就可以。但在社会法视野中,承载着保证生存权之基本功能的平等就业权,其与自由择业权的关系就不能简单理解为形式意义上的平等就业权与自由择业权的关系,而是形式平等就业权和实质平等就业权与自由择业权关系的统一。

(四)平等就业权与用工自主权的关系

在市场化就业体制和机制下,平等就业权与用工自主权是一个一体两面的问题。从权利平衡的角度来看,平等就业权与用工自主权在法律上乃是一对相互对应的权利,①其关系应为劳动用工领域的一对轴心关系,但却又是一对难以分清的关系,直接影响平等就业权概念内涵的界定。从本书研究主题来看,平等就业权与用工自主权关系的厘定是依法建立平等就业权法律保障制度的一个关键。同时,也应当看到,从相关的大量文献及实践来看,人们对平等就业权与用工自主权关系的态度基本上还处于认识上的"高调"与处理上的"低调",即人们一般都能认识到区分这两种关系的无比重要性,但细问其关系究竟为何或者平等就业权与用工自主权各自的权利边界时,人们似乎又处于沉默的状态。可以说,人们对平等就业权与用工自主权关系的"冷处理",恰恰是我国当前就业不平等以及就业歧视问题依然严峻的一个根本性原因。

从全面深入把握平等就业权的概念内涵来看,我们显然不能跟着感觉走,或者仅仅套用法律文本来理解平等就业权与用工自主权的关系。同时,考察平等就业权与用工自主权的关系,我们并不打算按照传统的以要素分析比较的范式来逐一对比。因为这样比较难免过于理论化和理想化,且不容易使比较结果落地于实践。整体观之,人们对用工自主权的认识经历了一个从绝对自由到相对自由的过程,②平等就业权与用工自主权的关系是共生关系与矛盾关系的统一体,前者反映了平等就业权与用工自主权存在的相通性与一致性,后者体现了平等就业权与用工自主权面临的差异性与竞争性。从该意义上讲,平等就业权与用工自主权的关系,本质上主要是一个如何看待平等就业

---

① 秦国荣著:《劳动权保障与〈劳动法〉的修改》,人民出版社2012年版,第60页。

② 以美国为例,在反就业歧视运动兴起前,雇主拥有绝对的"雇佣自由",可以随心所欲地制定雇佣规则。随着民权运动的兴起,特别是由于第二次世界大战期间劳工短缺,必须雇佣大量黑人及妇女劳动,政府不得不主动出面解决公平就业问题,用工自主权由此也受到法律越来越严厉的规制。

权限制的问题。根据本书结构安排,有关问题将在第五章继续讨论。

(五)平等就业权与反就业歧视的关系

一直以来,在平等就业权法律规范化和体系化问题尚未解决、平等就业权法治化程度还非常低的情形下,面对日益严峻的就业歧视,人们很容易将平等就业权等同于就业机会平等,并把保障平等就业权等同于反就业歧视。那么,平等就业权是否就是反就业歧视,平等就业权与反就业歧视应为何种关系?对这两个问题的回答,基本上构成了多年来学界与实务界反复讨论该话题的一条主线。国际人权公约关于就业权的规定主要包括两个方面:一是从正面规定人人享有平等就业权;二是禁止就业歧视。法国学者勒鲁认为,平等是一种原则,且该原则今天已被公认为司法准则。“我在本书中所要论证的内容是,现在的社会,无论从哪一方面看,除了平等信条外,再没有别的基础。”①与平等原则相呼应,不歧视是联合国人权条约的核心内容,国际劳工组织八个基本公约中有两个涉及不歧视。② 国际人权法中不歧视规定是基于个人受到歧视性待遇不符合平等这样一个理念而产生的。不歧视是平等的一项重要内容,不歧视与“法律面前人人平等并有权受到法律的平等保护”一并成为人人享有人权的基础。正如舍思特克所指出,平等与不歧视原则是“人权法的核心”。③ 因此,在平等就业权与反就业歧视的关系范畴中,平等就业权是反就业歧视的权利基础和“权利支点”,反就业歧视是平等就业权的落实和保障,两者是目标与手段的基本关系,共同构成人权法的核心。这是在宏观层面上对平等就业权与反就业歧视关系的整体把握。

在微观层面上,平等就业权与反就业歧视的关系则主要体现在以下几个方面:

(1)两者思想渊源的比较。保护平等就业权发轫于西方“人权”理念,其内核与反就业歧视实有相映成趣之妙,集中体现为“人人生而平等”和“社会正义”等价值取向。这种理念清晰地表述在国际劳工组织的《费城宣言》中。④

---

① [法]皮埃尔·勒鲁著:《论平等》,王允道译,商务印书馆1988年版,第5页。

② ILO Convention No. 111, *Discrimination (Employment and Occupation) Convention*, 1958; and ILO Convention No. 100, *Equal Remuneration*, 1951.

③ Jorome J. Shestack, "The Jurisprudence of Human Rights", in Theodor Meron (eds.), *Human Rights in International Law: Legal and Policy Issues*, 1984, p. 101.

④ 李薇薇、Lisa Stearns主编:《禁止就业歧视:国际标准和国内实践》,法律出版社2006年版,第182页。

同时，应当看到，就像平等本身并不容易界定一样，保护平等就业权与反就业歧视所依据的"人人生而平等"和"社会正义"的价值取向在不同国家又呈现出不同的侧重。比如，同属英美法系国家的美国和英国，在认定歧视行为是否要求歧视者具有主观故意这一要件时，表现出截然相反的姿态。美国要求歧视行为人必须具有主观故意，而英国对歧视行为实施者的主观状态则不闻不问。这种巨大的反差确实耐人寻味。究其原因，其与两国反就业歧视法依据的不同历史背景关系紧密。"美国反歧视法源于为种族奴隶制以及在道义上应受谴责的排斥黑人的行为受害人提供救济，这些行为建立在对黑人的恶意之上。"①这似乎道出了在为何美国法院在差别对待歧视案件中要求雇主具有歧视故意的立法背景。与美国不同的是，英国制定反就业歧视法主要是为了解决基于种族、肤色和国籍对移民产生的偏见及不利影响等问题。与美国长期存在的种族歧视问题相比，种族歧视在英国是一个比较新的问题，与之相应的是，英国种族歧视产生的原因也并非主要来自长期存在的种族歧视之恶意。因此，英国反就业歧视法更注重行为结果而非行为人的主观状态，反就业歧视法的目标就不仅仅局限于为遭遇歧视的个人提供救济，而希望通过立法构建一种更为积极主动的平等模式，最终推动平等就业的实现。

(2)两者含义与本质的比较。所谓平等就业权，是指国家通过立法、执法和司法等措施，保护劳动者能够在身份平等、权利平等、机会平等、规则平等等基础上享有形式上的平等就业权，同时，国家通过包括促进体面劳动、禁止就业歧视、强化就业培训和社会保障等手段，保护劳动者享有实质上的平等就业权。平等就业权是形式平等就业权和实质平等就业权的统一。保护平等就业权发轫于西方人权理念，其本质是对人的尊严和基本权利的维护和保障，是人权平等在就业领域的集中反映。所谓反就业歧视，主要包括两层含义：一是指用人单位在招工过程中，其用工自主权构成的对平等就业权的不合理限制或差别对待；二是指国家政策或立法构成的对平等就业权的不合理的限制、差别对待或损害。应当明确，本文所指的就业歧视，与国际劳工组织所称的"歧

---

① Julie Chi-hye Suk, "Antidiscrimination Law in the Administrative State", *University of Illinois Law Review*, 2006, p. 406.

视"相比,[1]无论是在内涵还是在外延上,都不可等量观之。本书所指的就业歧视,实际上是一种狭隘的就业歧视,仅限于求职和招工阶段的就业歧视。囿于本书结构安排,该问题将在第五章深入讨论。基于平等的精髓即"等者等之,不等者不等之",就业歧视的本质是不合理的区别对待。在国际人权法中,平等原则与不歧视是两个核心。因此,应在平等原则与不歧视关系范畴中理解平等就业权与反就业歧视的关系,两者是目的与手段的关系,同时又统一于对人权与人的尊严价值的追求,共同促进社会正义。

(3)两者基本原则的比较。平等是一个大的概念,是人类最基本的价值观,故被国际人权公约及各国宪法规定为基本原则。尽管法律对平等的解说并不一致,但都将平等视为个人的人权并确保其实现。[2] 回顾对平等的相关论述,我们不难揭示出平等语境下平等就业权的三个基本原则:形式平等原则、实质平等原则与合理差别原则。在社会法理论场域中,形式平等原则是平等就业权程序公平价值的集中体现,实质平等原则是平等就业权结果公平价值的集中体现,合理差别原则是平等就业权效率价值的集中体现。反就业歧视是实现平等就业权的关键手段。两者基本原则既体现为共同发轫于西方人权理念、追求"法律面前人人平等"及社会正义等价值,也有诸多不同。有学者指出,反就业歧视应包括平等对待原则、纠偏行动原则和真实职业资格原则三个基本原则。[3] 其中,平等对待原则又称平等待遇原则,在欧盟被称为非歧视原则,在我国被称为平等就业原则。纠偏行动是就业歧视例外的相关概念,是指"企图消除现存的和继续存在的歧视、纠正过去存在的歧视带来的久拖不散的负面影响,并且建立制度和程序以防止将来出现歧视的一系列活动"。[4] 纠偏行动原则旨在通过对社会弱势群体采取积极措施并促进社会多样性。真实职业资格在美国又被称为"善意职业资格",在欧盟被称为"确实的职业要求",在我国被称为"工作相关资格原则",[5]是指雇主的不平等对待

---

① 国际劳工组织认为,所谓歧视,是指"基于种族、肤色、性别、宗教、政治观点、民族血统或社会出身所做出的任何区别、排斥、优惠,其结果是剥夺或损害在就业和职业上的机会和待遇的平等"。参见M. Banton, *Discrimination*, *Buckingham of Philadelphia*, Open University Press, 1994, p. 7。

② Evelyn Ellis, *EU Anti-Discrimination Law*, Oxford University Press, New York, 2005, p. 6.

③ 冯祥武著:《反就业歧视法基础理论问题研究》,中国法制出版社2012年版,第191~205页。

④ Byran A. Garner, *Black's Law Dictionary*, 8thed, Thomson West, St. Paul, 2004, p. 64.

⑤ 林嘉:"论我国就业歧视的法律规控",载《河南社会科学》2005年第5期。

行为虽然是基于求职者或受雇者的性别、年龄、来源国等因素，但这对于企业的正常营运是合理且必需的。

(4)两者内容体系的比较。平等就业权是一个关涉经济、社会和政治等因素的综合问题，承载的核心价值功能是对人的尊严和基本权利的维护，这决定了平等就业权的内容必然涉及方方面面，集中在形式平等就业权和实质平等就业权两个方面，是一个内涵丰富且体系庞大的“权利束”。反就业歧视的本质是禁止不合理的区别对待，这决定了反就业歧视的内容和侧重点在于禁止各种损害平等就业权的现象和行为。进一步来讲，平等就业权与反就业歧视的内容各有侧重，其中，平等就业权的内容是对平等就业权利的正面确立，既是反就业歧视的权利基础和“权利支点”，也是反就业歧视的一个主要目的。反就业歧视的内容则是在平等就业权的基础上，从反面禁止一切形式的损害平等就业权的现象和行为，旨在促进平等就业权实现目标的达成，是平等就业权最终实现的一个关键手段。从该意义上来讲，平等就业权与反就业歧视是目标与手段的关系，平等就业权是反就业歧视的权利基础和“权利支点”，反就业歧视是平等就业权的落实和保障。

(5)两者运行机制的比较。在市场化就业体制和机制中，目前尚无比市场更好地促进就业新机制。因此，平等就业权只有在一个健康发达的市场中才能获得最充分的展开，平等就业权的制度功能才能获得最大限度地释放。同时，平等就业权在人力资源市场中的运行又不是自然而然的，还必须处理好公平与效率、规制与自治、政府与市场等基本关系。与之相呼应的是，作为保护平等就业权的一个关键面向，反就业歧视制度机制的运行也离不开人力资源市场。与平等就业权不同的是，反就业歧视在人力资源市场中的核心任务是依法规制用工自主权与平等就业权各自的权利边界，尤其是依法规制用人单位的招工行为。这一点在我国当下显得特别重要。尽管我国早已引进西方市场经济国家的市场化就业体制和机制，但相关配套制度尚未系统建立起来，最为突出的是劳动者平等就业的权利制度体系一直处于法律宣示层面。实践中用工自主权在多重因素的共同作用下事实上形成对平等就业权的“围攻”，就业歧视问题日渐严峻就是最有力的证明。因此，我国反就业歧视制度机制在人力资源市场发挥作用的关键是依法规制用人单位的招工行为，将其限制在法律允许的自主用工范围内，并作为我国反就业歧视的一个重要突破口。总之，平等就业权与反就业歧视的运行机制既有统一的一面，也有不同的侧重点：前者的运行机制涉及人力资源市场的方方面面，后者的运行机制则着力于用工自主权与平等就业权关系的界定以及对用人单位招工行为的依法规制。

(6)两者保障机制的比较。西方成熟市场经济国家的经验反复证明:平等就业权的保障不仅是一项法律建设工程,也是一场观念改造工程,需要形成“合力”。其中,法律是保障平等就业权的根本,反就业歧视是保障平等就业权的关键,政治意志、社会一致乃至平等文化等是保障平等就业权不可或缺的支撑力量。就反就业歧视而言,虽然其保障机制也涉及上述因素,但在反就业歧视与平等就业权保障机制的内部关系上,反就业歧视是作为保障平等就业权的一个重要组成部分和保障手段而存在的。因此,平等就业权与反就业歧视的保障机制既有相通的文化背景、政治意志、法律制度以及社会一致环境等,也有不同的内部关系。

总之,在依法治国背景下,加强权利建设是当今时代的主题。依法治国要求立法尤其是良法应当先行,要求立法要坚持问题导向,而立法的一个关键是加强公民基本权利建设。同时,在我国现有部门法体系中,社会法的法治化程度还很低,其中又以权利建设和权利救济的法治化程度低最为明显。依法保障平等就业权,既是人权平等在就业领域的集中反映,也是国家提出加快完善体现权利公平、机会公平、规则公平的法律制度的一个制度突破口。保障平等就业权与反就业歧视的基本关系应定位于目标与手段的关系,平等就业权是反就业歧视的权利基础和“权利支点”,反就业歧视是实现平等就业权的延伸和保障。我国平等就业权法律制度体系的构建,既要借鉴西方的有益经验,更应立足于我国实际,着力解决当前促进平等就业面临的权利短缺、平等就业权尚处于“空洞”与“大而化之”状态这一根本性问题。我们始终坚信,在依法治国要求立法先行尤其是良法先行的背景下,特别是在我国当前社会法的法治化程度还比较低,尤其是社会法的权利建设和权利救济的法治化程度还很低的情形下,依法正面赋权与权利建设不仅显得格外迫切,而且也是权利保障的逻辑起点。只有依法建立健全完备的平等就业权利体系,我国存在“系统性缺陷”的平等就业权利法制才能得以修复,反就业歧视才能具备坚实的权利基础和“权利支点”,我国才能稳步建立健全一个以平等就业权为中心的反就业歧视法律制度体系。

第三章　平等就业权法律保障的基本依据——内容体系

《全面深化改革决定》指出，规范招人用人制度，消除城乡、行业、身份、性别等一切影响平等就业的制度障碍和就业歧视。《依法治国决定》进一步指出，要加快完善体现权利公平、机会公平、规则公平的法律制度，实现公民权利保障的法治化。这为依法构建我国平等就业权的权利体系提供了重要指引。

如果平等就业权的概念内涵已为我们型构出中国语境中平等就业权的观念性和整体性图景，那么建立一个内容丰富、体系丰满的平等就业权内容体系，则成为依法保障平等就业权的基本依据，可使我国平等就业权长期面临的只有概念和法律宣示而内容“空洞”和“大而化之”的状态得以根本改善。

第一节　形式平等就业权

根据本书设计的平等就业权的内容体系，社会法理论场域中平等就业权是一个“权利束”，是形式平等就业权与实质平等就业权的有机统一。但形式平等就业权与实质平等就业权在平等就业权的内容体系安排上又不是任意的，而是有其内在权利逻辑。其中，形式平等就业权是依法保障平等就业权的基本要求，在平等就业权的内容体系中居于首要位置。

一、形式平等就业权的特殊意义

第一，自由语境中的平等首先是形式上的平等。平等发轫于西方人权理念，是对封建身份不合理与歧视的否定。在平等与自由关系的范畴中，自由先于平等，平等是自由实现的前提和保障。在自由语境下，平等首先要确保自由得以最大限度的实现，并确保自由本身所蕴含的个性和能力的多样性，平等决不能成为自由发展的障碍。因此，自由概念中的平等首先只能是形式上的平等。

第二，平等首先是形式平等，这是平等自身矛盾运动的产物。从我们对平等本身的梳理来看，平等确实是一个非常难以说清楚的问题。哈耶克曾指出，平等存在不可逃避的悖论，包括程序平等和结果平等，两者不可同时相得。比如，如果要追求程序上的平等，所有就业岗位与就业机会都平等地向所有劳动者开放，但由于每一个劳动者在先赋因素与后天因素等方面必然存在各种差异，在市场化就业体制机制下，该差异下的自由竞争最终会使一部分人得到就业岗位，而另一部分人则不能。实际上，面对这种矛盾的现实，从不同视角、不同立场观察的结果似乎也难尽人意。一方面，鉴于社会法理论场域中平等就业权承载的首先保障劳动者生存权之价值功能，迫使“需要就是权利”的理念与国家责任显然无法接受程序平等后的结果不平等这一残酷现实。另一方面，如果要保证结果平等，使每一个劳动者都能获得工作岗位，这不仅与市场化就业体制和机制要求的“让市场机制在资源配置中起决定性作用”相悖，在实践中也是不可能的。笔者已经反复论及，平等就业权的最终落实，不仅是一个经济问题，也是一个政治问题、社会问题乃至思想观念等问题，需要形成“合力”。那么，在结果与程序不能兼得的情形下，究竟是要结果平等，还是要程序平等？只要结果平等的负面作用是显而易见的，它会否定按程序规则而自由公平的竞争，“结果均等显然是与自由相抵触的”，[①]其导致的问题很难补救。与只要结果平等不同的是，程序平等至关重要，它不仅为人们提供了一个平等获取就业岗位的机会，使人们在观念上能够普遍接受，而且程序平等造成的结果不平等还可以通过相关措施予以补救。正如论者所言，“程序不是次要的事情。随着政府权力持续不断地急剧增长，只有依靠程序公正，权力才可

---

① ［美］米尔顿·弗里德曼著：《自由选择》，张琦译，商务印书馆1997年版，第137页。

能变得让人容忍”。[1] 在当下中国，在平等就业权利、机会、规则乃至文化都还普遍缺失的情形下，首先强调形式平等就业权对促进劳动者就业权利制度体系建设的牵引作用，无疑具有以点带面的积极效果。

第三，形式平等就业权的优先地位还有社会法理论的坚实支撑。前文已经论及，平等就业权在全世界都是一个重大的责任话语，具有不同的意思场域。我国平等就业权法律保障制度体系的建构，首先应把平等就业权置身于社会法理论场域中，才能获得对其最充分的解读。社会法对平等就业权产生了全面影响，包括为平等就业权内容体系的构建提供了坚持的理论支撑。比如，社会法本位社会利益尽管是对个体利益的超越，但其首先要经由普遍的个体利益提升而成。社会利益相较于个人利益而言，只是相对平衡而非绝对优位，不能把平衡简单理解为放弃个人利益而选择社会利益。否则，便会回到把社会利益视为完全超然于个人利益的逻辑中。因此，社会法本位社会利益决定了平等就业权首先应在形式上确保普遍个体意义上的平等就业权。在社会法理论场域中，平等蕴含的多重价值中尤以保障社会弱势群体的生存权最为突出，在“需要就是权利”这种特殊的权利义务观有力驱动下，平等价值的普适性与最广泛性特征十分明显，进而要求对应的平等就业权首先应是形式意义的平等就业权。社会法来源于公、私法的融合，兼顾了公、私法的各自秉性，即社会法应当处理好公平与效率、个体与整体、部分与全局的关系。仅以公平与效率的关系来看，这种公平与效率的关系又不同于一般意义上公平与效率关系，是一种要优先保障公平且在公平基础上实现效率的新型关系。同时，社会法语境中公平与效率的关系应该定位于目的与手段的关系。从该意义上讲，社会法独特的公平与效率观也决定了平等就业权首先应是确保所有劳动者公平价值的形式平等就业权。

需要特别指出的是，《依法治国决定》指出，加快完善体现权利公平、机会公平、规则公平的法律制度，其主要是基于普遍意义上依法保障公民权利的宏观层面提出的，但要把这种法治思维及法治要求落实到具体领域中并依法保障公民权利，则受不同部门法价值理念、法律原则等不同因素的影响。各个部门法领域中，公民权利的制度化设计显然是不同的。以社会法领域劳动者就业权为例，仅有权利公平、机会公平和规则公平还不能覆盖平等就业权的全部，在这三种公平的前面还应当有一个劳动者的身份公平。因为在我国这样

---

① ［美］威廉·韦德著：《行政法》，楚建译，中国大百科全书出版社1997年版，第93页。

一个主要以身份来安排就业制度及相关权利义务的国家，如果没有劳动者就业的身份平等，则就业权利公平、机会公平和规则公平是很难实现的。

根据以上论述，平等就业权内容体系的第一层次即为形式平等就业权。所谓形式平等就业权，是指作为平等就业权的主体劳动者，在法律上享有平等就业的权利，具体包括：劳动者身份平等；劳动者就业权利平等；劳动者就业机会平等；劳动者就业规则平等。

二、形式平等就业权的内容

（一）劳动者身份平等

《依法治国决定》指出，坚持法律面前人人平等，平等是社会主义法律的基本属性；加强重点领域立法，依法保障公民权利，加快完善体现权利公平、机会公平、规则公平的法律制度。这为全面依法构建我国平等就业权提供了方向和要求。在形式平等就业权视野下，立足于权利构建本身需要和我国国情需要，权利公平、机会公平、规则公平还不足以全面涵盖形式平等就业权的应有权利内涵。劳动者身份平等在中国语境中更符合国情，不仅是形式平等就业权的逻辑起点，也是形式平等就业权其他权利的关键前提。

身份在我国具有特殊的重要意义，是一种真正的起点平等，因为国家对公民权利义务的配置基本上是以不同身份来设定的。在以户籍制度为核心的分割体制下，我国劳动者身份具有鲜明的城乡二元结构特征。因此，就业制度改革的首要目标是要突破传统的城乡劳动者二元身份禁锢，实行城乡统一劳动力市场中统一的劳动者身份制度。就业制度身份改革并非要取消劳动者身份本身，而是要在促进城乡劳动者统一劳动者身份的同时，进一步丰富劳动者身份的内涵，以此适应新形势下我国劳动用工制度改革需要以及依法保障平等就业权需要。从依法保障平等就业权来看，形式平等就业权旨在建立法律上普适性的平等就业权利制度，而要实现该目标，首先要依法确认城乡劳动者的统一身份。只有依法确认劳动者的身份并使其平等化，依法保障起点平等，劳动者才有可能进一步在身份平等基础上享有其他平等就业的权利。没有起点的平等，注定不会有结果的真正平等。这是一个必须要有清醒认识的客观现实。① 因此，身份平等是实现“所有劳动者的公平正义”的基本前提，是形式平等就业权内容体系的逻辑起点。同时，基于国情考量，依法构建劳动者身份平

---

① 邱路：“平等与人权的悖论”，载《中国社会科学文摘》2001年第3期。

等的权利应主要在如下两个方面达成共识：一是劳动者依法享有平等就业身份的权利，二是劳动者依法享有平等退休的权利。

1. 劳动者依法享有平等就业身份的权利

身份是指一个人在社会上所具有的、能够表征其个人特征和社会地位的若干因素，是人的社会属性的集中体现。公民身份在我国具有特殊的政策含义，主要体现为在以户籍制度为分割的城乡二元社会结构中，公民被制度化区分为城镇居民和农村居民，分别受不同的就业制度和社会保障制度调整。户籍制度承载的历史重任亟待重大转型，因为户籍产生的不平等已经严重影响到城乡劳动者平等就业权实现的现实性及程度。

当前，影响劳动者享有平等就业身份权利的主要因素有：(1)劳动者尚未真正享有平等的劳动者身份。自《就业促进法》实施以来，户籍歧视、城乡歧视、籍贯歧视、地域歧视、行业歧视、部门歧视等现象还很严重。这说明我国尽管在形式上建立了市场化就业制度，但市场化就业需要的平等主体制度尤其是劳动者身份平等制度尚未真正建立起来。(2)男女劳动者身份不平等。由于长期受传统思想观念影响，女性劳动者事实上不能与男性劳动者享有平等的劳动者身份，集中体现为一些行业、岗位等对女性劳动者设置了不平等的就业条件和"门槛"。(3)进城就业人员与城镇劳动者事实上不能享有平等就业的身份。尽管国家层面早已取消了对进城就业人员的政策性限制规定，但地方政府依然固守"只要人手、不要人口"的旧思维，通过设置各种条件，要么提高进城就业人员的就业"门槛"，要么提高其就业的成本。① 其最终导致的结果是，在与城市居民的融合及认同感方面，外来劳动者要想把自己完全融入城市生活，忘记自己的身份，是一件十分困难的事情，事实也的确如此。譬如，珠江三角洲外来农民工的调查表明，在调查对象中，15.5%的人明确表示他们打算长期留在此地；72.4%的人明确表示不打算长期留在此地；其余12.1%的人没有表明态度。外来农民工并没有将目前生活的城市看作自己的家，绝大多数人不打算长期留在此地。② (4)灵活就业人员不能真正享有平等就业身份。灵活就业是现代劳动力市场的一股新风，具有多重积极的战略意义，但由

---

① 比如，农民工进城就业被要求办理各种额外手续。其中，暂住证、就业证、婚育证和健康证在农民工被要求办理的各种证件中居前四位。参见蒋月等撰：《中国农民工劳动权利保护研究》，法律出版社2006年版，第88页。

② "外来农民工"课题组："珠江三角洲外来农民工状况"，载《中国社会科学》1995年第4期。转引自蔡昉等著：《中国劳动力市场转型与发育》，商务印书馆2005年版，第250页。

于我国现有主要劳动立法或是基于当时社会历史背景的特殊问题而制定，或由于对若干新情况新问题尚未把握而沿袭旧法或盲目出台，最终导致现有劳动立法在整体上还很欠缺对日益发达的灵活就业的回应，包括如何依法确认各种就业中劳动者身份这一关键问题。

改革出路在于：针对上述主要问题，以立法为“抓手”，全面构建劳动者享有平等就业身份权利的制度体系。主要措施有：

首先，加强劳动立法，重构劳动者定义和范围，赋予所有劳动者平等就业的身份。一方面，针对现有立法对劳动者定义“空白”之境遇，立法首先要规定什么是劳动者，依法确认劳动者范围。我国劳动立法未对劳动者这一核心概念作出明确规定，劳动者概念由计划经济背景下国有企业职工这一原型推演而来。从应然层面上看，劳动者作为劳动权利主体，既包括劳动者个人，也包括劳动者团体（主要是工会组织）；既包括现实劳动者（在职劳动者），也包括潜在劳动者（如求职者），还包括曾经是劳动者的人员（如失业人员、退休人员等）。从研究目的来看，本书所指劳动者不仅限于劳动法中的劳动者，是指达到法定就业年龄、具有劳动权利能力和劳动行为能力、有劳动愿望、以从事某种社会活动获得劳动报酬或经营收入作为主要生活来源的公民，还限于获取职业过程中的劳动者，即是一个与“求职者”等值的概念。同时，本书所指劳动者涵盖了在正规部门、非正规部门、标准用工、灵活就业等范围就业的劳动者。另一方面，依法赋予劳动者享有平等就业身份的权利。经过多年劳动用工制度改革发展，我国劳动者群体已经发生了翻天覆地的变化，主要是劳动者不断向着多层次化、多类型化方向发展。以农民工为例，农民工在城镇就业使我国劳动关系呈现出一种“城市人”对“农村人”、“体制内”对“体制外”的双重等级劳动关系，但这并不能成为政策和法制区分劳动者身份的当然理由。恰恰相反，作为国家政策，免于歧视的自由已成为国际习惯法的原则。[①] 就业身份平等，说到底是一个关于劳动者的基本权利问题和平等国民待遇问题。对农民工和城镇劳动者作体制上的区分和处理，并不能说明任何社会关系。而能够表达社会关系的，主要是社会财富和稀缺资源的分配机制。即便是在发达国家，农民的身份也是基于职业选择的自致身份，而我国农民身份则具有

① St. Paul, Minn. , *Third Restatement of U. S. foreign relations law*, American Law Institute Publishers, 1987, p. 702.

相当程度的先赋性质。[①] 但遗憾的是,《劳动法》第12条有关禁止就业歧视的规定并未把禁止"身份歧视"纳入其中。改革路向是:在深入推进城乡统筹就业以及实施城镇化战略背景下,基于城乡统筹就业的一个关键是依法赋予城乡劳动者平等就业身份以及城镇化的核心是人的城镇化这一核心理念,国家应通过修法《劳动法》、《就业促进法》等法律,依法明确城乡劳动者身份平等,增补规定禁止"身份歧视"。同时,要实现农民工向平等劳动者身份的转化,除了制度认可外,还需要社会认可。历史已经反复证明:虽然农民工生活在城市已有几年甚至十几年的时间,但他们依然被地方政府(制度认可)和城市居民(社会认可)视为农民,从而造成了农民工角色转换和劳动者身份转换的分离。因此,依法赋予城乡劳动者平等就业身份的权利,除了法律应有一个明确的表态外,政府还应采取"一揽子"措施,培育相互尊重、宽容的社会认同文化。[②] 除了农民工这一特殊劳动者群体外,当前劳动力市场日益涌现的各种灵活就业人员的劳动者身份确认问题也显得迫在眉睫。根据本书对劳动者内涵的界定,应当依法赋予各种灵活就业人员平等就业身份的权利,为全面落实灵活就业人员依法享有平等就业权提供必要的理念共识与制度铺垫。

其次,优化男女劳动者就业身份平等的制度安排。从各国经验来看,尽管男女劳动者在劳动力市场中总存在不同的不合理区别对待,但致力于促进男女劳动者就业身份平等始终是各国相关制度建设的一个优先考虑。在全面深化改革与依法治国的背景下,国家应大力培育男女平等的社会主流文化,把男女平等意识纳入各项制度安排。[③] 应调适现有针对女性劳动就业特殊保护的制度安排,核心是纠正那些事实上影响或阻碍女性劳动者平等就业的规定。应深化生育保险制度改革,核心是在回归生育保险权是所有女性基本权利基础上,既要降低女性劳动者生育负担自担的风险,又要通过增加女性劳动者就业背景公平提高其与男性劳动者平等身份的可能性与现实性[④]等。

---

① 李雄:"不歧视原则与农民工的平等就业权保障",载《理论与改革》2009年第1期。

② 同上。

③ 余桥、尚雪娜:"性别主流化障碍:高校女生就业平等权法律保障实证研究",载刘俊、王中伟主编:《社会法学研究》2014年第2辑。

④ 背景公平是一种新的平等理论,旨在源头为求职者创造更为实际的平等环境与平等机会,进而最大限度减少对实质平等的依赖,并有利于降低形式平等不足所导致的风险。应该说,背景公平除了在法理上具有创新外,也体现了现代社会政策注重从源头干预的理念。参见[加]莱斯利·A. 雅各布:"追求平等机会:平等主义的正义理论与实践",刘宏斌、方秋明译,载《国外理论动态》2013年第8期。

再次,深化户籍制度改革并带动城乡劳动者身份平等化发展。发轫于我国20世纪50年代初的户籍制度,在完成其应有的历史使命后,成为改革变化最慢和最小的"堡垒"。在社会深度转型时期,当公平、正义成为时代主旋律的时候,顽固的户籍制度成为一块粉饰社会平等的"遮羞布"。户籍制度已被普遍视为城乡社会不平等的一大根源。就城乡劳动者平等身份来看,我们不能被情感和偏见蒙蔽了视线,对户籍制度抱着一种"大而化之"或"得过且过"的态度。综观户籍制度改革历程,总体方向是正确的,近年来推行的居住证制度也有所突破,但户籍制度改革基本没有改变户口的"高门槛、高待遇"特征,出现了户口商品化等现象。① 目前较为普遍的看法是,户籍制度不再是阻碍城乡劳动者身份平等的最大障碍,真正的障碍是户籍制度衍生而来的各种福利政策。因此,改革的目标是实现公民身份平等和权利平等,改革的基本原则是权利和义务对等。

就依法保障劳动者平等身份而言,当前户籍制度改革至少应在如下两个方面达成共识并取得突破:一方面,确立户籍制度改革应是一个户籍制度价值重构与劳动者权利回归的双向过程这一主导思想。户籍制度改革并非要取消它,而是要还原其人口登记和管理的基本功能。"更重要的是创造劳动力自由流动的制度环境,以均衡劳动力在城乡之间流动的推力与拉力。"②同时,剥离依附于户籍制度的各种福利政策,回归所有劳动者平等身份的权利。另一方面,受我国人口发展态势以及区域经济不平衡等因素影响和制约,户籍制度概还应建立一种合理公平的"筛选"机制和逐步推进机制,核心是在户籍制度改革中植入权利与义务对等原则,把劳动者流动与其享有权利及承担义务有机结合。这样不仅可以最大限度地消除地方政府对户籍制度改革的顾虑,使劳动者自由流动最终成为一个主要基于职业选择的自致行为,也有利于在制度层面形成一种逐步推进机制。同时,相关改革还应遏制实践中因设置过高标准而出现的户口商品化、③侵犯劳动者基本权益的"逆改革"等现象。

最后,依法赋予灵活就业人员平等劳动者身份。灵活就业是现代劳动力市场出现的一种新兴就业形式,是与传统固定就业模式相对应的一种就业形

---

① 王列军:"户籍制度改革的经验教训和下一步改革的总体思路",载《江苏社会科学》2010年第2期。

② 蔡昉等著:《中国劳动力市场转型与发育》,商务印书馆2005年版,第202页。

③ 王列军:"户籍制度改革的经验教训和下一步改革的总体思路",载《江苏社会科学》2010年第2期。

态。何为灵活就业,我国官方给出的定义是,在劳动时间、收入报酬、工作场地、社会保险、劳动关系等几方面(至少一方面)不同于建立在工业化和现代工厂制度基础上的、传统的主流就业方式的各种就业形式的总称。[①] 传统主流就业方式是正规单位中的长期、稳定就业,社会保护的责任由单位承担,劳动者在单位中、在规定的工作时间内劳动,规律地获得稳定的劳动报酬。[②] 官方对灵活就业的定义显然过于宽泛,其他较有代表性的定义为:在劳动时间、劳动报酬、工作方式、工作场地等方面具有灵活性的就业形式。从就业形式划分来看,灵活就业可以划分为非全日制就业、阶段就业、临时工、小时工、劳务工、承包工等不同的就业形式。[③] 当前,灵活用工在很多国家尚处于非规范用工之地位,非全日制工作的劳动合同和劳务派遣及由此产生的人事代理均未纳入劳动法律规范范畴。

在我国全面建设法治国家背景下,劳动立法是保障灵活用工中劳动者平等身份的权威方式,是构建弹性劳动立法的关键环节。基本方向是:首先,立法应承认灵活用工中劳动者与其他劳动者平等的劳动者身份地位。其次,立法应通过修正现有劳务派遣、非全日制用工等规定,以灵活就业法律规制思维而不是以标准就业法律规制思维为指导,以弹性劳动关系理念和"刚柔相济"的权利义务配置为基本原则,构建符合灵活就业劳动者基本劳动权利保障需要的弹性法律机制,关键是根据"等者等之,不等者不等之"公平正义观之要求,依法构建一种兼具公平与效率、规范与促进原则且具有最大适应性的灵活就业权利义务制度。最后,立法应在界定灵活就业基础上拓展灵活就业范围,为将来劳动力市场出现新的灵活就业劳动者提供符合劳动法宗旨的保护。

2. 劳动者依法享有平等退休的权利

就业作为一种专门的社会活动,既有专业性和法律性,也有社会公共产品属性,还具有政策性,进而要求一定的就业资格。平等就业权要求劳动者具有相应的就业资格,集中体现为劳动者应符合法定就业年龄、特殊行业与岗位的就业资格证书以及从业时间等。在就业年龄中,依法规定劳动者的最低就业

---

① 劳动和社会保障部劳动科学研究所:《灵活多样就业形式问题研究报告》2001 年 7 月(内部资料)。

② 中国劳动和社会保障部劳动科学研究所课题组:"中国灵活就业基本问题研究",载《经济参考研究》2005 年第 45 期。

③ 杨燕绥、赵建国著:《灵活用工与弹性就业机制》,中国劳动社会保障出版社 2006 年版,第 16 页。

年龄,是各国的共同经验,并在国际劳工组织相关公约中得以明确规定。[①] 我国法律规定劳动者就业最低年龄为 16 岁,这是平等就业准入平等的体现。与就业准入平等相对应的是就业退出也应平等。我国现行劳动法律规定,劳动者退出就业领域的年龄为:男性劳动者 60 周岁,女性劳动者 50 周岁。就业年龄上限涉及的核心问题是男女平等退休问题。近年来,对我国男女是否平等退休的讨论此起彼伏。为便于分析,本书将沿着以下思路逐步展开:

第一,退休是劳动者的权利。我国《宪法》第 42 条规定:公民有劳动的权利和义务。但就退休属性而言,《宪法》未明确规定。退休究竟是权利还是义务,在不同语境中会有不同的答案。笔者认为,首先应为退休属性的定位确定一个价值场域或者讨论范畴,也就是说我们是从哪个角度来看待退休问题的。从本书研究主题出发,在社会法这一主要理论场域中,退休毕竟是一种法律制度,而在法律制度范畴中讨论退休必然要涉及退休究竟是权利还是义务的问题。事实上,长期以来,学界对退休究竟是权利还是义务问题的认识大都没有直接予以关注,而是采取较为婉转的策略。集中体现为:学界很少关注什么是退休,对退休隐含的“退”和“休”两层含义置若罔闻。何为退休,郑尚元教授认为,“退休是指职业劳动者依据法律法规之规定,在达到法定退休要件的情形下,退出职业劳动领域,依法享受相应的退休待遇的一种法律行为以及该法律行为所导致的事实状态”。[②] 不难看出,退休包括依法退出职业劳动领域并依法享受退休待遇两部分,且退休的重点首先在于“退”,即劳动者应否自愿或强制退出职业劳动领域。但现实中,退休往往被误解为一种仅有的待遇或对退休金的请求权,这与我国传统上把劳动主要视为公民义务的法律观关系紧密。[③]

笔者认为,究竟如何看待退休是权利还是义务问题,最终还得回归到退休承载的价值功能,通过制度功能来认识退休的属性,方为认识这一问题的理性路径。比较一致的看法是,退休首先承载着保障劳动者劳动自由的功能。退休是劳动自由这一国际原则的重要组成,属于基本权利范畴。因此,将退休作为权利或者首先作为权利来认识,在法理上应该没有问题。有学者也认为,从

---

① 国际劳工组织第 138 号公约《准予就业最低年龄公约》对最低就业年龄作了详细规定。

② 郑尚元:“企业员工退休金请求权及权利塑造”,载《清华法学》2009 年第 6 期。

③ 《宪法》第 42 条规定公民有劳动的权利和义务,这在事实上对人们如何看待劳动究竟是权利还是义务这一问题产生了深远影响。基于本书已有论述,劳动在本质上是劳动者的权利。

价值取向来看，退休中的退休自愿在先，强制退休是次生的；退休自愿是人的本性，强制退休是制度改造。如果退休是一种权利，那么退休自愿则是退休权的核心，有关退休的经济问题则是外在的、附加的。[①] 也许有人会质疑：如果退休是劳动者的权利，那么如何解释国家要规定劳动者劳动年龄的上限？或者，这种劳动年龄上限的规定与退休权利论之间是否存在悖论？笔者当然理解这些疑问提出的合理性，但解释该疑问其实也很简单。一方面，从权利本身来看，任何权利都是有限制的，不存在没有限制的权利；另一方面，从国家干预目的看，劳动者就业不仅关乎其个人利益，更是一个关系整个社会劳动力统筹供给与经济发展的问题。进一步来讲，退休既是一个法律问题，也是一个社会政策问题，其对整个社会都有直接和间接的影响。国家要考虑整个社会系统正常运转的需要，对劳动年龄上限作出规定，似乎不难理解。我们总不能仅凭着一种朴素的情感说，既然退休是劳动者的权利，那就应当由劳动者自行决定是否退休，而不应当受到任何限制。退休的法律性与政策性等决定了应当对退休予以全面审视，尤其要理性对待国家基于整个社会正常运转需要而对退休采取的必要限制。

第二，男女"分轨制"退休政策可能产生的问题。(1)在女性劳动者之间，延迟退休者与不延迟退休者的就业权利不平等。比如，一些高学历、高技能和高能力的高端女性劳动者，她们事实上的延迟退休就会导致延迟退休劳动者与未延迟退休劳动者不仅就业权利不平等，而且退休后享受的退休待遇也不平等。(2)在男性劳动者与女性劳动者之间，男女有别的退休制度是对女性劳动者权益的侵犯，直接导致女性在其他方面的不平等，包括妇女经济地位下降。这主要是因为，按照旧的退休政策，退休金与退休前的工资和工作年限有关，不平等的退休年龄政策直接导致妇女退休后在社会经济地位上相对于男性的比较弱势地位。(3)在男性劳动者和女性劳动者之间，男女有别的退休制度还可能侵犯男性劳动者的正当权益。比如，随着国有企业改革不断深入，"下岗工"权益保障问题将会越来越突出。在现行退休政策下，男性"下岗工"由于下岗后还没有达到法定退休年龄而无法享受退休金的情况还比较突出。而在该问题上，女性劳动者由于其较低的退休年龄，使其下岗后就比较容易达到法定退休年龄，可以顺利享受退休金保障。从该意义上讲，男女有别的退休制度也会成为男性劳动者享受合法权益的"绊脚石"。(4)男女"双轨制"退休

---

① 李海明："论退休自愿及其限制"，载《中国法学》2013年第4期。

政策在事实上也造成了"退而不休"、"不退而休"、"吃空饷"等较为突出的问题。"退而不休"是指在法律上或形式上已经退休,但仍然从事职业化的劳动,包括顺利享受养老保险待遇却仍从事有收入的工作、不能顺利享受养老保险待遇但依然从事职业劳动、无所谓退休且一直从事职业劳动等情形。"不退而休"即在法律上或形式上没有退休,但已经逐渐淡出职业领域,达到退休的生活状态,典型形式是离休,其占据资源却没有相应的劳动。不退而休是一个复杂的社会问题,尽管不能仅依靠限制退休年龄来解决,但设定一个硬性的退休年龄仍是解决该问题的一个重要思路。①

第三,实行男女平等退休制度将会产生哪些影响。

首先是积极的影响:有利于促进劳动自由、两性工作平等观念的培育与社会文化的形成;有利于保护女性劳动者的合法权益;有利于合理利用人力资源,充分发挥女性劳动者的各种才能,实现人力资源的有效配置;有利于解决特殊岗位对特殊人才需要的实际难题;符合我国法律,并与我国签署和加入的国际公约关于男女平等的精神相一致;②可以减轻国家财政压力。如提高妇女退休年龄,国家养老保险的支付压力就会相应减轻。根据估算,如果将我国女职工退休年龄从50/55岁推迟到60岁,我国基本保险个人缴费率可下降2.7个百分点。另外,在未来50年,我国社会养老保险基金将出现很大的缺口,建议尽快实施延长法定退休年龄政策。③ 近年来,欧洲许多国家开始提高女性劳动者退休年龄,一个重要目的就是改善国家财政状况,减轻财政压力。例如,英国从2010年起,女性劳动者的退休年龄将从目前60岁提高到与男性劳动者相同的65岁,该项措施估计每年可以节省国家46亿英镑。④ 同时,英国将进一步取消退休年龄限制,允许雇员继续工作到不愿意工作时为止。英

---

① 李海明:"论退休自愿及其限制",载《中国法学》2013年第4期。

② 我国《宪法》规定妇女在政治、经济、文化、社会和家庭等方面与男子享有平等的权利。我国《劳动法》规定男女享有平等劳动权利。我国《妇女权益保障法》也有类似规定。另外,我国已经批准加入的《经济、社会及文化权利国际公约》规定,本公约缔约各国承担保证男女在本公约所载一切经济、社会及文化权利方面有平等的权利。我国政府已经批准加入的《公民权利和政治权利国际公约》也有类似规定。

③ 肖巧平主编:《社会性别视野下的法律——女性与法律》,中国传媒大学出版社2006年版,第142页。

④ "Social Security Bulletin", *ASSs quarterly research journal*, 1991, Vol. 57, No. 1.

国养老金联合会透露,到2030年政府可能考虑把退休年龄延长到70岁。① 另外,日本迎来了"无退休金时代"。日本企业把劳动者退休时才能获得的退休金和一部分福利卫生费加入工资中支付给员工。长期以来,日本企业一直把退休年龄规定在55岁。近年来,日本进入老龄化社会,政府正在引导企业把退休年龄推迟到60岁。政府还考虑引导企业把退休年龄规定到65岁。② 从全世界范围来看,市场经济发达的国家大多实行男女平等退休政策。③

其次是消极的影响:延迟退休可能会导致男女新的不平等,会加剧目前不断增大的就业压力。特别是在当前及未来一个时期,我国面临的主要就业矛盾依然是总量矛盾与结构性矛盾并存,在就业岗位整体上还很有限的情形下,延迟退休会挤占一部分就业岗位资源,从而使新增劳动者以及失业人员都面临就业岗位不足的困境。有学者指出,目前每年退休后反聘的就业人员已经带来了许多复杂的问题,④延迟退休将对劳动就业市场造成冲击,并增加法律调整的难度,主要包括延迟退休会使当前多元劳动用工显得更为复杂,使法律对各种用工关系的依法确认面临新的理论"瓶颈"与制度困境,进而使一些用工中法律调整出现重叠、缺位和空位的现象,最终影响法律对人力资源市场的有效治理以及和谐用工关系的建设。延迟退休还会对中青年劳动者的激励产生的一定负面影响,突出表现为在编制用工情形下,延迟退休意味着一部分人挤占有限编制,进而对职称评定、岗位晋升、工作转换等造成直接影响,主要是对中青年劳动者产生一定的负激励作用和负面影响,不利于国家从宏观战略上建设人才队伍并实施人才兴国战略;延迟退休还涉及到养老问题。在现有养老保险制度模式下,"统账结合"与"现收现付"机制的设计要求工作的人为当下退休的人以及未来要退休的然承担养老义务,尽管有其历史客观性,但已经面临日益增多的问题,主要包括代际不平等、区域收支失衡、不同人群之间不平等、统账结合名存实亡等。有学者认为,我国社会保障体制目前遇到的一个最困难的问题是,随着人口老龄化造成的人口结构失衡,基本养老保险基金

---

① 孙玄:"关于退休年龄问题的探析与前瞻",首都经济贸易大学2005年硕士学位论文,第6页。

② 同上书,第7页。

③ 肖巧平主编:《社会性别视野下的法律——女性与法律》,中国传媒大学出版社2006年版,第139页。

④ 黎建飞著:《劳动法的理论和实践》,中国人民公安大学出版社2004年版,第70~71页。

支付压力越来越大。[1]

第四，基于以上论述，我们可归结为男女平等退休是一个非常复杂的问题。究竟如何看待男女劳动者平等退休问题，应从多角度全面审视，才可能获得相对合理的制度选择。

首先，国家应适时出台一部《退休法》。《宪法》第42条规定：国家依照法律实行退休制度，但目前尚无《退休法》。立法先行是依法治国的前提条件，法律是改革的依据。在当下重提退休制度改革之际，如果没有统一的《退休法》，退休制度改革恐怕很难统筹各种因素及利益平衡，也很难有效破解退休制度改革中的各种疑难和尖锐问题。建议根据《依法治国决定》关于立法先行的要求，国家应尽快启动退休法的论证工作，适时出台一部统一的《退休法》，统筹退休制度改革与建设，把退休工作真正纳入法治化建设与治理轨道。

其次，从退休的权利本性出发，应依法确立男女劳动者享有平等退休的权利。在退休权利语境下，立法应当允许退休自愿，且退休自愿仅限于在国家规定范围内劳动者可以选择提前退休。鉴于当前不同就业群体面临不同退休后生活能力的差别，有学者认为，一方面，可在劳动法领域推行较为彻底的退休自愿制度，如此可以照顾到农民工、贫困劳动者的权益；另一方面，应针对公务员、事业单位有编制人员、乃至国有企业正式职工等考虑较为严格的强制退休制度。[2] 笔者赞成该观点的一个重要原因，即退休自愿是退休权的内核，它不仅是选择的自由，更是一种选择的能力。但问题是，仅在公职系统与非公职系统区分退休政策仍然不够，且不论这种区分本身是否合理科学还有待商榷。仅就劳动法领域来看，正如前文所指出，在现有立法和政策对男女劳动者退休年龄规定本身就存在诸多问题的情形下，如果全面推行较为彻底的退休自愿制度而没有必要的配套改革与制度支撑，将进一步放大这些负面影响及其带来的社会问题。显然，这也是改革设计者不想看到的情形。

再次，从退休的社会政策意义来看，应针对不同群体建立匹配的退休区分制度。基本思路是：在劳动法领域，既要依法确认男女劳动者享有平等的退休权并原则上要求达到法定退休年龄时的强制退休义务，又要承认特殊情形下的提前退休以及延迟退休。同时应当注意，延迟退休要符合男女平等退休的

---

① 刘明辉："劳动法领域的哲学思辨"，载《中华女子学院学报》2004年第S1期。

② 李海明："论退休自愿及其限制"，载《中国法学》2013年第4期。

精神，但这并不意味着男女一定要同龄退休。[①] 政策的着力点应集中在如何提高并弥补男女不同龄退休情形下，女性劳动者抗风险的能力及相关权益的亏损，如国家应强化对女性劳动者职业能力提升的投入、强化同工同酬等。在公职或比照公职就业领域，国家可以考虑实施自愿提前退休与较为严格的强制退休制度。同时，制度设计还应当处理好延迟退休与弹性退休的关系。应当摒弃以前那种"工人先搞强制退休、干部后搞强制退休"的做法，确立先明确劳动法领域劳动者自愿退休制度，当公私领域就业差异甚微之时再考虑公职领域中的弹性退休。[②]

最后，国家应采取各种配套改革措施，为实施男女平等退休制度创造条件。可以考虑的主要措施有：一是国家应加紧研究弹性退休中各种用工关系的依法确认、权利义务配置、激励与规范并举等重要问题。比如，既要充分利用人力资源，又要处理好退休返聘人员与正常就业人员之间权利义务关系，一个底线是既不能破坏公平，也不能破坏市场机制对劳动力资源配置的决定性作用。既要通过市场手段激励特殊人才弹性退休，又要着力解决"吃空饷"、"不退而休"等突出问题。二是针对延迟退出就业领域的劳动者，国家应在社会保险等方面加强配套改革。比如，解决延迟退休与社会保险的分离问题。因为当出现延迟退休情况时，如果劳动者同时享受社会保险金待遇与就业待遇，则是不公平的。三是加强对女性劳动者权益的保护。我国目前实施

---

① 有观点认为，我们很有必要并且已经从女性主义的视角来看待立法与现实中的退休问题，从女性主义的角度来支撑和推动男女同龄退休已成为一种趋势（参见李海明："论退休自愿及其限制"，载《中国法学》2013年第4期）。我们认为，提倡男女劳动者平等退休不能简单等同男女同龄退休。同时，女性主义固然为男女同龄退休提供给了一个新的视角或者新的理论支点，但这种视角或理论支点仍然是非常狭窄的，或者说仍然主要局限于女性权利保障本身。事实上，男女劳动者平等退休问题涉及方方面面，不能仅从某个视角做出判断。

② 李海明："论退休自愿及其限制"，载《中国法学》2013年第4期。

的男女有别的就业退出制度，在一定程度上是基于保护妇女权益的需要。[①]我们不能停留在传统观念和认识层面上，社会经济发展使男女享有平等退休权利有了客观诉求。当前，着眼于最需要解决的问题，比较可行的措施有：一方面，依法赋予男女平等的就业权。关于这个问题，本书已有相当论述。这里需要阐明另外一个问题，即男女享有平等就业权与妇女特殊保护的关系问题。妇女与男子总是存在这样或那样的差别，在用人单位还没有足够能力对妇女承担更多保护成本的情形下，国家对妇女实行特殊保护还是很有必要的。尤其是在一些工作条件十分艰苦、工作危险性比较大的行业和岗位，对妇女的特殊保护不仅是妇女本身的需要，也彰显了法律的人文关怀和社会正义精神。另一方面，改革我国生育保险制度。在根本上，妇女生育所承担的是一种社会责任，生育保险就应当由社会分担，而不是由妇女本身或家庭承担，也不是仅仅由用人单位承担。我国目前生育保险制度实际上是一种转嫁社会责任的企业保险制度，其导致的结果是用人单位因为不愿意承担妇女的生育保险成本而拒绝招聘和录用妇女的情况比比皆是，法律规定的妇女享有平等就业权在实际生活中就落空了。西方普遍经验也表明，劳动立法将妇女作为劳动力的成本提高，不但不能解决职场中性别歧视问题，反而会加重这一现象的发生，使企业在面临现实时作出有利于自己的选择。因此，必须加快我国生育保险制度改革，基本方向应该是实行生育保险社会化和社会分担政策，从源头上保障妇女享有与男性劳动者平等的就业权。四是配套推进我国社会保障项目改革。我国提出延迟退休和男女同权退休，与西方国家的背景尚有差异。前者的一个主要诉求是缓解日益突出的养老压力，后者则是应对养老问题、促进人力资源利用、回应公民自我意识等多方诉求的综合策略。无论我们怎样延迟退休，最终都要面临退休者的养老问题。在我国社会保障支付本身就面临巨大压力的情形下，如果贸然推行延迟退休和男女同权退休政策，或将使改革步

---

① 关于女性劳动者就业退出年龄低于男性劳动者的原因，我国理论界目前存有各种见解，主要包括：(1)保护女性需要。该观点认为，我国政府基于保护妇女的需要，规定了男女有别的就业退出制度。该观点隐含的假设是：劳动是一种义务，更是一种艰苦的义务。因此，需要对妇女进行特殊保护。(2)历史传统所致。该观点以为，女性进入劳动力市场的时间较晚，她们所从事的劳动是对男性劳动和家庭生活的补充。(3)市场竞争需要。该观点认为，在劳动力市场中，男性劳动者的效率一般高于女性劳动者，作为一种自然选择，女性就早于男性退出就业领域。(4)政策倾向。该观点认为，是否坚持男女同等的就业退出制度，在根本上取决于一定社会政策的相应理念与价值倾向。参见潘锦棠："养老社会保险制度中的性别利益——兼评关于男女退休年龄的讨论"，载《中国社会科学》2002年第2期。

入“深水区”。因此,配套推进我国社会保障项目改革,显得格外迫切。基本思路是:根据资源最有效利用原则,适度压缩现有社会保障项目,改变社会保障“大而全”的格局,优先解决现实中那些最需要解决的社会保障问题,从而为延迟退休与男女同权退休争取一定的社会保障资源。五是着力培育社会共同养老机制。社会保险不同于商业保险的一个重要方面是,社会保险具有社会性,即以全社会之力来解决特殊群体的生存、就业、生育、工伤、养老等社会问题。作为一种极为重要的社会保险,养老保险制度改革不能把眼光仅仅聚焦于如何同等退休层面,还应以社会政策、社会文化、可持续发展、全球趋势等更加开阔的视野,认识到养老保险制度改革与退休制度改革中应同时推进社会共同养老机制的培育及建设,使“养儿防老”、“家庭养老”、“工作养老”、“自己养老”等多元化养老体系更加发达丰富,更符合未来人们为有效应对社会风险的客观需要。

总之,男女劳动者平等退休问题关涉面广泛而复杂,不仅是一个简单的就业年龄问题,还包括性别保护、制度变革和社会观念转变等。然而,面对人们对退休问题的争论,我们总不能仅凭朴素的情感或者某个独立的立场来看待相关问题。实际上,男女劳动者平等退休目标的最终实现还有赖于一个成熟的市场经济。在调整男女退休年龄政策方面,应当把握好以下几项原则:坚持以人为本,充分考虑不同群体实际情况和不同诉求;坚持统筹兼顾,应综合考量劳动力供给、教育水平、预期寿命、基金收支、社会期待等因素;坚持适当弹性,不搞“一刀切”。①

(二)劳动者就业权利平等

笔者已经论及,《依法治国决定》提出要加快完善体现权利公平、机会公平、规则公平的法律制度,但在中国语境下,尤其是在社会法这一主要理论场域中,还应当在这三种公平前面补充劳动者身份平等,才能全面构建具有中国特色的形式平等就业权的内容体系。同时,仅有劳动者身份平等还不能说明其究竟享有什么样的形式平等就业权,尽管身份平等是劳动者享有其他平等就业权利的逻辑起点和基础,应当在身份平等的基础上进一步型构出劳动者就业权利平等,进而避免身份平等可能造成的权利空洞之困境。

---

① 金维刚:“十二届全国人大常委会专题讲座第十一讲:建立更加公平可持续的社会保障制度”,载中国人大网,最后访问时间:2014年7月9日。

1. 形式平等就业权范畴中就业权利平等的特殊性

首先,依法赋权与禁止歧视在我国面临着双重困境。就业是民生之本,是安邦之策,直接关乎劳动者最基本的利益,是劳动者生存和发展的基础。保护劳动者的平等就业权是世界各国宪法和国际人权公约的一个共同任务,主要体现在两个方面:一是从正面规定人人享有平等就业的权利;二是禁止就业歧视。① 然而在我国,依法赋权与禁止歧视尚面临双重困境。一方面,平等就业权并未引起足够重视。一个非常突出的例子是,我国《宪法》还没有关于公民平等就业权的明文规定,《劳动法》有关平等就业权和禁止就业歧视的规定还存在很多问题,《就业促进法》虽然对“公平就业”有了形式上的突破,但其平等就业制度仍然存在许多深层次问题。② 因此,着眼于形式平等就业权保障的需要,依法正面规定劳动者就业权利平等,而不是把保障平等就业权依然局限于反就业歧视,不仅是依法治国的基本要求,更是时代的迫切呼唤。另一方面,禁止就业歧视尽管被普遍认为就是保障平等就业权,并得到相关法律的明确规定,但当我们真正理性思考“就业歧视究竟是什么”以及“就业歧视究竟如何认定”这两个实质性问题时,就会清晰地认识到我们对就业歧视的态度和认识往往是“大而化之”的。在法律尚未界定就业歧视的情形下,面对实践中形形色色的招聘要求,我们却往往显得束手无策。

其次,应当关注灵活就业中劳动者就业权利平等的特殊性。发轫于改革开放初期的《劳动法》不可避免地要被打上计划经济的“烙印”,当时特定的社

---

① 比如,《世界人权宣言》第1条规定:“人人生而自由,在尊严和权利上一律平等。”第2条规定:“人人有资格享受本宣言所载的一切权利和自由,不分种族、肤色、性别、语言、宗教、政治或其他见解、国籍或社会出身、财产、出生或其他身份等任何区别。”第23条规定:“人人有权工作、自由选择职业、享受公正和合适的工作条件并享受免于失业的保障。”另外,如《经济、社会和文化权利国际公约》、《(就业和职业)歧视公约》和《就业政策公约》等,都有类似的规定。参见蒋月等撰:《中国农民工劳动权利保护研究》,法律出版社2006年版,第178~179页。

② 《就业促进法》的平等就业制度尽管有所突破,“公平就业”的专章规定是其集中体现。但也应当看到,在公平、正义已成为时代主旋律背景下,促进平等就业和依法保障平等就业权是实现社会公平正义的一个基本途径。反观《就业促进法》的平等就业制度,平等就业权的定义、平等就业权的基本内容、平等就业权与用工自主权的界限、平等就业权的运行机制、平等就业权的救济机制与保障措施、就业歧视的定义及其例外情形、就业歧视的判断规则以及反就业歧视的专门机构等基本问题,在《就业促进法》中还没有得以清晰而充分的规定,平等就业权还无法形成健全的权利制度体系。从整体上来看,《就业促进法》对平等就业制度的规定还很不足,许多深层次问题不断浮出水面。在依法治国背景下,这些问题已成为依法保障平等就业权改革者和设计者们面临的新的重大课题。

会历史背景决定了《劳动法》解决的主要问题以及调整的主要法律对象是体制转轨中出现的各种重大问题及标准劳动用工。当前,我国灵活就业可谓异军突起,成为促进就业的生力军。但以《劳动法》为母法的整个劳动立法尚未对灵活就业做出充分回应,使灵活就业的法律调整面临一系列问题。如法律对劳务派遣的规定存在系统性问题就是一个典型例子,灵活就业劳动者权益保障问题也令人非常担忧。① 因此,依法赋予劳动者平等就业权利,应在区分传统的标准就业与灵活就业基础上,针对两种类型就业中劳动者规定有适度差别的就业权利。其理论基础是公平正义即"等者等之,不等者不等之",其现实基础是劳动法保护对象扩大中的公平与效率关系的平衡,即既要把实践中那些以前立法未考虑的群体适时纳入劳动法保护,又要考虑法律保护的条件、可能性以及公平与效率的平衡等因素。至于哪些权利是两种劳动者都应享有的,哪些则可以做适当区别对待,这又是一个非常复杂的问题。因为它关系到我国当前劳动法理论的成熟度、相关劳动法制建设的条件,乃至实践需要解决的主要问题等因素的综合考量。有关问题尚需深入研究。

最后,应当重视立法赋予劳动者平等就业权利的重要意义。在全面推进依法治国背景下,在我国现有部门法体系中,从客观来看,社会法的法治化程度还非常低。其中,又以权利建设与权利救济的法治化程度低最为明显。同时,我国社会法的法治化建设还面临立法本身制约的根本性难题。比如,多年来,根据笔者与大量实务部门、专家学者等充分沟通,他们普遍认为,我国当前面临的很多劳动用工问题,大致都可归结为立法的问题,而立法问题又以立法在起始阶段就没有注意区别对待,没有注意赋权与控权的平衡为主。现有劳动立法对所有用人单位和所有劳动者几乎实行"一刀切"式的规定并配置权利和义务。显然,这种不加区分对待的做法不仅与公平正义的价值内核相违背,且已在实践中造成诸多麻烦,集中体现为:在经济形势好的时候,用人单位整体上可以接受法定的义务程度,但在经济形势不好的时候,很多中小企业则不能有效承担与大企业一样的法定义务。只要劳动者采取较为强势的维权行

---

① 据中国工运学院课题组的调查数据显示:在就业经历中,劳动者从事灵活就业工作者在6个月内最多,占42.6%。另据北京市海淀区劳动和社会保障局的调查数据显示:灵活就业人员的月平均工作时间为25.6天,超过正常工作时间5.6天。分别参见杨燕绥、赵建国:《灵活用工与弹性就业机制》,中国劳动社会保障出版社2006年版,第137页;北京市海淀区劳动和社会保障局:"适应市场就业机制建立弹性就业制度——北京市海淀区弹性就业调查",载《北京市计划劳动干部学院学报》2002年第1期。

为,在维权与维稳的双重挤压中,政府被迫站出来为那些上访,缠访、甚至暴访的劳动者“买单”。除了用人单位等原因外,我们应该深刻反思劳动立法在这种长期以来就存在的困局中的症结性原因。在当前全面建设法治中国背景下,立法先行尤其是良法先行,已成为普遍性共识。就依法赋予劳动者平等就业权利而言,既要注重赋权的普适性,也要注意区别对待,核心是要在赋权中植入社会法特有的“倾斜保护”价值理念,即在立法起始阶段就应当向相对弱势方即劳动者倾斜,进而为法律的实施创造一个公平的制度环境,还可有效解决当前因为立法阶段未做到公平而法律实施中为了公平又随意“变法”、“造法”、“选择性适用法律”等诸多问题。

2. 形式平等就业权范畴中劳动者就业权利平等的含义

根据我们对形式平等就业权范畴中就业权利平等的特殊性这个基础问题的把握,就不难勾画出形式平等就业权范畴中劳动者就业权利平等的整体图景:

权利主体的普遍性。基于形式平等就业权承载的普适性保障价值,其项下劳动者权利平等中权利主体应当是所有劳动者,在大的方面讲,包括传统就业模式中的标准就业劳动者以及现代就业模式中的灵活就业劳动者。其次,权利内容的同一性与差异性。按照公平正义的核心理念即“等者等之,不等者不等之”要求,劳动者权利平等应当根据我国当前不同就业模式中不同的劳动者实行区分对待,核心是既要确保所有劳动者在基本就业权利上一视同仁,又要针对标准就业与灵活就业中两大类劳动者实行有合理差别的就业权利配置,以此平衡劳动法“扩面”改革中公平与效率这一轴心关系。同时,对于哪些就业权利属于基本权利并需要无差别地普适配置,需要从权利本身进一步区分,确实是一件非常困难的事情。但基于我们对社会法理论场域中平等就业权包括形式平等就业权与实质平等就业权这一关键认识的把握,不妨从权利主体的区分来认识权利区别对待这一敏感而纠结的问题。即形式平等就业权旨在法律上和形式上实现“所有劳动者的公平正义”,而实质平等就业权则旨在保障社会弱势劳动者能够实际享有平等就业权。从该意义上讲,形式平等就业权语境中劳动者权利内容的差异性集中表达为社会弱势劳动者享有特殊的平等就业权利。根据结构安排,后文将对此进一步阐述。最后,权利救济的平等性。形式平等就业权的价值依归彰显了权利主体的普遍性与权利内容的平等性,当这种权利受到侵害时,就应无差别地受到法律救济和保障。

特别要指出的是,劳动者就业权利平等除了要求法律应正面规定外,还应借鉴国际普遍经验,依法从反面禁止立法歧视,从而把依法构建劳动者就业权利平等纳入一个系统的法律治理体系。歧视按照不同分类标准,有不同的形态和种类。依歧视产生的原因来看,立法歧视可以作为歧视的一种典型形态。所谓立法歧视,是指由于历史和现实的原因而非故意制定的中性法律,使特定社会群体遭受普遍的不利结果。立法歧视在根本上是对法律平等的否定。所谓法律平等,不外是"凡为法律视为相同的人,都应当以法律所确定的方式来对待"。[①] 立法歧视在全世界范围内都存在,虽然早在18世纪人权概念就已经出现在欧美一些国家的政治和法律文件中,但直到20世纪初期,即使在西方国家也普遍存在对妇女、穷人、有色人种以及殖民地人民的歧视法律和国家政策。[②] 从根本上来讲,立法歧视是制度性歧视的重要组成部分。制度性歧视又称为体系歧视或系统歧视,是指由于历史原因而非故意实施造成通过广泛的中性政策、习惯和待遇固定形成的特定群体遭受的普遍的有规律的社会不利状况。[③] 我国20世纪50年代形成的户籍制度以及城乡居民所享受的不同教育、就业、社会保障和医疗待遇等,为制度性歧视的一个典型代表。

禁止立法歧视在劳动者就业权利平等中意义特殊。在依法治国背景下,我国目前还存在比较严重的就业立法歧视,[④]"就目前来看,我国法律上所讲的平等权还只局限于法律适用上的平等"。[⑤] 这些就业立法歧视仍然以"合法性歧视"的外衣大行其道,严重阻碍了平等就业权的保障和落实。

立法歧视不仅与法治国家根本不符,也对平等就业权的实现形成了根本

---

① Chaim Perelman, *Justice*, New York, 1967, p. 24.

② Gong Renren, International Human Rights, "Comparative Constitutionalism and Features of China's Constitution", inE. P. Mendes and A-M Traeholt, ed. *Human Rights: Chinese and Canadian Perspective*, The Human Rights Research & Education Centre, University of Ottawa, 1997, pp. 75 - 78.

③ [澳]罗宾·雷顿:"采取临时特别措施,防止就业歧视",奥斯陆大学人权中心中国项目组2004年北京研讨会演讲稿。转引自周伟:"论禁止歧视",载《现代法学》2006年第5期。

④ 有学者对我国劳动就业立法歧视专门做了梳理和统计,结果显示:从新中国成立初到我国劳动法的出台,不同历史阶段有关劳动就业政策和立法,都存在立法歧视的现象和问题。一个比较突出的例子是,以二元社会结构为基本背景,有关教育、就业、社会保障和医疗等待遇,在全国城乡是按照两种不同的体制来设计的,最终形成了所谓"体制内"和"体制外"双重社会结构关系,农村劳动者被排除在体制外。参见周伟等著:《中国的劳动就业歧视:法律与现实》,法律出版社2006年版,第189~196页。

⑤ 林嘉等著:《劳动就业法律问题研究》,中国劳动社会保障出版社2005年版,第122~123页。

性障碍。消除立法歧视,成为依法保障平等就业权首先是形式平等就业权的必然任务。主要建设性措施有:第一,根据依法治国首先是依宪治国的要求,建立宪法层面平等就业权的补强机制,在宪法中增补规定平等就业权,为平等就业权法律保障提供最高法律依据和权威。第二,根据宪法关于平等就业权的规定,借助国家正大力推行权力清单制度建设之机,清理现行有关就业立法歧视的各种规定,恢复立法平等的应有地位。立法平等是劳动者就业权利平等的逻辑起点,立法平等即意味着国家有关平等就业权的立法内容必须体现和贯彻宪法的意志,如无正当理由,不得区别对待。同时,立法平等不仅是对立法机关的基本要求,也是对行政部门和司法部门的基本要求。这在我国有着浓厚的行政立法和司法解释传统的背景下,根据依法治国首先是依宪治国的基本要求,强调立法平等对这些部门的拘束力,具有特殊的积极意义。第三,针对我国当前就业立法歧视中最为严重的"身份歧视"问题,依法赋予劳动者平等身份和国民待遇。关键措施是基于建设法治政府的相关要求,政府有关就业的各种政策和制度应当符合宪法相关精神及规定,应当秉承城乡劳动者一律平等的基本理念来制定,不应带有各种"偏见",不应动辄以条件不成熟等原因为托词并制定只是面向某一群体的就业政策和制度。该问题的解决既要在思想观念上有一个清晰的认识,又要在形式上有一个彻底的表态,还要建立健全配套的权力清单制度与问责制度。第四,统一我国平等就业法制,制定一部统一的《平等就业法》。尽管我国已经出台了《就业促进法》,但其在促进平等就业与反就业歧视方面还存在系统性缺陷。同时,我国社会法的法治化程度目前在所有部门法中还非常低,特别是权利建设与权利救济的法治化程度低最为突出。从就业立法的世界经验和趋势来看,立足于依法治国关于"加强重点领域立法,依法保障公民权利,加快完善体现权利公平、机会公平、规则公平的法律制度"的基本要求,依法正面推进平等就业权建设与权利保障,关键措施是制定一部统一的《平等就业法》,应成为我国当前社会法法治建设与劳动法法治建设的一个极其重要的优先课题。

(三)劳动者就业机会平等

《依法治国决定》把机会公平作为建设公民权利体系的重要组成,不仅是对我国公民权利建设中机会公平问题突出的积极回应,也是依法全面保障公民权利的客观现实需要。一般认为,机会平等是人类社会在从身份社会进入契约社会过程中提出来的反对封建等级制度和世袭制度的革命纲领。机会平等要求摒弃先赋性特权、身份等级等不公正因素的影响,保证每个社会成员都能够有一个平等竞争的条件，从而拓展个人自由创造的空间，最大限度地发挥自己的能力和潜能。[①] 机会平等，具体而言，是指社会成员在解决如何拥有作为一种资源的机会问题时应遵守平等原则。在现代社会，机会平等是最重要的正义原则，如果没有机会平等，其他平等就成了“无源之水、无本之木”，只能是“画饼充饥”。因此，机会平等是最大的社会平等，是社会平等的首要标志。

然而，机会平等在理论界至今仍充满分歧。人们不再满足于传统上那种仅有形式符号且内容空洞的机会平等观，不断探索新的机会平等模式，以追求更为实质意义的并符合社会需要的机会平等。比如，过去30年里，虽然在多数民主国家中广泛流行机会平等观念，但在致力于平等正义理论的哲学家和那些呼唤法律变革、推动社会政策发展的人们中间，视机会平等为平等社会的目标的观点已被边缘化，且往往遭到明确拒绝。批评者的主要理由是机会平等只是一种形式平等的理想，它对真正或实质的平等的承诺是空洞的。因此，应构建一种新的机会平等模式，核心是从笼统的机会平等模式向多种机会平等模式转型，关键措施是通过增加背景公平和风险公平，机会平等理论就从仅仅流于形式转而可以应对公民社会中种族、阶层和性别等实质性的不平等。[②]

除了理论上的讨论外，机会平等还主要体现在国际劳工组织和欧盟有关劳工保护的规定中。《国际劳工组织第111号建议书》指出，就业机会应当“包含得到职业培训的机会、得到就业的机会、得到在特殊职业就业的机会及就业条件，所有人应当不受歧视地享有就业机会均等和待遇平等”。在国际劳工组织看来，就业机会平等就不仅仅是一个“岗位”，而是一个包括职业培训和就业条件等在内的多形概念，具有较大的包容性。欧盟共同就业政策则把平等的就业机会作为其《就业指导纲要》的四个“支柱”之一，[③]要求成员国在如下领域推行就业机会均等的思想：第一，将性别平等政策与就业问题结合起来，形成一个共同的目标。第二，平等的原则变得更加主动和具体，并逐步成为欧盟成员国行动计划的一个重要组成部分。第三，对弱势群体实施带有倾向性的保护措施，消除劳动力市场上的歧视现象。[④] 与国际劳工组织不同

---

① 张文显：“构建社会主义和谐社会的法律机制”，载《中国法学》2006年第1期。

② ［加］莱斯利·A. 雅各布：“追求平等机会：平等主义的正义理论与实践”，刘宏斌、方秋明译，载《国外理论动态》2013年第8期。

③ Barnaed and Dekin, “A Year of Living Dangerously? EC Social Policy Rights, Employment Policy and EMU”, (1998) 2 IRJ *European Annual Review*, 117.

④ 杨雪著：《欧盟共同就业研究》，中国社会科学出版社2004年版，第179页。

的是,欧盟的平等模式为机遇平等,它基于"如果个人以不同的起点开始,真正的平等就无法实现"的观点,①其目标是通过形式与实质平等措施的混合使起点平等化。因此,欧盟的就业机会平等其实就是形式平等与实质平等的统一。同时,欧盟平等就业机会的规定更加主动和具体,突出性别保护与弱势群体保护在就业机会平等中的应有地位。

从对机会平等的理论讨论与立法实践中,我们不难看出,人们对机会平等的探索就像对平等的探索一样,都面临大致相同的困境。即机会平等其实是一个内涵十分丰富的多形概念,具有不同的"意思场域",其含义的确定需要一个具体的理论场域和价值导向。为使该问题变得相对简单,还需要进一步明确两点:一是平等就业机会产生的思想基础;二是平等就业机会的核心价值。

首先是平等就业机会产生的思想基础。机会均等扎根于这样的道德信念,即认为尽管人们各不相同,但是每个人都应该自由地、机会均等地以对每个人开放的机会和地位来开发他或他们的才华,使每个人都能够获得自由的、机会均等的发展可能。机会均等在本质上彰显了在资源有限的情形下如何最大限度尊重人并促进人发展的法理精神与人性光辉。机会均等始于就业,每一个求职者都应当得到被雇佣的考虑,不管他们不影响完成工作责任的能力的个人特点是什么。② 平等(就业)机会的观念其实源于一种尊重人的社会契约,是以尊重人类既有的尊严为基础的。平等(就业)机会背后的理念是要接纳人与人之间的不同与独特之处,其蕴含的精神是指任何人不应因为一些不相关的因素而受到歧视。相反,平等,应该按个人的才干和能力(还有权利),享有平等的机会。③

其次是平等就业机会的核心价值。在我国,《依法治国决定》提出要依法保障公民机会公平,进而引申到要依法保障劳动者就业机会平等,其现实价值更加突出。主要原因是:我国传统体制下的就业政策既是计划经济的重要组成,又直接反应了计划经济体制下国家对资源配置的计划性与垄断性,是在低工资水平上保证劳动力的正常再生产。不论男女,不论人力资本水平高低,都

---

① Fredman, *Women and Law*, Clarendon, Oxford, 1997, p. 384.

② [美]帕特利霞·H. 威尔汉等著:《就业和员工权利》,杨恒达译,北京大学出版社2005年版,第168~170页。

③ 香港平等就业机会委员会:"香港反歧视法例促进就业平等",载李薇薇、Lisa Stearns主编:《禁止就业歧视:国际标准和国内实践》,法律出版社2006年版,第576~577页。

由国家统一安排工作，女性和男性在就业机会上比较均等。[①] 但在我国当前和今后一个相当长的时期内，就业岗位和就业机会不足，如果就业机会稀少并且就业机会分配不平等，则会通过就业预期不明确、收入差距不断扩大、心理失衡等不断放大社会的不平等，使人们对改革开放与经济社会发展的获得感不明显甚至可能出现倒退，进而为推进社会和谐稳定埋下隐患。要改变这种不利格局，应当依法促进就业机会平等。关键问题是，就业机会平等本身又该如何界定？正如我们所提及的，社会法应作为平等就业权法律保障的主要理论场域。同时，社会法对平等就业权产生了全面影响。在整体上，社会法视野中的平等就业机会，不仅要保障就业的起点平等，还要保障就业的结果平等。当然，也有学者指出，机会平等主要是“起跑线的公平”或者“出发点的公平”，是合理竞争中的最重要一环，它决定着所有社会成员能否有机会参与竞争。[②] 甚至有学者认为，机会公平的内涵只能是，能力相当的主体都应有参加与其能力相匹配的活动的权利。机会公平对于个人而言，就是有什么样的能力就应有什么样的机会。[③] 我们认为，仅从一般意义上讲，这种以“起点公平”来认识机会平等的观点是传统观点的代表，但正如西方理论发展中出现的以复合的机会平等观代替笼统的机会平等观那样，机会平等应在具体范畴中具体分析，才能使其含义更加丰富、具体并符合客观需要。本书主要是在社会法理论场域中来讨论就业机会平等的，这决定了就业机会平等的含义显然不能满足于传统的“起跑线上的公平”，还要诉求于就业的结果公平。因为“起跑线上的公平”的一个最大问题是它往往忽视了其之前的背景公平。客观现实是，所有劳动者在寻找就业机会时都面临这样或那样的背景，都存在背景不公平的问题。比如，不同劳动者在求职时，一方面，在客观上总存在学历、专业、就业能力、职业技能、乃至文化观念等不同；另一方面，他们却面临用人单位对不同求职背景的劳动者统一要求的残酷现实。在貌似公开、公平招聘下，求职背景不同甚至不公平的不同劳动者，在根本上是无法在“起跑线”上公平竞争的。因此，如果没有背景公平，所谓“起跑线上的公平”只能是形式公平。显然，这种形式公平在社会法理论场域中对就业机会平等而言，无论如何都是不能接受的。这应当是我们理解社会法理论场域中平等就业机会的核心价值与指导思想。

---

① 蔡昉等著：《中国劳动力市场转型与发育》，商务印书馆2005年版，第226页。

② 李强：“社会分层与社会空间领域的公平、公正”，载《中国人民大学学报》2012年第1期。

③ 徐梦秋：“机会公平与权利公平”，载《光明日报》2014年12月17日。

基于以上论述，我们不难归结为：所谓平等就业机会，是指在就业权利平等的基础上，与平等就业相关的制度要保证所有劳动者都有平等参与的机会，它要求相关主体提供的与就业相关的生存、发展和享受机会对于每一个劳动者都始终均等。平等就业机会本质是一种过程的机会平等。在该过程中，利益的实现是一个不断追求的过程，相应地，与平等就业相关的主体要毫不偏袒地为劳动者提供同样的机会。

具体而言，社会法理论场域中与适合我国国情的平等就业机会的含义包括：

第一，参与平等就业的起点要达到机会平等。

一方面，就业岗位平等地向所有劳动者开放。职位平等开放的基本要求是职位应向所有劳动者公开。我国自1986年开始实行的劳动合同制度，打响了我国劳动用工制度市场化改革的"第一枪"。劳动合同制度在打破计划经济"内部顶替"、"内部招聘"等"固定工"模式的同时，开始实行劳动用工公开招聘制度。然而，劳动合同制度实行近30年来，我国尚未真正建立起市场化用工制度，各种违背公开招聘的现象依然存在。当前一个非常突出的例子是，在劳动就业招工阶段，很多社会弱势群体面临最大的不平等是职位没有向其平等开放，许多工作机会对他们有限制。比如，农民工就业不平等问题尤为突出，[①]农民工就业主要集中在建筑、采掘和社区的家政服务等领域，这些领域的典型特征是以体力劳动为主并伴随较高的劳动风险。除了农民工自身工作能力外，其就业机会不平等以及社会偏见等是不容忽视的重要因素。又如，高校毕业生就业不仅普遍面临"985"高校、"211"高校等限制，还面临性别、户籍、学历等限制。特别要指出的是，传统意义上的机会平等正面临仅具形式意义且缺乏实质内容的困局，批评者提出应构建一种新的机会平等模式。[②] 在我国，社会法理论场域中就业机会平等承载的特殊价值功能决定了就业机会平等应当避免传统观念上形式主义且空洞无物的机会平等的陷阱，应当从笼统的机会平等向具体的机会平等转型，核心措施是增强劳动者平等就业的背景公平和风险公平。因为尽管在形式上要求职位平等地向所有劳动者开放，

---

① 调查结果显示，农民工最迫切需要政府解决的各种问题中，要求实现平等竞争高居第二位。参见蒋月等撰：《中国农民工劳动权利保护研究》，法律出版社2006年版，第174页。

② ［加］莱斯利·A.雅各布："追求平等机会：平等主义的正义理论与实践"，刘宏斌、方秋明译，载《国外理论动态》2013年第8期。

但在市场化就业体制和机制下，市场机制是劳动力资源配置的决定性因素，用人单位基于理性原则总是乐于优先招聘那些具备相对优势职业能力的劳动者，如此，形式上的职位公开事实上也无法避免那些就业背景相对弱势的劳动者从开始就输在起跑线上。如果不正视就业机会公平背后的背景公平与风险公平，劳动者参与平等就业的起点事实上就不是公平的，所谓就业机会公平也只能是一种不切实际的幻想。主要改革措施是：国家应通过立法牵引与制度建设，通过政府责任、企业社会责任、劳动者个人责任等途径，全面构建提升劳动者就业与职业能力以及抵抗劳动力市场风险能力的"一揽子"措施，充实就业机会平等的价值内涵，进而为劳动者就业起点平等提供坚实的背景公平与风险公平之保障。

另一方面，就业信息平等地向所有劳动者公开。根据西方普遍经验，就业信息是劳动力市场的"生命线"，就业信息公开的基本要求是就业信息要对称，即劳动者与招聘岗位之间要达到信息对称。就业信息不对称是我国当前劳动力市场存在的一个比较突出的问题，严重影响了劳动者平等就业机会的实际享有。就业信息平等地向所有劳动者公开，意味着政府在提供就业信息服务和开展各类就业信息咨询活动时应面向所有劳动者。除了就业信息的服务对象应是广泛的外，政府提供的就业信息质量等方面在城乡劳动者那里同样应该是一致的。①

第二，参与平等就业的过程要达到机会平等。

一方面，劳动者的就业背景与地位应当平等。就业背景与地位公平彰显了劳动者从初始位置开始竞争时所处的平等状态的重要性，将机会平等模式从它只是一种形式或空洞的平等主义正义理论的指责中拯救出来。② 正如有学者所指出，对"机会"的理解，并不能从其自身获得真解，还应当从形成机会的事件链接中予以说明。比如，在劳动力市场的建设上，经济学家关注的往往是流动性问题，法学家关注的则是流动的制度可能性问题。如果社会中一部分人进入的劳动力市场存在制度性障碍和由此导致的能力障碍，就业机会平等对该部分人而言是无意义的。③ 就业背景和地位平等作为机会平等的基本

---

① 杨宜勇等著：《劳动就业体制改革攻坚》，中国水利水电出版社2005年版，第40页。

② ［加］莱斯利·A. 雅各布："追求平等机会：平等主义的正义理论与实践"，刘宏斌、方秋明译，载《国外理论动态》2013年第8期。

③ 齐延平、张录荣："论雇佣平等的法理"，载《法制与社会发展》2014年第2期。

前提,要求所有劳动者在竞争的起点上都站在同样的位置上。否则,国家就应当对那些弱势劳动者提供帮助,使其与其他劳动者保持同样的竞争起点。劳动者就业背景与地位平等要求法律要平等地对待所有劳动者,包括依法确认劳动者身份平等以及赋予所有劳动者平等就业权利。

另一方面,劳动者应当平等享受职业培训的权利。职业培训是指为了培养和提高劳动者从事相关职业所需要的技术和实践能力而开展的专门培训活动,包括就业前的培训和就业后的培训,这里指就业前的培训。职业培训首先是人的发展的重要保障。英国社会学家英格尔在《人的现代化》一书中指出:"发展最终所追求的是人在素质方面的改变,这种改变是获得更大发展的先决条件和方式,同时也是发展过程自身的伟大目标。"①职业培训又是一种权利范畴。将职业培训作为一种权利来对待,不仅在理论上有其正当性,而且在国际公约及国内法中都得到了充分体现。从理论层面来看,有生产和劳务的地方就必然有职业培训的存在。尤其是在现代社会,技术革命日新月异和产品不断推陈出新,对职业培训提出了强烈诉求。同时,职业培训无论是在人力资本增值还是在预治失业上,以及在劳动力市场健康发展等方面,都具有非常积极的理论价值和作用。② 从实践及规定层面来看,所有社会成员平等获得职业培训的权利是一种国际共识。在我国当前和今后相当长的一个时期内,立足于依法保障平等就业权这个中心任务,保障所有劳动者都能够平等地享有职业培训的权利,除了在理论与法律规定层面上能够得到证成外,还是当代机会平等理论与实践最新发展的具体体现。特别要指出的是,强调职业培训对就业机会平等实现的重要意义,既要求国家针对尚未求职的广大劳动者依法全面构建就业与职业能力培训制度体系,尤其要着力解决那些处于相对弱势劳动者的就业与职业能力,最大限度地"填平"不同劳动者在求职背景上的不公平"鸿沟";也要求国家依法建立健全针对求职后劳动者的在职培训制度体系,着力解决劳动者在流动性和风险性日益明显的劳动力市场中失业和职业转化中面临的再就业问题。

第三,参与平等就业的结果要达到机会平等。结果机会平等即实际上的

---

① 陈民等著:《农民工维权论》,中国工人出版社2003年版,第26页。

② 李新功著:《欧盟事业培训政策与实践》,中国经济出版社2005年版,第28~48页。

机会平等，[①]主要是指劳动者在遭遇挫折或处于不利境地时，与就业相关的主体应为其提供平等帮助，使其脱离不平等的状态。需要指出的是，从形式平等就业权承载的形式公平价值以及就业权本身的限度来看，就业结果的机会平等依然是有限的平等，既不是指所有劳动者都能实际平等地获得就业机会，也不是指为每一个弱势劳动者提供就业机会，而是要突出对整个弱势劳动者群体提供就业帮助，使其在整体上达到一种相对平等的就业状态。

（四）劳动者就业规则平等

在依法治国背景下，规则的法治意蕴更为突出。规则是法治的精神和灵魂。如果没有规则，就不会有真正的法律秩序，尽管一个法律制度的重要意义并不只在于颁布和执行规则。同时，法律规则把人、物和事件归于一定类别，并按照某种共同标准对它们进行调整。[②] 同时，“一种法律规则永远是建立在一种社会需要之上，建立在一定时期人们自觉意识上所存在的公平感之上，不符合公平的一种规则，永远也不是一种法律规则”。[③] 规则平等在其根本意义上即为制度平等。所谓制度，是人类相互交往的规则。它抑制着可能出现的、机会主义的和乖僻的个人行为，使人们的行为更可预见并由此促进着劳动分工和财富创造。制度要有效能，总是隐含着某种对违规的惩罚。制度和规则这两个词可以互换使用。[④] 在一般意义上，规则平等是指社会运行规则本身要符合理性，符合社会发展的规律，反映时代进步的要求，体现最广大民众的根本利益。在社会法和平等就业权的理论场域中，规则平等提出了如下两个基本要求：一是招工标准平等；二是招工程序平等。

1. 招工标准平等

招工标准平等在我国当前具有特殊的意义。即在依法保障平等就业权涉及的平等就业权与用工自主权这对轴心关系中，依法规制用工自主权成为切实保障平等就业权的一个关键。依法规制用工自主权的核心是规范其招工标

---

① 机会平等还可以细分为“形式上的机会平等”和“实际上的机会平等”，前者是指应当具有的机会平等，是基于人的基本权利并由法律确认的一种机会平等，是一种“纯粹的”机会平等；后者是指形式上的机会平等在实际生活中的实际兑现状态。参见任晓：“促进就业法律制度研究”，西南政法大学2005年硕士学位论文，第22页。

② ［美］E.博登海默著：《法理学——法律哲学与法律方法》，邓正来译，中国政法大学出版社1999年版，第285页。

③ 严存生著：《论法与正义》，陕西人民出版社1997年版，第105页。

④ ［德］柯武刚、史漫飞著：《制度经济学：社会秩序与公共政策》，韩朝华译，商务印书馆2000年版，第35页。

准,使招工标准符合形式平等就业权的基本要求。所谓招工标准平等,是指国家和用人单位制定的有关就业的各种制度和标准,应当对所有劳动者都一律平等,在无正当理由的情况下不能区别对待。招工标准平等首先应符合法治要求与劳动立法的要求,即在标准制定主体的民主性、制定程序的民主性以及内容的合法性等方面应当满足法定要件。招工标准在正当化与合法化之基础上,还应当基于形式平等就业权的基本要求具备如下条件:

第一,招工标准应当具有确定性。招工标准必须是可以认识的,必须就未来的环境提供可靠的指南,况且正常的人应能清晰地看懂。在我国当前,招工标准的确定性意义尤为突出。比如,在招工阶段,招工标准的确定性则意味着国家有关职业资格标准以及用人单位的用工标准应当是明确的和可以识别的,招工标准的确定性还可以为劳动者识别就业歧视提供明显的指南。

第二,招工标准应当具有开放性。即招工标准必须向所有劳动者平等地公开,除基于正当理由而限制公开的除外。招工标准的开放性要求国家和用人单位有关招工的标准应当是透明的,反对招聘中形形色色的“潜规则”和“暗箱操作”。

第三,招工标准应当具有平等性。既制度不应在无确切理由的情况下对个人和情境实施差别待遇。① 在社会法与形式平等就业权的理论场域中,招工标准平等性的具体含义是指,相同的标准针对相同的劳动者,不同的标准针对不同的劳动者。招工标准的平等性体现了这样的理念,即国家和用人单位制定的有关平等就业的各项标准既要维护大多数人的就业利益,又不至于使社会弱势群体的福利得不到改善。因此,招工标准的平等性要求兼顾招工标准的一视同仁和就业中的特殊保护。在我国现阶段,强调招工标准的平等性,既要求有关招工要求平等对待所有劳动者,又要针对灵活就业劳动者、弱势劳动者等实施区别对待,使其就业能力与招工标准达到某种程度的匹配。②

第四,招工标准应当具有普适性。招工标准的普适性也可称为招工标准

---

① [德]柯武刚、史漫飞著:《制度经济学:社会秩序与公共政策》,韩朝华译,商务印书馆2000年版,第148页。

② 这里是指尽管市场化就业体制机制要求所有劳动者平等竞争,进而要求招工标准平等地适用于所有劳动者。但是,鉴于平等就业权承载的生存权保障价值以及现实中每个劳动者的具体就业能力不一样,国家就应当通过相关制度投入来提升那些弱势劳动者的就业能力,以此提升其就业背景与就业地位,促进所有劳动者在就业的初始阶段能站在同样位置上。这是社会法语境下就业机会平等的核心和关键。

要普遍可行。所谓招工标准普遍可行,是指招工标准对所有劳动者来说只要通过努力就可以普遍达到,而不是只有一部分劳动者甚至一小部分劳动者通过努力才能达到。如果招工标准对大部分劳动者来说是无论如何都无法达到,那么该招工标准显然违背了形式平等就业权的本来目的。如果说招工标准的确定性、开放性和平等性只为劳动者平等就业提供了基本的前提条件,那么,招工标准的普遍可行则为劳动者在最终意义上能够享有形式平等就业权提供了现实保障。

2. 招工程序平等

招工程序平等是一种看得见的公平正义。所谓招工程序平等,是指在就业规则平等范畴中,在招工标准平等基础上,有关招工就业的程序应当对所有人平等,在没有正当理由情况下,不能有任何区别对待。程序正义是实质正义的前提和基础。不能说有了程序正义就一定会实现实质正义,但没有程序正义就一定没有实质正义。[①] 招工程序平等是招工标准平等的延伸,是招工标准平等的保障。招工程序平等主要包括如下三个招聘原则及要求:

一是公开招聘原则。公开招聘是伴随着我国实行劳动合同用工制度而实行的一项就业招聘原则。公开招聘原则的基本含义是:所有职位向所有人公开。当前,各种"非公开"招聘现象还比较突出,拉关系、走后门等非公开招工问题依然存在。贯彻实施就业公开招聘原则,需要采取综合措施,以重点规制国有企业招工和专项整治为切入点,全面整治就业招聘中各种违背公开招聘原则的问题。

二是择优录用原则。择优录用与公开招聘原则都是我国劳动合同用工制度改革的产物。其基本含义是:在公开招聘和录用标准平等的基础上,根据岗位本身要求,择优选择劳动者。值得一提的是,择优录用原则还应当与就业特殊保护原则有机结合。前者是市场机制作用的空间,后者是国家干预作用的空间。关键是要依法构建一种促进与规范、激励与保障并举的市场调控机制,既要尊重市场机制在劳动力资源配置中的决定性作用,又要避免"市场失灵"造成各种不平等就业、就业歧视以及对特殊就业群体保护不足等"陷阱"。

三是加强程序监督。在招工标准平等、公开招聘和择优录用基础上,还应跟进程序监督。自由竞争的教训已经反复告诉我们,国家必须依法对劳动力市场适度干预。针对我国当前存在的主要问题,国家干预的着力点在于:首

① 陈卫东:"为什么要坚守程序正义",载《检察日报》2014年6月5日。

先,国家应借助科技、信息等手段,建立依法招工的公众信息平台,该信息平台主要涵盖有关平等就业的基本法律规定、劳动者的权利、用人单位的义务,以及投诉渠道和机制等,达到宣传平等就业法治,警示用人单位要平等招聘并禁止就业歧视,培育劳动者平等就业的权利意识,建设社会平等就业文化等多重积极效果。其次,应完善用人单位招聘制度的制定程序,在劳资博弈中细化规章制度的制定权和异议权,①根本改观立法仅仅原则性规定用人单位应当依法建立和完善劳动规章制度而劳动者事实上不能有效民主参与监督的困境。② 再次,国家应建立用人单位招工强制说明义务与劳动者的投诉通道,核心是要求用人单位在所有招工广告中履行法定说明义务,告知劳动者依法享有的知情权,并在招工广告中注明劳动者投诉的主要通道。最后,国家应改革《劳动合同法》第7条规定的用工备案制度为招工备案制度,关键是把用人单位招工的条件等书面备案,以便日后根据需要举证,从而把对招工程序的监督进一步贴近现实,使有关监督更加主动而有效。

三、小结

《依法治国决定》指出,要加快完善体现权利公平、机会公平、规则公平的法律制度,依法保障公民权利。应当说,这为我们在社会法理论场域中全面构建形式平等就业权提供了顶层设计层面的指引。同时也要看到,社会法理论场域中的形式平等就业权不能仅仅满足于权利公平、机会公平与规则公平,还应当注重劳动者身份的平等化。同时,社会法理论场域中形式平等就业权所包含的身份平等、权利平等、机会平等与规则平等有其特殊性,在价值承载与具体权利内容上都应当符合社会法的整体要求与平等就业权法律保障的要求。

在本节致力于构建的形式平等就业权的权利体系中,劳动者就业身份平

---

① 实际上,在《劳动合同法》(草案)的意见征求中,劳资博弈的一个焦点即是规章制度的制定权和异议权。博弈的结果令人失望,尽管立法初衷是加大对劳动者的保护力度,但在遭遇用人单位强烈抵触后,立法对用人单位作出让步。参见黎建飞:“社会变革中的中国劳动合同立法”,载《法学家》2009年第6期。

② 《劳动合同法》第4条规定:用人单位应当依法建立和完善劳动规章制度。对制定或决定直接涉及劳动者切身利益的规章制度和重大事项时,应当经过民主讨论和公示程序。关键问题是,由于没有规定民主讨论及公示的具体规则和要求,用人单位往往以形式民主和表面公示等手段,来达到规章制度建立的法定要求。

等是形式平等就业权的逻辑起点,是其他形式平等就业权的基本前提。劳动者就业权利平等是形式平等就业权的核心,是身份平等的延伸并成为就业机会平等与就业规则平等的重要基础。如果没有就业权利平等,就业机会平等将变得空洞且毫无价值和意义,而就业机会平等与就业规则平等也将失去精神和灵魂。社会法语境下就业机会平等是一种蕴含了多重价值的就业机会平等,是一种从笼统的就业就会平等走向复合的就业就会平等,更是一种注重就业背景平等与就业风险平等的整体主义及和谐主义的就业机会平等。如果没有就业机会平等,不仅就业权利平等会成为纸上谈兵,而且就业规则平等也会失去运行的基本平台。就业规则平等是形式平等就业权的重要保障。如果没有普遍认同的就业规则平等,前面三项形式平等就业权就会陷入弱肉强食的危险"丛林"和实践混乱,形式平等就业权的保障最终会变成一个不切实际的幻想。

第二节 实质平等就业权

在形式平等就业权基础上,还要进一步提出实质平等就业权,才是本书最终设计的平等就业权内容体系的完整图景。所谓实质平等就业权,是指作为平等就业权的主体劳动者,由于其在社会、经济、文化等方面存差异,依据社会法要求以及平等就业权所承载价值功能等的客观需要,依法享有从国家获得就业帮助,并实际享有平等就业的权利,具体包括:体面劳动、不歧视、职业培训、社会保障。

一、实质平等就业权的必要性

在社会法理论场域中讨论平等就业权,就应当主要以社会法理念和宗旨等来理解平等就业权。社会法语境中平等就业权是一个庞大而复杂的权利束,是形式平等就业权与实质平等就业权的统一。如果形式平等就业权是社会权与自由权博弈的必然结果,那么实质平等就业权的提出则有其更加深刻的动因,具有坚实的理论及现实证成。

首先,实质平等就业权是平等内部矛盾发展的必然结果。如前文所述,平等本身是一个内涵丰富而又含糊空洞的多形概念,其本身就包含形式平等与实质平等的深刻矛盾。形式平等发轫于对人权的尊重和保护,并在自由竞争的市场经济中得到了最充分的张扬。平等的逻辑起点只能是与自由联系在一起的。有学者就指出："对于法律面前的平等来说，其重要之处在于，平等作为近代民主政治的理念并不是实质上的，而是形式上的。……只有这样的形式上的平等，才和自由连结在一起。"[①]随着社会不断发展，平等与自由的悖论出现了，集中表现在形式平等与实质平等的矛盾关系中。形式平等是指国家承认所有人在法律上一律平等，人人享有相同的权利并负有相同的义务。"形式平等是一种自由竞争中的'机会均等'，人人生而平等，在法律上享有相同的权利"，[②]而不问人们在初始阶段的位置是否平等。形式平等主要是与自由联系在一起的，但这种不受约束的自由造成了如贫困、失业、垄断和两极分化等社会问题。在形式平等固有缺陷所导致的一系列社会问题不可容忍的时候，实质平等应运而生，成为时代的一个普遍诉求。[③]

其次，实质平等就业权是社会法本位的内在要求。社会法本位旨在追求一种包容性极强的社会利益，且该社会利益不仅源于私法固有的自由与平等精神，尊重契约自由与意思自治。而且对私法形成一定程度的超越，集中体现为社会利益更加关注现实生活中各种具体的人的利益，尤其是关注那些在市场经济中因为种种原因处于不利竞争处境的人的生活状况与生存危机。这不仅是社会法得以存在的基本依据，也是社会法的精髓和宗旨。在社会法本位社会利益的理论场域中，平等就业权首先应是形式平等就业权，但也强调实质平等就业权对普遍意义上形式平等就业权的超越，旨在关注社会弱势劳动者面临的就业困境与生存危机。

再次，实质平等就业权还是平等就业权价值功能的必然要求。在社会法理论场域中，平等就业权承载了包括保障人的生存权在内的多重价值功能。其中，生存权内含的"需要就是权利"这一独特的权利观对平等就业权产生了决定性作用。生存权是近代市民社会中宪法保障的一种新的基本权利。"生存权的目的，在于保障国民能过像人那样的生活，以在实际社会生活中确保人的尊严；其主要是保护帮助生活贫困者和社会经济上的弱者，是要求国家有所

---

① ［日］伊藤正己："法律面前的平等"，载《国家学会杂志》第64卷第1号。转引自［日］大须贺明著：《生存权论》，林浩译，法律出版社2000年版，第32～33页。

② 林嘉等著：《劳动就业法律问题研究》，中国劳动社会保障出版社2005年版，第125页。

③ 这种普遍诉求在劳动法领域得到了明显张扬。比如，我国台湾地区"两性工作平等法"在其总则中开宗明义地规定了该法宗旨：保障两性工作权之平等，贯彻"宪法"消除性别歧视、促进两性地位实质平等之精神。参见黄越钦著：《劳动法新论》，中国政法大学出版社2003年版，第205页。

'作为'的权利。"[①]在生存权语境下,"需要就是权利"使平等就业权的内容获得了一次巨大的解放和"质"的飞跃,平等就业权的内容更加主动、丰富和具体。

最后,实质平等就业权也是"体面就业"的根本要求。随着经济全球化进程加快,许多经济和社会问题日渐凸显,其中劳动与就业问题尤为突出。对此,国际劳工组织在1999年第87届年会上提出了"体面的劳动"这一概念。按照国际劳工组织的解释,"国际劳工组织当今的首要目标是促进男女在自由、公正、安全和具备人格尊严的条件下,获得体面的、生产性的工作机会"。[②]体面劳动的核心是促进工作中的权利、就业、社会保护和社会对话。我国自1986年正式开启劳动用工制度契约化进程以来,市场化就业制度在经历了近30年改革发展后,党的十八大提出要"实现更高质量的就业",其价值意蕴与体面劳动不谋而合。在体面劳动与"实现更高质量就业"战略背景中,实质平等就业权着力解决的问题恰恰与之高度契合。或者,体面劳动与"实现更高质量的就业"成为实质平等就业权的最有力的现实基础。

二、实质平等就业权的限度

实质平等就业权有限度吗?这是一个看似矛盾却又符合逻辑的问题。有三个问题值得讨论:一是实质平等就业权有限度的原因是什么。二是实质平等就业权限制的基本路径为何。三是实质平等就业权的度应如何确定。

首先是实质平等就业权有限度的原因。表面上来看,既然实质平等就业权是对形式平等就业权的修正,并以保障社会弱势劳动者生存权为核心价值依归,"需要就是权利"成为实质平等就业权得以存在的最明显也是最道德的价值基础,但为何还要对实质平等就业权予以限制?回答该问题,我们不妨沿着如下思路:

第一,对实质平等就业权限制是由就业权本身属性决定的。如前文所述,就业何以成为权利,主要是基于就业承载的保障人的生存权这一核心价值功能。但随着经济社会发展,在各种灵活就业、福利国家挑战以及就业体制机制改革等因素的共同作用下,不仅人们被迫要树立一种新的就业观即树立终身

---

① [日]大须贺明著:《生存权论》,林浩译,法律出版社2001年版,第16页。

② International Labor Office, "Report of the Director-General in the International Labor Conference", in Decent Work 87th session, 1999.

学习以及保持“可就业力”的观念，而且国家提出“工作福利”理念与战略并要求社会成员为其实现就业也应承担个人责任。同时，随着“完全劳动权”理论依据的社会基础已不复存在，“限定劳动权”已从理念走向制度。诸多迹象表明，就业权已受到重重制约，就业权的程度化问题已成为理论界与立法实践普遍关注的一个重要问题。值得一提的是，在就业首先作为一种基本权利的范畴中，我国宪法规定的“公民有劳动的权利和义务”有其特定的历史背景，需要辩证对待。但无论如何，在市场化就业体制和机制背景下，就业权都并不意味着国家对劳动者负有直接雇佣或者招募的义务。国家不可能为每个公民提供工作岗位，这是显而易见的，劳动权的最初实践也说明国家不可能承担直接提供工作的义务。①

第二，对实质平等就业权限制也是由社会法本位决定的。根据前文论述，社会法本位社会利益是一种经由对个人利益协调、平衡与提升而形成的一种特殊的利益形态，旨在从实际层面切实关注现实生活中各种具体的人的利益，尤其是关注那些在市场经济中因为种种原因处于不利竞争处境的人的生活状况与生存危机。从该意义上看，社会利益是“利益结构的一个终点”。② 但也应当看到，社会利益固然是对个人利益提升后的产物，但绝非要忽视甚至要否定个人利益。否则，便会回到把社会利益视为完全超然于个人利益的逻辑中。因此，在社会法本位社会利益语境中，实质平等就业权应当与形式平等就业权既要保持必要之距离，也要通力合作，共同促进平等就业权较好地兼顾公平与效率，满足基本权利保障与促进发展的多重目标。

第三，对实质平等就业权限制还是由实质平等就业权目的决定的。在社会法理论场域中，依法保障平等就业权，既要承载着多重价值功能，又要处理好公平与效率、规范与促进、管制与合作、近期与长远等复杂关系，确实是一项异常复杂的改革工程。实质平等从人的具体差异出发，对不同的人做出不同的对待，从而实现某种程度的社会可以接受的实际平等状态。即实质平等就业权旨在弥补形式平等就业权的不足而生成，其作用方向是倾斜保护社会弱势劳动者能在现实中获得平等就业的权利，以拯救其在自由竞争中面临的生存危机，而该危机恰恰是形式平等就业权所不能解决的。

首先，要为实质平等就业权以倾斜保护社会弱势劳动者的平等就业权为

---

① 张翔：“基本权利的受益权功能与国家的给付义务”，载《中国法学》2006年第1期。

② 岳彩申、袁林：“经济法利益分配功能之解释”，载《社会科学研究》2002年第3期。

基本价值依归，提供某种正当性证成。关于该问题，学界已有一些富有成效的研究。有学者从形式平等与实质平等各自适用范围的视角对该问题做了论证。“一般来说，形式上的平等原理仍然可以适用于对精神、文化活动的自由、人身的自由与人格的尊严乃至政治权利等宪法权利的保障，而实质上的平等原理则主要适用于以下两种情形：一是在权利的主体上，男女平等、人种平等和民族平等的实现，就是实质上的平等原理所期待的客观结果；二是在权利的内容上，实质上的平等原理则主要适用于对社会经济权利的保障，其目的在于使经济强者与经济弱者之间恢复法律内在所期待的那种主体之间的对等关系。”①另外，有学者从更加细致的角度对该问题做了阐述，认为可以从以下三个方面综合考虑：第一个方面是从量的角度考虑，即给予相对来说处于少数并且处于弱势地位的群体以差别对待。所谓“少数”，应该与一个与之相对应的严格的“多数”。比如，我国汉族与少数民族的对应。仅仅具备“少数”这个条件，还不能作为差别对待的充分理由。因此，我们还必须考虑第二个方面即从先天的生理的角度考虑。即给予在生理上明显处于弱势地位的群体以差别对待，如残疾人以及在特殊“时期”的女性劳动者等。第三个方面是从经济的角度来考虑，即给予经济上明显处于弱势地位的群体以一定的生活保障，如我国对国有企业改革过程中出现的“下岗工”的特殊保障。② 社会弱势群体理论为实质平等就业权提供了一个较为理想的解释注脚。在我国当前，蕴含倾斜保护社会弱者理念的实质平等就业权就应当优先解决那些最普遍和最严重的问题。比如，对“下岗工”、“农民工”、残疾人以及传统上整体处于弱势地位的女性劳动者等的保护。在依法治国背景下，如果我们仅仅满足于表面上的就业平等，忽视对这些社会弱势群体平等就业权的关注和保障，那么，谁敢断言在经济增长放慢的时候，这些深层次问题不会以更加极端的方式爆发出来？从根本上讲，社会弱势群体的生存样态是一个社会文明程度的“晴雨表”，社会弱势群体的平等就业权保障状况更是一个国家人权保障水准的标尺。因此，国家必须采取积极有效措施，切实解决上述特殊群体的平等就业问题，依法保障他们的平等就业权。

---

① 林来梵著：《从宪法规范到规范宪法：法学的一种前言》，法律出版社 2001 年版，第 107 页。

② 李忠夏：“试评析新法平等权第一案”，载《新法理论与问题研究》（第 2 辑），中国人民大学宪法行政法学专业研究生刊印。转引自林嘉等著：《劳动就业法律问题研究》，中国劳动社会保障出版社 2005 年版，第 126 页。

其次是实质平等就业权限制的基本路径。一般来看，实质平等主要是从以下两个方面来对形式平等进行修正：一是限制经济自由。"对私法自治的规制，表现为这样一个趋势：即在缔结合约时必须考虑到当事人双方的经济地位平等，以防止一方利用对方事实上的不平等将自己的意志强加于另一方，以确保社会公平的现代概念的实现——即每个社会成员，仅仅因为他是社会成员之一，就有权享受其他成员所提供的生活需要，而且有权享受每个人都想得到而实际上确实对人类有益的一切好处和机会。"①二是保障社会权，以弥补自由权之不足。"也就是一方面在一定限度内限制强者的自由，另一方面，保障社会弱者生活及劳动的机会。两者从不同的角度努力实现同一个目的，缩小以致消除形式平等下的不平等和不公正。"②在社会法理论场域中，实质平等对形式平等的修正路径有其特殊性，主要包括：(1)国家依法规定劳动者享有平等就业的权利，禁止就业歧视。比如，我国《劳动法》第3条规定劳动者享有平等的就业权，《劳动法》第12条规定劳动者不得因为民族、种族、性别、宗教信仰不同而受到就业歧视。(2)国家采取积极干预措施，制定严格的平等就业标准，合理限制用人单位的用工自主权。比如，我国《劳动法》规定了劳动合同用工及就业准入制度，对劳动合同签订的平等原则和公开程序做了基本规定。(3)国家对社会弱势群体就业采取倾斜保护措施，保障他们的平等就业权。比如，我国《妇女权益保障法》、《残疾人保障法》和《劳动法》等都对妇女和残疾人的平等就业做了倾斜性保护规定。(4)国家为了保障实质平等就业权，加强就业和职业培训工作，不断提升劳动者的就业能力和职业稳定能力。(5)国家对未就业人员和失业人员加强社会保障和社会救济，统筹社会力量，采取多种措施，全面落实上述人员在现实生活中享有的实质平等就业权的相关利益。

最后是实质平等就业权的度应如何确定。实质平等是对形式平等的必要补救和修正，但绝非等同结果平等或者结果均等。"实质平等的原理，主要是为了在一定程度上纠正由于保障形式平等所招致的不平等，依据各个人的不同属性采取分别不同的方式，对作为各个人的人格发展所必须的前提条件进

---

① ［英］彼得·斯坦、［英］约翰·香德著：《西方社会的法律价值》，王献平译，中国人民公安大学出版社1990年版，第85页。

② 齐延平主编：《社会弱势群体的权利保护》，山东人民出版社2006年版，第69～70页。

行实质意义的平等保障。"[①]实质平等在消除形式平等不足的同时，也伴随着国家运用公权力对私人生活干预的过程。公权可基于公平、效率、安全等考虑，对交易进行各种干预，但公权对交易双方的倾斜性利益配置必须非常谨慎。只有在穷尽其他所有可能办法而不能较好解决问题的情形下，公权干预才可以被考虑，同时还应考量公权干预的相关负面影响。[②] 无论怎样，自立原则总是市民社会的基本原则，这种原则的重要根基在于，最大限度地尊重个人的主体性和自立性的理念。如果不对实质平等的边界做出必要的和明确的界定，那么，经过数千年而建立起来的、作为市民社会一个基本价值的自由体系与自治体系就会面临被摧毁的危险。即实质平等的根本目的在于纠正形式平等的缺陷和不足，实质平等还无法针对所有的人。如果把实质平等简单地理解为结果平等或者结果均等，则不仅根本违背了平等与效率的一般关系，而且在现实生活中也是不可能的，其只能是一种不切实际的幻想。实际上，形式平等与实质平等关系所反映的实质，正如我们如何看待程序正义与补偿正义的关系一样。程序正义主张一个中立的程序适用于任何社会群体，无论结果如何，只要能保证同一条起跑线就行了。但程序正义也面临着非常棘手的问题，就是对历史、经济和文化的无视。补偿正义则主张根据历史、文化、经济条件有偏向地制定法律和政策，以保证一个相对公平的结果。但补偿正义也面临着一个不可回避的操作性问题：由谁、如何、是否可能来计算并鉴定一个人的历史、文化和经济遭遇，从而实现被补偿人在历史上受的委屈折算成现实的利益。这种补偿正义的原则，需要一个巨大的国家机器来整理、裁判历史和现实无限的复杂性，而这种裁判权一旦被权力机器劫持，问题就不仅仅是如何抵达正义了。因此，美国最高法院对"平权行动"(Affirmative Action)的暧昧既是一种无赖，也是一种智慧。它一方面赞同将历史、经济等因素融入政策的考虑中，否定了纯粹的程序正义；另一方面，对如何具体补偿历史、经济问题，却又支支吾吾。毕竟，即便是爱因斯坦，估计也无法研究出历史与现实之间、经济地位和政治资本之间的兑换率。

当我们比较清晰地认识到实质平等就业权"度"的有限性和复杂性之后，就不难型构出社会法理论场域中实质平等就业权"度"的如下整体图景：实质

---

① 林来梵著：《从宪法规范到规范宪法：法学的一种前言》，法律出版社2001年版，第107页。

② 应飞虎："权利倾斜性配置研究"，载《中国社会科学》2006年第3期。

平等就业权中的"度"只能停留在能消除形式平等就业权所带来弊端的层面上，只能到此为止。这个"度"是包含效率与平等、社会激励与社会和谐的最优解。虽然这种界定仍然比较抽象，但至少为实质平等就业权相关制度的创设提供了一种值得认真对待的基本方向。

三、实质平等就业权的内容

（一）体面劳动

体面劳动是国际劳工组织1999年提出的概念，意指劳动者的权利得到保护、有足够的收入、充分的社会保护和足够的工作岗位。2007年8月23日，亚洲就业论坛在北京召开，时任劳动和社会保障部部长田成平在开幕式上说，体面劳动必须以平等就业为核心，注重发展和谐劳动关系，切实维护劳动者的合法权益。党的十八大明确提出要"实现更高质量的就业"，其内涵的价值意蕴与体面劳动不谋而合。在实质平等就业权范畴中，"体面劳动"具有更加丰富的内涵：提供相当于各失业者能力和资质的劳动，保障劳动所得的完全等价，用公费进行职业训练，用公费设置职业介绍设施等。① 针对我国当前面临的主要问题，在实质平等就业权语境中要"实现更高质量的就业"这一战略目标，应当着力解决如下三个问题：

首先，国家应加快研究测量更高质量就业的指标体系。党的十八大报告指出要推动实现更高质量的就业。应该说，提出提高就业质量，并非十八大首创。回溯我国就业制度改革发展历程，城乡统筹就业与公平就业不断进入顶层设计视野，2007年出台的《就业促进法》专章规定了"公平就业"。目前面临的关键问题是，尽管我国政府一直重视通过积极就业政策等就业促进制度来实现就业数量与质量的"双赢"，但对于如何测量就业质量的指标这一实质性问题，国家一直未出台相应的措施及制度安排。从近期来看，国家除了应在确立就业数量与质量并举的就业新战略，制定平等就业规则并改变我国企业长期依靠低劳动力成本探底竞争的"囚徒困境"，建立更加精细化的政策体系等方面全面推进外，还应从就业权利的公平性、核心劳动标准的保障性、劳动关系的和谐性、可就业力的增进性以及就业环境的人文安全性等维度，着手研究并建立测量就业质量的多层次、多维度的指标体系，既要注重不同就业群体就业质量的差异性，也要确保不同层级劳动者在核心劳动标准上的趋同性。

---

① ［日］大须贺明著：《生存权论》，林浩译，法律出版社2000年版，第218页。

同时，国家应加强对灵活就业群体、城市困难就业群体、女性劳动者、残疾人、农民工等特殊就业群体的就业质量研究，建立针对性和实效性强的具体政策支持体系。

其次，国家应加快推进保障公平就业的法治建设。我们反复注意到，在我国现有部门法体系中，社会法的法治化程度还非常低。其中，权利建设与权利救济的法治化程度低最为明显。以平等就业权为例，目前关于促进公平就业的法律主要还停留在宣示层面，存在系统性缺陷。比如，在全面推进依法治国背景下，立法政策化、规定过于原则、存在明显法律漏洞、立法本身存在歧视、权利救济不力等问题依然突出。改革大的方向依然是把改革作为广大劳动者真正的“红利”来对待，以依法治国提出的依法保障公民权利为基本指导，认真对待劳动者平等就业的各项权利。综观我国改革历程，可以说一部改革史，也是一部权利的拓展史；中国梦，不仅是国家宏观层面的大事，不仅是高瞻远瞩的顶层设计，更有对民众权利的充分尊重与积极回应。强化赋权，已成为新时期提升党的社会治理能力与执政能力的核心“抓手”。鉴于目前《就业促进法》明显的指导思想是促进就业数量的增长，公平就业尽管有所体现，但在平等就业权利建设上尚无具体实质内容，因此，国家应当重视立法建设，以立法为牵引，加快研究出台一部《公平就业法》，对其立法目的、适用范围、平等就业权的界定、就业歧视的认定、反就业歧视的专门机构与工作机制、反就业歧视的司法救济机制与法律责任等重要问题全面规定，尤其要从正面突出劳动者平等就业的各项权利建设，而不是仅仅拘泥于传统并从反面反就业歧视为体面就业提供权利基础。同时，国家应处理好权力清单与负面清单的关系，在赋权建设的同时，加快废权建设，着力清理并废除一切阻碍平等就业的各种规定，为公平就业营造自由、平等的法治环境。

最后，国家应注重培育促进公平就业的文化土壤。从西方国家普遍经验来看，促进平等就业与反就业歧视，除了强化法治的力量外，培育平等文化至关重要。我国公平就业受传统文化“不患寡而患不均”的影响，更要强调平等文化土壤的培育。同时，国家正致力于治理能力建设，而国家治理所追求的价值内核不仅是通过市场来激活社会生产力，更要在此基础上实现公平正义的政治理念。因此，促进公平就业除了要依靠法治思维和手段外，消除根深蒂固的不平等就业文化才是攻坚的最后“堡垒”。唯有在制度层面与文化层面实现平等就业的双突破，才能使平等就业观念深入人心，使市场在国家的必要干预下克服逐利原则之弊端，真正有效发挥配置劳动力资源的决定性作用，兑现人民福祉并实现社会公平正义,使自由与平等的法治精神根植于社会每一个成员,践行于人们对平等就业规则的普遍敬畏与尊重。

(二)反就业歧视

不歧视原则是建立在人的固有尊严基础之上的。不歧视是联合国人权条约的基本核心,国际劳工组织8个基本公约中有2个涉及不歧视。[①] 歧视的本质特征在于不合理的差别对待,或者说没有正当理由的差别处理。[②]

在我国,尽管歧视的种类有多种划分,但在实质平等就业权语境下,反就业歧视主要还是指禁止用人单位对劳动者的歧视。这主要是因为,在我国当下及今后一个时期内,就业歧视的主要原因是用人单位对劳动者的就业歧视。在目前各种可以选择的方案中,最直接、最有效的办法是依法界定用工自主权与平等就业权之间的界限,反就业歧视的一个核心任务便是依法规制用人单位的用工自主权,使其与平等就业权保持应有的距离。同时,我国就业歧视的原因涉及方方面面,既有制度性歧视,也有用人单位用工自主权对平等就业权不合理的限制及侵害,还有根深蒂固的文化偏见等。面对这些复杂的环境,反就业歧视需要一种法治权威,才能有效解决反就业歧视中的各种疑难问题。在依法治国背景下,反就业歧视不仅获得了法治证成,也面临新的挑战和新的机遇。整体上看,我国反就业歧视法治的建立应当围绕如下主要议题展开:明确反就业歧视的立法目的,界定就业歧视定义、例外及适用范围,规定反就业歧视的专门机构,规定人们对就业歧视的投诉渠道、建立反就业歧视的司法救济机制与法律责任制度等。[③]

(三)职业培训

在实质平等就业权语境中,职业培训旨在既要倾斜性关注社会弱势劳动者面临的就业能力不足问题,通过提升其就业能力,使其在现实层面获得平等就业权的权利;又要发挥职业培训本身蕴含的社会政策作用,把促进人的发展作为职业培训的最终目的。社会法理论场域及实质平等就业权语境中的职业培训获得了新的价值内涵。所谓职业培训,是指为了培养和提高劳动者从事相关职业所需要的技术和实践能力而开展的专门培训活动。职业培训包括就

---

① ILO Convention No. 111, Discrimination (Employment and Occupation) Convention, 1958; and ILO Convention No. 100, Equal Remuneration, 1951.

② 周伟:"论禁止歧视",载《现代法学》2006年第5期。

③ 李雄、刘山川:"我国制定《反就业歧视法》的若干问题研究",载《清华法学》2010年第5期。

业前的培训和就业后的培训，本书仅指就业前的培训。在欧盟，职业培训是实现平等就业促进民主发展的重要措施，[①]通过职业培训产生技术熟练和可适应的劳动力成为欧盟委员会长期喜爱的一个主题。[②] 人们普遍认为，只有实现个人拥有的知识和技能水平与就业岗位相适应，才能实现劳动力在就业市场中的真正平等。因此，职业培训又是人的发展和人的现代化的重要保障。英国社会学家英格尔在《人的现代化》一书中指出："发展最终所追求的是人在素质方面的改变，这种改变是获得更大发展的先决条件和方式，同时也是发展过程自身的伟大目标。"[③]

在我国，职业培训既是劳动者的一项权利，也是提升其可就业力的关键措施。以高校毕业生就业为例，针对当下高校毕业生"就业难"与就业歧视等普遍问题，"降低期望值"就业并不能根本性解决问题，提升高校毕业生"就业力"才是破解"就业难"、实现体面就业以及实现实质平等就业权的关键。"就业力"简单来讲就是就业竞争力，其核心包括工作能力、适应能力和求职能力等，具体又可细分为一般"就业力"和特殊"就业力"。前者涵盖职业态度、职业观念、职业适应等普适型"就业力"。后者涵盖特殊就业行业与就业岗位对求职者要求的不同就业与职业能力，如专业知识、行业背景、职业技能、职业发展等。同时，不同行业与岗位对"就业力"的要求不同，可能包括一般"就业力"与特殊"就业力"，也可能侧重其中某些方面。提升高校毕业生"就业力"的根本途径是建立健全校企联动培训机制，政府也应当承担必要的培训义务。特别要指出的是，面对经济全球化与国际竞争的纵深发展，在日益弹性和多元化的人力资源市场中，国家应从创新我国就业促进战略这一高度审视职业培训的政策含义和长远意义，即国家应致力于我国从人口大国向人力资源大国根本转型，把职业培训作为提升劳动者就业与职业能力的战略突破口，依法建立健全通过强化职业教育及职业培训促成我国就业促进新机制和新常态。同时，在现代人力资源市场流动性不断增强的背景下，保持相对宽口径的就业能力与职业转化能力是劳动者面临的一个新课题。作为实质平等就业权的重要组成，职业培训需要建立健全一种实现机制，才能使这种权利具体落实到劳动者身上，才能有助于劳动者通过获得职业培训权利提升其就业能力，最终为实

---

① 李新功著：《欧盟职业培训政策与实践》，中国经济出版社2005年版，第61页。

② [英]凯瑟琳·巴纳德著：《欧盟劳动法》，付欣译，中国法制出版社2005年版，第62页。

③ 陈民等著：《农民工维权论》，中国工人出版社2003年版，第26页。

质平等就业权的实现提供支撑。改革的整体思路是：建立健全国家在职业培训中的补强机制。尽管《劳动法》规定了职业培训权，但由于该权利过于原则，且仅仅是针对建立劳动关系后的职业培训，无法顾及尚未就业的劳动者。因此，国家应建立对就业前职业培训的补强机制，把加大对劳动者的人力资本投资作为提升其就业能力的关键，[①]通过突出经费投入保障，建立健全职业培训实施机制，强化企业社会责任等重要途径，全面依法推进职业培训健康发展，为劳动者在实质层面享有平等就业权提供有力保障。

（四）社会保障

笔者反复提及，在社会法理论场域中，平等就业权是一个关乎人的生存权与基本民生的权利，必须处理好公平与效率这对轴心关系，关键是承认平等就业权并非是对所有劳动者都能够兑现的一种现实的权利。因此，即便是我们在理论上对平等就业权做了较为全面和系统的建构，使平等就业权这个厚重而又空洞的权利最终获得了形式平等就业权与实质平等就业权这样一个体系健全、内容丰富的权利内容体系，但平等就业权尤其是实质平等就业权也依然是有限的。即尽管就业是一个关系国计民生的重大问题，但在目前的条件下，我们还无法解决现实生活中所有人的就业问题。

因此，在保障平等就业权的基础上，国家还必须处理好就业保护与社会保护的关系，采取相关配套措施，加强对失业人员以及未就业人员的社会保障。在目前可以选择的诸多方案中，通过失业保险对实质平等就业权进行“托底”保障，具有坚实的理论证成。一方面，实质平等就业权承载的保障生存权的基本价值功能决定了国家必须对未就业人员给予合理补偿。生存权是一种保障人的尊严的基本人权。对那些未就业的劳动者而言，他们不仅在物质上遭受巨大的生存困难，而且在精神上面临人生的莫大痛苦。国家应对其予以合理补偿，使其依然能够“像人一样体面地生活”。这既是生存权“需要就是权利”的必然要求，也是国家义务的最基本的体现。另一方面，社会连带责任理论为国家对未就业人员的合理补偿提供了终极注解。社会连带责任理论由法国公法学家、政治理论家和社会连带主义法学创始人莱翁·狄骥提出。狄骥认为，连带关系既是人在社会中生活的必然产物，也是人拥有的一种天赋，它是社会的基本事实和第一构成要素。“人在社会中并且只能在社会中生活；社会的

① 赖德胜、李长安：“当前我国就业领域的主要矛盾及其对策”，载《经济学动态》2010年第3期。

存在离不开将其组成个体联系起来的连带关系。”[①]狄骥说:“社会连带关系是一种不能成为争辩对象的、由观察所得的事实。它是随着国家情况的不同而具有不同的形态。例如,在现代社会中,有时以首要地位出现的是分工的连带关系,有时恰恰相反,如在原始文明时期的社会中,占优势的是合作的连带关系。无论如何,连带关系是一种永恒不变的事实,它本身往往是同一的并且是一切社会集团不可排斥的组成要素。”[②]在社会连带关系理论中,每个人都必定生活在社会共同体中,尽管各个社会共同体的组织形态可能不同,但有一点却是相同的:其中每个社会成员都必须真正关心其他所有成员的福利,都有责任和义务采取各种措施和办法为遭受苦难的成员减轻痛苦。[③] 总之,国家对未就业人员给予合理补偿,不仅有其深厚的理论基础,而且这种合理补偿作为实质平等就业权的重要内容也有了理所当然的归结。

当前,完善我国社会保障制度的重点有:一方面,实施积极的失业保障制度,加强失业保险制度建设,使其成为“托底”保障实质平等就业权的题中之义。“失业保障权,又称免于失业的保障权,包括失业保险权、失业救助权等,这一权利可被视为严格意义上的劳动权所派生的权利,国家如果不能为每个人提供一个就业机会,就应当保证每个人在失业的时候能够获得充分的经济保障,这与社会保障权显然有紧密的联系。”[④]实施积极失业保险制度的着力点是:重视失业保险制度应有的促进就业与解决失业人员生活困难问题的双重制度功能,针对不同失业群体,建立针对性强的失业保险制度机制,使促就业与保生活合理兼顾。为实现这一整体改革目标,国家应对现有失业保险制度安排适时调整,主要措施包括:进一步厘清失业保险制度适用对象,严格失业保险待遇条件,强化失业保险金在提升失业人员再就业能力上的使用,突出失业保险金的使用监管,优化失业保险金的保值增值机制等。

另一方面,针对农民工流动性大、收入少、缴费能力低的情况,尽快制定农民工养老保险异地转移与接续办法,明确国家在社会保险财政补贴中应承担的具体比例,整合《社会保险法》与社会救助、社会福利、社会优抚等方

---

① [法]莱翁·狄骥著:《宪法学教程》,王文利等译,辽海出版社、春风文艺出版社 1999 年版,第 11 页。

② [法]莱翁·狄骥著:《宪法论》,钱克新译,商务印书馆 1959 年版,第 64 页。

③ [英]A. J. M. 米尔恩著:《人的权利与人的多样性》,夏勇译,中国大百科全书出版社 1995 年版,第 47 页。

④ 林嘉等著:《劳动就业法律问题研究》,中国劳动社会保障出版社 2005 年版,第 134 页。

面的规定，制定统一的《社会保障法》。① 同时，推行积极的就业扶助政策，帮助社会弱势劳动者切实提升其就业能力与职业转化能力，提振其就业背景的公平与就业风险的公平，不仅要使其在就业最初位置与其他劳动者尽量保持平等，还要致力于保障其在现实中能够获得平等就业的权利与"体面就业"的机会。

四、小结

在本节致力于构建的实质平等就权的权利体系中，体面劳动是落实实质平等就业权的基本目标，是实质平等就业权其他权利内容的价值指导。反就业歧视是实质平等就业权的关键推进机制，是保障实质平等就业权的核心任务。加强职业培训是保障实质平等就业权的根本力量，是全面落实实质平等就业权的源动力。完善社会保障制度是弥补实质平等就业权之不足的底线保障，是实质平等就业权的最后"安全网"。

同时还应当看到，就客观而言，即便是《依法治国决定》提出依法保障公民权利，要加快完善体现权利公平、机会公平、规则公平的法律制度，但对社会法理论场域中依法构建平等就业权尤其是实质平等就业权内容体系而言，权利公平、机会公平和规则公平显然是难以承担如此重任的，必须在此基础上寻求新的突破。特别是在我国当前社会法的法治化程度还非常低的局面下，依法正面建设平等就业权并依法保障平等就业权，就显得格外迫切。对于这种改革诉求的回应，我们还应充分关注这样一个严峻事实：当前，无论是在理论研究上，还是在制度建设上，我国尚未真正对平等就业权进行实质性、系统性的全面关注，平等就业权要么被简单等同于权利公平、机会公平和规则公平，要么被反就业歧视所替代或者本身仍处于法律文本规定和宣示层面。但本书所提出的关于平等就业权的内容体系架构也并非"空穴来风"。这不仅恰恰反映了平等就业权在我国面临的理论滞后与法治滞后的双重困局，也是基于社会法理论场域以及我国面临的不平等就业之主要问题而提出的。本章提出平等就业权的内容体系架构，旨在在依法治国要求依法保障公民权利背景下"抛砖引玉"，希望引起学界的关注与立法者的重视，进而推动我国平等就业权这一关乎基本民生与职场民主性和多样性的基本权利从反就业歧视的后台

---

① 赵万一、黄忠："构建农村劳动力转移就业长效机制"，载《人民日报》2012年3月22日第7版。

走向前台，并全面具体化。同时，本书所型构的平等就业权内容体系架构不仅要使法律上的平等就业权富有权利内涵，也要使法律上的平等就业权能够为平等就业权实践与保障提供有力的法律依据。这应当是依法治国背景下我国平等就业权法治与劳动法治发展的一个必由进路。

第四章　平等就业权法律保障的运行机制——统一人力资源市场[①]

《全面深化改革决定》指出，加快完善现代市场体系，建设统一开放、竞争有序的市场体系，是使市场在资源配置中起决定性作用的基础。这为依法构建我国统一人力资源市场提出了新要求。

笔者反复提及，平等就业权在全世界都是一个重大的责任话语，具有不同的意思场域。本章的主要任务是：在中国语境下，基于人们习惯将平等就业权等同于就业机会平等并把保障平等就业权等同于反就业歧视的传统认识，不仅对反就业歧视背后的权利基础与权利支点平等就业权本身关注不足，还对平等就

---

① 城镇化与城乡一体化是一个国家工业化进程中必然面临的问题。改革开放以来，我国人力资源市场的规范发展一直是城乡统筹发展的一个重要课题。进入20世纪90年代，人力资源市场概念出现。当前，我国政府相关文件及政府研究机构中更多使用人力资源市场这一称谓，尤其是2007年《就业促进法》出台后，人力资源市场概念更被频繁地提及和使用。从劳动力市场向人力资源市场的转变，实质上反映了国家对劳动力市场资源配置机制认识的重大转变。核心是国家不仅要被动解决失业问题，还要主动促进就业，要把劳动力作为人力资源看待，即要把劳动力作为生产要素看待，进而把解决失业与促进就业与经济社会可持续发展有机结合。尽管劳动力市场与人力资源市场存在一定差异，但其相通之处仍是主要的，并基于学界普遍交互使用这对概念，且为方便本书行文及讨论需要，如无特别说明，本书中人力资源市场与劳动力市场概念互用。

业权在市场化就业体制中如何运行和实现的机制关注不足，因此，本书在对平等就业权的内容体系全面构建后，还应为平等就业权寻找一个合适的运行机制和实现机制，使其庞大的权利体系能够获得最充分的展开。在目前情形下，我们还无法找到比市场机制更好的办法，依法构建统一人力资源市场，便成为依法保障平等就业权的一个必不可少的运行机制。

第一节　域外劳动力市场与平等就业权保障的基本经验

通过劳动力市场来促进平等就业与反就业歧视，是西方主要市场经济国家的普遍做法。学习这些主要国家的有益经验，对建设我国统一人力资源市场与依法保障平等就业权具有重要参考价值。概括来看，域外劳动力市场与平等就业权法律保障实践的基本经验有：

一、鼓励自由迁徙并消除限制劳动力自由流动的障碍

发达国家实践表明，城乡人力资源市场由分割走向一体化是社会发展的必然趋势，只是实现的条件、方式和程度等不同而已。[①] 要实现城乡劳动力市场的一体化发展，对于城市问题与农村问题、农民进城问题与城市就业问题、农业与工业的发展问题就不能割裂处理，而要统筹进行制度设计。同时，劳动力在城乡之间、区域之间、产业之间的自由流动是城乡劳动力市场一体化的基本条件。农村劳动力流动在各国都面临障碍，包括就业与社会保障制度、土地、人力资本以及文化观念等。为此，各国都采取了相应措施鼓励自由迁移并消除限制劳动力自由流动的各种障碍。比如，英国是世界上第一个工业化国家，也是世界上农村人口向城镇流动开始最早、农村人口比重下降最快的国家，在促进城乡劳动力流动方面制定了一系列鼓励自由迁移的法律。为促进劳动力流动，1795 年英国政府对《迁移法》进行修改，颁布了《贫民迁移法》，1846 年又出台了《贫民迁移法》(修正案)，不断扩大救济贫民的区域范围和

① 王阳："从就业分割到社会排斥——中国统一城乡人力资源市场的难点及其破解"，载《中国工人》2014 年第 1 期。

贫民的居住范围，以此消除对居住地的限制，①从而促进劳动力的自由流动。德国通过制定《职业自由法》和《迁移自由法》为劳动力自由流动择业提供了法律保障。美国各州宪法也都有关于人权不受侵犯、不得设置流动障碍等条款。②

二、构建合作型市场治理机制：三方共治

现代劳动力市场是一个竞争、博弈、合作、共赢、共存的新模式。在新经济背景下，劳资双方乃至政府相互依赖共存的特征不断明显，建立一种劳、资、政共同治理的新模式，是当下西方劳动力市场出现的一股新风。③ 同时，为积极应对日益不确定因素，政府保持在劳动力市场中的主导地位这一主线依然很清晰。应该说，西方劳动力市场经历了从“自由竞争”到“国家干预”的发展历程，这本身就说明政府在劳动力市场中不可取代的地位。近年来，政府通过各种手段和措施，加强对劳动力市场中“市场失灵”的宏观调控，取得了积极成效。同时，政府在劳动力市场中的“领导”地位主要体现在如下宏观层面：(1)制定调控劳动力市场的法律制度，创造平等的劳动就业环境。采取积极的劳动力市场政策，以适应劳动力市场“弹性化”发展趋势的客观需要。④ (2)整合社会各方面力量，对劳动力市场进行“齐抓共管”，为劳动力市场提供全方位的管理和服务。⑤ (3)对劳动力市场中的社会弱势群体实行“倾斜”保护，保障他们在劳动力市场中的合法权益。⑥

---

① 甘春华著：《城乡劳动力市场融合：动力机制与对策》，经济科学出版社 2010 年版，第 151 页。

② 张文、徐小琴著：《城乡一体化与劳动就业》，社会科学文献出版社 2013 年版，第 130 页。

③ ［日］马渡淳一郎著：《劳动市场法的改革》，田思路译，清华大学出版社 2006 年版，第 124 页。

④ 林嘉等著：《劳动就业法律问题研究》，中国劳动社会保障出版社 2005 年版，第 57～58 页。

⑤ 该方面研究视角尽管涉及不同学科，但研究结论颇为相似。主要参见［日］马渡淳一郎著：《劳动市场法的改革》，田思路译，清华大学出版社 2006 年版，第 124～128 页；姚裕群著：《走向市场的中国就业》，中国人民大学出版社 2005 年版，第 93 页；黄丙志编著：《中国统一市场经济学》，华东理工大学出版社 2006 年版，第 22 页。

⑥ 李东林、刘燕斌主编：《世界劳动保障》，中国劳动社会保障出版社 2001 年版，第 156～158 页。

三、确立新型劳动力市场发展观"灵活安全性"

经济全球化和技术进步引发了劳动力市场巨大变化。劳资双方面临的生态环境日新月异,劳资双方不断向着合作共赢的方向发展,劳资的相互依赖性与合作性不断增强。同时,追求灵活性与安全性成为其诉求的交点。在这一背景下,灵活安全性概念应运而生,并成为20世纪90年代中期以来劳动力市场政策新的研究热点。[①] 有学者指出,灵活安全性是一种新的政策战略,它既能促进劳动力市场、工作组织安排、劳动关系的灵活性,也能增强劳动者,尤其是弱势群体以及劳动力市场边缘化群体的就业安全与社会安全。[②] 2006年欧盟首脑会议之后,有关劳动力市场灵活安全性政策战略的基本准则的研究在欧洲展开。同年,非政府组织在奥地利召开了就业与社会事务非正式会议,提出了劳动力市场灵活安全性的10项准则:(1)旨在创造更多、更好的工作岗位,增强社会凝聚力,反对贫困和社会排斥;(2)应建立在民主协商制度的基础上;(3)既要实现雇主的灵活安全性,也要实现雇员的灵活安全性;(4)成为一个社会融合机制;(5)必须建立在机会均等、男女平等的基础上;(6)应在现有劳动立法的框架下进行;(7)应当确保灵活就业人员能享受到充分的养老金权利;(8)要依赖各种积极性政策的支撑;(9)充分保证劳动者的收入安全性;(10)持续进行教育投资,提倡终身学习的理念。[③] 随后,欧盟在《联合就业报告》(2005~2006)中又将劳动力市场的灵活安全性准则概括为:灵活安全性是灵活的工作安排与安全的工作转化之间的平衡,从劳动合同与集体合同都应当是"灵活而稳定的"、每个人都应当通过终身学习来适应正在变化的要求、必须采取有效的劳动力市场政策来化解失业风险、现代社会保障制度必须

---

① "灵活安全性"是劳动力市场现代化发展中出现的一个新的价值目标和政策模式,成为现代劳动力市场政策改革完善的一个关键组成部分。主要参见程延园、杨柳:《劳动合同法对劳动力市场效率的影响研究》,中国人民大学出版社2012年版,第86页;[德]沃尔夫冈·多伊普勒著:《德国雇员权益的维护》,唐伦亿、谢立斌译,中国工人出版社2009年版,第153~154页。

② Ton Wilthagen and Frank Tros (2004), "The concept of 'Flexicurity': A new approach to regulating employment and labor markets", *Transfer: European Review of Labor and Research*, Summer 2004, Vol. 10 No. 2, pp. 166–186.

③ 王阳著:《转型期中国劳动力市场灵活安全性研究》,首都经济贸易大学出版社2011年版,第54页。

提供全面保障四个方面对灵活安全性予以具体化,①以此指导其成员国的改革。同时,有关国家主要通过就业保护立法、消极的劳动力市场政策和积极的劳动力市场政策等途径探索及实践灵活安全性,②并根据就业保护与社会保护的动态关系对几种主要政策途径予以组合。

四、注重就业保护与社会保护的协调与平衡

随着经济全球化不断深入,全球化、技术革命、经济结构的多元化、非正规部门的扩张等对劳动力市场产生了巨大影响,一个突出表现即雇佣形式的灵活化与多样化以及随之出现的劳权保护面临着一系列新的挑战。比如,非正规就业已成为发展中国家普遍存在的现象,在正规部门就业管制刺激下,雇主愿意选择非正规雇佣方式,在劳动力供大于求等因素的影响下,劳动者不得不选择非正规就业。③ 这就导致一个非常突出的问题,即在非正规就业中,政府如何保护劳权与平衡经济的发展? 对此,普遍的做法是采取就业保护与社会保护协调与平衡的方式,核心措施包括提出"工作福利"理念与战略、④加强灵活就业与非正规就业的制度建设、⑤加

---

① 孔德威等:"西方国家应对危机的多样性劳动就业政策选择及启示",载《学术交流》2010年第4期。

② Paul Vandenberg, *Is Asia adopting flexicurity A survey of employment policie in six countries*, 2008, pp.6-7.

③ 杨燕绥等编著:《劳动法新论》,中国劳动社会保障出版社2004年版,第12~17页。

④ 金涛:"二十世纪七十年代以来西欧国家就业保障制度的调整及其经验",载《人力资源》2011年第7期。

⑤ 大多数国家市场体制比较健全,人力资源城乡之间流动没有障碍,且就业方式既可以是正规就业,也可以是非正规就业。但问题是,在一些以西方模式为主要借鉴的发展中国家,农村人口向城市流动很多是无序的,导致城市问题突出。比如,为破解这一普遍性难题,以印度为例,印度政府实施了一项专门的就业促进计划,通过就业促进基金会提供服务,让非正规就业人员每月缴纳50卢比(约合1美元多),解决养老、死亡和残疾、本人或家属医疗三个方面的基本保险福利问题。这样做的主要原因是城市化不可逆转,只有提高非正规部门的就业保障,才能使其成为城镇化进程中吸纳农村富余劳动力就业的主要渠道。参见王阳:"从就业分割到社会排斥——中国统一城乡人力资源市场的难点及其破解",载《中国工人》2014年第1期。

大人力资本投资、[1]适当管制、保障劳动者的就业权利、[2]增强三方对话与合作等。

五、注重利用经济转型推动城乡劳动力市场互动

综观各国城乡劳动力市场融合的发展历程，一个基本规律是城乡劳动力市场融合是经济发展的必然趋势。[3] 美国城市经济学家 Jane Jacobs 有一个著名的观点，即先有城市，然后才有农村的发展（city first-rural development later），城市工业的发展能够带动农村的发展，实现农业发展、工业化、城市化和劳动力流动诸要素之间的良性互动。[4] 该观点虽然没有涉及农村发展对城市发展的重要作用，但在某种程度上说明了经济转型对包括劳动力市场在内的各种要素市场相互促进的有利因素和必然规律。比如，法国农村劳动力向城市转移的过程一直缓慢，农业劳动力转移的高潮出现在第二次世界大战以后。在 1946 ~ 1968 年的 20 多年时间里，法国农业劳动力的比重由 36% 下降

---

① 工业化、城镇化的实现需要劳动力整体素质的提高，而教育是人力资本积累的最佳途径。德国为促进城乡劳动力市场的一体化，除了土地制度改革外，还非常重视教育的普及。主要措施有：对从农村转移来的移民和当地居民，广泛开展职业培训，普及成人教育；通过在城市兴办夜校和创办职业学校，发展职业教育等。这些措施使居民文化水平和技能在短期内得以迅速提高，满足了工业化对劳动技能的要求，也为城乡劳动力市场的一体化起了重大作用。（参见甘春华著：《城乡劳动力市场融合：动力机制与对策》，经济科学出版社 2010 年版，第 158 ~ 159 页。）日本在战后经济高速增长时期大力推广"工业高中"制度，培训社会需要的技术工人，同时还在农村推行一套职业培训制度，加强职业介绍事业，建立职业培训机构，鼓励各种资源参与职业培训，提高农村劳动力转移就业的能力。（参见张文、徐小琴著：《城乡一体化与劳动就业》，社会科学文献出版社 2013 年版，第 132 页。）

② 在一些发达国家，因为生产方式单一，社会保障基本上实现了城乡一体化，农村人口进入城市就业能够获得平等的就业保障和社会保障。不仅农民进城就业变成雇员并与城市雇员一样享受就业保护与社会保障，而且从事农业劳动的人员作为农场主的雇工同样享受与工厂雇工一样的就业保护与社会保障。其中，农村养老保险制度较为典型。所谓农村养老保险，是指主要针对农场主本人的社会保险制度，是在以土地作为基本保障资料的前提下，对农场主的养老进行物质补充的一种制度安排。参见王阳："从就业分割到社会排斥——中国统一城乡人力资源市场的难点及其破解"，载《中国工人》2014 年第 1 期。

③ 甘春华著：《城乡劳动力市场融合：动力机制与对策》，经济科学出版社 2010 年版，第 165 页。

④ 徐林清著：《中国劳动力市场分割问题研究》，经济科学出版社 2006 年版，第 174 ~ 5178 页。

到15.7%。[①] 同时，考察发达国家劳动力转移和城乡劳动力市场的互动时，可以发现，工业发达的大城市始终是农村劳动力流动的主要方向。

六、改进失业保障制度，实现从失业保险到就业保险的转型

发达国家社会保障体系的覆盖范围经历了一个伴随着经济发展水平提高逐渐从城市部分群体向全体国民扩展的过程，既拉动了农村劳动力的转移，也缓解了城市失业和贫困等社会问题。失业保障制度是西方劳动力市场的重要组成部分，其核心制度是失业保险制度。失业保险制度产生于20世纪初，在其发展初期，强调基本生活保障。随着市场竞争加剧，失业率的迅速膨胀使人们不得不重新审视失业保险制度的定位。在20世纪后半期，许多国家开始实施失业保险制度改革，基本方向是从基本生活保障向促进就业发展。主要改革措施包括：(1)在指导思想上，失业保险改革从消极保障基本生活向积极促进就业转变。比如，日本在1987年修改了《雇用保险法》，规定其立法目的是“增加就业”。[②]《雇用保险法》颁布后，日本在失业保险的基础上，又加入了雇用安定事业、职业训练事业、提高就业福利水平事业三项附带事业，从而实现了对失业的事前、事后治理相结合的目标。[③] 法国在1999年通过的《福利改革法案》中，把“帮助和鼓励人们通过从事工作来摆脱贫困对福利的依赖，并获得体面的生活保障”作为其首要目标，推行了大规模“从福利到工作”计划。(2)在失业保险金的支付上，严格支付条件、支付标准和支付程序。首先，不断提高失业保险金的支付条件，迫使失业者尽快再就业。比如，将失业原因、失业登记、求职情况报告和参加就业培训等作为失业人员是否享受失业保险金待遇的重要条件。[④] 其次，实行差别性的失业保险金支付期，兼顾促进失业人员积极就业并降低国家财政负担。目前，世界各国失业保险金支付期

---

① 王章辉、黄柯可主编：《欧美农村劳动力转移与城市化》，社会科学文献出版社1999年版，第183页。

② 朱瑰君：“完善我国失业保险社会职能的法律”，载《政治与法律》2001年第4期。

③ 宋其超著：《失业及其治理》，中国财政经济出版社2004年版，第282页。

④ 德国《就业促进法》规定，失业人员享受失业保险待遇的基本条件包括：必须到劳动局进行失业登记；必须提出申请；必须接受职业介绍；在失业前的一定时期内从事某项工作，并且在失业前的3年内，累计缴纳失业保险费的时间不少于1年。

多在90天至1年。失业期越短,支付标准就越高。[①] (3)加强失业保险金的使用管理。主要措施包括:将失业保险金用于职业介绍、就业培训、鼓励企业招聘失业人员、资助创办小企业,以及补助失业人员提前就业或从事临时性的非技能职业。[②] (4)不断扩大失业保险的适用范围。将从事非全日制或临时性工作而每周工作时间达到规定小时数的这部分人,也纳入失业保险范围。[③]

七、创新积极劳动力市场政策,不断寻求促进就业新举措

按照国际劳工组织和经济合作组织的定义,积极劳动力市场政策是对求职者——通常指失业者,也包括潜在失业者和希望寻找更好就业岗位者,提供替代收入和加快劳动力市场整合的一系列政策行动,动态性地调整劳动力市场的供需关系,推动劳动力市场的一体化进程。以欧洲为例,积极劳动力市场政策几乎受到所有成员国的推崇,主要是因为该政策涵盖了欧洲社会的效率与公平均衡原则:公平性主要体现在积极劳动力市场政策锁定的目标群体主要是长期失业者,效率性主要体现在依靠积极劳动力市场政策可以有效影响劳动力市场功能的正常运转,在高失业率时,采用适度的积极政策可以保持有效劳动力市场规模。[④] 欧盟各成员国现行的积极劳动力市场政策项目很多,主要涵盖以下六大范围:劳动力市场培训、私营企业激励计划、公共部门直接就业计划、服务与惩罚措施、青年人项目、伤残者措施。同时,从20世纪70年代末到90年代初期,为适应一体化、全球化等发展需要,欧洲各国采取的积极劳动力市场政策体现了劳动力市场趋于放松管制、灵活化、弹性化的总体趋势。主要改革措施有:改革劳动力法规体系,工资协商机制分散化趋势不断明朗,灵活用工更为突出等。当前,为应对金融危机对欧盟国家就业带来的不利影响,欧洲正在加快推进积极劳动力市场创新。比如,欧盟委员会提倡的新技能与新就业战略可以说是当前欧盟国家救市计划的关键举措。新技能与新就

---

① 在法国,最初失业金待遇为日工资的57.4%,其后每4个月降低一次。在德国,享受失业保险待遇期限的确定主要根据两个参数:一是工作年限;二是年龄。一般来说,工作时间长、年龄较大的人,缴纳的失业保险费相对较多,其享受失业保险待遇的期限也就相应较长。

② 马永堂:“比较研究:完善失业保险促进就业功能”,载《中国劳动》2006年第1期。

③ 林嘉等著:《劳动就业法律问题研究》,中国劳动社会保障出版社2005年版,第59页。

④ J. Kluve, and C. M. Schmidt, “Can training and employment subsidies combat European unemployment?”, *Economy Policy* No. 35, pp. 409 – 448.

业战略的重点是：倡导创新，通过创新创造新的就业岗位；以人为本，人是推动未来社会发展的智力因素，应突出对富有创新能力的人的投资。

第二节　我国统一人力资源市场的三个基本问题

依法构建我国统一人力资源市场并依法保障平等就业权，始终离不开如何理解究竟什么是统一人力资源市场的问题，始终离不开如何看待政府责任的问题，始终离不开如何看待企业社会责任的问题。主要原因是：首先，建设统一人力资源市场是我国劳动用工制度改革发展的一项重大成果，《就业促进法》以崭新的姿态规定要建立统一的人力资源市场。但是，对于一个从城乡分割到城乡统筹、从劳动力市场到城乡统一人力资源市场的中国来说，人们不仅在观念认识上对什么是统一人力资源市场还存有不同看法，而且在制度建设上对如何推进统一人力资源市场还主要停留在概念性和原则性规定层面。在《全面深化改革决定》提出要加快完善现代市场体系的背景下，统一人力资源市场作为现代市场体系的重要组成部分，显然不能再停留在某种观念或者宣示性层面，而应当依法建立健全内涵丰富、体系完整、制度完备、功能发达的制度体系，从而为平等就业权的法律保障提供坚实的市场平台和机制保障。其次，无论是基于西方普适经验，还是从我国国情出发，政府如何在人力资源市场中定位并确定其职责，是市场机制能否真正发挥积极决定性作用的关键。最后，在市场化就业体制和机制下，依法保障平等就业权必须处理好平等就业权与用工自主权这对“轴心关系”，其中一个关键问题是如何看待企业社会责任问题。

一、统一人力资源市场的解读

（一）从劳动力市场到人力资源市场是城乡社会一体化的根本要求

城乡社会一体化是对我国“二元”社会结构下农村支持城市和城市带动农村两种发展战略的扬弃，是新时期城市与农村关系的升华。2002 年党的十六大首次提出“城乡统筹”战略。2012 年党的十八大提出“城乡一体化”目标。从城乡“统筹”到城乡“一体化”深刻转变的重大政策意蕴在于，促进城乡资源要素自由、平等地流动与公共资源的均衡配置，最终实现城乡的均衡发展。城乡一体化的本质是社会权利的一体化，[①]目标是促进城乡社会融合与和谐发展。同时，推动城乡社会融合与和谐发展的一个关键在于促进城乡劳动力资源自由、平等地流动，通过劳动力资源的流动带动其他资源要素的流动，进而依法构建城乡统一的人力资源市场。

劳动力是生产要素中最重要的资源，要实现劳动力资源合理、有效的配置，培育和发展劳动力市场是最佳选择。《就业促进法》第32条明确规定："县级以上人民政府培育和完善统一开放、竞争有序的人力资源市场，为劳动者就业提供服务。"本条不仅从宏观层面延伸了积极就业政策中的"市场调节就业"原则，而且对劳动力市场的概念有了新提法。早在1993年11月，党的十四届三中全会在《关于建立社会主义市场经济体制若干问题的决定》中，首次提出了"劳动力市场"概念。[②]"劳动力市场"不仅反映了我国当时劳动制度改革的市场化取向，也反映了社会主义市场经济的本质要求。新时期，劳动力市场有了新提法即"人力资源市场"。尽管两者在本质上具有一定重叠性和交叉性，但从劳动力市场到人力资源市场概念的转化，至少从政策层面和改革方向看，既是我国劳动力市场改革发展的新成果，也是促进平等就业与公平分享改革发展成果的新要求，在全面深化改革背景中具有新的时代意义。

（二）统一人力资源市场的内涵

统一人力资源市场是相对于劳动力市场分割而言的。西方经典劳动力市场分割理论认为，雇佣和报酬是劳动力市场分割的典型特征。"该理论按照雇佣与报酬的支付特征，把劳动力市场分为一级市场（primary market）和二级市场（secondary market）。一级市场往往工资福利待遇高，工作条件好，就业稳定，有很多晋升和培训机会；与之相对应，二级市场的工资福利低，工作条件差，劳动力流动性高。而且一级市场与二级市场之间的劳动力流动受到严格的控制，流动性很低。"[③]尽管这些理论是以西方劳动力市场为研究蓝本的，但同样可以用我国改革开放30多年来社会主义市场经济体制下人力资源市场建设中的现象和经验验证。

我国统一人力资源市场概念的提出，实际上与我国劳动力市场分割的现

---

① 李磊："城乡社会一体化的法理思辨及其制度构建"，载江西财经大学法学院汇编：《2014年中国社会法年会论文集》。

② 刘贯学著：《新中国劳动保障史话》，中国劳动社会保障出版社2004年版，第164页。

③ 黎煦著：《中国劳动力市场变迁的产权经济分析》，浙江大学出版社2006年版，第9页。

状关系紧密。建立统一人力资源市场,就是要根据完善社会主义市场经济体制的总体部署,紧密围绕人才强国战略与实施更加积极就业政策的总要求,把原来并存的人才市场、劳动力市场、大学毕业生市场等放到一个大的人力资源市场概念下面,通过改革整合,依法建立健全制度统一的人力资源市场。① 同时,这种统一人力资源市场又不是对我国目前分割的劳动力市场的简单"缝补"和"修正",而是有其深刻的国情背景和价值内涵。所谓统一人力资源市场,是指在全国范围内,依法建立健全由市场主体平等、市场客体发达、市场介体成熟、市场规则完善、资源配置弹性、市场保障有力等构成的一种以人力资源配置为中心的场所、机制和制度等形成的有机体系。统一人力资源市场既是社会主义市场经济的重要组成部分,也是促进平等就业与公平分享改革发展成果的不可或缺的维系机制与促进机制。

尽管笔者对统一人力资源市场的上述定义还是描述性的,但还是应该把我国统一人力资源市场的内涵基本都刻画出来了。实际上,即便是在欧盟,欧盟"内部统一大市场"的内涵也是比较宽泛的,也没有一个明确的定义,其主要是把欧盟"内部统一大市场"的基本要素和整体框架勾画出来,具体包括三个部分:一是基本目标;二是消除市场障碍;三是保证措施。② 其中,消除各种分割和障碍,是建设统一人力资源市场的前提条件;保证劳动力等基本要素的充分流动性,是建设统一人力资源市场的基本目的;实现劳动力资源的优化配置并保障自由、平等和充分就业,是建设统一人力资源市场的最高目标;建立统一的法制和平等的竞争规则,是建设统一人力资源市场的关键和保障。

为了进一步说明我国统一人力资源市场丰富而深刻的内涵,需要对其基本特征做一个整体性刻画:

第一,统一人力资源市场的价值承载应定位于灵活安全性。灵活安全性是在经济全球化和技术进步引发劳动力市场不断变化、劳资双方的相互依赖性与合作性不断增强的背景下,现代劳动力市场出现的一种新的价值理念与战略目标,已成为20世纪90年代中期以来劳动力市场政策新的研究热点。③ 灵活安全性是一种新的政策战略,它既能促进劳动力市场、工作组织安排、劳

① 云鹏:"统一人力资源市场建设的障碍及实现途径",载《河南师范大学学报》(哲学社会科学版)2011年第2期。

② 黄丙志著:《中国统一市场经济学》,华东理工大学出版社2006年版,第40页。

③ 程延园、杨柳著:《〈劳动合同法〉对劳动力市场效率的影响研究》,中国人民大学出版社2012年版,第86页。

动关系的灵活性,也能增强劳动者,尤其是弱势群体以及劳动力市场边缘化群体的就业安全与社会安全。①

发轫于我国计划经济的劳动力市场,当前面临产业结构调整、劳动就业制度深化改革、技术革命与灵活就业日益兴起等一系列新的环境与挑战,其价值承载必然是一个备受关注的话题。笔者认为,我国统一人力资源市场的价值承载究竟如何定位,首先应立足于其要解决的主要问题,以问题为基本导向。基于本书研究主题和目的,笔者把我国统一人力资源市场要解决的一个主要问题锁定为促进平等就业与反就业歧视。在这一主要问题的导向下,把握我国统一人力资源市场的价值承载,既要置身于当前世界经济发展的广阔背景,又要立足于我国国情,并应以社会法作为其主要理论场域。基于如上考量,我国统一人力资源市场的价值承载就可基本归结为灵活安全性,且该灵活安全性在依法保障平等就业权语境下的价值内涵更加丰富和具体,主要包括:一方面,安全性主要涉及平等用工与就业的市场主体制度、平等就业权利制度、平等就业机会制度、平等就业规则制度等。另一方面,灵活性主要涵盖灵活的劳动立法、不同就业群体平等就业权利保障的合理区别对待制度、与促进平等就业配套的社会保障制度等。

第二,统一人力资源市场坚持让市场机制在劳动力资源配置中起决定性作用。这集中体现在三个层面:一是人力资源流动自由化。在市场经济中,作为劳动要素的主体“人”是独立而自由竞争的,市场经济“不承认任何别的权威,只承认竞争的权威,只承认他们相互利益的压力加在他们身上的强制”。②同时,在价值规律和供求规律的牵引下,人力资源实现一种自我激励、自我调整、自我适应和自我发展的自由流动状态。人力资源的自由流动是实现人力资源市场化配置的一个前提条件。二是劳动用工自主化。所谓劳动用工自主化,是指用工主体按照市场经济的基本规律,自主决定劳动用工形式、用工规模和用工标准等。富有弹性的劳动用工自主制度不仅是市场经济的重要组成部分,也代表了全球化背景中人力资源市场发展的一个向度。三是人力资源配置市场化。所谓人力资源配置市场化,是指人力资源作为一种生产要素和

① Ton Wilthagen and Frank Tros, “The concept of ‘Flexicurity’: A New Approach to Regulating Employment and Labor Markets”, *Transfer: European Review of Labor and Research*, Summer 2004, Vol. 10 No. 2, pp. 166 - 186.

② [德]马克思:《资本论》(第1卷),人民出版社1975年版,第394页。

社会资源,在市场机制的作用下,按照价值规律的要求,进行的一种自我激励、自我调整和自我适应的自主性流动,实现人力资源的市场化配置。人力资源配置市场化是 OECD(Organization for Economic Co-operation and Development)国家的战略,[①]代表了全球化背景下劳动力市场的发展观和效率观。同时,"劳动力的市场配置之所以被认为可以比计划配置更有效率,其核心就在于市场制度是一种自主决策和分散决策的经济制度。劳动力的自主流动能够增进交易双方的福利,更及时有效地按照社会需求优化配置劳动力资源,从而使整个经济的运行协调有序"。[②]

第三,统一人力资源市场的制度内容是一个庞大而动态的体系。提出并建设我国统一人力资源市场,既有其特定的历史背景与改革动因,也有其系统的规划和前瞻性考虑,不是对当前分割、断裂的劳动力市场简单"缝补"和"修正",而必须从根本上消除各种阻碍统一人力资源市场健康发展的"顽疾"。从该意义上讲,我国统一人力资源市场所蕴含的丰富内容就应当是一个囊括整个人力资源市场运行的全部体系,主要包括:人力资源市场的宏观调控机制,人力资源市场的供求机制,人力资源市场的平等竞争机制,人力资源市场的资源配置机制,人力资源市场的保障机制等。同时,从促进自由、平等、充分就业的角度来看,我国统一人力资源市场还涉及政府角色、企业社会责任等复杂问题。总之,考察我国统一人力资源市场的制度内容,既要认识到城乡就业一体化既是一个目标,也是一个过程,更是一个存在一定程度差别的发展过程。因此,即便在某个阶段实现了城乡劳动力市场的一体化,但随着情势变化,已有的制度体系又必将面临新的调整。从该意义上看,城乡劳动力市场一体化本身是一个动态概念,[③]其涵盖的内容体系也必将是一个不断创新的过程。

第四,统一人力资源市场的典型特征表现为工资趋同性。"劳动力市场上的单一工资率,是劳动力市场一体化的最重要的特征。由于劳动力市场的竞争性,企业和个人都可以进入或迁移到可以提供最佳经济机会的地区,于是

---

① OECD:《工作战略报告(1994)》,1996b。转引自杨燕绥等编著:《劳动法新论》,中国劳动社会保障出版社 2004 年版,第 4 页。

② 赵勇著:《城乡良性互动战略》,商务印书馆 2004 年版,第 205 页。

③ 雷佑新著:《城乡劳动力市场一体化制度创新研究》,中国经济出版社 2012 年版,第 16 页。

通过他们的迁移可以消除地区之间的工资差异。"[1]市场统一或一体化是市场竞争的必然结果。从地区性市场、区域性市场到全国统一市场的演进过程,既是经济发展过程中的重要构件,也是衡量经济转型国家改革成功与否的一个重要标志。人力资源市场一体化程度,成为反映市场经济发育水平和竞争性的一个重要指标,而人力资源市场中的单一工资率,是统一人力资源市场最重要的特征。因为在统一人力资源市场中,竞争性使企业和个人都可以进入或迁移到可以提供最佳经济机会的地区。劳动力流动的结果,使工资率低的人力资源市场上劳动力供给减少,工资率高的人力资源市场上劳动力供给增加。这种调整的结果,最终使两个人力资源市场的工资水平趋向均等。[2] 当前,消除对外来劳动力的歧视,提供给他们公平的竞争机会,给予外来劳动力与城市劳动力同等待遇,对于缩小两者的工资差距至关重要。[3]

第五,统一人力资源市场的运行机制是市场机制与政府干预的结合。一方面,统一人力资源市场首先必须坚持自由、平等竞争的市场机制。越来越多的研究表明,一个发展中国家在经济上是否能够获得成功,取决于在多大程度上利用了市场的力量,以及这个国家制度的优劣。[4] 同时,即便是在坚持现代劳动力市场灵活安全性价值目标的情形下,衡量一个国家就业保护立法严格程度的最终标准应在于,其是否在提供了适度的劳动力市场安全性的基础上,鼓励和发展市场的竞争性。[5] 另一方面,建立我国统一人力资源市场,应处理好市场与政府的关系,关键是划清市场与政府各自的任务和作用边界。尤其在我国经济社会深度转型时期,就业压力依然突出,人力资源市场残缺不全,相关配套制度的建立健全还有一个过程。在这种情况下,建设统一人力资源市场对政府干预的需要就显得格外迫切。同时,要把政府的力量依法限制在其应有的范围内,防止政府干预过度和"政府失灵"给统一人力资源市场带来的弊害。特别要注意的是,在我国当前就业社会保护还不足的情形下,我们要警惕实践中各种随意"变法"的思维和做法,试图通过权变就业保护法的实施

---

① 蔡昉等著:《中国劳动力市场转型与发育》,商务印书馆2005年版,第164页。

② 黄丙志著:《中国统一市场经济学》,华东理工大学出版社2006年版,第166页。

③ 王美艳:"城市劳动力市场上的就业机会与工资差异",载《中国社会科学》2005年第5期。

④ 徐林清著:《中国劳动力市场分割问题研究》,经济科学出版社2006年版,第167页。

⑤ 王阳著:《转型期中国劳动力市场灵活安全性研究》,首都经济贸易大学出版社2011年版,第177页。

来平衡经济发展与劳权保护之间的紧张关系。[①]

第六,统一人力资源市场保障的法治化。在全面建设法治中国语境下,统一人力资源市场建设显然离不开法治权威的统领。劳动保障法治化主要是指依法规制政府在人力资源市场中的行为。政府在人力资源市场中究竟扮演什么角色,理论界呈现出不同的观点和见解。Mike Leat 赋予政府的四种角色是:(1)立法者;(2)市场管理者;(3)雇主;(4)调解者和仲裁者。[②] Ron Bean 赋予政府的五种角色是:(1)第三方管理者;(2)法律制定者;(3)调解者和仲裁者;(4)公共部门的雇主;(5)收入调节者。[③] 尽管学者对政府在人力资源市场中的角色持有不同的看法,但比较一致的认识是:政府是劳动关系的协调者,政府的角色主要是规制者、监督者、损害控制者和调解与仲裁者。[④] 在我国人力资源市场建设初期,规范人力资源市场的法制尚不健全,实践中各种损害劳动者利益的行为时有发生,统一人力资源市场的驱动与障碍并存、发展与"失范"并存,如何化解这些重大矛盾,需要建立健全相应的法律制度。将统一人力资源市场的行为纳入规范、有序的法律调控体系,这应当是新时期我国统一人力资源市场发展的必由之路。

二、统一人力资源市场中的政府责任

伴随着我国就业制度改革发展,并为了适应经济改革的整体步骤,国家不仅提出了城乡统筹就业新战略,也提出了全面解决农民工问题的政策框架。

---

① 有学者认为,在如何实现我国劳动力市场灵活化与劳动者权益平衡的制度设计中,针对当前国内外经济不景气的大环境,我国可以在相关劳动法律的执行环节"弹性"设计,或者就法律的适用对象进行"权变"选择,以此兼顾劳动力市场的灵活性与安全性。(参见王阳著:《转型期中国劳动力市场灵活安全性研究》,首都经济贸易大学出版社 2011 年版,第 177 页。)笔者认为,这种"权变"就业法的做法实际上是选择性实施法律的另一种体现,尽管是对当前劳动立法过于刚性的权宜回应,但从整个依法治国的要求来看,"权变"就业法最终不仅会导致法律权威受损,还会使劳动者在法律实施环节又一次面临被"筛选"保护的生存危机。改革的根本出路仍在于:加快推进我国劳动立法的弹性化与灵活化改革,真正在立法起始阶段就贯彻倾斜保护原则,而在法律实施中则应坚持平等对待原则,从而为市场机制在劳动力资源配置中起决定性作用提供必要的公平制度环境。

② Mike Leat, *Exploring Employee Relations*, Butterworth-Heinemann, 2001.

③ Ron Bean, *Comparative Industrial Relations: An Introduction to Cross-national Perspective*, 2nd edition, London: Routledge, 1994, pp. 102 - 103.

④ Bill Taylor, Chang Kai, Li Qi, *Industrial Relations in China.* Cheltenham, UK. Northampton, MA., USA: Edward Elgar Publishing, Inc. 2003, pp. 32 - 38.

其中,2002年中共中央、国务院下发《做好2002年农业和农村工作的意见》并首次提出逐步形成城乡统一的劳动力市场。① 2006年国务院《关于解决农民工问题的若干意见》再次提出“建立城乡统一的劳动力市场和公平竞争的就业制度,建立惠及农民工的城乡公共就业服务体制和制度”的改革目标。2007年出台的《就业促进法》规定“县级以上人民政府培育和完善统一开放、竞争有序的人力资源市场,为劳动者就业提供就业服务”。为积极应对应国际金融危机对我国就业的冲击,2012年《政府工作报告》明确提出要加快建立统一规范灵活的人力资源市场,凸显了新形势下建设统一人力资源市场的重要性与紧迫性。应当说,国家提出建设统一人力资源市场,经历了一个从主要解决城镇就业问题到统筹解决城乡就业问题的重大转变。同时,统一人力资源市场既是一种崭新的劳动力配置机制,也是我国就业制度改革发展的一项重大成果。

但我们也应当认识到,作为一个处于经济社会深度转型的国家,受各种复杂因素影响和制约,我国统一人力资源市场建设既要与计划经济的“遗产”对接,又要直面市场经济的新形势和新要求,既有破题之难,也有立题之惑。目前面临的关键问题是:虽然我国早已确立了建设统一人力资源市场的目标,但有关统一人力资源市场的理论研究、政策与制度建设等都尚处于探索阶段,尤其是统一人力资源市场中政府责任这个带有基础性和全局性的重大问题尚未达成普遍共识。基于如上背景和考虑,本书拟从如下思路,对我国统一人力资源市场中政府责任的构建展开探索性研究。

(一)政府为何要介入人力资源市场

首先是政府介入人力资源市场的正当性。依法理,从权力生成的角度来看,政府的产生不外是权利的授权和让与,权力的根本价值在于通过对各种权利纷争的合理平衡,实现各种权利的理性目的。同时,社会连带关系理论也为政府介入人力资源市场的正当性提供了注脚。社会连带关系理论认为,人在社会中结成一种分工与合作的“社会连带关系”,该社会连带关系是人类社会的基础。同时,由于单个人无法构成社会,也无法生存和发展,所以,人们“要

① 在现实中,劳动力市场常被称为劳动市场、劳务市场、人才市场等。劳务市场发轫于我国20世纪80年代中期的政府劳动部门,是指劳动部门举办的劳动要素交换场所,如技工交流中心以及从事职业介绍的劳动服务公司等。当时称劳务市场,是因为理论上有禁区,回避劳动要素在市场上交换,避免与资本主义剥削相联系。人才市场是我国政府举办的干部层次的技术人才和管理人才流动的双向选择机构,是对高素质劳动要素交换场所与机构的称呼。参见姚裕群著:《走向市场的中国就业》,中国人民大学出版社2005年版,第84~85页。

寻找出一种结合的形式,使它能以全部共同的力量来维护和保护每个结合者的人身和财产,并且由于这一结合而使每一个与全体相联合的个人又只不过是在服从自己本人,并且仍然像以往一样的自由”。[①] 这里所说的社会结合主要体现为国家。国家虽然产生于社会成员的授权,但国家一旦建立,就具有相对独立性,并对社会成员承担一定的义务和责任。这种义务和责任在劳动就业领域集中体现为:国家在保障劳动者平等就业并使其“像人一样体面地生活”等方面负有不可推卸的职责。

其次是政府介入人力资源市场的必然性。市场经济是当今世界各国的共同选择,然而市场经济又不是万能的。市场无法“克服自身的缺陷,不仅不善于处理固有的不足,也不能对付某些源自内部的进行变化的社会伴生物”。同时,市场也无法满足“促进收入和财富分配上的公平,充分就业,为个人发展提供教育机会而不仅仅是为市场提供人力资本,持久的关系健康、像样的住房、养老保险、妇女和少数民族的平等机会、环境安宁宜人等”。[②] 这些缺陷在西方经济学中被称为“市场失灵”。[③] 在这种情况下,市场就“像一个魔术师一样不能再支配自己用法术呼唤出来的魔鬼了”。[④] 最终,“市场失灵”催生了政府干预的现实需求。从劳动就业角度来看,在我国当前劳动力整体素质不高而劳动力依然“供过于求”的形势下,尤其是在农民工就业结构性变化不断增大,[⑤]下岗失业人员再就业形势依然严峻,高校毕业生就业困局重重等就业压

① [法]卢梭著:《社会契约论》,何兆武译,商务印书馆1980年版,第23页。

② [美]约翰·F.沃克等著:《美国大政府的兴起》,刘进等译,重庆人民出版社2001年版,第21页。

③ 实际上,市场经济只是一种社会资源的配置方式,市场调节具有短期性特征,它自身无法解决长期的经济发展及总供给与总需求均衡的问题,无法克服经济的“外部效应”,无力解决“搭便车”以及由于信息不对称而导致优胜劣汰的“柠檬市场”等问题。参见董保华等著:《社会保障的法学观》,北京大学出版社2005年版,第81页。

④ 《马克思恩格斯选集》(第1卷),人民出版社1972年版,第257页。

⑤ 有学者指出,经过长期的经济增长、工业化以及城镇化发展,大量农民工就业已经固定化、城镇化,进而促使家庭城镇化。在农民工已与土地和乡村形成相当固化隔离的背景下,当下农民工就业已经出现带有根本性的结构性变化,核心是农民工不仅脱离了农业,形成了专业的、固化的劳动力市场要素资源,而且“市民化”程度日益增强。因此,当下农民工就业已不同于20世纪80年代初期以来形成的“民工潮”。同时,在农民工就业发生结构性变化的背景下,促进农民工就业与农民工失业的重大意义与消极影响都远远超越了农民工就业本身,具有强烈的经济的、社会的和政治的意义。在国际金融危机背景下,解决农民工就业问题,这些意义更为突出。参见惠双民:“中国就业新阶段:实现统一劳动力市场与充分就业”,载中国人民大学复印报刊资料《劳动经济与劳动关系》2010年第6期。

力叠加的形势下,我们不仅要警惕那种学习当下西方劳动力市场放松管制的观点,也要正视劳资双方经济地位实际不平等的客观现实。必须抛弃形式正义观念而追求实质正义。政府介入人力资源市场的一个重要任务是对处于弱势地位的劳动者进行倾斜保护。

同时应当看到,政府介入人力资源市场虽有其正当性和必然性,但政府本身也可能对人力资源市场造成危害。虽然政府不是从来就有的,它是在国家出现后才出现的,但政府的发展却是飞速的。政府自身的特殊性使政府在影响个人、社会各个方面具有举足轻重的作用。同时,正如潘恩所言,政府仅仅是一种“必要的恶”。① 因此,政府本身并非正义的代表,它不是天使,同样会犯错误,并且是最有能力犯最大错误的主体。② 首先,从权力的本性来看,一切行政权力都有不断扩张的危险。行政主体及其工作人员的“经济人”特性使行政权异化的危险始终存在,“一个被授予权力的人,总是面临着滥用权力的诱惑,面临着逾越正义与道德界限的诱惑”。③ 其次,从权力的运行来看,权力寻租和“政府失灵”是不可忽视的两个重要问题。一方面,政府以国家的姿态介入市场,并受以正义与平等的代言人;另一方面,政府本身是一个独立主体,有其特定的利益诉求。在社会转型时期,由于人力资源市场本身不完善以及政府职能转变滞后,政府所代表的国家利益往往被无限地扩大。譬如,地方政府为了谋求地方经济利益,对劳动者合法权益往往“置之度外”,对人力资源市场存在的损害劳动者合法权益的现象和行为听之任之。这在当前经济形势整体不好的情况下显得尤为突出。在这种情况下,政府介入人力资源市场不仅不能促进人力资源市场的优化,反而会因为政府干预目的的“自利性”、“非公共性”和“滞后性”等导致“政府失灵”,阻碍人力资源市场健康发展。

(二)依法构建统一人力资源市场中的政府责任

《依法治国决定》指出,各级政府必须在法治轨道上开展工作,建立权责统一、权威高效的依法行政体制,加快建设职能科学、权责法定、执法严明、公开公正、廉洁高效、守法诚信的法治政府。当我们对经济全球化背景下人力资

---

① [英]潘恩(T. Paine)著:《潘恩选集》,马清槐等译,商务印书馆1981年版,第5页。

② 张树义主编:《法治政府的基本原理》,北京大学出版社2006年版,第205页。

③ [美]E.博登海默著:《法理学——法律哲学与法律方法》,邓正来译,中国政法大学出版社1999年版,第347页。

源市场的发展趋势、政府介入人力资源市场的必然性以及若干困境等基本问题做了系统梳理后，在建设法治政府背景下，就不难依法型构出我国统一人力资源市场中政府责任的整体“图景”。

1. 政府介入人力资源市场的目标和原则

对这两个问题的回答，直接决定了政府在人力资源市场中的责任定位。《依法治国决定》指出要推行政府权力清单制度，结合前文相关论述，我们不妨对政府介入人力资源市场的目标予以整体性刻画：一方面，规制人力资源市场行为，营造一个主体自由、平等竞争、高效有序与利益和谐的市场环境；另一方面，加强对人力资源市场中社会弱势群体的“倾斜保护”，在实质层面保障其应有权益。总之，政府在人力资源市场中的终极目标应当是既要建立激励机制，又要维护平等与和谐，将促进与规范、效率与平等等法律治理机制有机结合，最终促进社会和谐稳定与可持续发展。另外，政府介入人力资源市场的原则，也就是政府在何种程度上介入人力资源市场。从根本上讲，政府介入人力资源市场的“度”是一个价值判断问题，并影响我们对政府在人力资源市场中具体角色及其任务的判断。笔者认为，在全面建设法治政府背景下，对政府介入人力资源市场“度”的理解和把握，首先应当符合让市场机制在资源配置中起决定性作用的基本精神，立足于政府介入人力资源市场的原因，着眼于人力资源市场的发展趋势与任务，兼顾人力资源市场固有的竞争精神和效率原则。政府介入人力资源市场的“度”只能停留在如下两个层面：一是政府介入人力资源市场的“度”只能停留在消除人力资源市场本身缺陷的层面，坚持弥补“市场失灵”的补充性原则。二是政府介入人力资源市场的“度”只能停留在能够保障社会弱势群体合法权益、促进利益和谐与社会稳定的层面，坚持促进实质正义的原则。如果说政府介入人力资源市场的第一个“度”还比较宏观抽象的话，那么政府介入人力资源市场的第二个“度”则为我们勾画了相对清晰的轮廓，政府在人力资源市场中的作用边界在终极意义上只能停留在既要维护平等竞争又要保障弱者的层面。这是我们理解并把握政府在人力资源市场中角色定位的全部。①

2. 依法构建统一人力资源市场中的政府责任

政府在人力资源市场中究竟应扮演什么角色？换句话说，政府在人力资源市场中的任务究竟是什么？对该问题，我国展开了长期争论和探索，形成了

① 李雄：“论平等就业权”，西南政法大学民商法学2008年博士学位论文，第150页。

若干观点及对策。有学者指出,在劳动法领域,国家干预主要表现在四个方面:其一,制定和实施具有强制执行力的最低劳动标准。其二,颁布实施强行法规范,在一定范围内排除当事人的意思自治。其三,对当事人直接配置法定的权利和义务。譬如,《劳动法》直接规定劳动者有获得劳动保护的权利和用人单位有保障劳动者安全卫生条件的义务。其四,推行执法监督制度,对有违法行为的雇主和用人单位进行行政处罚。① 另有学者认为,在目前看来,政府在劳动力市场中的工作与劳动者的需求保持一致,确实是一个理想的目标,但至少可以做到的就是和劳动力市场的要求相一致。从该角度来讲,政府行为就应该在立法、监督和提供服务这三个方面的范围内进行。在这些范围内,政府应事无巨细地做到最好。②

这些很有见地的观点为我们探索政府在人力资源市场中的责任提供了积极启示。笔者认为,立足于全面建设法治政府,着眼于依法保障平等就业权,依法构建统一人力资源市场中的政府责任,需要处理好各种关系及利益冲突,当前有两个方面特别值得重视:

(1)依法建设平等就业的制度环境

我国劳动就业制度经历了从主要解决城镇就业问题到城乡统筹就业与公平就业的发展历程。同时,市场经济天生就是一个“平等派”,市场经济的基本规律在人力资源市场中同样适用。在使市场机制在资源配置中起决定性作用的前提下,政府为最大限度减少“市场失灵”对促进平等就业的负面影响,依法构建平等就业的制度环境,成为统一人力资源市场中政府责任构建的第一要务。需要明确的是,政府在人力资源市场中的立场并不是完全“不偏不倚”,而是必须以保护劳动者合法利益为宗旨,以追求法律上的“实质的平等”为基本原则。③

具体而言,政府建设平等就业的制度环境需要采取的主要措施有:首先,依法赋予所有劳动者平等的身份,核心是制定平等的人力资源市场准入及退出制度,包括就业进入与退出标准。这是国家在宏观层面保障平等就业权的两个基本维度。其次,依法赋予所有劳动者平等的就业权和就业机会。就业

① 许建宇:“社会法视野中的劳动权——作为社会权的劳动权之基本范畴解析”,载林嘉主编:《劳动法评论》(第1卷),中国人民大学出版社2005年版,第99~100页。

② 杨宜勇等著:《劳动就业体制改革攻艰》,中国水利水电出版社2005年版,第99~100页。

③ [日]恒藤武二著:《论争劳动法》,世界思想社1978年版,第22页。转引自常凯:“中国入世与劳权保障”,载中国人民大学报刊复印资料《经济法学、劳动法学》2003年第11期。

权是劳动权的首要权利，是一切劳动权展开和延伸的基础。依法赋予劳动者平等的就业权，应当反对各种立法歧视，清理目前依然存在的各种不平等的就业政策和制度，从源头上消除劳动者就业中的不平等。在依法平等赋权的过程中，特别要注意作为社会法项下劳动法特殊的倾斜保护价值理念与法律原则在平等赋权中的充分指导和体现，并注意把握好两个关键环节。一是在立法环节要注意倾斜保护，核心是根据公平正义内涵的"等者等之、不等者不等之"的一般要求，在确保所有劳动者基本劳动权利平等的基础上，对不同的劳动者赋予不同的劳动就业权利。二是在法律施行过程中，应当对所有劳动者平等对待，因为立法阶段已经考虑到倾斜保护及合理的区别对待。上述关于倾斜保护立法理念与模式的转型，也恰恰是我国劳动立法改革中亟待确立的新的理念与原则，是破解当前劳动立法过于刚性且在实践中面临被选择性实施尴尬的根本出路。同时，必须依法赋予劳动者平等的就业机会。所谓平等就业机会，是指在就业权利平等的基础上，与平等就业相关的主体所设立的制度要保证社会成员有平等的参与机会，它要求相关主体提供的与就业相关的生存、发展和享受机会对于每一个社会成员都始终均等。特别要强调的是，在社会法理论场域中，平等就业权语境中的就业机会平等不能被简单解读为就业起点平等或者起跑线上的平等。相关制度设计应当刺破形式意义上就业机会平等的面纱，正视不同劳动者在就业起始阶段面临的就业背景不平等这一客观事实，进而通过有效的制度投入弥合不同劳动者在就业背景上面临的不平等，充实社会法理论场域与平等就业权语境中就业机会平等应有的政策精神和法律内涵。最后，制定平等的就业规则和竞争规则。规则是法治社会的精神和灵魂，如果没有规则，就不会有真正的法治社会。在平等就业权范畴中，政府在人力资源市场中应首先确保有普遍的平等就业规则，包括规则标准平等和规则程序平等。即政府要保证就业标准的确定性，确保国家职业资格和用人单位的招工条件符合法律规定与正义精神；保证规则标准的开放性，反对就业招聘中各种"暗箱操作"；保证规则标准的一般性，反对各种不合理的身份区别。当前，要突出就业标准的一般性，维护包括农民工在内的社会弱势群体的平等就业权益。另外，保证规则标准的普适性，反对就业标准只有一部分人尤其是少数人才能够达到的“玻璃屋顶”现象。[①]

(2)依法建设服务人力资源市场的能力

2003年中共中央《关于完善社会主义市场经济体制若干问题的决定》(以下简称《决定》)提出了积极就业政策,即“坚持劳动者自主择业、市场调节就业和政府促进就业”。《决定》对政府在人力资源市场中的应有地位和角色做了整体部署,并对政府在人力资源市场中的服务职能提供了指南。2013年《全面深化改革决定》进一步指出,加快转变政府职能,深化行政体制改革,创新行政管理方式,增强政府公信力和执行力,建设法治政府和服务型政府。在依法治国背景下,政府职能从管制向服务转型符合法治社会的要求。谢庆奎在《服务型政府的建设理论研究》一文中认为服务型政府有以下特点:它是一个民主和负责任的政府;它是一个法治和高效的政府;它是一个实现合理分权的政府;它是一个为全社会提供优质产品和服务的政府。[②]

在统一人力资源市场建设语境中,强化政府在人力资源市场中的服务职能。首先,要实现政府从传统权威、魅力权威向法律权威、理性权威的转换。这种转换在我国虽然有很大的难度,但从长远来看,政府首先必须有一个明确的宣誓和表态。当然,这在根本上取决于政府的决心。其次,强化政府在人力资源市场中的服务职能,还有赖于政府管理职能的弱化与服务观念的强化。在我国传统中,政府一直扮演着“管理者”角色,“官本位”思想一直浓厚。因此,必须实现从“全能政府”到“有限政府”和“责任政府”的根本转型,[③]释放过度的行政干预权力,强调尊重市场,[④]充分利用有限的行政资源,把政府的主要力量用在对人力资源市场的服务上,其主要包括:职业介绍、职业指导、职业培训以及就业保障等。总之,尽管“好政府”与“坏政府”标准的争论此起彼

① 所谓“玻璃屋顶”现象,这里是指就业招工标准过高,只能对一部分或者小部分具有较高就业优势的群体适用,从而在实质上排除了现实生活中大量劳动者平等就业机会的权利。因此,不能实际达到就业标准的劳动者,虽然在表面上享有貌似平等的就业权利,但过高的就业标准对他们而言,只是一个始终无法逾越和突破的“玻璃屋顶”。

② 谢庆奎:“服务型政府的建设理论研究”,载《学习与探索》2005年第5期。

③ 全能政府是指政府的行政权力不受限制地渗透并控制社会的全部领域和各个层面,行政机构包揽了政治、经济、社会的绝大部分事务,在国家生活中政府是万能的,权力是无限的,政府垄断一切资源,成为整个社会生活的主角。有限政府是指政府规模、职能、权力和行为方式都受到法律明确规定和社会有效制约的政府。参见肖勇:“论‘有限政府’”,载《社会科学研究》2003年第2期。

④ 钱再见:“新型城镇化进程中的政府职能转变”,载《新华文摘》2014年第2期。

伏，但我们仍然坚信这样一个道理：一方面，在依法治国背景下，政府的“大”和“小”只是问题的表面，根本仍在于要建立健全责任型政府，行政责任关乎政府生命；另一方面，“最好的政府是管制最少的政府，这完全正确；但同样正确的是：最好的政府也是提供服务最多的政府”。[①] 同时还应当看到，在中国这样一个深度转型的国家，过度纠结于对大政府好还是小政府好的讨论，恐怕不是问题的根本，应当根据国家治理能力现代化转型的相关要求，依法建设责任型法治政府，积极回应社会对政府提出的新要求，才是统一人力资源市场中政府责任构建的关键。

三、统一人力资源市场中的企业社会责任

随着经济全球化纵深发展与后金融危机持续影响，现代企业越来越自觉地把企业社会责任纳入其组织战略与经营活动，企业社会责任由此借力获得了新的发展契机。企业社会责任并非一个创新的概念。自20世纪初期以来，企业社会责任不断经历一个较为艰苦的漫长发展历程，最终在国际层面获得普遍认同，并已经向制度层面迈出值得期待的步伐。

同时需要注意的是，企业社会责任尽管在全世界都是一个备受关注且反复讨论的责任话题，但至今尚无一个统一的且普遍适用于每一个国家的通适标准。即作为一个较为宽泛的概念，企业社会责任涉及方方面面，需要浓缩在一个具体范畴中讨论，才可能获得更为直接并接地气的理念与制度。从本书研究主题出发，企业社会责任不仅是现代劳动力市场不可或缺的一个重要组成，也与平等就业权与反就业歧视这一核心国际劳工标准关系紧密。为便于讨论，我们可沿着如下思路逐步展开：

（一）域外企业社会责任的制度化发展

20世纪初期，伴随着产业革命不断发展，高举自由竞争旗帜的企业活动带来了严重社会问题，如劳资关系日益尖锐、环境危机日渐突出以及社会持续动荡等。这些社会问题首先极大震撼了当时的研究者与企业界。自美国学者谢尔顿（Oliver Shelton）最早提出企业社会责任概念后，美国通用电气的欧文（Owen Young）在演说中指出，不仅股东、雇员、顾客和民众在公司中都有一种

---

① Charles Forcey, *The Crossroads of Liberalism*; Croly, Weyl, Lippmann, and the Progressive Era, 1900 – 1925. Oxford University Press, 1972. p. 139.

利益,而且公司的经理们有义务保护这种利益。[①] 这成为企业应对利益相关者承担社会责任观念的最初经典阐述,并成为利益相关者理论的源点,为后来企业社会责任的发展与公司治理产生了深远影响。

20世纪60年代以来,西方对企业社会责任的关注逐渐从以往的还较为抽象且内容狭窄的企业社会责任观向关注劳权及环境保护等领域扩展。20世纪80年代,企业社会责任思潮则揭开了企业社会责任制度化发展的序幕。20世纪90年代初期,企业社会责任在全世界范围内风起云涌地发展,并在一些影响力较大的跨国企业内获得自觉的标准化发展。20世纪90年代中后期至今出现的第三方企业社会责任认证体系,使企业社会责任的制度化进程获得了更为广阔的适用范围与发展前景。[②]

回溯域外企业社会责任的发展历程,有三个突出方面值得重视:

第一,企业社会责任的兴起与发展不能忽视企业的积极作用。企业社会责任的兴起在初始阶段尽管带有明显的应对企业活动造成的社会问题的色彩,但企业本身的自觉与实践在推动企业社会责任发展中的积极作用不可忽视。特别是20世纪90年代初期在沃尔玛、耐克等较有影响的跨国企业中出现的企业社会责任标准仍然值得称赞,即便这些企业社会责任标准主要还是基于形势所迫并主要是一种形式上的承诺,但至少这些标准为进一步推动企业社会责任的制度化发展提供了有益铺垫。

第二,企业社会责任标准与实施需要与一个国家的国情相适应。例如,1999年2月在瑞士达沃斯召开世界经济论坛时,时任联合国秘书长安南提出了企业界的"全球契约",要求企业界领导人在经营自己的企业时,维护人权及正当的劳工和环境标准。2000年7月《全球契约》论坛第一次高级别会议召开,与会国承诺在建立全球化市场的同时,要以《全球契约》为框架,改善工人工作环境,提高环境保护水平。2002年联合国正式推出《联合国全球契约》,涵盖包括人权、劳工标准、环境保护等9项原则。[③] 尽管《联合国全球契约》提出了9项原则,但联合国的基本态度是鼓励公司积极履行企业社会责任义务,旨在通过对话与协商来推动《联合国全球契约》在世界范围内普遍实

---

① 杨力:"企业社会责任的制度化",载《法学研究》2014年第5期。

② 同上。

③ 有学者认为,企业社会责任的核心理念包括人权、劳工权利、环境与可持续发展三个方面。参见林晓云等著:《美国劳动雇佣法》,法律出版社2007年版,第187~188页。

施。同时,对于不同的国家而言,究竟要全部实施九项原则,还是要针对不同国情而具体对待,各国基本上都表现出更为实务的姿态,即根据本国国情具体选择和适用某些企业社会责任标准。

第三,企业社会责任的有效推进需要形成社会合力。企业社会责任制度化涉及诸多因素,是一个复杂的系统问题。这就要求各国在推行企业社会责任制度化的过程中特别要注意尝试多元治理,发挥社会各方面作用,形成社会合力,进而对企业社会责任的强制推行形成一种"外部压力"。

(二)我国企业社会责任的基本现状与主要问题

自20世纪90年代初期引入企业社会责任概念后,我国对企业社会责任的研究与实践逐步呈现出一种从抵触到接受、从盲从到自觉、从观念到制度的良性发展轨迹。进入21世纪后,经济全球化和加入WTO使中国更深入、更全面地融入国际大环境中,参与国际分工、跨国投资和国际化的产业调整等。特别是在后金融危机中,面对国内经济出现的强风险导向,作为世界工厂的很多企业正陷入资源透支后的重重困境,包括劳资关系日益紧张、工人罢工或集体停工以及工人以死抗争劳动权利等。在该背景下,不仅学界闻风而动,对新经济背景下企业社会责任给予广泛的关注,而且政府也开始认真对待企业经营利益与其应承担的社会责任之间的关系处理问题。比如,2006年在江苏举办的"中国民营企业家社会公益论坛"上,北京大学民营经济研究院常务副院长、光华管理学院单忠东教授分析并指出我国企业社会责任在认识上存在的十大误区:(1)慈善捐款就是履行企业社会责任;(2)创造就业、按章纳税就是履行企业社会责任;(3)社会责任是政府或行政部门的事;(4)社会责任是大企业的事;(5)社会责任是民营企业的事;(6)社会责任是国有企业的事;(7)社会责任与企业长期战略无关;(8)执行社会责任会增加企业的负担和成本;(9)社会责任是外国的"舶来品",不符合中国国情;(10)社会责任只是一种义务。同时,政府也逐渐认识到,中国经济增长应从以往的资源过度透支型、以降低劳工权益标准换取比较优势的"人口红利"等发展模式亟待深刻转型。2012年12月中央经济工作会议明确指出要尽快强化大企业的社会责任,已经释放出我国要把企业社会责任提升为国家振兴产业的重要"推手"这一政策信号。中共中央、国务院《关于构建和谐劳动关系的意见》(中发〔2015〕10号)进一步指出,教育引导企业经营者积极履行社会责任,切实承担报效国家、服务社会、造福职工的社会责任。从某个角度来看,学界与政府对企业社会责任的共同关注应该在一定程度上反映了我国企业社会责任的基本现状。

《全面深化改革决定》明确指出,要以适应市场化、国际化新形势,以承担社会责任等为重点,推动国有企业完善现代企业制度。这为新时期我国建设企业社会责任提出了行动纲领。接下来的关键任务是,我国企业社会责任建设应从以往的政策形式上表态、①各种论坛的观念式行动、媒体的激情式报道,回归到企业社会责任制度化这一根本性轨道上来。这才是中国推行企业社会的正途。首先要厘清新形势下我国企业社会责任面临的主要问题。

研究表明,我国当下企业社会责任发展水平整体偏低,制度性、普遍性和实效性不足,存在的主要问题有:(1)企业社会责任研究多集中在经济管理、伦理学等领域,法学视角的研究甚少,且多为理念性或框架性研究。(2)企业社会责任集中在少数行业和少数企业,多数企业才刚起步,还有相当数量的企业仍在观望。(3)企业社会责任制度化议题的优先顺序有待完善,一哄而上、内容不协调、标准不统一、重点不突出、针对性不强、企业缺乏内控力等现象仍较突出。(4)目前推行的企业社会责任报告制度与信息披露制度多停留在职业培训及安全生产的表面,对员工非正常死亡、员工满意度等关注很少。②

(三)依法保障平等就业权语境中我国企业社会责任发展的基本进路

第一,要对企业社会责任达成普遍共识。企业应当承担社会责任吗?企业社会责任究竟是一种什么性质的责任?这些问题首先要在理论上理顺,进而才可能设计出符合我国国情的企业社会责任制度体系。目前争论的焦点是:企业社会责任是道德义务,还是法律义务?对此理论界存有不同看法。本书认为,单独从某个角度来探讨企业社会责任中的"义务"归属,始终会陷入这样或那样的困境。实际上,企业对其相关利益者的"义务"既是一种道德义务,又是一种法律义务,唯有如此,才能获得对企业社会责任最充分的理解和把握。一方面,企业社会责任首先是一种道德义务。这主要是指,随着企业不断发展和壮大,企业对社会的影响越来越大,直接或间接地影响到诸如环境、劳动就业、收入分配等社会公共利益问题。如果企业对这些问题视而不见,就有可能产生损害社会公共利益和社会善良风俗的道德风险。企业作为社会的一员,虽然其法人资格具有拟制人格的性质,但并不能因此而免除企业不得损

---

① 如2008年国务院国资委尽管出台了《关于中央企业履行社会责任的指导意见》,商务部也颁布了《外资投资企业履行社会责任指导性意见》,但由于没有相应的具体推进机制设计,也没有刚性有效的监管措施及责任支撑,这些指导性意见的实践效果并不如意,主要还停留在政策形式上表态阶段。

② 杨力:"企业社会责任的制度化",载《法学研究》2014年第5期。

害社会公德的义务。正是在这种思想认识的促进下，世界各国公众要求企业承担相应社会责任的呼声日益高涨。[①] 另一方面，企业社会责任还是一种法律义务。把企业社会责任作为一种法律义务来看待，目前还存在较多困难。日本九州大学法学院前院长、国际劳工组织顾问 AGO Shin-ichi 教授认为，企业社会责任还不是法律，最起码现在还不是，但是它确实是一种规范，它的目标是从法律上解释这种情形，它也会指出一些问题，这种问题是很多私营规范所显现出来的，因为这些行为规范正在扮演着越来越广泛的角色。[②]

笔者认为，尽管域外学者对企业社会责任的“法律义务”属性还持比较谨慎的态度，但国际经验和历史经验反复表明：如果一个社会没有责任感，任何社会都不可能长期繁荣和持续发展；如果企业没有社会责任感，自由市场会出现虐待工人、侵害环境、消费欺诈等不良现象，进而会导致诸多社会问题。从社会法视角来看，企业社会责任在某种程度上可被视为企业承担的一种特殊法律义务。正如常凯教授所指出，企业社会责任自 20 世纪 80 年代重提并作为一个全球性社会运动以来，其法律背景主要表现为所有权与生存权在经济全球化过程中的深刻冲突。这种冲突反映在劳动关系领域，主要表现为企业社会责任的基本操作形式是“工厂守则”或“企业规则”，这反映了企业在劳动关系中的特定法律义务。[③] 值得注意的是，企业社会责任“法律义务化”在西方国家正经历着一场深刻的运动。在欧美国家，出于受企业自治传统政策的影响，更多的是以立法作为施压手段，迫使企业自愿承担社会责任。另外，企业社会责任越来越多地被运用于国际贸易领域，这主要是由国际性非政府组织（Non-Governmental Organizations，NGO）推动的，其主要标准包括“洁净服装运动”（Clean Clothes Campaign，CCC）和“SA8000”。[④] 冯彦君教授认为，国外企业社会责任标准对中国企业造成的压力迫使其履行某些责任以拿到订

---

① 根据美国道德资源中心（The Ethics Resources Centre）在 20 世纪 80 年代末所做的一项调查显示，大约有 85% 的大型美国公司已经制定了一项守则、政策、声明或者其他书面道德方针，其中大部分制定于 20 世纪 70 年代末或 80 年代初。John Donaldson, “Multinational enterprises, employment relations and ethics”, *Employment Relations the International Journal*, Vol. 23(2001), No. 6, p. 627.

② 叶静漪、肖京：“企业社会责任国际研讨会综述”，载《中外法学》2006 年第 5 期。

③ 同上。

④ 周长征：“从探底竞赛到全球治理——公司社会责任中的劳动标准问题探析”，载《中外法学》2006 年第 5 期。

单,虽然这种状况不是理想的,但必须要容忍,因其有正面意义。[①] 总之,企业社会责任中企业对社会的法律义务是一种正式的制度安排,而企业对社会的道德义务则是一种非正式的制度安排,这两种制度共同构成了企业社会责任的全部内容。[②]

第二,要把企业社会责任与政府责任区分开来。政府地位及角色与企业社会责任都是统一人力资源市场不可或缺的重要组成,且两者往往伴有交叉之处,这就要求要把企业社会责任与政府责任先区分开来。在《全面深化改革决定》明确提出要让市场在资源配置中起决定性作用的背景下,我们首先要理性对待政府在市场中的地位应如何重构,并如何与市场保持应有的距离。一方面,如前文所述,政府在人力资源市场的核心地位和角色是基于建设法治政府的相关要求,成为市场规则的制定者、市场环境的建设者、交易风险的把控者以及对社会弱势群体的倾斜保护者等。同时也要看到,30 多年的改革发展的确是靠市场化解决了很多问题,但市场化本身也带来了很多问题。站在历史的新起点上,要让市场在资源配置中起决定性作用,还必须认识到中国语境中市场是由国家建立起来的,尽管理论上市场应对资源配置起决定性作用,但整个国家的现代化却是由政府主导的。[③] 同时,政府主导的现代化使市场与权力结合在一起,构成千丝万缕的关系,形成对进一步改革的巨大阻碍。在全面深入改革背景下,我国统一人力资源市场建设中究竟如何定位政府的地位与角色,要清晰地认识到国家治理所追求的核心价值内涵不仅是通过市场来激活社会生产力,更重要的是,要在该基础上实现公平正义的政治理念。[④] 因此,既不能简单以“让市场在资源配置中起决定性作用”转移我们的视线,遮蔽政府的应有地位与角色,也不能无视政府在新一轮改革中的价值重构,核心是要从“小政府大社会”的争论转向“责任政府”与“权力与责任对称的政府”这一关键性问题。另一方面,我们现在讲的企业社会责任,不是计划经济背景下“企业办社会”的做法,而是强调在市场经济下应当以符合人性和道德的理念和行动来回报社会,核心是把员工权益保障、环境保障等要求植入产品与服务的各个环节,使企业生产或提供的产品或服务富有道德性和人性。因

---

① 叶静漪、肖京:“企业社会责任国际研讨会综述”,载《中外法学》2006 年第 5 期。

② 卢代富:“企业社会责任的经济学与法学分析”,西南政法大学 2001 年博士学位论文,第 125 页。

③ 陈明明:“治理现代化的中国意蕴”,载《新华文摘》2014 年第 13 期。

④ 韩冬雪:“衡量国家治理绩效的根本标准”,载《新华文摘》2014 年第 13 期。

此,企业社会责任不能替代政府责任,政府责任也不能替代企业社会责任,两者应是在政府统筹下互补的关系。

第三,要采取依法推进企业社会责任建设的配套制度机制。中国作为企业社会责任实践的后发国家,政府应在企业社会责任制度化建设的初期扮演必要的主导角色。有五条重要发展思路值得考虑:一是国家要尽快展开对企业社会责任标准和体系的研究。在《全面深化改革决定》提出推动国有企业完善现代企业制度并承担企业社会责任的背景下,国家应尽快启动我国企业社会责任标准和体系的研究工作,适时出台针对性强并符合我国国情的企业社会责任标准体系,核心是根据应优先解决的问题来设计企业社会责任的优先领域和优先议题,如将当前最为突出的劳动者权益保障问题、环境污染问题、食品安全问题等应作为企业社会责任制度化的优先议题。[①] 同时,制度设计还应考虑企业社会责任标准应在不同企业中有一个合理科学的区分,关键是要建立一种规范与激励并举的良性机制,避免在制度设计阶段就为企业逃避企业社会责任埋下制度负激励的隐患。[②] 二是要在企业设立中植入"企业社会责任"准入制度。这并非是提高市场"门槛"的做法,而是基于企业社会责任的法律义务属性要求企业承担的法律义务。当然,在国家提出激活市场机制在资源配置中起决定性作用这一背景下,结合不同企业承担企业社会责任的不同能力,实施"企业社会责任"准入制度需要有一个由点及面的实施步骤,比如,可以考虑从国有大中型企业到民营企业和中小企业的逐步推进计划。[③] 三是国家应建立健全企业社会责任征信制度。西方国家推行企业社会责任的一个重要经验在于信息披露机制对企业形成必要的政策压力。我国应

---

① 杨力:"企业社会责任的制度化",载《法学研究》2014年第5期。

② 在我国当下市场还处于规则整体性欠缺的"丛林式"式环境下,企业被迫把追求短期绩效作为第一要务,几乎所有中小企业都没有能力承受发达国家推行的企业社会责任产生的额外成本。从"富士康"内迁及其引发的各种讨论可以看出,除了企业本身的原因外,现有劳动立法过于"刚性"以及制度性激励机制不足也是企业逃避企业社会责任的一个不可忽视的重要因素。

③ 有学者认为,下一步工作应将中小企业列为企业社会责任建设的重点(参见杨力:"企业社会责任的制度化",载《法学研究》2014年第5期)。我们认为,我国推行企业社会责任当前仍应以国有企业为主。主要原因有:一方面,我国至今尚未对企业社会责任形成一套系统的理念共识与制度体系,国有企业已开展的企业社会责任实践还有许多问题值得深入研究,需要为全面推进企业社会责任制度积累经验。另一方面,在我国劳动立法尚未对所有用人单位和劳动者合理区分而统一适用法律的情形下,加之当前经济形势面临的诸多不确定性因素,如果盲目对中小企业推行企业社会责任制度,不仅会增加改革风险,也会使中小企业面临新的不合理的额外成本,进而影响中小企业的持续发展。这显然与国家大力提振中小企业健康发展的战略不相符。

积极借鉴并建立相应的企业社会责任征信制度体系，实施企业社会责任信用约束机制，包括建立健全企业履行企业社会责任的报告制度，[①]通过公众信息平台建立健全用人单位依法平等招工及反就业歧视的社会监督机制以及建立健全相关信息披露制度等，强化企业社会责任的过程监管。四是国家应建立企业社会责任的否定性评价制度。企业社会责任既是道德义务，也是法律义务，国家应根据依法治国相关要求，对承担企业社会责任的企业要建立相应的否定性评价制度，核心是企业强制退出制度。比如，针对企业在企业社会责任报告和信息披露中的各种虚假陈述和隐瞒报告等行为，应有相应的强制退出责任机制予以约束。五是国家应构建企业社会责任制度化建设的综合治理模式。鉴于企业社会责任制度化的关键是企业社会责任的法制化，且法制化针对的是企业履行社会责任的底线，因此，企业社会责任的法制化建设就不应超出社会和义务主体理解和承担能力的范围，企业社会责任制度化的更大空间还在于法制化统筹下的综合治理。相关研究表明，我国应引入更多资源来实现管制的制度化安排，包括工会、环保组织、消费者、社区自治机构等利益相关方的商谈参与、共识达成和管制监督。[②] 同时，依法推进企业社会责任建设还应当鼓励企业慎独自律。自由和自律是公司自治内容的正反两面，市场有眼睛，法律有牙齿，为遏制企业滥用契约自由的现象，有必要破除契约自由绝对化的神话，在公司法律体系中导入契约正义的主流价值观，真正实现契约自由与契约正义的内在有机结合。[③] 就依法保障平等就业权而言，推行企业社会责任的一个关键嵌入点是把平等招聘与禁止就业歧视的法律要求植入用人单位的经营管理及相关制度，加强对用人单位经营者尤其是中小企业经营管理人员的依法用工教育培训，建立招聘报告、招工异常名录制度、严重违法招工企业名单制度、信息披露机制与强制退出等制度，把企业践行平等招工与不歧视的企业社会责任与政府采购、工程招标、国有土地出让、授予荣誉称号等方面有机挂钩，倒逼用人单位重视并提升促进平等就业与不歧视的内部管理能力，并加强对用人单位履行企业社会责任义务的过程监督。

---

① 2006年国家电网发布了我国第一份社会责任报告，之后几乎所有中央企业都开始推行年度企业社会责任报告制度。

② 边燕杰、邱海雄：“企业的社会资本及其功效”，载《中国社会科学》2002年第2期。

③ 刘俊海：“论全球金融危机背景下的公司社会责任的正当性与可操作性”，载《社会科学》2010年第1期。

第三节　我国统一人力资源市场的主要困境

《就业促进法》规定建立统一的人力资源市场,《全面深化改革决定》指出要加快完善现代市场体系,建立统一开放、竞争有序的市场体系,使市场在资源配置中起决定性作用。但问题远非如此简单。发轫于我国计划经济的劳动力市场,在社会转型时期必然受各种因素的影响和制约。在统一人力资源市场的建设和实施层面,还面临若干现实困境和障碍。

一、法制体系仍不健全

市场经济也是法治经济,劳动力市场也不例外。前文提及,伴随着我国经济体制改革而不断发展的劳动力市场,在经济改革步伐较快的背景下却没有一个与之相适应的法律制度体系。这是我国劳动力市场的一个基本国情,也是考察我国劳动力市场法治环境的一个主要背景。整体上,我国劳动力市场法制体系依然残缺不全,集中体现为:

一是计划经济遗留的法制及其对劳动力市场的负面影响。计划经济生成了一个适应其自身发展的庞大法律体系,在从计划经济向市场经济的转变过程中,这些法律体系中那些已经不适宜改革发展需要的相关规定并没有随之消失,而是深深根植于市场经济之中,并依然发挥着强大的调节作用。譬如,在现行有关劳动就业和劳动力市场的各种法律法规中,立法歧视是一个比较严重的问题。这些带有歧视性的立法在很大程度上是由计划经济向市场经济的转变过程中经过"变种"而继续存在的。当前各地有关限制农民工进城就业的各种规定,在很大程度上就是计划经济法制的"遗产"。

二是在市场经济发展中,一些政策和立法不仅继承了计划经济立法歧视的传统,还存在比较严重的"漏洞"。比如,《就业促进法》并没有像人们期待的那样,对如促进平等就业、反就业歧视、实现城乡劳动力市场一体化、依法促进劳动者职业发展等核心问题作出令人满意的规定。正如有学者也指出,当前人力资源市场的法律监管还存在全面性不足、明确性不足、可操作性不足等实际问题。①

---

① 魏佳、曹平:"人力资源市场监管法律制度若干问题研究",载《广西社会科学》2013 年第 7 期。

二、户籍制度对劳动力市场的分割

户籍制度是我国的一项人口管理制度,有其特殊的历史渊源。我国自1951年开始实行户籍制度,当年公安部颁布了《城市户口管理暂行条例》,规定对人口出生、死亡、迁入、迁出和社会身份的变动进行登记和管理。全国人民代表大会常务委员会于1958年通过的《户口登记条例》首次提出暂住人口的概念,这是人口身份区隔制度的开始。1964年国务院转批《公安部关于处理户口迁移的规定》(草案)比较集中地规定了处理户口迁移的基本精神,彻底堵住了农村人口迁往城镇的大门。从此,中国城镇户口与农业户口之间的法定隔离制度最后形成。① 在户籍制度下,我国城乡居民的就业、福利、管理和社会保障等方面,都被区分为城乡有别的两种制度。

在全面深化改革背景下,公平、正义与利益共享成为社会的核心价值观和改革的主要目标,而劳动者自由流动、平等就业和城乡协调发展则是实现这个核心目标的基本途径。依法构建统一人力资源市场,户籍制度已成为冲破城乡分割最大的体制性障碍。有学者尖锐地指出,中国劳动力市场存在制度性隔离,制度性二元劳动力市场是其集中表现,即社会二元劳动力市场和企业内部二元劳动力市场。前者是政府政策规制的市场,是由身份和户籍制度造成的,也就是通常所说的体制内和体制外的隔离。后者即一个工厂存在两种用工制度,包括农民工非正式、非规范的劳动用工和在公有制经济体内正式、规范的劳动用工。② "目前,劳动力市场依然保持着二元特征,即城市劳动力市场包括一个由城市劳动力构成的一级劳动力市场和一个主要由外来农村劳动力构成的二级市场。一级市场上的劳动力可以比较容易地自由进入二级市场就业,而二级市场上的劳动力很难进入一级市场。"③更严重的是,户籍制度最终形成一种"路径依赖",④成为我国统一人力资源市场的最大障碍。

---

① 徐林清著:《中国劳动力市场分割问题研究》,经济科学出版社2006年版,第42页。

② 常凯主编:《劳动关系学》,中国劳动社会保障出版社2005年版,第241~242页。

③ 胡学勤等著:《全面小康与江苏就业制度创新》,社会科学文献出版社2005年版,第278页。

④ 所谓"路径依赖",是指制度变迁过程中一旦一条路径被选择,它就会沿着该条路径一直走下去,形成互为因果、相互促进的循环。"路径依赖"的机理是,一项新的制度安排出现之后,就会产生一种自我强化现象,使环境成为适合自身生存而不适合其他制度生存的生态场。参见[德]柯武刚、[德]史漫飞著:《制度经济学:社会秩序与公共政策》(中文版),韩朝华译,商务印书馆2001年版,第34页。

三、市场机制不健全

竞争是市场经济的德行，富有竞争性的劳动力市场是发挥经济效率和实现劳动要素有效配置的前提条件。在新的历史背景下，中央提出要让市场机制在资源配置中起决定性作用。然而，劳动力市场和其他产品或要素市场不同，主要体现在诸多制度性因素会阻碍劳动力市场的竞争性。我国劳动力市场的市场机制目前还存在如下两个关键性问题：

一是工资形成机制扭曲，既不能全面反映劳动力的供求状况，也不能如实反映劳动力成本。一般来讲，观察劳动力市场的发育水平，可以从劳动力的流动性和工资形成的一体化程度来度量。正如有学者指出，劳动力市场的单一工资率，是劳动力市场一体化的最重要的特征。① 但是，我国劳动力市场中的工资形成机制，由于根植于深厚的计划经济土壤，受各种利益因素的影响和制约，在一些行业和部门仍然是以某种“非市场化”的方式在运作，具体表现为国有部门、特殊行业工资的“刚性”与非国有部门和一般行业工资的“弹性”两种基本格局。

二是劳动力流动机制不健全，劳动力流动动力不足。劳动力流动是劳动力市场的重要特征，但我国目前劳动力市场还存在比较严重的阻碍劳动力自由流动的各种障碍，主要包括：农村劳动力流向城镇的“进入成本”过高；②城市劳动力向农村流动的“退出成本”过高，动力不足；③地区之间劳动力相互流动障碍重重，这主要是指各个地区在就业政策、工资水平、就业准入、社会福利和就业保障等方面还存在较大差异，导致不同地区之间劳动力相互流动的实际困难等。

---

① 蔡昉等著：《中国劳动力市场转型与发育》，商务印书馆2005年版，第164页。

② 包括农民工向城市流动面临各种“卡证”封锁和“规费”成本；农民工的工资和福利水平相对于城市劳动者较低；在城市就业还无法享有与城市居民平等的就业保障；农民工子女在城市入学“门槛”过高；农民工在城市就业还不能完全融入城市的生活，反而有不断被“边缘化”的趋势等。分别参见李雄、刘山川：“新时期民工荒问题研究”，载《学术探索》2010年第4期；李雄、刘山川：“民工荒：深化我国劳动用工体制改革的契机”，载《现代经济探讨》2010年第6期。

③ 譬如，城市劳动者依然享受带有明显计划经济色彩的社会福利、就业保障和其他相对优厚的待遇，他们一方面不愿意放弃目前所享有的“优越”地位，另一方面又不愿意在城市从事农民工做的、条件较差的工作，最终陷入“宁愿吃低保，也不愿上班”的怪圈。

四、平等就业规则缺位

尽管《全面深化改革决定》与《依法治国决定》分别指出要消除一切阻碍平等就业的制度障碍和就业歧视，并要加快完善体现权利公平、机会公平、规则公平的权利制度，但在我国目前劳动力市场中，在平等就业方面，就业规则缺位的现象还比较突出。

首先，就业准入规则不统一。在我国劳动力市场中，还存在“体制内”劳动力市场与“体制外”劳动力市场的双重格局，两者各有不同的就业准入制度。一般来讲，“体制内”劳动力市场的就业准入规则还比较传统，介绍就业、推荐就业、安排就业、安置就业、“走后门”、“拉关系”等仍较普遍。而在“体制外”劳动力市场中，并不是都实行了市场化就业准入制度，也存在两个迥然不同的就业准入规则：一是在那些市场化程度较高的领域中，就业准入的市场化程度一般占据主导地位，集中体现在劳动者一般都能够以平等地位进入劳动力市场。二是在那些市场化程度还比较低的领域，就业准入规则还受到诸如户籍、身份、地区、年龄等因素影响，它们对劳动者就业准入的影响还比较大。

其次，招聘规则不统一。我国早在20世纪80年代就建立了劳动就业招聘中的“公开招聘，择优录用”的基本原则。但在目前劳动力市场中，受传统体制、利益因素等影响，就业招聘中还存在职位不公开、信息不对称、走后门、拉关系和“暗箱操作”等违背平等就业原则的各种现象。

最后，平等竞争规则缺失。所谓平等竞争规则缺失，这里是指在就业招聘中，由于受行业、部门、劳动者身份和其他相关因素的影响，劳动者在事实上受到各种“潜规则”的影响和制约，不能平等竞争。其结果是，劳动者应当享有的形式平等就业权被各种扭曲的就业“潜规则”所吞噬了。

五、服务体系脆弱

综观域外劳动力市场建设情况，劳动力市场总存在信息不对称、市场失灵等弊端，因此，很有必要建立一种强化信息对称并克服市场失灵的服务机制。我国尽管早已初步建立了市场化劳动用工制度与劳动力市场，但就市场服务体系来看，目前整体上还比较脆弱，不能满足市场机制对劳动力资源有效配置的客观需要。整体上看，当前人力资源市场服务体系脆弱的主要表现有：

一是机构众多,重复建设与服务缺位并存。① 二是管理混乱,服务不足。② 三是诚信缺失,侵权突出。譬如,一些中介组织等利用求职者求职心切、无经验、信息不对称等弱势地位,设计各种"陷阱",非法谋取利益。四是信息封闭,服务滞后。这主要体现为:很多服务机构没有与用人单位建立真正合作关系,无法在劳动力供需之间建立有效的"桥梁"和沟通平台,导致劳动力市场服务信息封闭,相关服务不能适应瞬息万变市场的客观需要,服务滞后问题还比较严重。五是传统老套,无适应性。这主要体现为:在服务主体上,基本上以"单兵作战"的形式展开,各服务机构之间缺少必要的沟通与协作;在服务内容上,目前劳动力市场的服务内容还比较陈旧,局限于传统的"牵线搭桥"和收取服务费模式;在服务方式上,仍然以介绍工作为主导模式,缺少相应的就业咨询、职业规划和职业培训等必要的配套措施。

六、社会保障乏力

我国现行社会保障制度自其产生之日起就是残缺不全的,城乡分割与地区分割是其基本表征。在农村,农民以土地为其主要生存依据。在城镇,随着我国劳动用工制度市场化改革不断深入,社会保障制度改革也经历了一个从政府包办到社会保障的过程。需要指出的是,即使城镇社会保障的"封闭性"和"国家性"有所松动,但现行社会保障制度还没有普遍惠及广大农村,农村劳动者进城就业在社会保障方面仍然受到不平等的待遇和歧视。资料显示,社会保障水平最高、范围最全面的是本地的城镇职工,其次是本地的农村劳动力,最后才是外来的农村劳动力。③ 整体上看,"中国社会保障体系还不健全,农村居民基本上不享受政府提供的社会保障,而土地实际上具有了向农村居民提供社会保险的功能,这为土地的集中设置了巨大的障碍,对农村劳动力彻

---

① 比如,农民转移就业培训至少分属就业管理局、教育局和农委三个部门,分割的行政体制格局加上"自上而下"的课程安排,导致培训处于"供需错配"的尴尬境地。参见王阳:"我国城镇化中的城乡人力资源市场一体化研究",载《劳动经济评论》2014 年第 2 期。

② 比如,2005 年我国用于就业公共服务的中央财政投入为 78 亿元,到 2010 年快速增加到 433 亿元,但也仅占当年财政支出总量的 0.70%,远远低于经合组织国家 2007 年时该项指标的平均水平 1.11%。参见王阳:"我国普遍型社会福利体系的公共财政支持研究",载《经济研究参考》2011 年第 65 期。

③ 宋洪远等:"关于农村劳动力流动的政策问题分析",载蔡昉、白南生主编:《中国转型时期劳动力流动》,社会科学文献出版社 2006 年版,第 66~68 页。

底向城市迁移起到了阻滞作用”。[①] 同时,社会保障缴费年限长、跨省转移、接续存在政策性障碍。比如,进城就业的农村劳动力资源的流动性较强,时常变换工作,但社会保障制度体系主要由地方财政支持,全国统筹的社会保障体制尚未建立健全。国家政策规定养老保险要累计缴费15年才能享受养老保险待遇,但农民工经常变换工作且异地流动性较强,一些地方的做法是解除劳动合同必须退保,很少有农民工参保能够达到15年或以上。[②] 在这种社会保障体系下,纵然统一人力资源市场有其强大的内在驱动力,但在社会保障制度还无法为农村劳动者进城就业提供坚实保障的情况下,城乡有别、残缺不全的社会保障制度最终致使统一人力市场的发育缺乏后劲并“先天不足”。

第四节 依法构建我国统一人力资源市场的制度体系

《全面深化改革决定》指出,建设统一开放、竞争有序的市场体系,是使市场机制在资源配置中起决定性作用的基础。同时,作为市场体系的重要组成部分,统一人力资源市场概念并非新鲜事物,它早已为人们所熟悉,我们也经常为发展我国统一人力资源市场开出各种“药方”。统一人力资源市场概念的提出不是问题的要害,如何基于《全面深化改革决定》与《依法治国决定》的相关要求,依法构建能够支撑统一人力资源市场有效运行并有利于实现其发展目标的制度体系,才是问题的关键。

同时也要看到,劳动力市场上的各种制度设计较之其他要素市场更为复杂,它们既对劳动力要素的配置产生直接影响,也影响着社会经济生活的诸多方面。我国劳动力市场发轫时间较晚,既有计划经济的“遗迹”,又是一个自然发育与政府培育相结合的复杂过程。当前,我国正处于劳动力市场制度建设的关键时期。从发展阶段的角度来看,劳动力市场制度建设的重要性既体现在其对经济社会发展的直接推动或制约作用日益显著,也体现为我国当前劳动力市场仍处于制度不稳定、不成熟的时期。依法构建我国统一人力资源市场的制度体系,关键是要实现新旧制度有效转换,还应确立一个正确的发展

---

① 徐林清著:《中国劳动力市场分割问题研究》,经济科学出版社2006年版,第42页。

② 王阳:“我国城镇化中的城乡人力资源市场一体化研究”,载《劳动经济评论》2014年第2期。

目标。着眼于我国广阔的经济社会改革发展背景，立足于我国统一人力资源市场承载的特殊功能，结合当前劳动力市场发展的国际趋势，针对我国统一人力资源市场面临主要问题，我国劳动力市场制度建设要致力于促进充分就业和体面就业、适应灵活就业、推动和谐劳动关系建设、不断满足劳动者从以往主要诉求于就业保护到日益呼唤的社会保护、不断提升劳动者的就业与职业能力等重要问题。为此，我们不妨提出我国统一人力资源市场的整体发展目标：将建设城乡统一人力资源市场作为我国促进就业战略科学转型与经济社会全面发展的重要面向，建立一个让市场机制在劳动力资源配置中起决定性作用、依法促进城乡劳动力自由流动并保障公平就业、工资富有弹性并具有趋同性、劳动关系法治化并兼顾竞争与权利保护、就业服务健全高效、宏观调控规范有序、社会保障有力的城乡统一人力资源市场。

一、统一人力资源市场的法制

统一人力资源市场法制的基本特征。衡量一个社会文明形态等级的主要判断标准，是该社会文明是否已经具备了规范的国家政治组织及其政治制度的自我变革和自我修复系统。自人类历史迈入现代社会以来，不少发达国家日益注重人力资源市场的法制建设，促进了经济社会的稳定发展。从我国依法构建统一人力资源市场制度体系来看，统一法制必须置身于广阔的经济全球化背景，充分关注我国日益弹性化的劳动用工、劳动关系等发展趋势，才能获得对统一法制最充分的理解和把握。近年来，我国在劳动力市场制度建设上取得了长足进步，不仅体现为与劳动相关的法律、法规体系逐步建立和完善，也体现在劳动力市场制度与经济社会的联系日益紧密。整体上看，我国劳动力市场制度框架由法律制度与劳动力市场政策两部分组成。当前，有关政府与市场、管制与自由、平等与效率的争论此起彼伏，放松对劳动力市场管制的声音不绝于耳。如何看待这些问题，成为统一人力资源市场法制不可回避的实质性问题。尽管我们还无法详细描述统一人力资源市场法制的具体模样，但我们可以为其做一个特征性刻画：统一人力资源市场法制的基本特征，应当是“刚柔相济”。“刚”即坚持，坚持依法保护劳动者的合法权益，尤其是坚持依法保护劳动者的平等就业权。这是实现社会公平的基石。“柔”即放权，在依法明确政府在人力资源市场中的职能职责后，政府就应当适时地把其他事务交由人力资源市场主体自己决定，为市场机制在资源配置中起决定性作用提供必要的自治空间。

统一人力资源市场法制的目标和突破口。当我们对我国统一人力资源市场法制的各种因素做了系统分析后，就不难开辟一条通往统一法制的路径。一方面，必须确立统一人力资源市场法制的目标。鉴于我国目前还无法很快实现统一劳动法典，统一人力资源市场法制的目标还只能是以《劳动法》为中心，以《就业促进法》、《劳动合同法》、《社会保险法》、《劳动争议调解仲裁法》等为支柱的统一劳动法制。另一方面，必须找到统一人力资源市场法制的突破口。该突破口即借助我国劳动立法和社会立法的“黄金时期”，以现实生活中最需要解决的重大问题为突破口，抓紧时机制定一批适应我国统一人力资源市场发展需要的单行法。实际上，我国已经颁布的《劳动合同法》、《就业促进法》、《劳动争议调解仲裁法》和《社会保险法》等，已成为统一人力资源市场法制建设的有力举措。同时，国家还应根据依法治国提出的立法先行要求以及形势需要，科学规划并适时制定《工资法》、《平等就业法》、《劳动关系调整法》、《劳动争议诉讼法》等统一人力资源市场需要的单行法，不断健全我国统一人力资源市场法制体系。

二、统一人力资源市场的范围

统一人力资源市场范围主要是针对我国目前劳动力市场分割的现状而提出来的。无论是西方发达国家劳动力市场的实践经验，还是我国劳动力市场分割现状，已经从正反两个方面充分说明了统一人力资源市场范围的无比重要性。关键问题是：统一人力资源市场范围，是多大范围的统一？或者说，是城镇统一还是城乡统一？我国在城乡二元经济结构基础上的就业政策几乎就是城镇就业政策，虽然中央政策已经淡化城乡差别并规定城乡统筹就业，但障碍依然重重。从市场经济的基本要求来看，尤其是从建设和谐社会的目标来看，统一人力资源市场范围当然是城乡统一更好。《就业促进法》对此作了积极的回应。①

统一人力资源市场范围的实施步骤。实现全国范围内城乡统一的人力资源市场，是改革的终极目标。但是，在我国目前城镇就业压力过大、社会保障不力等不利因素的制约下，全国城乡统一的人力资源市场仍然需要容忍一定程度的差别就业政策。首先，特别需要强调的是，这里所谓的“差别就业政

---

① 《就业促进法》第20条第1款规定：“国家实行城乡统筹的就业政策，建立健全城乡劳动者平等就业的制度，引导农业富余劳动力有序转移就业。”

策”既不是对好不容易确立的平等就业制度的否定，也不是所有就业政策都有差别。实际上，“差别就业政策”是在坚持全国城乡劳动者依法享有平等就业权的基础上，针对我国目前推行各方面都统一的城乡就业政策所面临的各种困难，而实施的一种兼顾理想与现实、平等与效率、统一与差距等多种矛盾的弹性就业政策。同时，“差别就业政策”必须在以下方面保证城乡劳动者享有平等就业权：劳动者身份平等；劳动者就业权利平等；劳动者就业机会平等；劳动者就业规则平等。因为上述权利不仅是形式平等就业权的基本内容，也是基本权利的重要组成部分。无论是形式平等就业权，还是基本权利，都是不可剥夺的。因此，坚持有保障、有限制的“差别就业政策”，应当作为统一人力资源市场的核心课题。需要进一步指出的是，统一人力资源市场，不等于“一刀切”。在统一人力资源市场建设中，必须遵循市场自身发展规律，促进人力资源市场的细分化、专业化和多元化发展，使不同类别、不同层次的人力资源市场各自发挥所长，共同促进充分就业与体面就业。从该意义上看，我们对统一人力资源市场应该持一种“大统一”的基本立场，重视“大统一”人力资源市场中各类专业人力资源市场建设。其次，在全国范围内统一人力资源市场的进程中，我们可以采取“分布实施、解决重点”的稳妥战略。即在确定建立全国城乡统一人力资源市场目标的基础上，一方面，现行各项改革措施都要与这个总目标保持一致，坚决制止各种背离这个总目标的现象和行为，避免重复建设。另一方面，针对目前劳动力市场存在的主要问题，尤其是不平等就业问题，国家既要依法赋予所有劳动者平等的就业权利，又要在《就业促进法》的基础上，尽快制定一部《平等就业法》，着重解决当前存在的不平等就业、就业歧视、侵害农民工合法就业权益、侵害女性劳动者合法权益等严重问题，使《依法治国决定》提出的“加快完善体现权利公平、机会公平、规则公平的法律制度”落到实处。值得一提的是，在逐步推行统一人力资源市场范围的过程中，要对目前还比较严重的地方保护主义予以彻底清查和处理。地方保护主义是目前劳动力市场分割的一个重要原因，国家必须实施配套改革，加大对地方劳动力市场建设的监察力度，确保中央与地方的高度统一。最后，在各地劳动力市场建设经验比较成熟的基础上，在其他相关配套改革制度比较健全的情况下，国家应当充分整合各方资源，最终建立全国城乡统一人力资源市场。

总之，建立统一人力资源市场既是促进平等就业与公平分享改革发展成果的一项新的历史任务，也是全面深化改革与依法治国给我们提出的新课题。同时应当看到，受我国农业人口比重大、农村剩余劳动力多与城镇就业岗位少、农村社会保障制度短缺等现实矛盾的影响,建立我国统一人力资源市场还必须容忍一定程度的城乡人力资源市场的差别,至于哪些方面允许有差别以及差别的程度如何,还需要深入研究。

三、统一人力资源市场的管理体制

从根本上讲,统一人力资源市场是市场经济的重要组成部分,必然依托于统一的法制和统一的管理体制。因此,统一人力资源市场管理体制,成为建设我国统一人力资源市场一个不可回避的重要课题。

首先,深入推进我国户籍制度改革,为统一人力资源市场的管理体制改革扫清体制性障碍。如前文所述,户籍制度根深蒂固,成为改革变化最慢和最小的"堡垒"。在社会转型时期,当公平、正义与和谐成为时代主旋律的时候,顽固的户籍制度成为一块粉饰社会平等的"遮羞布"。立足于消除统一人力资源市场最大障碍的目标诉求,改革我国户籍制度不是简单地取消人口流动的限制和户籍登记的办法,"更重要的是创造劳动力自由流动的制度环境,以均衡劳动力在城乡之间流动的推力与拉力"。[①] 依权利视角,户籍制度改革不是目的,而是一种消除城乡歧视的手段,[②]在于依法保障公民的迁徙自由权。"迁徙自由是公民应当享有的一项基本的公民权利和政治权利。"[③]同时,迁徙自由是公民发展权的内在要求和外在延伸。所谓发展权,是指人的个体和人的集体参与、促进并享受其相互之间在不同时空限度内得以协调、均衡、持续地发展的一项基本人权。[④] 从权利客体来看,发展权是物质发展权和精神发展权的统一,包含政治、经济、文化和社会发展权的有机统一。[⑤] 对个人而言,迁移常常是理性的,是在生活中寻找更好机会的动态努力。有效的人口分布政策应该是在尊重个人对生活和工作社区的选择权利的前提下,同时考虑人口分布的发展战略。[⑥] 同时,"在现代社会,不但阻碍人们取得平等社会地位

---

① 蔡昉等著:《中国劳动力市场转型与发育》,商务印书馆2005年版,第202页。

② 张务伟著:《中国城乡劳动力市场非均衡问题研究》,中国社会科学出版社2013年版,第181~182页。

③ 刘武俊:"迁徙:是用脚投票",载《粤海风》1999年第9期。

④ 汪习根:"发展权法理探析",载《法学研究》1999年第4期。

⑤ 汪习根著:《法治社会的基本人权——发展权法律制度研究》,中国人民公安大学出版社2002年版,第83~88页。

⑥ United Nations International Conference on Population and Development, 1994.

的因素被取消，而且人们平等的社会地位和平等权利通过社会流动机制来实现。”①

鉴于户籍制度在我国地位特殊且影响根深蒂固，笔者认为，从建设我国统一人力资源市场的目标出发，我国户籍制度改革需要在以下四个方面取得突破：

一是树立户籍制度改革的应有理念。户籍制度改革应以人为本，改变我国户籍制度长期以来实行的以城市为中心、以人才为中心和以土地为中心的局面，改变户籍制度改革在城镇化进程中扮演的只要“人手”、不要“人口”的不当角色，避免把户籍制度改革仅仅作为城镇化的手段或者工具，而应当把户籍制度改革过程作为回归公民基本权利并推进社会公平正义的过程。

二是确立“一元化”户籍制度改革目标。综观域外户籍管理经验，户籍管理的主要功能是人口统计。我国户籍制度基于特定历史原因被附加了各种公共服务和社会福利，户籍管理的制度功能非常特殊，主要体现为确定身份、限制迁移、资源和权利配置的依据以及差别待遇等。在全面深化改革背景下，户籍制度改革目标确立的总体思路是：取消农业人口与非农业人口登记办法，剥离依附于户籍制度的各种福利，实行户口与迁移对接、城乡统一、以居民身份证为中心的一元化目标的户籍制度，使户口管理向人口管理转型，最终实现“一证走天下”。

三是同步实行户籍制度的“去福利化”改革与“赋权”改革。一方面，剥离户籍制度中以身份为中心的福利成分，还原户籍制度本来意义上的人口管理功能。我国传统的户籍制度不仅是人口流动登记和管理的行政手段，还是不同身份的人享有不同福利的根本标志。在这种福利色彩很重的户籍制度下，劳动力流动就不再是一个纯粹的经济行为，还包括基于社会福利分配需要的行政行为。因此，必须从根本上剥离户籍制度中的福利成分，把户籍制度仅仅作为一种人口登记的制度，而不是用户籍制度来识别“身份”。正如有学者所言，“改革与计划经济相连的传统福利体制，将城市发展从补贴性转到自我融资性机制上面，最终消除户口的含金量，将使户籍制度改革的障碍大大降低”。② 目前，户籍制度“去福利化”改革已取得一定进展，附着在城镇非农户

---

① ［美］约翰·罗尔斯著：《正义论》，何怀宏等译，中国社会科学出版社2003年版，第85页。

② 赵勇著：《城乡良性互动战略》，商务印书馆2004年版，第189页。

口与农业户口之间的权利差距正在缩小。另一方面，户籍制度改革在通过"去福利化"改革"松绑"的同时，还应积极跟进"赋权"改革，实行公民基本权利均等化和普适化。相比户籍制度"去福利化"改革而言，目前这种改革进展迟缓。2007年中央提出农民工迁入城市的条件由各省决定，但多数地方仍然规定只有在城市购买一定规模的房屋，拥有产权，或者有大专以上学历才有资格申请转为城市户口。我国户籍制度改革长期停留在投资移民和技术移民等非常狭窄的层面上，却不允许在城市就业多年的农民工在城市落户定居，这显然是很不公平的。近年来，一些地方改革向积极的方向推进，但实效仍不容乐观。2010年广东省出台的《关于开展农民工积分制入户城镇工作的指导意见》规定，建立以个人素质、参保情况、社会贡献以及就业、居住、投资纳税等为核心指标的积分入户制度，但截至2011年年底，实现落户城镇的农民工只有29.4万人，占全省外来常住人口总数的1.63%。[①] 值得一提的是，户籍制度作为一种重要的发展型社会政策，"赋权"改革还应基于城镇化发展要求，注重提升农民市民化的能力及其可持续发展的能力。这需要在户籍制度"赋权"改革中着力推进提升农民市民化能力以及就业和职业能力的"一揽子"培训计划。

四是把握好改革节奏，确保户籍制度改革的有效性。目前人们普遍担心户籍制度改革会给城市发展带来不可估量的风险。究竟在何种条件下户籍制度改革才能取得突破，公民可以获得城市户口，人力资源市场不再存有歧视。对于这个重要问题，塞林格（Solinger）认为取决于两个时机出现：其一是劳动力需求格局的变动，即城市经济发展对外来劳动力需求的幅度提高，可能成为体制转变的契机；其二是城市劳动力的保障制度，即如果他们的就业保障比较确定时，外来劳动力的权利也会相应提高。[②] 在我国，户籍制度改革的基本进路应该是户籍制度价值回归与公民基本权利重新配置的过程，不能让户籍制度改革本身背负过多的"赋权"重任，更不能把户籍制度改革初衷与各种"赋权"改革相混淆，户籍制度应根据权利义务对等原则整体考虑。基本思路是：借鉴域外有益经验，采取循序渐进的办法，选择从小城镇到中、大城市的顺序

---

① 王阳著："我国城镇化中的城乡人力资源市场一体化研究"，载《劳动经济评论》2014年第2期。

② Solinger, Dorothy J., "Citizenship Issues in China's Internal Migration: Comparison with Germany and Japan", *Political Science Quarterly*, Vol. 114, No. 3.

逐步推进，以进城年限、收入、固定居住地等主要标准对不同群体采取相应的户籍入城措施，合理设置进城条件，以准入条件取代进城人口指标，使户籍制度真正体现法定权利与法定义务对等，最终实现通过市场机制决定人口流动与资源配置。目前一些地方实行的居住证制度实际上提供了“梯度赋权”的思路，即公民只要满足城市最低居住条件，就可以办理居住证，享有与居住条件相匹配的权利，同时应承担相应的义务。特别要指出的是，近年来户籍制度改革实践表明，农民并未“一窝蜂”地涌进城市，这就充分说明一些人对农民会大量进城且会占用大量公共资源的担忧难免过头。“没有工作和住房，农民进城干什么？难道天天住火车站？”一些地方政府官员几乎表达了同一心声。同时也应认识到，以居住条件取代进城人口指标，应针对不同区域及不同经济发展水平等实际情况设置合理的准入条件，国家应充分认识到户籍制度改革的各种阻力，建立健全相应的监控机制，防止户籍制度改革中各种“逆改革”现象。

其次，在深化户籍制度改革的基础上，统一人力资源市场的管理体制还必须处理好以下两个宏观层面的改革工作：

一方面，统一人力资源市场管理体制的终极目标是实现统一人力资源市场的“共同管理”。“共同管理”的基本要求是根据《全面深化改革决定》与《依法治国决定》的总体部署，以国家治理能力现代化转型为契机，以系统治理人力资源市场为基本理念，在建设法治政府并使市场在资源配置中起决定性作用的前提下，政府与民间结合，国营与私营结合，国家、用人单位与个人结合，共同参与统一人力资源市场管理，实现一种竞争与合作、规制与自由并存和谐的人力资源市场管理状态。有四条重要发展思路值得考虑：一是国家要掌握对劳动力市场治理规则的主动权，关键是要依法制定适应我国劳动力市场健康发展的若干运行制度和规则。二是政府要根据《全面深化改革决定》提出的“使市场机制在资源配置中起决定性作用”，在国家治理现代化上要达成广泛共识，关键要处理好政府与市场的关系，不要过多纠结于“小政府大社会”的讨论，要把政府退出市场干预切实转变为政府服务市场与保障市场健康运行，依法健全一个与市场机制在资源配置中发挥决定性作用相匹配的责任型政府。三是政府要基于我国就业立法保护与社会保护不平衡的客观现实，在社会保护尚不足的情况下，继续完善就业立法保护，核心是全面构建以劳权尤其是平等就业权为中心的就业法制保障体系，同时应注意以社会保险为代表的社会保护不能对劳动力流动形成阻碍,[①]而应在工作转化安全、社会保障等方面予以支持。四是政府应对劳动力市场信息以及公共资金等实施主导管理,确保其安全性和有效性。当然,我国幅员辽阔,行政体制复杂,要在全国范围内实现统一人力资源市场平滑而有效的"共同管理",不仅难度大,也有一个渐进过程。

另一方面,统一人力资源市场管理体制,要以促进自由、平等和充分就业为其根本指导思想,为市场机制在劳动力资源配置中起决定性作用提供必要的制度前提与政策环境。同时,统一人力资源市场管理体制要处理好新旧制度对接中的各种矛盾和问题。

四、统一人力资源市场的劳动用工制度

建立健全与我国经济社会改革发展相匹配的劳动用工制度,是多年来我国劳动用工制度改革发展的一个核心目标。《全面深化改革决定》指出,加快完善现代市场体系,使市场在资源配置中起决定性作用。这为新时期我国劳动用工制度改革发展指明了方向。然而,尽管我国已初步建立起以劳动合同制度为核心的劳动用工制度体系,但对于该制度体系包含的价值理念、若干具体制度内容等基础性问题尚未真正达成普遍共识。《劳动合同法》出台前的各种争论以及实施后出现的诸多问题已经反复证明这一点。在《劳动合同法》出台前,关于其价值定位究竟是"单保护"、"双保护"还是"倾斜保护",学界争论可谓针锋相对。[②] 在《劳动合同法》实施后,尽管劳动合同签约率有所上升,[③]但劳动合同内同则普遍存在损害劳动者权益的现象,典型例子是劳动

---

① 比如,我国现有失业保险制度由于领取失业保险金条件过于宽松,未能对培育失业者保持就业意识、提升其就业能力、使失业者尽快回归工作岗位等产生应有的积极干预和影响作用,进而使失业保险制度同时作为一种重要社会政策应有的促进功能大打折扣。

② 有关争论主要参见常凯著:《劳动合同立法理论难点解析》,中国劳动社会保障出版社2008年版,第16页;董保华:"论劳动合同法的立法宗旨",载《现代法学》2007年第6期;林嘉:"论我国劳动法范式的转变",载《政治与法律》2009年第7期;董保华等著:《社会法原论》,中国政法大学出版社2001年版,第143页;董保华:"论劳动合同法的立法宗旨",载《现代法学》2007年第6期。

③ 全国人大常委会工作报告指出,《劳动合同法》实施以来,全社会劳动合同意识普遍提高,劳动合同签订率明显上升,全国规模以上企业劳动合同签订率达93%。参见吴邦国:"全国人民代表大会常务委员会工作报告——2009年3月9日在第十一届全国人民代表大会第二次会议上",资料来源 http://news.xinhuanet.com/misc/2009-03/09/content_10973331_2.htm,最后访问时间:2011年4月6日。

合同短期化问题仍较严重。① 同时,劳动合同立法对灵活用工的规制还很不足,②传统劳动法在适用上面临着一些困境和盲区。③ 以劳务派遣制度为例,劳务派遣实践范围不断突破法律“三性”规定以及被派遣劳动者权益受损普遍等问题已引起学界对劳务派遣制度及相关问题的热议,讨论的一个焦点问题是劳务派遣实践与立法预期出现了重大错位,而产生这些问题的一个根本原因在于劳动立法仍然以计划经济背景下标准劳动用工理念和思维来对待新经济背景下各种非标准劳动用工。④

以劳动合同制度为核心的劳动用工制度面临的若干问题,还与我国当前实施的积极就业政策关系紧密。积极就业政策即有效促进就业的政策,是指帮助失业者重新就业或为在职人员提供职业培训以提高其就业适应能力的政策和措施。⑤ 从世界范围来看,大多数国家都从各自实际出发,不断探索建立和完善适合本国国情和本国经济发展阶段性特征的就业制度。比如,战后德国就业大致经历了消极的人力资源市场政策、积极的人力资源市场政策、激活人力资源市场政策三个历史阶段,⑥旨在通过不断提升劳动力素质来应对日益科技化、弹性化、人性化劳动力市场发展的客观需要。在我国,国家为适应经济发展需要而采取的积极就业政策发挥了阶段性历史作用,但却对灵活就业理论研究与制度建设关注不足,导致现有制度安排对日益兴盛的灵活就业无所适从。理解我国劳动用工制度,除了要关注现有劳动立法在调适灵活就业方面存在的“短板”外,也应当对我国积极就业政策客观评价,才能在此基础上提出新时期我国劳动用工制度改革的整体设想。

首先,积极就业政策产生的背景与发展。积极就业政策的产生并非“空

---

① 调研显示,《劳动合同法》实施后,企业与一般员工签订的劳动合同期限略有增加,但五年及以上期限的劳动合同比例仍然很低,仅占13%。有学者指出,《劳动合同法》立法初衷即劳动关系长期化的效果并不明显,甚至没有实现。参见薛长礼:“劳动合同法实施效果实证研究”,载《法治论坛》2011 年第 2 期。

② 关于灵活就业的规模,根据劳动和社会保障部 2002 年 12 月全国城市劳动力就业和社会保障随机抽样调查显示,全国城镇灵活就业人数约为 1.5 亿,占就业总人数的 20.3%。参见石美遐著:《非正规就业劳动关系研究》,中国劳动社会保障出版社 2007 年版,第 25 页。

③ 冯彦君:“改革开放 30 年中国社会法学的理论贡献”,载《当代法学》2009 年第 1 期。

④ 李雄:“我国劳务派遣制度改革的误区与矫正”,载《法学家》2014 年第 4 期。

⑤ 杨燕绥、赵建国著:《灵活用工与弹性就业机制》,中国劳动社会保障出版社 2006 年版,第 108 页。

⑥ 黄春梅:“西方发达国家劳动就业政策的比较研究及其启示”,载《求是》2005 年第 4 期。

穴来风”,而是有其客观社会基础和条件。党的十四届三中全会后,国有企业进入建立现代企业制度的新阶段,企业用人主体和劳动者择业主体地位相继确立,作为要素市场之一的劳动力市场得以培育和发展,建立与之相适应的就业制度成为积极就业政策产生的基础条件。20 世纪 90 年代,国有企业改革进入实质阶段,伴随着国有企业放权改革出现的大量下岗人员与新生劳动力和农村富余劳动力形成“三碰头”局面,必须采取有力措施来应对当时面临的就业难题便成为积极就业政策产生的社会现实。党的十五届四中全会提出建立市场导向的就业机制,作为市场就业的主体,劳动者不能再靠政府“输血”而需要“造血”。这是积极就业政策产生的必然条件。2002 年 9 月,在充分借鉴世界各国经验并总结我国地方实践的基础上,中共中央、国务院召开全国再就业工作会议,颁布了《关于进一步做好下岗失业人员再就业工作的通知》,制定了具有中国特色的积极就业政策体系,围绕劳动者自谋职业、自主创业,用人单位吸纳扩大就业,政府提供公益岗位安排就业,企业主辅分离、分流转移就业的四条主要就业途径,提出 10 项促进再就业困难群体再就业的系列措施,使解决下岗职工问题从提供“基本生活保障”转移到“促进就业”轨道上来。[①] 经过近 20 年的发展,我国目前已经确立了“劳动者自主择业、市场调节就业、政府促进就业”的就业方针,就业促进政策内容及体系日趋丰富和完善。

其次,积极就业政策存在的主要问题。应该说,发轫于我国经济改革时期的积极就业政策,不仅彰显了执政为民的政治理念,也促进了当时经济社会的协调发展。然而作为一项重要的就业制度安排,积极就业政策在完成其特定的阶段性历史任务后,在全面改革的市场化就业体制和机制中暴露的问题也越来越多:积极就业政策法制化转型依然缓慢且转型后“政策法”特征较为突出。积极就业政策福利性特征十分明显且不利于形成普惠型劳动就业制度。积极就业政策以政策给予为主导,还可能忽视了这样一个问题,即在世界范围内工作福利被日益重视的背景下,政府本着维护社会稳定这一主导思想,在促进就业上尽管大量投入,但对劳动者自主自觉参与就业意识之培养明显不足。积极就业政策对现代劳动力市场及灵活就业反映迟钝且相关制度设计相对不足。积极就业政策尚未成为各项经济政策的优先原则。就业创业尚未成为积

---

① 于法鸣:“中国积极就业政策的理论与实践”,载杨志明等著:《当代中国人力资源和社会保障制度的改革与发展》,中国劳动社会保障出版社 2009 年版,第 11 ~ 12 页。

极就业政策的核心工作。主要就业创业部门尚未获得平等的竞争环境和公平的政策待遇。[①] 就业政策执行走样较多,主要是受惠群体在不同城市存在较大差异[②]等。

最后,积极就业政策亟待完善的地方。积极就业政策是我国经济社会转型发展中出现的一种特殊的就业制度安排,尽管面临诸多问题,但试图一次性全面修正,确实是一件极为复杂的系统工程。因此,有必要选择改革的切入点。就建设我国统一人力资源市场、促进依法保障平等就业权以及推动我国劳动用工制度改革来看,积极就业政策改革的核心目标在于:一方面,既要培育劳动力市场并提升劳动者职业能力,[③]又要促进体面就业,要避免重蹈西方国家出现的“工作贫困”陷阱;[④]另一方面,既要重视如何在经济增长和社会保障出现重大调整的状况下,更好地运用就业政策来防治经济社会各系统运行不良所产生的就业矛盾,又要为市场在劳动力资源配置中起决定性作用提供必要的市场机制和人力资本支撑。根据这种思路,积极就业政策的改革完善仍然可以选择若干突破口。比如,《全面深化改革决定》指出,健全促进就业创业体制机制,规范用人单位招工行为,消除一切影响平等就业的制度障碍和就业歧视。这为深入改革积极就业政策提出了行动纲领。改革着力点在于:

一是要尽快建立积极就业政策的效果评价体系,[⑤]为进一步推进积极就业政策提供基本前提。二是要深入推动实现积极就业政策的法制化转型,核心是在《就业促进法》基础上,根据法治思维和法治手段,依法明确促进就业与平等就业的各项制度安排。三是要加快推进积极就业政策“去福利化”改革,核心是确立普惠型、高质量的劳动力市场政策理念。自积极就业政策实施以来,其主要服务对象一直是城镇失业下岗工,虽然以后逐步将农民工、大学生等群体纳入进去,但不少人特别是农民工群体中的大多数仍无法享受到该

---

① 蔡昉:“如何认识宏观经济与就业的关系”,载张小建等著:《当代中国就业与劳动关系》,中国劳动社会保障出版社2009年版,第27页。

② 陈跃著:《建国以来中国共产党就业政策与实践研究》,人民出版社2011年版,第207页。

③ 杨燕绥:“面对前所未有的就业压力,需要改变就业观念”,载杨燕绥等编著:《劳动法新论》,中国劳动社会保障出版社2004年版,第22页。

④ “工作贫困”是指虽然每日都辛勤地工作,但仍然处于贫困之中。导致“工作贫困”的主要原因在于工作本身不确定,且报酬太低。“工作贫困”反映的实质是劳动者非体面工作及其面临劳动权益亏损的实际困境。

⑤ 赖德胜等:“中国就业政策评价:1998~2008”,载《北京师范大学学报》(社会科学版)2011年第3期。

政策的全面服务。[1] 同时，在我国经济全面升级背景下，高质量的发展必然要求高质量的人力资源作为支撑。因此，积极的劳动力市场政策应以提升就业质量、增加全社会的福祉为出发点，既要体现对社会弱势群体的特别保护，也要在城乡、区域以及不同所有制等方面保证平等竞争与公平对待，为促进平等就业与反就业歧视提供公平的制度理念与制度环境。当务之急是通过深化户籍制度改革，使户籍与就业政策脱钩，把不同所有制、不同领域、不同行业以及农村转移劳动力及大中专毕业生等都纳入统一的政策体系，[2]扩大积极就业政策的覆盖范围，允许外来人口职业多元化发展。这有利于解决社会保险、教育、培训等方面的歧视，促进基本公共服务均等化，吸收高素质人才进入本地人力资源市场，提高其社会保险的参保能力。四是要坚持发展能够最大限度地促进就业的包容性经济，同时要研判我国劳动力市场供给会随着未来劳动力年龄人口增长放缓而减缓，这意味着就业总量压力会逐步降低，但结构性失业会日益严重这一发展趋势，积极就业政策要重视结构性失业特别是青年就业问题，以市场需求为基本导向，大力发展职业教育与职业培训。五是要结合后金融危机对非公企业、中小企业和灵活就业较大冲击这一特殊背景，积极就业政策要突出对这些重点领域的改革及调整，使非公经济、中小企业及灵活就业继续发挥吸收劳动力并促进就业生力军的积极作用。六是要整合城乡统一人力资源市场，关键是要整合目前各类人才市场、劳动力市场和劳务市场等，将各类劳动者就业与职业发展纳入统一政策体系，为促进平等就业与反就业歧视提供制度统一、自由流动、公平竞争、保障有力的统一人力资源市场运行平台。七是要推动积极就业政策的弹性化改革和适应能力建设。就业政策在防治劳动力市场失灵方面起着重要作用，但政府干预不是万能的。国外研究表明，由政府主导的积极就业政策并非是解决就业问题等的"灵丹妙药"。从欧洲国家劳动力市场政策"去福利化"改革可以看出，避免市场和政策"双重失灵"的探索，成为新时期就业政策的发展方向。[3] 我国在经历了30多年的高增长之后，国家治理模式正积极回应新形势和新要求，旨在全面深化改革并全面推进依法治国。同时也应当认识到，当前社会管理还延续了长期以来形成的政府主导思路，市场化就业促进机制在法律体系尚未成熟的状况下运行，

---

① 赖德胜等："中国就业政策评价：1998～2008"，载《新华文摘》2011年第17期。

② 徐伟、杨波著：《中国劳动力市场的分异与分割》，科学出版社2013年版，第217页。

③ 张原："我国就业政策的内涵、关系和趋势再理解"，载《中国劳动》2015年第6期。

如何进一步依法调适政府与市场在促进就业中的调控空间，成为未来一个时期我国就业政策体系建设的一个重要课题。总的改革设想是：坚持市场机制在劳动力资源配置中的主体地位和决定性作用，形成政府"有形的手"与市场"无形的手"的有机配合，实现从"政府给予"向"市场增进"的重大转型。核心措施包括加强人力资本投资，提升劳动者为应对日益弹性劳动力市场而必备的职业转化能力与可就业力，既有利于提高劳动者自主抵制就业歧视的能力，也符合当前及今后我国日益发达的灵活就业的客观需要。① 八是要健全促进就业创业的体制机制，尤其要加大对包括高校毕业生在内的青年劳动者的创业培训与扶持，推动创业带动就业战略目标的实现。同时，继续推进创业型城市创建工作，举办创建国家级创业型城市市长培训班，建立创业城市评价体系，促成创业带动就业新常态。

在厘定我国劳动用工制度面临的主要问题后，根据《全面深化改革决定》关于加快完善现代市场体系等要求，就不难提出我国统一人力资源市场中劳动用工制度改革的整体设想：

1.统一用工主体制度

相比计划经济背景下劳动用工中用人单位主要为国有企业而言，市场化用工背景下用人单位日益分化且多元化，应当依法规范劳动用工主体制度，规制实践中各种非法招工行为。规范劳动者主体资格制度，核心是尊重市场化就业体制下劳动力产权，②依法诚信用工，依法赋予所有劳动者平等身份。身份是一个人在社会中所处的地位，是人的社会属性的集中体现。身份平等在中国具有特殊意蕴，主要体现为在城乡二元社会结构背景下，公民被制度化区分为城镇居民和农村居民，分别受不同就业制度和社会保障制度的调整。以农民工为例，在发达国家，农民的身份是基于职业选择的自致身份，而中国的农民身份则具有相当程度的先赋性质。在城乡统筹就业背景下，统一用工主

---

① 实际上，域外在该方面已有积极探索。以欧盟为例，欧盟作为欧洲价值的承载者，为应对日益灵活的劳动力市场，在就业政策方面也推动了体现欧洲共同体价值体系的灵活保障就业政策发展。欧盟灵活保障就业的原则有秉持劳动力市场的灵活安全性理念，实施全面终身学习计划，促进劳动力市场的统一，既关注就业者也关注失业者，促进雇员向上发展，支持男女平等，建立一种信任的对话框架等。参见张然著：《欧盟灵活保障就业政策研究》，中国社会科学出版社2010年版，第89～90页。

② 在劳动关系范畴中，产权主要对应的是劳动者独立主体地位及其以劳动力为核心的人身权和财产权、用人单位以资本为核心的用工权和收益权等。

体制度改革的重要牵引是依法赋予城乡劳动者平等身份,依法确立农民工平等的劳动者身份,[①]使农民工向平等劳动者身份的转化获得制度认可与社会认可,并应当警惕把“农民工”身份制度化的各种倾向。[②] 同时,依法赋予所有劳动者平等就业权,这在当前具有非常现实的积极意义。自我国近年来连续出现“民工荒”以来,[③]有关“民工荒”问题的讨论此起彼伏。笔者认为,“民工荒”是指人力资源市场出现的农民工短缺的现象,既不能与学界所谓的“刘易斯转折点”简单等同,更不能忽视其带来的新的改革要求。实际上,“民工荒”现象的解读只有置身于我国经济升级转型与社会发展的宏大背景中,才能对其背后所掩盖的深层次原因获得更加全面理性的认识。应该说,“民工荒”既是我国经济升级转型的必然反应,也是我国劳动用工制度改革滞后的应付代价。“民工荒”的本质是“权利荒”和“结构荒”。[④] 中国劳工数量缺乏并非问题的主要方面,“民工荒”预示着中国劳动力市场正经历一次大的变革。破解“民工荒”问题的一个根本思路是:依法回归农民工的平等劳动者地位与平等就业权利,深化劳动用工体制改革,构筑以保障农民工平等就业权利为核心的劳动用工制度体系。[⑤] 有学者也指出,消除计划经济遗留下来的等级和身份界线,实现劳动者特别是城乡劳动者就业的平等,主要是打破劳动力市场的城乡分割与地区分割,消除人们的户口和身份界线,建立统一的劳动力市场,实现劳动者就业平等。[⑥]

2. 统一就业规则

《依法治国决定》指出要加快完善体现权利公平、机会公平、规则公平的权利制度,这为统一就业规则提出了现实而紧迫的法制建设命题。统一就业规则是统一人力资源市场劳动用工制度的核心和灵魂。如果没有规则,就没

---

① 李雄:“劳动权保障与制度重构——以‘农民工’为视角”,载《现代法学》2006 年第 5 期。

② 李雄:“论统筹城乡就业的目标及其制度支撑体系”,载《中国法律》2010 年第 2 期。

③ 从 2002 年开始,我国劳动力市场出现了技术工人全面供不应求的现象。2003 年以来,东部沿海经济发达地区开始出现普通劳动力短缺现象。2004 年这种现象更加凸显,特别是在珠三角、闽东南等加工制造业聚集地区短工现象更加明显。2005 年以后,“民工荒”现象开始蔓延到内陆一些地区,农民工“就业难”和企业“招工难”状态并存。参见李雄、刘山川:“民工荒:深化我国劳动用工体制改革的契机”,载《现代经济探讨》2010 年第 6 期。

④ 李雄、刘山川:“新时期‘民工荒’问题研究”,载《学术探索》2010 年第 4 期。

⑤ 李雄、刘山川:“民工荒:深化我国劳动用工体制改革的契机”,载《现代经济探讨》2010 年第 6 期。

⑥ 常凯主编:《劳动关系学》,中国劳动社会保障出版社 2005 年版,第 241 ~265 页。

有真正的法律秩序,尽管一个法律制度的重要意义并不只在于颁布和执行规则。[①] 规则最终通过制度得到全面的反映和落实。制度是人类相互交往的规则。它抑制着可能出现的、机会主义的和乖僻的个人行为,使人们的行为更可预见并由此促进着劳动分工和财富创造。[②] 就依法构建统一人力资源市场而言,统一就业规则应在如下三个主要方面实现统一:

(1)统一人力资源市场准入制度。市场准入是统一就业规则的基本前提,主要包括就业年龄的统一,职业资格的统一,职业培训标准的统一等。国家应颁布相应的就业准入标准,规定相应的就业年龄和技术标准,针对特殊行业和工种实行严格的岗位资格证书制度。目前,实践中存在大量职业培训机构,各机构不仅资质不统一,其在培训内容、培训方式和资格证书等方面也不统一,最终导致职业资格在各地效力不统一的局面,阻碍了劳动者自由流动和平等就业权的顺利实现。因此,统一职业培训机构和职业培训标准,成为统一人力资源市场准入制度的必要组成部分。

(2)统一招工标准,依法禁止就业歧视。统一招工标准是统一就业规则的核心和关键,主要包括依法确立促进平等就业与禁止就业歧视的法律原则,统一行业与工种的招工标准,坚持招工标准的确定性、开放性、一般性和普适性,[③]规范招工行为与禁止就业歧视等。目前,用人单位的招工手段越来越"聪明",就业歧视越来越隐蔽。因此,规范用人单位的用人标准和招工行为,划清用工自主权与平等就业权之间的界限,是落实统一招工标准的关键。《全面深化改革决定》指出,规范招人用人制度,消除城乡、行业、身份、性别等一切影响平等就业的制度障碍和就业歧视。《依法治国决定》进一

① ［美］E. 博登海默:《法理学——法律哲学与法律方法》,邓正来译,中国政法大学出版社1999 年版,第 285 页。

② ［德］柯武刚、史漫飞:《制度经济学——社会秩序与公共政策》,韩朝华译,商务印书馆2000 年版,第 35 页。

③ 招工标准的确定性,是指国家及用人单位的招工标准应当是明确的和可以识别的,而不是模糊的或含混不清的,并对就业具有相应的指导作用;招工标准的开放性,是指在一般情况下,招工标准应当向所有劳动者平等开放,杜绝招工中的各种"暗箱操作"与"潜规则";招工标准的一般性,是指应当按照相同的招工标准对待所有劳动者,而不是根据劳动者的不同身份而采取不同的标准;招工标准的普适性,是指招工标准应当普遍可行,招工标准对绝大多数劳动者来说只要通过努力就可以达到,而不是只有一部分人通过努力才能达到。如果招工标准对一部分人或者大部分人来说是无论如何都无法达到的,那么该招工标准显然违背了形式平等就业权的根本要求。参见李雄:"论平等就业权",西南政法大学 2008 年博士学位论文,第 120 ~ 121 页。

步指出，依法保障公民权利，加快完善体现权利公平、机会公平、规则公平的法律制度。由于我国以往促进平等就业制度建设没有正面注重依法规定平等就业权本身，而主要关注被动的反就业歧视，相关立法建设应当根据依法治国基本要求，全面依法加强平等就业权正面建设，在使平等就业权走出“大而化之”困境的同时，能够为依法反就业歧视提供明确的平等就业权支撑。

(3)统一竞争规则。统一竞争规则是统一就业规则的重要保障，主要包括：确保就业信息和工作职位平等地向所有劳动者公开，保证就业领域向所有劳动者开放，坚持公开招聘与择优录用等。值得一提的是，统一竞争规则还应当与就业特殊保护原则有机结合。前者是市场机制作用的空间，后者是国家干预作用的空间，关键要依法构建一种促进与规范、激励与保障并举的市场调控机制，既要尊重市场机制在劳动力资源配置中的决定性作用，又要避免“市场失灵”造成各种不平等就业、就业歧视以及对特殊就业群体保护不足等“陷阱”。

值得一提的是，从我国劳动用工制度改革的大方向来看，统一就业规则还应当关注如下三个前瞻性问题：首先，统一就业规则应结合我国公务员用工制度改革、事业单位用工制度改革以及国有企业用工制度改革的方向和实践情况，既要对当前公务员用工制度改革实践中尝试的公开招聘但待遇优厚的做法及时总结，核心是研究这些改革是否达到了公务员聘任制的改革要求，是否对我国整个用工制度改革产生了新的阻碍或者“路径依靠”，又要以当前事业单位用工制度改革为契机，以分类管理为依托，对能够纳入劳动法调整的人员要在“入口”和“出口”上把好关，使市场机制在劳动力资源配置中起决定性作用，建立真正市场化的招聘和退出机制，使劳动用工制度内涵的“能进能出”的理念能够在事业单位真正落地。同时，继续深化国有企业用工制度改革，要以国有企业现代化转型为基本导向，在国有企业劳动用工制度改革与建设中植入强制性绩效考核制度与监督机制，把绩效考核与待遇、去留等全面挂钩，着力解决当前国有企业依然存在“能进不能出、能上不能下”的多轨制用工问题。其次，统一就业规则应当重视日益兴起的灵活就业，核心是要以非标准劳动用工及其法律治理来认识灵活就业，处理好不同灵活就业中核心劳动标准的统一与合理差别之间的关系，实现法律对灵活就业既规范又促进的治理目标。最后，统一就业规则应重视依法构建诚信用工制度体系。从应然层面来看，诚信是一个社会文明程度的重要指标。劳动用工诚信是社会诚信的“细胞”，不仅关系劳资双方，也关系整个社会。可以说，劳动用工诚信是社会诚信的一个“缩影”，在促进充分就业与体面就业、建设和谐劳动关系、推动社会治理创新等方面具有积极的作用。在市场化劳动用工背景下，劳资双方要实现和睦共处的理想状态，关键要建立相互尊重、相互信任的合作与伙伴关系。同时，劳资相互尊重最直接的体现是要相互尊重对方的“产权”，才有相互信任的基础，进而才有合作与互利的可能。从实然层面来看，我国当前劳动用工中还存在如劳动者不诚信就业、劳动者故意不订立劳动合同而主张双薪、用人单位随意制定招聘标准、用人单位不严格依法履行劳动用工义务、用人单位随意变更劳动合同约定内容等不诚信就业与劳动用工现象。就统一就业规则来看，劳动用工诚信建设的一个关键是：在依法赋予所有劳动者享有平等就业权这一关键“产权”的基础上，劳资双方不得对对方实施任何不诚信的就业与用工行为，既包括劳动者对用人单位“产权”的尊重，也包括用人单位对劳动者以平等就业权为中心的“产权”的尊重。当前，在各种不平等就业与就业歧视现象依然较为普遍、就业总量矛盾依然突出的情形下，我国要特别重视用人单位对劳动者“产权”的尊重。这既是促进平等就业与反就业歧视的一个关键，也是统一我国就业规则的一个关键。同时，法律应当构建一种保障劳资双方相互诚信的制度机制，使诚信劳动用工成为我国统一就业规则的重要“推手”。

3. 统一工资形成机制

统一工资形成机制是统一人力资源市场劳动用工制度的典型特征，是解决我国人力资源市场诸多问题的前提和关键。当前，工资调节的价格机制与杠杆作用尚未真正发挥，使劳动力市场竞争与流动出现较大的价格信号偏差。以垄断行业为例，没有统一的工资参考标准，造成工资收入时常背离劳动力价值，导致错误的劳动力价格信号在市场中频繁出现，既误导劳动者人力资本投入，也严重妨碍劳动力市场的成熟化。因此，引入竞争机制，让市场机制在工资形成与劳动力流动中起决定性作用，既是破解当前劳动力市场工资扭曲困境的必由之路，也是我国统一人力资源市场发展的不二路径。总体改革设想是：统一我国人力资源市场用工制度的工资形成机制，就是要消除目前存在的各种扭曲工资的“非市场”因素和力量，尤其要冲破国有部门和“体制内”劳动力市场对工资的垄断，在整个人力资源市场范围内建立统一的工资形成机制，为劳动力诸要素的流动提供足够的动力，为平等就业权的保障提供良好的外部环境。统一工资形成机制需要解决好以下三个问题：

第一，坚持并完善同工同酬制度。工资支付的基本要求是同工同酬。[①]同工同酬是国际人权公约和各国劳动法明确规定的一项基本劳动报酬制度。我国《宪法》和《劳动法》对同工同酬也作了相应规定。我国《宪法》第6条规定实行各尽所能、按劳分配的原则。我国《劳动法》第46条第1款规定："工资分配应当遵循按劳分配原则，实行同工同酬。"需要指出的是，《劳动法》对同工同酬的规定在实践中还面临诸多难题，主要包括：一方面，我国至今尚未建立真正有效的劳动定额制度，导致实践中不同行业、不同部门等劳动就业报酬不统一的现象非常普遍，进而使同工同酬分配原则面临操作上的困难。改革的一个主要方向是：国家既要尽快制定能够最大限度适用于不同行业、不同领域、不同岗位的劳动定额标准，使同工同酬分配原则真正能够量化；又要对同工同酬原则进一步细化，核心是对"同工"设置一个较为宽泛的界定标准，就像现代人力资源管理中的"宽带薪酬"一样，对相同岗位设置不同的级数，辅之以按劳分配原则，使相同岗位不同级数的薪酬体现为一定程度的差别。从该意义上讲，同工同酬与按劳分配具有内在关联性和一致性。另一方面，工资按劳分配与同工同酬之间又没有必然的联系，按劳分配不能必然实现同工同酬。实际上，按劳分配与同工同酬各有不同的价值取向和功能。前者主要着眼于社会经济活动的效率；后者则主要关注社会公平。因此，笔者建议对《劳动法》第46条第1款作如下修改并规定："工资分配应当实行按劳分配原则，实行同工同酬，兼顾公平原则。"

第二，改革最低工资制度，切实保护劳动者的劳动报酬权。最低工资制度承载的一个基本功能是稳定劳动者的收入，通过保障一定量的最低工资来改善劳动者的生活质量，提高劳动者适应经济社会发展的能力。按照国际标准，最低工资标准应该为当地社会平均工资的40%～60%，但目前我国一半以上的省市还达不到这个标准。同时，我国现有最低工资制度还面临用人单位"托底"支付的困境，即用人单位基于用工成本等因素考虑，往往比照当地最低工资标准设计相关薪酬制度，从而使最低工资制度无法发挥其应有的调控和保障功能，反而成为用人单位最大限度降低工资成本的"避风港"。这在餐饮、零售、劳动密集型企业等显得最为突出。在用人单位比照当地最低工资设

---

① 1958年国际劳工大会通过的《对男女工人同等价值的工作给予同等报酬公约》（第100号公约）规定，各会员国应通过与确定报酬标准的现行方法相适应的手段，促进并在尽可能与这些方法协调的情况下，保证对所有工人实行男女工人同等价值的工作获得同等报酬的原则。

计薪酬的现象中,我们还应当充分注意这样一个现实问题:从表面上看,劳动者如果按照其与用人单位约定的劳动量,每月领取的劳动报酬没有突破当地最低工资的“红线”,但这种“像撒胡椒面似的劳动报酬”显然不能为广大劳动者所接受,他们被迫加点加班以获得更多劳动报酬的现象已经非常普遍。以“富士康”为例,为什么“富士康”员工对加点加班那么热衷?过低的底薪制度恐怕是一个主要原因,劳动者不得不通过额外的加点加班来获得可以保证其体面生活的劳动报酬。制度选择的目标只能是保护合法收入,杜绝灰色收入,调节过高收入,帮助低收入阶层。政府要继续规范并统一包括小时工资制在内的最低工资标准,通过富有弹性的最低工资标准,加强对灵活就业的制度性引导,保障劳动者在灵活就业中依法享有平等就业权。配套劳动定额制度建设,在保障不同行业、领域、岗位最低工资有一个合理科学基数的基础上,建立健全最低工资强制性弹性增长机制和法律保障机制,使最低工资标准的增长不低于物价的上涨,在保障低收入者生活水平不断提高的同时,根本改观当前普遍存在的用人单位比照当地最低工资设计薪酬的“伪最低工资”现象。

第三,设立欠薪保证金制度,消除劳动力自由流动中工资保障不足的障碍。所谓欠薪保障制度,是指通过立法坚持强制与互助的原则,向用人单位筹集一定资金,用于垫付在用人单位破产、依法整顿或经审计资产不足以支付工人工资以及雇主逃匿等情形下所拖欠的员工工资,并行使垫付工资追偿权的一种保障制度。① 在依法构建统一人力资源市场中,笔者建议,设立欠薪保证金制度,对欠薪保证金组织的法律地位、适用范围以及有关责任承担等问题做出具体规定,依法规制工资支付行为,消除劳动力自由流动中工资保障不足的障碍。

4.依法构建新型和谐劳动关系

中共中央、国务院《关于构建和谐劳动关系的意见》(中发〔2015〕10号)指出,最大限度增加劳动关系和谐因素,最大限度减少不和谐因素。同时,构建和谐劳动关系的一个基本前提是要依法认定劳动关系。事实上,劳动关系认定在我国当前正面临诸多难题,既是近年来我国劳动法学界、立法部门与实务部门反复讨论的一个问题,也是劳动法的法治建设与法律适用的一个带有基础性和全局性的问题。在现有劳动立法尚未对劳动关系予以明确界定、理论界和实务部门仍持有不同看法的情形下,劳动关系认定的随意性使劳动法

① 杜正武:“欠薪问题的法律思考”,载《社会》2003年第8期。

遭遇选择性施行已成为我国当前劳动司法面临的一个普遍性难题。在全面依法构建统一人力资源市场语境下,依法构建新型和谐劳动关系首先要厘清如下三个基本问题:

(1)现阶段劳动关系内涵已发生巨大变化。在《劳动法》制定当时,劳动关系主要指单位和职工之间的关系。就单位来看,企业都是国有企业。经过多年改革发展,单位概念已经发生巨变,包括国有企业、私营企业、三资企业、个体经济组织、民办非企业单位等。问题是,随着我国劳动用工日益多元化,传统观念中规范性用人单位的范围不断缩小,而非正规性用人组织不断增多,且后者有相当部分尚未进入劳动法调整范畴。[①] 就职工来看,20 世纪 90 年代中期的国有企业职工都有固定工身份,而现在以劳动合同为载体的非固定工越来越多。

可以说,劳动力市场的逐步形成对我国劳动关系产生了重要影响。比如,尽管国有企业推行全员劳动合同制度,但在"老人老办法、新人新办法"规则下,一个企业中两种甚至更多种劳动用工制度普遍存在,国有企业中有关系无劳动与大量农民工等有劳动无关系的现象并存。原本企业是一个大家庭,且工人是主人翁,企业领导是公仆,是为大家服务的,可是企业一改制,领导变成老板,受到裁减的首先是以前作为主人翁的工人。从该意义上讲,劳动关系变化是一种利益格局的调整。在该利益格局调整中,利益摩擦、矛盾和冲突往往是难免的,关键是要依法对各种新的用工关系及时确认,基于公平正义原则对利益协调和补偿,建立健全新的劳动关系利益协调机制。

(2)现阶段劳动关系呈现出三个突出特点。随着我国劳动用工制度改革不断深化,传统劳动关系内涵在发生巨变的同时,呈现出若干新的特点。准确理解并把握新时期劳动关系的新特点,是科学认定劳动关系的重要背景。概言之,现阶段劳动关系有以下三个突出特点:

一是劳动力配置方式转型中"沮丧劳动者"的保护问题。比如,劳动用工市场化转型释放的大量企业冗余人员在向市场就业的转移中,面临日益激烈的竞争压力,尤其是低素质劳动力过剩使普通劳动者的弱势地位更加突出,还有尚未加入工会的劳动者在市场法则面前的不利地位非常明显。为降低成本,一些企业以各种"潜规则"公开抵制劳动法规,使劳动者的合法权益屡受侵害。伴随着我国劳动用工不断灵活化、非正规化、碎片化发展,以前那些尚

① 黎建飞:"劳动关系内涵发生巨变",载《法制日报》2005 年 9 月 21 日。

未被纳入《劳动法》调整的用工关系现在正面临如何依法保障相关主体权益问题。其中,派遣工、家政工、小时工、实习生、返聘人员等用工权益保障问题显得尤为突出。

二是劳动用工多元化中各种用工关系的确认问题。比如,劳动者单位从业不断弱化,单位人向社会人、固定人向流动人、正规就业向非正规就业转变力度不断加大,劳动力流动速度加快、领域加宽、层次加深,社区化、小型化、灵活就业、非正规就业、自我就业等比重日益增大,就业形态多样化,带来就业关系多样化。如何依法确认各种就业关系,成为劳动关系认定的又一个重要背景。

三是劳动用工市场化中经济利益冲击与风险防范问题。比如,市场化用工使计划经济中强调职工爱厂如家、建立职工与企业利益共同体、构筑企业是职工成长的摇篮及感情归属等很多西方企业没有的优势不断淡化,经济利益成为劳动用工的核心纽带。如果不及时确认现阶段新的劳动用工关系,就可能因损害劳动者劳动经济利益而诱发诸多不和谐、不稳定因素。

(3)现阶段劳动关系面临三个显著缺陷。上述三个方面的突出特点说明市场化劳动用工背景下我国劳动关系构架尚不完善,存在明显缺陷。把握现阶段劳动关系面临的若干缺陷,是科学发展我国劳动用工制度必须回答的理论和实践课题。这些缺陷可归结为以下三个主要方面:

一是劳动者对主人翁地位感受不深。市场化劳动关系本是一种共赢的制度安排,但为什么劳动者对主人翁地位感受不深?一个重要原因在于,多种劳动用工中那些非正规就业部门、灵活用工领域中的劳动关系尚未得到及时、理性的确认,劳动者权利亏损还比较普遍,以前那种主人翁地位不断受到挑战,劳动者应有的平等主体地位被认同感与获得感不明显。

二是劳动者对共享发展成果感受不深。市场化劳动关系把劳动和资本等要素同时作为创造社会财富的重要因素,把其对经济社会发展的贡献作为社会分配的重要依据,劳动与资本本应共享发展成果。关键问题是,相当一部分劳动者对共享发展成果感受不深,尤其是那些处于灵活就业、非正规就业领域中的劳动者对共享发展成果感受更不明显。如何依法确认这些突出领域的劳动用工关系,并维护劳动者的合法权益,已成为一个迫在眉睫的问题。

三是劳动者对法律保护感受不深。市场化劳动关系是法律化、契约化和制度化的产物,其要义在于劳资双方的合法权益皆纳入公平、正义的法制轨道。目前面临的主要问题是，很多劳动者对法律保护感受不深。[①] 一个重要原因在于，普遍流行的社会潜规则公然抵制劳动法律法规。这说明现阶段劳动关系在调整和改变资本原始积累阶段的社会潜规则上还存在重大体制性缺陷。

在厘清现阶段劳动关系内涵、特点以及主要问题之基础上，对依法治国背景下究竟如何构建新型和谐劳动关系，我们不妨归结如下五点：

第一，依法构建新型和谐劳动关系，需要完善劳动关系治理的理念和原则。从世界范围来看，各个国家对劳资关系的治理除了法律手段外，还运用了经济、政治、管理、社会等综合手段。这主要是因为劳动关系本身是一个关涉多个领域的复杂问题。同时，现代劳动力市场发展的一个明显趋势是，劳资共同面临的生态环境已经发生了巨大变化，核心是伴随着世界经济的不断融合与经济形势的日趋不稳定发展，劳资相互依赖并共同发展的诉求不断增强，以往那种对立式、对抗式、斗争式等劳资形态不断向劳资对话与合作转型。另外，用人单位为寻求最大限度的低成本运作，不断创新经营及用工模式。在这种情形下，如果法律仍停留在以往那种“父爱主义”的、“刚性”的调整姿态，恐怕很难再适应现代劳动力市场变化发展的客观需要。以我国劳动立法实践效果评估为例，从《劳动法》到《劳动合同法》以来，客观而言，我国已经初步建立了对劳动力市场调整的劳动法律框架和制度机制，但无论是从《劳动法》实施20年来看，还是从《劳动合同法》实施7年来看，实践中反复出现的诸多劳资不和谐现象似乎让劳动立法者们感到失望，不仅预期要达到的劳资和谐目标没有完全实现，而且劳资不和谐的因素还大量存在并有进一步扩散的可能。面对这种尴尬的现象，我们不禁要问：国家一直高度重视构建和谐劳动关系，也出台了那么多法律和相关规定，但为什么当前劳动关系不和谐的因素还有那么多？问题究竟出在哪里？相关原因肯定很多，但立法的“攀高”规定与用人单位的“探底”竞争之间的错位可能是一个根本性原因。比如，《劳动合同法》不仅延续了《劳动法》对书面劳动合同的强制姿态，而且进一步规定自用工之日起用人单位不签订书面劳动合同将面临双薪与订立无固定期限劳动合

---

① 根据本课题组调研，随着劳动关系市场化不断发展，劳动者地位不稳定性不断增加，在劳动保护方面的法律法规尚未健全的背景下，出现了一些恶意用工的现象。比较典型的例子为：部分企业用工极不规范，要么不依法及时签订劳动合同，要么与劳动者签订一个内容很不健全不规范的劳动合同。这在建筑、餐饮、纺织等行业尤为突出。

同的不利后果,但这种试图维系劳资稳定的立法意图却普遍遭遇用人单位的公然抵制,要么仍不签订劳动合同,要么通过承包、转包、外包、派遣等方式转移劳动用工,最终使《劳动法》适用范围不断被缩小,且使劳动立法意图不断被“架空”。劳务派遣制度一直备受关注,成为改革的一个难点。目前反映的一个焦点问题是,《劳动合同法》及有关规定不断严格劳务派遣的适用范围,并对实施劳务派遣单位的资质条件不断严格化,但实践中劳务派遣不断突破法律规定的“三性”范围即临时性、辅助性和替代性岗位。同时,尽管法律要求派遣单位与用工单位都应当向被派遣劳动者承担相应的法律义务,但在实践中被派遣劳动者在权利保障上却面临“两头都不见依靠”的尴尬局面,因为派遣单位与用工单位都把劳务派遣异化化转移法律义务的“工具”。究其根源,除了派遣单位与用工单位的原因外,恐怕还与劳务派遣立法关系紧密。现有相关立法存在的一个最大问题是:以计划经济时期形成的标准劳动用工思维、法律框架来审视以劳务派遣为代表的非标准劳动用工,一方面把劳务派遣法律关系确定为一重劳动关系;另一方面却让用工单位承担与用人单位几乎一样的法律义务。正如前文所言,在劳动立法过于刚性且未合理区分对待的情形下,无论用人单位还是用工单位,通过劳务派遣来转移用工义务与成本,自然不难理解,由此形成了劳动立法标准不断“攀高”与用人(用工)单位不断“探底”竞争的错位局面。造成该局面的原因尽管包括劳动执法问题,但劳动立法本身的刚性与不区分对待不容忽视。进一步来讲,立法的刚性迫使用人单位想方设法地创新经营及用工模式,典型例子是把劳动关系转移为经济关系。从域外经验来看,所谓劳动立法秉持的“倾斜保护”原则是有其特定法律逻辑的,即立法阶段应当基于“等者等之、不等者不等之”的正义理念对用人单位和劳动者实施必要的区分对待,而在法律实施阶段则应坚持平等对待原则。在全面深化改革与依法治国背景下,我国构建新型和谐劳动关系,首先要在理念和原则上来一个根本性转型,即要确立合理必要的区分对待原则,立法者要认真倾听现实生活中不同的声音,要使法律语言尽可能贴近现实客观实际,还要预先评估法律可能产生的各种影响。总之,如果国家不对劳动关系治理在理念和原则上及时根据现实需要科学转型,其他促进劳资和谐的方法和措施无论如何都无法发挥其应有的调控功能,还可能形成新的“路径依赖”,使改革不断步入“深水区”。

第二,依法构建新型和谐劳动关系,其本质是一种利益格局的调整,需有明确的价值指向。其主要包括:

首先,劳动关系认定应当适应日益弹性化的劳动用工需要,并促进劳动用工制度改革发展。我国劳动关系的认定主要还是基于劳动用工制度改革而逐渐从国家劳动关系向市场劳动关系不断转型的。即相较于西方雇佣关系独立主要是基于倾斜保护需要而言,我国劳动关系的认定基本上没有多少独立空间及余地,主要是伴随着我国劳动用工制度改革需要而不断嬗变的。从该意义上讲,我国劳动关系认定不但要坚持近现代劳动法独立之品性即倾斜保护的普适国际化,还要坚持为我国劳动用工制度改革服务的具体国情性。具体来看,劳动关系认定应当在以下三个主要方面推动我国劳动用工制度改革发展:一是要积极主动。既要紧跟劳动用工制度改革发展需要,对改革中那些已经市场化并已经纳入劳动法调整的用工关系,要通过劳动关系的厘定给予规范性确认,在使其回归劳动关系本色的同时,也促进劳动法制的统一;也要引领劳动用工制度改革,对改革中那些已经市场化但尚未纳入劳动法调整或者是否纳入劳动法调整尚不明确的用工关系,要基于劳动法所属社会法之本性即倾斜保护需要与积极干预,适时纳入劳动关系范畴并给予劳动法之保护,使其尽快脱离法律调整与保护的模棱两可之尴尬境地。二是要为改革留有空间和余地。纵观中外,受国家干预及调整能力限制、观念认识、理论准备、制度建设等方面的影响,雇佣关系社会化必然有一个渐进过程。因此,劳动关系认定又不能完全与劳动用工制度改革同步或者重叠,必须为后者及我国经济社会发展留有空间和余地。三是要保持劳动关系认定应有的独立性。从法律调整与反映社会关系的基本要求来看,劳动关系认定除了要遵循法律反映社会诉求的基本规律外,还必须秉持社会法特殊的价值理念与独立品格,与劳动用工制度改革保持必要的距离,核心是劳动关系认定除了外化为经济社会改革发展服务外,还应当内化为其基本理论的建构与劳动法独立科学发展提供必要的概念准备与理论支撑。因为在整个劳动法理论体系与制度建构中,劳动关系的内省与认定始终是一个带有基础性和全局性的问题。

其次,劳动关系认定应当紧跟就业制度改革步伐并推动我国就业促进战略有效实施。主要原因有:一方面,劳动关系认定尽管是一个关乎劳动法调整对象与劳权保护的问题,但正如前文已经提及的,劳动关系认定主要是伴随着就业制度改革发展而不断发展的。甚至可以说,中国就业政策发展史就是劳动关系演变史,劳动关系认识必须置身于就业本身才能对其获得最全面的解读。劳动关系认定既然主要是一个“伴随的产物”,就应当理所当然地服务于与劳动用工制度改革价值紧密相依的促进就业。另一方面,劳动关系认定尽管也主要是伴随着劳动用工制度改革发展而嬗变,是一个发展中的问题,但劳动关系所属的社会法范畴及社会法特有的发展型社会政策理念和价值承载,理所当然地要求劳动关系认定必须符合是否有利于促进就业这一社会发展的核心目标。

接下来要讨论的问题是,劳动关系认定要促进就业的基本要求有哪些?一方面,要完善正规就业。劳动关系尽管是劳动用工制度改革的"副产品",但反过来也会通过对就业法律关系的确认实现对就业相关主体合法权益的保护。主要任务是劳动关系认定应当促进劳动就业的规范化与人力资源市场的有序化发展,关键是要通过劳动关系的标准化研究与权利义务合理科学的制度化配置,进一步完善正规就业。基本路径是:劳动关系认定既要对劳动用工制度改革中已经形成的、以国有企业为代表的、正规就业部门的劳动用工关系给予劳动法要求的法律规制,使正规就业部门的劳动关系真正依法运行;又要对改革中因为体制转轨、制度对接等历史原因造成的各正规就业部门实际上劳动关系不统一局面,依法给予规范性重塑与确认,破解我国长期以来正规部门就业适用法律存在的主观上随意、执行上混乱、效果上不一的困局。另一方面,要规范灵活就业。尽管我国市场化劳动关系发轫于正规就业,但在日益弹性的劳动力市场中,各种灵活就业日渐异军突起,成为现代劳动力市场中的一道"风景"。如何规制灵活就业,成为我国劳动立法面临的一个现实挑战,而如何依法确认灵活就业中的法律关系,成为我国劳动关系认定要回答的又一课题。基本方向是:劳动关系要以其自身的最大弹性与适应性来检视各种灵活就业,既要根据靠近原则揭开灵活用工的神秘面纱,把该类用工关系纳入劳动关系予以调整;又要基于区分要求对灵活就业所形成的各种不完整劳动关系配置相应的权利义务,实施柔性调整。

最后,劳动关系认定应当秉承倾斜保护价值理念并坚守劳权保障"底线"。主要原因是:劳动关系是一个关系范畴,劳动关系认定首先是一种利益格局的调整,即一旦某种具体用工被纳入劳动关系,就意味着首先要确保劳动者的基本劳权,并要正确处理劳资双方合法权益的相互关系尤其是认真对待劳动者的合法权益。同时,雇佣关系独立于民法由劳动法调整的根本动因即倾斜保护又为劳动关系认定在价值取向上提供了最好的注脚。因此,劳动关系认定除了要服务于我国劳动用工制度改革发展并促进就业外,还应当秉持倾斜保护的价值理念,坚守劳权保护的"底线"。

接下来要讨论的问题是,劳动关系认定要有利于保障劳权的整体思路是什么？其核心是引领劳动法的扩面保护。劳动关系由传统雇佣关系发展而来，[①]但雇佣关系的劳动法调整始终有一个渐进过程，国家总是把那些最需要保护的雇佣关系优先纳入劳动法予以独立调整。在现代劳动力市场中，传统劳动法所依附的“福特式用工”环境已发生翻天覆地的变化，劳动样态日益多元化，劳动风险不断增加。如何回应这些新变化，是现代劳动法不能回避的重大现实课题。因此，基于劳动法特有的倾斜保护理念，劳动关系认定必然有一个范围不断扩大的渐进过程，在保持理论前瞻性的同时，引导国家把部分劳动就业关系适时纳入劳动关系范畴，给予劳动法的特别保护。

第三，依法构建新型劳动关系还是一个关系范畴，需在不同主体之间动态把握，以提炼劳动关系认定之内核。因此，依法构建我国新型劳动关系，应当走出传统“从属性循环”之怪圈，以“历史经验”和“现实体验”作为理解我国劳动关系的双重视角，树立“大劳动关系”之观念，回应日益多样化人力资源市场的客观需要，建立一种“系统从属性”与“不完整从属性”并举的双层标准体系，方能最大限度适应现代人力资源市场及灵活用工之趋势。

之所以做如此理论模型建构，主要基于如下考量：首先，在于目前研究多体现为一种几乎纯粹理论范式。尽管学者多从个案分析或主体角度对劳动关系本质特征即从属性做了颇为丰富的研究与展示，但有关劳动关系认定的最终结论多少难免有种“从属性循环论”之意味。或者从属性表面上已达成共识，但其内核以及彰显的社会法精神等却一直在学界远未达成普遍共识，而有关结论在解决更为复杂的具体问题时也显得力不从心。其次，在于理性建构劳动关系认定标准，必须置身于我国特殊的劳动就业制度改革发展的宏大背景中，才能对其获得最充分的解读。道理很简单，不同的劳动用工制度决定了不同的劳动法调整价值取向与具体模式，前者主要属于社会政策范畴，后者则属于法制建设范畴，从政策到法制转型是现代社会治理的一般进路。比如，在计划经济背景下，我国实行国家意志主导的劳动用工制度，没有真正意义上的劳动力市场，所谓劳动关系主要体现的是国家与职工之间的不平衡关系，也就是管理者与被管理者的关系。这就是当时劳动关系的内核。同时，这种管理与被管理的关系几乎涵盖各个方面，是一种国家包办的综合劳动关系。在改革初期，以《劳动法》实施为节点，我国劳动用工基于劳动法的统一要求与改革前的制度惯性，形成了一种涵盖标准主体、标准用工过程以及标准从属性的

① 谢增毅：“劳动关系的内涵及雇员和雇主身份之认定”，载《比较法研究》2009年第6期。

劳动关系模式。所谓标准主体,主要是以国有企业为代表的用人单位以及对应的以职工为主体的劳动者。同时,这种主体之间的关系既有法律上的平等,也有实践上的不平等,不平等特征更为明显。所谓标准用工,主要体现为基于劳动关系传统人身属性等而禁止建立双重或多重劳动关系、工作时间不仅连续且长度适中、工作地点与工作内容等相对明确以及社会保险关系单一等。所谓标准从属性,主要是指传统的人身从属、组织从属、经济从属等。在全面市场化劳动用工时期,以《劳动合同法》实施为节点,我国劳动用工呈现出一派崭新景象,形成了一种涵盖主体多元化、用工多样化以及从属性非完整化和非体系化的劳动关系模式。所谓主体多元化,主要是指用人单位与劳动者都发生了巨大变化,包括用人单位的扩容、用人单位的非组织化和单位制瓦解、劳动者的扩容以及劳动者身份的多元化等。所谓从属性非完整化和非体系化,主要是指传统的从属性范式在各种灵活劳动用工中正发生着内涵重构、形式重读、判断重定的多重嬗变。

基于上述,劳动关系认定标准之建构,显然不能拘泥于传统的经济社会背景以及对应的从属性理论,而必须积极回应现实客观需要。同时,现代劳动力市场纷繁复杂的用工基本上可概括为正规用工与灵活用工。劳动关系认定既是一个以劳权保护为中心的问题,也是一个如何看待现代劳动力市场的方法论问题。重构新时期劳动关系认定标准,与其继续陷入"从属性循环"之泥潭,不如勇敢转变研究范式,以当下及未来一个时期两种主要用工类型为分析背景,分别构建适用于正规用工的一般标准与灵活用工的特殊标准,无论是在理论逻辑上,还是对现实回应上,应该都没问题。其中,一般标准是指在标准劳动关系中,基于劳动法独立初始状态下典型法律关系特征以及传统理论,明显的、系统化的从属性是认定劳动关系的一般标准。如果说劳动关系认定的一般标准主要是回应确认标准劳动用工关系而构建的一种理论与实践的制度安排与方法论,那么如何回应现代劳动力市场中各种灵活用工关系之确认,则需要一种更加富有弹性和最大适应性的劳动关系认定的标准体系,以此填平法律对现代劳动力市场调整的"鸿沟"。毕竟在现有制度安排下,无论是劳动者,还是用人单位,都面临因为主体单一而无法涵盖现代劳动力市场中全部劳动关系之困境。① 可以说,建立对灵活劳动用工关系确认的特殊标准,既是灵

---

① 邬砚:"从单一走向多元:劳动合同法主体模型的解析与重构",载《现代法学》2013 年第 4 期。

活用工对现代劳动立法提出的新要求,也是灵活用工对依法确认劳动关系提出的新课题。灵活用工作为现代劳动力市场的重要组成部分,必然驱动劳动立法的改革。灵活用工法律调整与劳动关系认定的应有姿态是:既要允许灵活用工中劳动关系的多元化,又要以“刚柔并举”的思路调整各种灵活用工关系。“刚”即对灵活用工所形成用工关系的认定要基于倾斜保护理念采取靠近原则,即在灵活用工中,只要具备从属性的因素尤其是人格从属性——尽管这种从属性是不完全的和非体系化的,就可以把该类用工关系认定为劳动关系。从该意义上讲,灵活用工所形成的劳动关系不再是传统意义上那种纯粹的、单一的劳动关系,而是一种似是而非的劳动关系,是一种“更接近劳动关系的劳动关系”。“柔”即对灵活用工所形成的劳动关系实施弹性法律调整,核心是对该类劳动关系配置与标准劳动关系有别的权利与义务。劳动立法的功能在于适当扶助弱者并创造平衡,如果简单根据倾斜保护理念把灵活用工中一部分用工关系纳入劳动关系调整,盲目或武断扩大劳动关系范围,可能因为制度不配套、经济社会政治等因素不匹配等而使劳动者权利事实上得不到切实保障,并刺激用人单位“探底竞争”,把劳动关系转化为经济关系,从而使劳动立法的价值落空,最终导致劳权实际亏损与劳动法扩面适用反而被架空的“双输”结局。因此,对灵活用工中劳动关系的认定,不是一个简单的权利保障问题,而是一个涉及经济、社会、法律等因素的综合性问题。说到底,对灵活用工中劳动关系认定的关键是要处理好劳权保障与促进发展的关系。改革的基本思路是:根据不同的用工主体、不同的劳动者、不同的用工方式等,相应地配置不同的权利与义务,使劳权保障与促进发展尽可能求得某种程度的平衡。

劳动关系认定的标准体系有其内在的适用逻辑。根据我们对我国劳动用工制度改革背景与现代劳动力市场中劳动关系认定标准的刻画,劳动关系认定在适用标准上并非随意的,而是有其内在的适用逻辑。基本路径是:针对各种劳动用工所形成的不同用工关系,应先以劳动关系认定的一般标准即“系统从属性”来对照认定,能得出认定结论的就得出是否存在劳动关系的结论,不能得出认定结论的,再用劳动关系认定的特殊标准即“不完整从属性”来具体认定是否存在劳动关系。“系统从属性”之一般标准是劳动关系认定的最高标准,“不完整从属性”之特殊标准是劳动关系认定的最低标准,劳动关系认定实际上有一个从最高标准到最低标准的渐次适用逻辑。

这样安排的好处是:一方面,“系统从属性”标准与“不完整从属性”标准构成一个相对全面的劳动关系认定的标准体系,可以最大限度涵盖日益多样化劳动力市场中的各种劳动用工关系。另一方面,从“系统从属性”之最高标准向“不完整从属性”之最低标准的渐次适用,还可以把那些具有从属性因素的劳动用工关系尽量纳入劳动法调整,把那些不含有从属性因素的用工关系(如劳务关系)还原到民法调整,从而可以破解我国长期以来存在的劳动用工关系确认中面临的诸如劳动关系、雇佣关系、劳务关系等并存的难题。

第四,劳动关系认定需要形成一种科学的方法论。建设和谐劳动关系是新时期促进社会公平正义面临的一项重大课题,尤其是在我国劳动者阶层意识不断崛起的背景下,劳动关系认定要研究“社会可承受度”问题,有关制度安排要因势利导,关键是依法确认各种用工关系,切实维护劳动者的合法权益。同时,在日益多元的劳动力市场中,用工主体不仅多样化,用工形式也多样化,用工所形成的法律关系也多样化,传统上那种纯粹、单一的劳动关系日益减少,很多劳动用工关系表现为劳动关系与非劳动关系并存的混合体。如此一来,劳动关系认定的从属性标准在很多时候都是相对的,劳动关系的从属性就是“在多大程度上的从属性”。事实上,综观世界各国对劳动关系的界定,不难看出劳动关系本身是一个内涵丰富但又不确定的概念。究竟对其采用何种界定方式,在多大程度上从属?各国皆有不同答案。面对这些新形势和新要求,劳动关系认定势必植入公共政策理念,劳动关系认定标准制定者的任务不过是领会社会弱者本质,而法官的任务则是在个案中找寻“从属性”的标签。在我国当下,劳动关系认定的从属性这一核心标准仍不足以切实保障当前及今后一个时期弱势劳动者的合法权益,公共政策在劳动关系认定中是一个不容忽视的重要考量因素。从该意义上看,劳动关系认定与其说是在找寻从属性,毋宁说是认识劳动关系的一种世界观和方法论。

第五,依法构建新型和谐劳动关系,最后还应处理好规范化与个性化的关系。一方面,劳动关系法治化是指劳动关系的规范化。即所有劳动关系都应当依法建立。在我国,随着劳动用工形式日益多样化,传统劳动关系单一化形式面临新的挑战。笔者建议,在《劳动合同法》对劳动关系实质及其形式突破的基础上,[①]结合我国劳动法适用范围改革,依法规定劳动关系的实质内容,以适应劳动关系弹性化趋势。另一方面,劳动关系法治化还包括劳动关系的个性化。所谓劳动关系的个性化,是指具体劳动关系可以根据劳动用工的不同形式,在工作时间、工作地点、工作方式等方面灵活约定,实行“一揽子薪酬方案”。[②] 劳动关系个性化是对日益弹性化劳动用工的积极应对,其本质特征是实行劳动关系权利与义务的弹性化,处理好与劳动关系标准化之间的关系,达到既维护劳动者合法权益,又追求用工效益最大化的“双赢”目的。[③] 正如我们已经提及,依法构建新型劳动关系,既要促进劳动就业制度改革发展,又要在劳权保障与促进发展之间取得平衡,因此,劳动关系认定要处理好劳动法扩面保护改革中的区分对待问题。基本思路是:劳动关系认定首先要坚持靠近认定的底线保护原则,[④]同时对不同形式、不同程度的劳动关系实施“刚柔并举”与区分对待的调整模式。比如,在首先要明确将正规就业与灵活就业

---

① 《劳动合同法》第10条规定:“建立劳动关系,应当订立书面劳动合同。已建立劳动关系,未同时订立书面劳动合同的,应当自用工之日起一个月内订立书面劳动合同。用人单位与劳动者在用工前订立劳动合同的,劳动关系自用工之日起建立。”根据该规定,劳动关系的实质和形式都有了一定程度的突破。首先,劳动合同为劳关系之法定载体,但非唯一载体;其次,订立劳动合同为劳资双方之法律义务,但主要是用人单位义务;最后,劳动关系实质是劳动用工行为,包括劳动者履行劳动行为与用人单位支付劳动报酬等。

② “一揽子薪酬方案”是相对于单一工资而言的,反映了在知识经济背景下劳动关系转型的深层次变化。随着理论上对人力资本和劳动价值的深入研究,劳工一方的法律地位和经济地位逐步上升,随之引起政府、企业和雇员之间的关系的变化。首先是生存工资理论的逐步解体和工资内涵的进化,劳动生产率概念的引入为按生产要素分配奠定了理论基础,分享经济论最终改变了雇员只领取工资而不参与企业利润分配的传统地位。“一揽子薪酬方案”应当包括三项权益:岗位权益,即工资和奖金;社会保障和员工福利权益,即养老金、住房津贴、医疗保险、失业津贴、法律服务和理财计划等;参与企业利润分配的权益,即红利和股票期权等。“一揽子薪酬方案”包括上述全部内容或选择上述部分内容的综合当期分配和延期分配的方案。参见杨燕绥等编著:《劳动法新论》,中国劳动社会保障出版社2004年版,第91~92页。

③ 一方面,劳动者可以在有限的工作时间内从事更多的兼职工作,并在劳动关系有保障的情况下,释放更多的时间进行在职学习和职业培训,不断提升职业能力。另一方面,用人单位则可以灵活安排岗位就业人员,追求用人成本最小化并降低招工风险。总之,在弹性化的劳动关系中,劳资双方在法制框架内,灵活约定用工及其相关权利与义务,实现灵活用工的“共赢”。

④ 底线保护的基本理念是体面劳动。国际劳工组织在其2002年第90届会议的报告六——《体面劳动与非正规就业》中指出:“所有劳动者都享有工作中的权利,不论其在哪里工作,国际劳工组织及第三方成员承诺使体面劳动成为所有工人和雇主的现实。目标是以发展为导向,以脱贫为中心,通过性别平等,沿着从非正规到正规经济的整体,连续地促进体面劳动。”参见该报告第5页。

统一纳入一个劳动关系调整体系的前提下，建立一个适用于正规就业与灵活就业的劳动关系调整新机制，关键是依法构建两者皆可覆盖的核心劳动标准，包括最低工资、最长工作时间、法定劳动保护标准以及核心社会保障标准等。[①] 当然，如何具体拿捏刚性与柔性的度，如何在弹性劳动关系中有效保障平等就业权等劳动者基本权利，确实是一个技术难题，也是新时期依法构建新型劳动关系的一项新的重要课题。

五、统一人力资源市场的服务体系

尽管我们对统一人力资源市场的制度架构依法予以精心设计，但统一人力资源市场最终需要依托于一个完整的服务体系才能正常运行并发挥作用。1970 年经合组织指出，公共就业服务是确保劳动力市场适当运行的唯一最重要的工具。1996 年欧盟理事会将公共就业服务描述为解决劳动力市场结构问题的关键措施。[②] 无论是从国际经验来看，还是从我国国情出发，统一人力资源市场服务体系，成为建设我国统一人力资源市场的重要组成部分。

同时，在目前各种可以选择的方案中，统一人力资源市场服务体系，有五条重要发展思路值得考虑：

1. 统一就业服务机构的设置和管理

统一就业服务体系首先要实现就业服务管理机构的统一。从国外普遍经验来看，一般都建立了纵向的就业服务管理体系，由一个统一的部门管理全国就业服务工作。比如，法国劳动部有一个直属局级机构专门负责全国就业服务工作，其基层机构在全法国设有 700 个属于公共事业性质的就业办事处。加拿大负责劳动和社会保障工作的部门是加拿大人力资源开发部，于 1993 年由就业和移民部、劳工部、全国健康与福利部、国务秘书部等部门组成。在我国，人力资源和社会保障部是全国劳动就业服务的主管部门。人力资源和社会保障部内设培训就业司，具体管理全国就业服务工作。各省级劳动厅(局)设立就业服务机构，负责本地区的就业服务管理工作。各地、市、县、区劳动局设立劳动就业服务机构，负责具体就业服务工作。街道、镇、乡设立基层就业

---

① 石美遐著：《非正规就业劳动关系研究》，中国劳动社会保障出版社 2007 年版，第 284 页。

② 范随等著：《变化中的劳动力市场——公共就业服务》，劳动和社会保障部国际合作司、培训就业司编译，中国劳动社会保障出版社 2002 年版，第 1 页。

服务机构,直接管理失业人员并提供相应服务。① 从形式上看,我国已经建立了纵向的就业服务管理体制和相对统一的就业服务机构,但仍然存在一些问题。譬如,在经济形势下行风险与就业压力持续增大背景下,受维护稳定以及为经济改革发展服务等目标影响,各级政府就业管理和服务机构的主要工作对象还局限于包括下岗人员、残疾劳动者等特殊就业群体,没有针对所有劳动者开展全方位的就业服务工作,缺乏就业管理和服务的整体战略。笔者认为,在全面建设统一人力资源市场背景下,应以国家治理能力现代化转型为契机,统一就业服务机构的设置和管理,应在人力资源和社会保障部的统一领导下,以省级人力资源和社会保障部门为统筹单位,以街道、社区和农村基层组织为基本单位和服务终端。

2. 确立公共就业服务机构的主导地位

确立公共就业服务机构在统一人力资源市场中的主导地位,是世界上大多数国家的共同经验。从根本上讲,就业服务不仅是落实劳动者就业权的法律手段,也还是一种公共政策。"公共政策意味着通过政治的和集体的手段系统地追求某些目标。公共政策不仅由政府主体来实施,它还由有组织集团的代表,像工会……来实施。"②公共政策的"公共性"与"政策性"决定了公共政策必然是公共权力机关基于公共问题,依据一定公共管理目标对社会资源和社会价值进行整合与分配。③ 公共政策作为政府治理社会的重要手段,为社会经济、政治、文化的协调发展提供了坚实保障。因此,确立公共就业服务机构的主导地位,是公共政策的内在使然。主要改革措施有:首先,实行公共就业服务机构相对稳定的业务制度,尤其要抓好公共就业服务机构对人力资源市场就业信息资源的统一管理。这一点在国际劳工组织提出的劳动力市场共同管理模式中得到了充分应证。因为,"只有政府当局和公立就业服务机构才有权管理全国劳动市场的所有资讯,由于此种资讯的战略重要性,任何其他组织都不能承担此种角色"。④ 其次,改革并完善我国公共就业服务机构的职能。我国公共就业服务机构"脱胎"于劳动行政部门,承担了政府部门委托的部分行政管理工作,弱化了就业服务职能。因此,相关改革应围绕全面建设

---

① 关怀、林嘉主编:《劳动法》,中国人民大学出版社2006年版,第131页。

② [德]柯武刚、[德]史漫飞:《制度经济学——社会秩序与公共政策》,韩朝华译,商务印书馆2000年版,第39页。

③ 张飞等:"公共政策要义缕析",载《学术论坛》2006年第9期。

④ 黄越钦著:《劳动法新论》,中国政法大学出版社2003年版,第394页。

法治政府与责任的基本要求,以权力清单和负面清单为指引,正确处理政府与市场的关系,在使市场机制在资源配置中起决定性作用的前提下,既要剥离公共就业服务机构目前承担的行政管理职能,强化其应有的公共就业服务职能,尤其要突出公共就业服务机构在就业培训方面的职能,以大力发展就业培训及职业训练为中心任务,整合各类资源,明确权利义务与责任,依法构建提升劳动者职业素养与就业能力的激励和保障机制,改革方向可以考虑使其成为独立经营的法人;①又要借鉴发达国家相关经验,实行由政府购买公共就业服务成果并推广应用的制度。② 最后,加强公共就业服务机构与其他就业服务机构的合作,整合各种资源,展开有序竞争,不断提升人力资源市场就业服务的水平和实效。

3. 加强就业服务机构的现代化建设

就业服务在发达国家已有较长发展历史。当前,域外就业服务机构发展的总体趋势是:对私营就业服务机构的限制放宽,推动公共与私营就业服务机构和其他中介组织展开合作,合作领域包括分享政府主导的劳动力市场信息、政府将失业人员管理承包给私营就业服务机构以及政府购买培训成果等,合作模式包括契约式合作、授权式合作,以及契约与授权两种方式并用式合作等。③

早在 2003 年全国再就业工作座谈会上,中央提出要实现就业服务体系的专业化、制度化和社会化。专业化即要求在机构、人员、服务、管理等方面实现

---

① 值得关注的动向是:在西方发达国家,公共就业服务机构的地位正经历着由传统的行政部门管属机构向独立法人方向发展的重大变革过程。譬如,法国"全国工商部门就业联盟"就是根据雇主组织和工会组织的协商而建立起来的。另外,从 2000 年开始,欧盟《就业指南》鼓励对公共就业服务机构(Public Employment Services,PES)实行现代化改革,以提高其在执行预防和激励措施中的重要地位。起初,公共就业服务机构在执行欧盟共同就业政策中的主要任务是,对长期失业人员实行预防措施,促进职业和劳动力在地区之间流动。有些成员国公共就业服务机构甚至还拥有监督、公正和独立的职责。目前,这种状况开始改变。一方面,公共就业服务机构在其现代化进程中保持一定的优先地位,开展包括组织机构、管理、工作方法和工作文化等在内的广泛革新;另一方面,在新的政策干预模式下,公共就业服务机构的身份不再是必要的执行者,而是保证劳动力市场更加透明并包容所有群体的合作伙伴。参见杨雪著:《欧盟共同就业政策研究》,中国社会科学出版社 2004 年版,第 126 ~ 128 页。

② 李东林、刘燕斌主编:《世界劳动保障》,中国劳动社会保障出版社 2001 年版,第 122 ~ 123 页。

③ 王丽平著:《我国平等就业机会保障研究》,中央民族大学出版社 2013 年版,第 233 ~ 234 页。

专业化;制度化则要求不断总结就业服务经验,逐步建立各种长效机制;社会化是指动员全社会资源,集大家力量广泛参与就业服务。[①] 同时,实行就业服务机构网络化。就业服务机构网络化是就业服务机构现代化的一个重要内容,是指根据我国统一人力资源市场就业服务机构的设置情况,建立一个覆盖面广、纵横交错的就业服务体系。在这种体系中,政府部门创办的就业服务机构发挥主导作用,社会团体和民间就业服务机构则发挥补充作用,社区就业服务机构可以充分发挥其终端服务的作用。在就业服务机构网络化建设中,关键是要建立一种就业服务网络协作机制。操作方案可以考虑为:充分发挥人力资源和社会保障部在就业服务体系中的主导作用,社会保障机构与职业中介组织、职业培训机构、职业技能鉴定机构和社区就业服务中心等签订就业服务协议,构织成就业服务网络;充分发挥职业中介组织的社会力量优势,在政府购买就业服务成果并出资激励等措施的拉动下,就业服务机构可以与用人单位建立空岗报告机制,针对用人单位的用人要求,就业服务机构在与社会保障机构分享相关信息的同时,积极开展有针对性的就业服务工作,实现空岗与人才的匹配,在促进就业工作的同时,推动就业服务与用人单位需求的良性互动。在该过程中,既要强化人力资源和社会保障部门的统率地位,又要充分发挥各个就业服务机构的积极性,不断扩展管理部门与就业服务机构之间的合作领域,逐步实现统一人力资源市场"共同管理"的目标。

4. 建立健全就业服务体系

就业服务体系,是指提供就业服务的社会化组织网络及其整体功能的统称。它是各级、各种类型的就业服务机构及其相关制度、措施、办法的有机联系的统一整体。[②] 国外就业服务机构的一个突出特点是就业服务内容的体系化,多数国家都对职业介绍、职业培训、职业指导以及失业保险进行一体化管理,使各项就业服务内容紧密衔接,提高就业服务效率,更好地促进就业。[③] 在我国,如何实现市场机制在劳动力资源配置中起决定性作用,目前还面临城乡劳动力市场分割依然存在、就业压力有增无减、就业主体制度尚未真正建

① 姚裕群著:《走向市场的中国就业》,中国人民大学出版社 2005 年版,第 275 页。

② 关怀、林嘉主编:《劳动法》,中国人民大学出版社 2006 年版,第 130 ~ 131 页。

③ 林嘉等著:《劳动就业法律问题研究》,中国劳动社会保障出版社 2005 年版,第 315 页。

立、劳动者分层发展、劳动者就业能力和就业技巧还比较短缺、[①]市场化就业规则依然缺失、市场化就业机制尚未普遍建立并有效运行等实际困境，相关制度投入需要着重解决如下问题：第一，建立城乡统一的就业登记制度，[②]使就业与失业登记范围覆盖到农村剩余劳动力中有转移要求的人员，可以改观目前积极劳动力市场政策仅仅主要关注城市下岗失业人员的不合理状况，促进公平就业。第二，借力城镇化战略，通过特色产业转移、市场要素重组等手段，大力发展中心城镇，加快城镇化建设，联通城乡两个劳动力市场并促进其一体化发展。第三，要在职业介绍现代化、职业指导个性化、[③]职业培训体系化、[④]职业培训人本化、[⑤]职业培训实效化等方面苦练功夫，[⑥]积极推行“一站式服

---

① “就业能力”概念自20世纪出现以来，就存在各种各样的不同解释和定义。它可以理解为获得工作和保持工作的能力，具有集体表征，体现了具体利害关系。“就业能力”是个人实现就业的相对能力，同时也包含了个人特征与劳动力市场之间的相互作用。参见[美]帕特丽夏·威奈尔特(Patricia Weinert)等著：《就业能力——从理论到实践》，郭瑞卿译，中国劳动社会保障出版社2004年版，第4～5页。

② 王丽平著：《我国平等就业机会保障研究》，中央民族大学出版社2013年版，第230页。

③ 比如，对有技术、专长或者其他就业优势的求职者，在劳动力市场信息尽可能对称化建设的基础上，鼓励其利用网络信息并直接与招聘单位联系；对就业困难群体，对其提供倾斜性就业扶持，包括帮助其提升就业能力并恢复就业信心等；向用人单位重点推荐就业困难人员并跟进相关配套激励措施等。

④ 一些地方在该方面的实践与探索经验已有很多。比如，近年来，包头市以提升劳动者职业素养并满足企业需要为根本任务，在实践中逐步探索并建立了“技能培训—竞赛选拔—考核评价—岗位使用—表彰激励”五位一体的技能人才培养体系。参见朝克图：“包头市建立五位一体技能人才培养体系”，载《中国劳动》2014年第6期。

⑤ 职业培训人本化的关键是职业培训应尽可能贴近培训对象与劳动力市场的具体需求，从而切实提升其在劳动力市场中的议价能力。比如，要基于市场在某个特定时期对各类人才的需求状况，优先解决那些需求缺口较大的人才培训问题；要对各类劳动者建立区分职业培训制度，使制度投入尽量符合实际需要；要加强提升青年就业能力建设，深化素质教育改革，建立健全以青年劳动者发展需要和市场需要为基本导向的职业培训体系，深入实施“职业义务教育计划”；要针对“下岗工”、进城就业人员、残疾人等特殊群体实施提升就业能力的倾斜性支持政策等。

⑥ 2015年4月28日，在“五一”国际劳动节暨表彰全国劳动模范和先进工作者大会上，习近平总书记讲话指出，我们要始终高度重视提高劳动者素质，培养宏大的高素质劳动者大军。不难看出，在全面深化改革时期，为应对当下及未来一个时期我国经济社会持续发展或将面临的各种风险，国家对提升劳动者素质在实现“中国梦”中的决定性作用看得很清晰，有关提升劳动者素质的决心也非常坚决。

务”,[①]不断提升就业服务的实际效果。第四,在就业服务内容体系化建设中,既要注意世界范围内公共服务的发展趋势,[②]又要特别注重社会特殊群体的就业工作,[③]建立健全我国特殊的就业助理制度(“一对一”就业服务)和就业托底服务制度。[④] 第五,注重对非正规就业的管理和服务,使其向正规化方向发展。[⑤] 第六,政府还应在发展就业服务社会组织、创新购买社会服务、[⑥]引入

---

① 所谓“一站式服务”,是指把职业介绍、职业培训、职业指导、失业保险管理与失业保险金发放等职能集中在一起,提供一条龙式的服务。在美国,新出台的《劳工投资法案》以法律形式明确了发展以“一站式服务”为主导的劳动就业和社会保障政策。参见杨燕绥、赵建国著:《灵活用工与弹性就业机制》,中国劳动社会保障出版社2006年版,第217页。

② 20世纪六七十年代以来,伴随总体社会形势的变化、社会公众的要求、财政压力的增加等多种因素,世界各国政府普遍推行了公共服务改革。综观这些改革,公共服务发展趋势主要体现在公共服务市场化、公共服务社会化和公共服务分权化三个方面。公共服务市场化的实质是将市场机制引入公共服务领域,以期解决政府在公共服务领域投入不足、经营不善、效益低下、资源浪费等问题。公共服务市场化主要包括三层政策含义:一是将公共服务的决策和公共服务的执行分开,政府主要是决策,市场主要是执行。二是打破以往政府垄断,在多个公共服务供给者之间竞争发展。三是公共服务消费者在多个公共服务供给者之间自主选择。公共服务社会化是根据不同公共服务项目的性质和特点,以社会需求为导向,鼓励各种非营利组织和社会公众参与兴办公益事业并提供社会服务,形成以政府为主导各种社会主体共同参与的公共服务供给格局。公共服务分权化是指由地方政府在公共服务生产和提供中扮演更多的角色。参见孙晓莉著:《中外公共服务体制比较》,国家行政学院出版社2008年版,第44~54页。

③ 比如,要针对新生代农民工面临的教育程度和职业技能水平滞后于城市劳动力市场需要、职业选择迷茫以及学习培训需求难以有效实现等主要问题,制度建设的着力点应围绕提高新生代农民工就业与职业能力这一中心任务统筹规划并切实推进,主要措施包括研究建立农村中等职业教育免费教育制度、农村新成长劳动力免费劳动预备培训制度、创新农民工培训机制、鼓励和支持企业开展针对性上岗技术培训等。参见全国总工会新生代农民工问题课题组:“关于新生代农民工问题的研究报告”,载《新华文摘》2010年第17期。

④ 就业托底服务是指政府对就业困难者进行政策倾斜,实施就业援助,保障就业困难者最低生活的一种就业托底机制。对于通过培训、职业介绍和就业助理后仍然难以就业的社会最弱群体,政府对他们负有不可推卸的就业保障义务,具体办法可以考虑由政府购买公益岗位,实施异地转移就业和以工代赈等措施。

⑤ 域外比较典型的模式为“欧洲模式”。欧盟国家对非正规就业管理和服务改革内容主要包括:对非正规就业的就业权益保护,核心措施是非全日制就业应实现和全日制就业平等的劳动待遇;将非正规就业纳入社会保障体系;促进非正规就业市场的培育和发展;加强非正规就业的平等机会立法等。参见马连敏、任远:“欧盟国家非正规就业管理制度建设及对我国的借鉴”,载《上海综合经济》2002年第3期。

⑥ 顾朝曦:“推动政府向社会力量购买服务,促进社会组织健康有序发展”,载《新华文摘》2014年第2期。

绩效管理、[1]激励企业承担社会责任、[2]强化监管就业服务等方面依法建立健全配套制度体系,确保公共就业服务的公平性、[3]针对性和有效性等。

5. 加强就业信息制度化建设

经济发达国家均非常重视劳动就业和社会保障的信息网络建设,旨在劳动力市场需求与失业者之间建立无缝沟通机制,帮助失业者尽快找到合适的工作。比如,美国联邦劳动部提出,在进入21世纪时,企业、求职者、公共及民间职业介绍机构要共同努力,构筑信息网络,使求职者通过网络直接获取劳动力市场招工信息。[4] 在我国,就业信息是统一人力资源市场的“灵魂”,统一人力资源市场对就业信息的基本要求应当是信息公开、信息真实和信息对称,这对解决我国当前人力资源市场中招工与求职信息各自封闭、信息不对称、信息失真等问题显得尤为重要。针对我国目前人力资源市场就业信息分割、垄断和残缺不全的局面,政府除了要全面建设法治政府外,还应向服务政府、信息政府、网络政府、绩效政府积极转型,着力从以下几个方面进一步推进我国统一人力资源市场就业信息制度化建设:一是实行就业信息公共经营制度。就业信息在统一人力资源市场中具有非常重要的战略地位,只有国家及其委任的机构才能承担管理就业信息的重要任务。当然,实行就业信息公共经营制度,并不排斥就业信息在不同就业服务机构之间分享。二是以就业服务管理机构为依托,建立统一人力资源市场就业信息系统。同时,就业信息由省级统

---

① 域外相关经验表明,各国公共就业服务绩效评估的基础都是该国的公共就业服务的目标,即对公共就业服务实行目标管理制度。我国公共就业服务管理当前面临的紧迫任务是引入以目标管理为导向的绩效管理制度,要重点突出对困难群体就业服务的功能,要高度重视职位空缺的统计和发布,建立明确、可量化和完善的绩效评估指标体系等。参见曾湘泉:“人力资源市场与公共就业服务”,载张小建等著:《当代中国就业与劳动关系》,中国劳动社会保障出版社2009年版,第92页。

② 比如,在公共就业服务体系中,职业培训是提升劳动者就业能力的主要手段。当前,农民工职业培训是我国职业培训计划的重点之一,对于推进城乡劳动力市场一体化意义重大。为强化对农民工进城就业的培训,政府可以通过创新实施功绩点制度激励企业承担社会责任。所谓功绩点制度,是指政府根据现代人力资源管理理念,对企业参与公共就业服务设置功绩点,当功绩点累计到一定程度时,企业可获得政府的某些优惠待遇。

③ 就业公共服务作为劳动力市场的一种公共产品,其直接目标在于支持劳动力市场的灵活化发展,其间接目标则在于促进就业、维护劳动力市场的公平和安全。因此,公共就业服务不能在传统就业、灵活就业与非正规就业等之间有任何歧视行为或者不平等对待。参见王阳著:《转型期中国劳动力市场灵活安全性研究》,首都经济贸易大学出版社2011年版,第35页。

④ 杨燕绥、赵建国著:《灵活用工与弹性就业机制》,中国劳动社会保障出版社2006年版,第216页。

筹比较适宜,既符合就业信息资源有效配置的最大化原则,又可以通过较大范围内的信息统筹,不断拓展人力资源市场的覆盖半径,为在全国范围内实现统一人力资源市场创造必要条件。三是建立就业信息分享机制。鉴于当前就业方式出现了由传统的全日制向短期化、差别化、个性化转型的发展趋势,劳动力市场的就业服务应当积极回应信息经济背景下工作新模式的客观诉求,一个典型措施是使更多的劳动力市场机构和中介服务组织将进入劳动力市场。[①] 同时,作为不同就业服务供给者与接受者之间的关键纽带,就业信息分享机制不可或缺。因此,在实现就业信息公共经营与统一就业信息系统的基础上,建立供给途径多样化、分享主体多元化的就业信息分享制度,成为统一就业信息制度的关键。

六、统一人力资源市场的社会保障制度

依法促进平等就业与加强社会保障关系紧密,共同构成国家对劳动者的就业保护与社会保护两大机制。同时,人力资源市场承载了包括促进效率与公平、促进发展与保障生存权等在内的多种功能,完全的市场竞争是极其危险的,国家必须对人力资源市场进行适度干预,确保处于弱势地位的劳动者能够在竞争不利的情况下获得必要的帮助,维护其应有的基本权利。这是社会法的应有基本价值。[②] 实际上,政府在劳动力市场中的立场并不是完全"不偏不倚",而是必须以保护劳动者合法利益为宗旨,以追求法律上的"实质的平等"为基本原则。[③] 在政府促进就业的各种措施中,建立健全社会保障制度必不可少。因为建立与统一人力资源市场相匹配的社会保障制度,既可以为促进就业减轻压力,也可以为促进就业创造条件。同时,建立健全社会保障制度,不仅直接决定市场就业机制能否真正建立,而且可以扩充劳动者的平等就业权利内容,熨平扭曲而断裂的人力资源市场,帮助制度转换中特殊群体的就业与再就业,最终促进平等竞争、自由有序、利益和谐、稳固良好的人力资源市场的持续发展。从该意义上讲,完善我国社会保障制度是推进统一人力资源市场建设不可或缺的维系机制和促进机制,是统一人力资源市场的社会"安全

---

① 刘海莺、张华新:"国外公共就业服务制度研究综述",载《兰州学刊》2011 年第 9 期。

② 王广彬:"关于社会法的几个基本问题",载林嘉主编:《社会法评论》(第 3 卷),中国人民大学出版社 2008 年版,第 141 页。

③ [日]恒藤武二著:《论争劳动法》,世界思想社 1978 年日文版,第 22 页。转引自常凯:"中国入世与劳权保障",载《中国党政干部论坛》2003 年第 6 期。

网”,是依法保障平等就业权的终极屏障。

当前,我国社会保障制度还存在诸多问题,学界和实务界对此已有相当论述和探讨。[①] 从本书所要解决的核心问题来看,统一人力资源市场中社会保障制度有其独特的价值内涵。其主要包括:

(1)统一人力资源市场社会保障制度,其主要价值承载是“拯救”优胜劣汰后社会弱者所面临的生存危机和权利危机,彻底贯彻我国统一人力资源承载的市场灵活安全性价值目标。同时,统一人力资源市场的社会保障还应秉持发展型社会保险理念,[②]以促进就业为中心,植入“工作福利”理念,把社会保障与劳动者的独立意识、社会责任、终身学习能力及自我发展能力等有机结合起来,[③]针对未来一个时期很可能出现的经济下行背景下国家财政压力、社会保障压力等挑战,有预见性地设计蕴含“工作福利”理念的社会保障政策,调动国家、市场与个人等多方主体的积极性,在构建新型社会保障模式的同时,协同推进热爱劳动、敬业爱岗、服务社会的良好社会文化建设。

(2)统一人力资源市场社会保障制度,其作用机理主要是,运用社会保障的“大数”理念及统筹解决社会问题的特殊功能,形成国家、社会、用人单位和个人等“合力”,全面保障社会弱者的基本权利。同时,社会保障建设的着力点包括:以现代社会政策强调的“社会政策也是生产力”作为制度建设与改革的新理念,

---

① 如有学者指出,当前我国社会保障制度面临诸多新的挑战,其主要有:社会风险加大,城乡之间、不同职业群体之间保障待遇攀比现象突出,公众利益均等化、多元化诉求强烈;农村社会保障问题突出;人口老龄化加剧对社会保障服务质量要求不断提高;就业灵活化对社会保障提出新挑战;经济全球化使社会保障面临更为复杂的环境等。参见王阳著:《转型期中国劳动力市场灵活安全性研究》,首都经济贸易大学出版社2011年版,第97页。

② 发展型社会保险是社会保险现代化的一个重要发展。现代社会保险理念认为,面对社会保险制度改革中面临的诸如财政危机与福利水平、实现充分就业与扩大社会保险支出等各种深刻矛盾,社会保险制度改革应当建立一种积极回应社会问题的发展型社会保险制度模式,发展型社会保险强调把传统的以支付为核心的被动式社会保险向主动促进就业转型。发展型社会保险的政策含义是:一方面,社会保险应当以人为本,促进人的全面发展,而不是仅仅解决人的燃眉之急;另一方面,社会保险还要积极回应社会问题,要把社会保险主要作为一种生产力,为经济社会的可持续发展提供足够的激励和动力。参见李雄、杨瑾:“《社会保险法》应当强化促进就业”,载《长白学刊》2011年第2期。

③ 自20世纪80年代美国、西欧一些福利国家在本国社会政策中引入工作福利这一受益准入制度以来,很多发达国家都对原有的社会政策做了调整,核心措施包括增强人们的社会责任感并以积极的社会政策替代消极的福利给付、把教育和培训作为福利政策重点并实现福利事业从公益型向人力资本投资型转型、完善社会保障体系并建立一套切实可行的福利事业管理制度。参见张敏杰:“工作福利政策及对中国的启示”,载《浙江社会科学》2006年第4期。

全面建设社会保障的新常态，其核心是充分认识到社会保障在促进经济社会发展中的积极功能，在保障生存权基础上加大对劳动者就业能力的培育与提升，推动实现我国从人口大国向人力资源大国的重大转型；改革失业保险制度，如扩大失业保险政策对象并把所有从业人员纳入失业保险范围、强调缴费义务、控制失业人数、确定合理支付水平、[①]缩短失业救济期限、设置救济等待期、[②]强化失业待遇的领取条件、[③]提高失业保险金的使用效率、[④]抑制逆向选择行为等，[⑤]使

---

① 失业保险制度不仅是一项权利制度，也是一项社会政策。这决定了失业保险支付水平不仅要与经济社会发展保持一致，还要为积极就业政策留有余地，其核心是防止社会保险水平过高而减损积极就业政策的制度效能。比如，美国近期对失业保险金补偿标准做了专门研究，总体认为对失业人员的保障水平不能过高。一个重要原因在于要从更广泛的视角思考失业问题，把社会保障与解决失业问题统筹谋划，从制度上避免不愿工作而躺在国家福利政策上度日的弊端。参见刘燕生著：《社会保障的起源、发展和道路选择》，法律出版社2001年版，第262～267页。

② 救济等待期是指在失业人员依法进行登记并取得失业救济资格后，要经过一定时间方能获得失业救济金。实行失业保险制度的国家大多设置了失业救济等待期，最短的为2天，最长的为2个月。参见王丽平著：《我国平等就业机会保障研究》，中央民族大学出版社2013年版，第303页。

③ 在失业率居高不下的情形下，各国普遍实行严格享受失业保险待遇的条件和程序，使失业人员尽快回归岗位。参见李雄、刘俊："论我国社会保险立法的新理念与新使命"，载《河南省政法管理干部学院学报》2011年第3期。

④ 社会保险制度建设应当对人性的复杂性有合理的预设，要建立有效的激励机制，避免"搭便车"现象；要注重失业保险金在发展人的方面的有效性，即失业保险金的投向应更加接近保险和服务对象，应当向提升失业人员就业能力方面转移和倾斜，而不限于像撒胡椒面似的增加少量投入，或者把失业保险金仍局限于低水平层面。参见李雄、刘俊："论我国社会保险立法的新理念与新使命"，载《河南省政法管理干部学院学报》2011年第3期。

⑤ 逆向选择行为主要是指劳动者违反有关法律或违反基本道德公理而被用人单位解除劳动合同导致的失业，以及劳动者欲以失业为手段来获取高于现有工资水平的其他从业收入和失业救济金的恶意失业行为。世界各国的失业保险制度都对享有失业救济金的条件做了严格界定，其中"非因本人原因导致失业"是大多数国家的共同规定。参见彭壁玉："试论我国失业保险政策的调整方向"，载《岭南学刊》2000年第2期。

失业保险主要从社会保险角色向工作保险积极转型。①

(3)鉴于我国目前人力资源市场社会保障还面临诸如城乡分割、管理体制分割、资金短缺和相关配套改革条件不具备等实际情况,因此,统一人力资源市场的社会保障,必须在改革所能承受的范围内进行。在整体上,我国统一人力资源市场的社会保障在相当长的时期内应当坚持"低水平和广覆盖"的基本原则。同时也应注意,在我国当前就业保护还较为脆弱的背景下,社会保障的社会保护责任应得到持续强化。既要防止就业保护与社会保护都不力的困局,又要避免社会保护长期停留在"慈善的侏儒"阶段。

(4)目前面临的关键问题是探索城乡统一社会保障的不同形式和制度。在考虑城乡差别的同时,②又可以解决城乡劳动力流动的后顾之忧,拉动城乡劳动力的相互流动,为建设统一人力资源市场创造必要的社会保障条件。同时,城乡统一社会保障并不要求一种固定的模式,关键要有灵活机制,能够解决劳动力流动带来的社会保障中的各种实际问题。比如,针对灵活就业人员社会保障普遍面临的社保不随人走、异地不对接、前后不对接、退保等困境,相关改革思路可以考虑为:首先,要改变以传统就业群体为社会保障主要实施对象的观念,要清醒地认识到灵活就业对促进我国就业发展的重要性以及重视灵活就业人员社会保障是一项长期战略选择。其次,要适时出台全国性及地

① 域外相关经验表明,失业保险制度经历了向就业保险的重大转型。比如,加拿大在1996~1997年实行了新的就业保险法,取代了以前的失业保险法。这种名称的变化意义重大,因为加拿大政府希望把工人的注意力从"怎样才能有资格得到救济?"转向"怎样才能获得更多的工作、保持就业并有更光明的前途?"为此,加拿大政府通过就业补贴改革、就业能力培养、劳动力市场规划、青年就业策略等组合措施,切实推进就业保险法的深入发展(参见[美]帕特丽夏·威奈尔特等著:《就业能力——从理论到实践》,郭瑞卿译,中国劳动社会保障出版社2004年版,第139~145页)。德国的失业保险制度建立至今已有80多年的历史,形成了鲜明的制度特色。为应对新形势,德国失业保险制度也面临新的改革,其一个重要指导思想是刺激自主创业,相关主要改革措施包括实行培训券制度、通过补贴等方式鼓励企业雇佣失业人员、鼓励自主创业、缩短失业金领取期限等(参见董国辉:"失业保险促进就业的法律保障机制研究",西南政法大学2014年硕士学位论文,第12~13页)。反观我国,现行失业保险制度由于领取失业保险金条件过于宽松,未能对培育失业者保持就业意识、提升失业者就业能力、使失业者尽早回归工作岗位等产生应有的积极干预和影响,进而使失业保险制度同时作为一种社会政策应有的促进功能大打折扣。

② 一些学者也认为,鉴于目前城乡、区域等存在诸多客观差距,我国城乡社保统筹一体化应是保持城乡社会保障差距在合理限度内的有限统筹一体化,其战略目标可定位于"以人为本,保持城乡社会保障差距在合理限度内,实现城乡要素平等交换和公共资源均衡配置,确保国民社会保障底线公平"。参见白小平:"城乡社会保障统筹一体化可行性反思与嬗变",载江西财经大学法学院:《2014年中国社会法年会论文集》(下)。

方性规定，保障灵活就业人员社会保障有法可依，有关制度设计的基本目标是"基本结构统一、最低保障水平统一、缴费及待遇低出低进、管理方式灵活"。相关操作方式要根据灵活就业人员自身特点采取灵活多样、针对性强的实施办法，确定灵活选择的缴费方式、缴费基数、补缴方式以及缴费年限等。最后，要利用新技术和新手段，不断完善管理手段，简化参保程序，统一参保记录，使社会保险的异地衔接、就业前后衔接以及新旧制度衔接等顺畅。

第五章　平等就业权法律保障的关键措施——制度体系

从世界范围来看,促进平等就业与反就业歧视的关键措施是制度化,而制度化的核心是通过法律构建配套制度体系。我国一直重视促进平等就业,从《就业促进法》专章规定公平就业到党的十八大报告提出要推动实现更高质量的就业再到《全面深化改革决定》和《依法治国决定》提出要消除一切阻碍平等就业的制度障碍和就业歧视,依法保障公民权利,加快完善体现权利公平、机会公平、规则公平的法律制度,无不彰显了顶层设计对公平就业与体面就业的决心。当前面临的关键问题是:虽然我国出台了促进平等就业的各种规定,但为什么实践中仍然普遍存在不平等就业与就业歧视?尽管原因很多,但正如前文所梳理和分析的那样,立法存在的问题恐怕最为关键,它直接导致促进平等就业与反就业歧视的知法、守法、执法、司法乃至社会观念都面临价值理念模糊、规则缺位、依据不足等系统性困境。

同时应当认识到,平等就业权法律保障需要依法系统治理。在我国现有七大部门法领域中,客观而言,社会法的法治化程度还很低,其中权利建设与权利救济的法治化程度低最为明显。比如,不仅有关平等就业的具体权利建设还很不足,而且有关促进平等就业与就业歧视的法律责任制度还很脆弱,集中体现为相关法律责任过轻甚至责任缺位,违法成本很低,使违法用工及就业歧视不断公然抵制法律规定。因此,平等就业权法律保障制度体系的重塑要特别突出两个关键环节:一是立法与执法设计阶段要通过权利义务的清晰界定,配套权力清单制度建设,使用人单位及相关主体不能就业歧视;二是相关法律责任要不断强化,一个基本目的是要达到用人单位及相关主体不敢就业歧视的实质性效果。同时,基于依法系统治理不平等就业与就业歧视的客观需要,结合我国当前在该方面面临的一个主要问题是立法对平等就业权利建设还比较落后的客观现实,既要更加注重立法对平等就业权的正面建设并明确禁止就业歧视的若干规则,又要把不能歧视与不敢歧视有机结合,形成法律规制的良性互动。实现上述两个关键环节目标的主要措施是从立法、执法和司法三个层面,全面构建有中国问题导向、中国特色、中国风格的平等就业权法律保障制度体系。

第一节 制定统一的《平等就业法》

在依法治国背景下,究竟采取何种模式促进平等就业并反就业歧视,成为改革的一个难点。以往研究对我国通过制定一部《反就业歧视法》来促进平等就业与反就业歧视已形成较为成熟的方案。对比国内外促进平等就业与反就业歧视的发展理念与实践模式,基于《依法治国决定》提出通过立法牵引全面加强公民权利建设的要求,依法保障平等就业权的最重要的前提莫过于立法先行,制定一部符合我国国情的《平等就业法》。

一、制定统一《平等就业法》的主要理由

近年来,国内学者呼吁尽快制定一部专门的《反就业歧视法》,并已发布了《反就业歧视法专家建议稿》。[①] 笔者认为,综观国内外促进平等就业与反就业歧视的共同经验及发展趋势,立足《全面深化改革决定》和《依法治国决定》提出的消除一切阻碍平等就业的制度障碍和就业歧视并注重正面建设体

① 由中国政法大学宪政研究所蔡定剑教授领衔的专家组于2008年6月完成初稿、2009年3月和2010年3月两次修改后形成的《反就业歧视法专家建议稿》自发布以来就引起全社会的普遍关注,并引发学界对我国反就业歧视立法广泛而深入的探讨。参见蔡定剑、刘小楠主编:《反就业歧视法专家建议稿及海外经验》,社会科学文献出版社2010年版,第10~22页。

现权利公平、机会公平、规则公平的法律制度，相比制定《反就业歧视法》而言，制定统一的《平等就业法》更符合我国国情。主要原因有：

第一，制定《平等就业法》符合世界促进平等就业与反就业歧视法的发展趋势。综观世界促进平等就业与反就业歧视法的发展历程，基本经历了从单独条款到单行法最后到基本法的发展轨迹。在全面推进依法治国背景下，我国促进平等就业与反就业歧视法治化发展的前提是要实现法制化。这一点在学界及实务界应该说没有争议，关键是法制化的路线是完善现有各单行法还是制定一部统一的法律？制定统一的法律，是制定专门的《反就业歧视法》还是《平等就业法》？对该重大问题的回答不仅要密切关注世界趋势，①还要充分注意到我国不平等就业与就业歧视现状背后的若干深层次原因，并要充分注意到我国正面建设平等就业权的若干重大意义。整体上看，正面制定《平等就业法》不仅符合国际总的趋势，也有利于在整合现有各单行法对促进平等就业与反就业歧视分散规定的基础上，旗帜鲜明地规定法律提倡平等并禁止歧视，有利于打破多年来平等就业权在我国面临的权利空洞而用工自主权不断强势的失衡困局，并有利于培育平等就业权的社会一致文化。这也是依法保障平等就业权必需的文化基石。

第二，制定《平等就业法》顺应了世界反就业歧视法的重大转型。梳理域外反就业歧视法的发展历程，以往的主要经验是立法重在对各种歧视行为的禁止。然而，面对日益增多且不断多样化和复杂化的就业歧视行为，立法反面禁止就业歧视的做法不仅显得日益力不从心，也面临平等观念深入人心并要求把平等制度化的挑战。正是基于此种背景，一些国家反就业歧视法律制度逐渐放弃仅仅依靠自身单打独斗的理念，转而积极向其承载的价值目标平等原则靠拢。法律制度经常将不歧视与促进平等相结合，旨在彰显就业领域的多样化与多元化，②并体现人们对促进平等就业与反就业歧视的一种期待。

---

① 比如，在声势浩荡的世界反就业歧视法的发展中，部分国家已经注意到正面促进平等就业的特殊重要性，制定了相应的平等就业法。例如，荷兰为响应欧盟号召制定了《平等待遇法》（1994 年），加拿大于 1987 年实施、1996 年修订定了《就业平等法》，英国于 2006 年颁布、2010 年修订了《平等法》，法国于 2006 年通过了《平等机会法》等。分别参见王丽平著：《我国平等就业机会保障研究》，中央民族大学出版社 2013 年版，第 141 ~ 143 页；谢增毅著：《劳动法的比较与反思》，社会科学文献出版社 2011 年版，第 160 页；蔡定剑、刘小楠主编：《反就业歧视法专家建议稿及海外经验》，社会科学文献出版社 2010 年版，第 47 ~ 48 页。

② D. Schiek, "A New Framework on Equal Treatment of Persons in EC Law?" In *European Law Journal*, Vol. 8, No. 2, pp. 290 – 314.

比如,面对日益复杂而严峻的环境,欧盟意识到仅仅事后反对歧视的做法往往难以如愿,故近年来开始通过法律注重积极义务来构建一种补强机制,不仅在用语上从非歧视到平等实现重大转型,而且越来越关注法律的有效性,即确保实现充分的平等。欧盟一系列关于促进平等就业的改革旨在朝着一种"主动的平等观念"方向发展。① 在我国,有关促进平等就业与反就业歧视的单独条款式立法虽早已出台,但经过多年后,现实中各种不平等就业与就业歧视现象仍然大量存在。造成这种局面的原因尽管很多,但根本原因仍在于立法本身存在重大缺陷,集中体现为立法基本上是对现实中各种就业歧视现象及问题的被动回应,既没有规定就业歧视背后的权利究竟是什么,也没有规定就业歧视本身应如何界定以及就业歧视的范围、反就业歧视专门机构、权利救济和法律责任等基础问题,最终使表面上的禁止就业歧视规定流于形式,也使法律被"架空"而失去权威。依法治国要求立法尤其是良法先行。如何判断一部法律是不是良法固然有多种标准,但归根结底要看法律是否能够解决它所针对的社会问题。② 我国选择制定一部什么样的专门法律,不仅要紧跟世界趋势,还要着眼于我国面临的主要问题。促进平等就业与反就业歧视要走出重重困境,制定统一的《平等就业法》应成为立法考虑的一个主要方向。

第三,制定统一的《平等就业法》符合我国依法治国的根本要求。《全面深化改革决定》指出,健全政府促进就业责任制度,规范招人用人制度,消除城乡、行业、身份、性别等一切影响平等就业的制度障碍和就业歧视。《依法治国决定》一进步指出,坚持法律面前人人平等,平等是社会主义法律的基本属性;坚持立法先行,发挥立法的引领和推动作用;要加快重点领域立法,依法保障公民权利,加快完善体现权利公平、机会公平、规则公平的法律制度。平等就业权在全世界都是一个重大的责任话语,在我国更是承载着维护人的尊严、保障基本权利、促进体面就业、彰显社会公平正义、推动社会融合与和谐、提振我国劳动法的法治化程度、推动我国经济社会可持续发展、提升我国国际竞争力等多重价值。因此,把促进平等就业与依法保障平等就业权作为当前一项重点领域立法,无论是在伦理价值上,还是在法律公义上,都具有坚实而迫切的现实诉求。

---

① Mark Bell, "Equality and the European Union Constitution", *Industrial Law Journal*, September 2004, p. 252.

② 朱景文:"制定良法是依法治国的前提",载《人民日报》2015 年 4 月 17 日。

第四，制定统一的《平等就业法》是对我国平等就业权"系统性"缺陷的全面补救。整体上看，我国当前社会法的法治化程度还很低，其中又以权利建设与权利救济的法治化程度低最为明显。比如，我国尽管已有促进平等就业与禁止就业歧视的相关单独条款规定，但这些单独条款显然不足以承受对平等就业权若干基础问题系统规定之重任，立法既未对平等就业权本身明确规定，也未对就业歧视定义、范围、执法机构、救济与法律责任等基本问题予以规定，从而使平等就业权依然处于概念缺位、内容空洞、反就业歧视制度残缺等"系统性"缺陷尴尬境地。特别要指出的是，在我国法律对平等就业权正面规定缺位、就业歧视界定模糊的情形下，就业实践中各种不合理区别对待和就业歧视公然抵制法律规定的现象仍较普遍，促进平等就业与反就业歧视的实效并不明显。因此，无论是从制度建设层面来看，还是从实践效果层面来看，现有平等就业权都面临着"系统性"缺陷。制定统一的《平等就业法》，就是要根本改变目前把促进平等就业简单等同于反就业歧视的最大误区，把法制建设的着力点转移到依法正面建设平等就业权这一正途上来，通过平等就业权的牵引推动我国反就业歧视具备权利基础和"权利支点"，进而促进平等就业观念深入人心与平等就业权利福祉惠及广大劳动者，实现"所有劳动者的公平正义"。

第五，制定统一的《平等就业法》与反就业歧视兼容并相得益彰。国际人权法中的不歧视规定是基于个人受到歧视性待遇不符合平等原则这样一个理念而产生的。① 不歧视与"法律面前人人平等并有权享受法律的平等保护"一并成为人人享有人权的基础，平等与不歧视原则是"人权法的核心"。② 其中，平等权利是不歧视国际劳工标准所贯彻的法律精神，是反就业歧视的权利基础和"权利支点"。我国制定统一的《平等就业法》，不仅可以为反就业歧视提供基础性权利支撑与"权利支点"，还可以兼容反就业歧视的理念、制度、机制与相关资源等，把反就业歧视作为依法保障平等就业权的关键措施，从而实现《平等就业法》与反就业歧视两者协同推进与相得益彰。

二、制定统一《平等就业法》应处理好十大关系

经过 30 多年的改革发展，我国社会已经发生了翻天覆地的变化，不仅人

---

① 李薇薇："联合国人权公约与禁止就业歧视"，载李薇薇、Lisa Stearns 主编：《禁止就业歧视：国际标准和国内实践》，法律出版社 2006 年版，第 111 页。

② Jorome J. Shestack, "The Jurisprudence of Human Rights", in Theodor Meron (eds.), *Human Rights in International Law: Legal and Policy Issues*, 1984, p. 101.

们的利益关系不断趋于分散化,利益分歧不断复杂化,而且多元社会逐渐取代了大家庭式的同质社会。这就需要法律治理及时转型,关键是要在法律治理中有效植入民主与科学精神,预设法律可能会产生的各种问题,使法律治理更加贴近现实客观需要与民意,处理好各种复杂关系。依法保障平等就业权不仅是一个法律问题,也是一个关涉经济、政治、文化以及社会等综合性问题。因此,即便依靠法治权威推进依法保障平等就业权,也必须抓住立法这个关键环节,在立法阶段谨慎处理好若干重大关系。

(一)立法与改革的关系

在法理学研究中,有一个经久不衰而又充满争议的话题,就是法律与社会变迁的关系,这一关系在当代中国的突出表现是立法与改革的关系。[①] 正确认识改革与法治的关系,充分发挥法治对全面深化改革的引领、推动和保障作用,是我们党运用法治思维和法治方式深化改革的重要课题。[②] 整体观之,立法与改革既有冲突的一面,也有相辅相成、互为条件的一面。立法的突出特点是"定",而改革的突出特点是"变",如何用法律的"定"适应改革的"变",成为当下中国立法面临的一项重大课题。对此,习近平总书记曾经指出:"凡属重大改革都要于法有据。在整个改革过程中,都要高度重视运用法治思维和法治方式,发挥法治的引领和推动作用,加强对相关立法工作的协调,确保在法治轨道上推进改革。"[③]这为处理法治与改革关系提供了正确的指导思想。同时,《全面深化改革决定》与《依法治国决定》可谓当下中国全面改革施政纲领的"姊妹篇",共同勾勒出改革与法治的基本关系,即改革要有法律依据,立法应当服务改革。进言之,既要发挥法治对改革的引领功能、推动功能和保障功能,[④]又要根据全面深化改革的规划部署明确法治改革的方向,[⑤]使立法服务改革发展需要。值得注意的是,以上论述是我们对立法与改革关系的理性认识,但并不代表我国已经处理好了这一重要关系。实际上,面对前所未有的改革发展环境,面对我国法治建设中立法还相对后进的事实,国务院不断突破人大授权立法似乎没有刹车的迹象,这与依法治国要求及立法法改革要求等

---

① 刘松山:"当代中国处理立法与改革关系的策略",载《法学》2014 年第 1 期。

② 王乐泉:"论改革与法治的关系",载《中国法学》2014 年第 6 期。

③ 甘藏春:"科学立法的五个维度——对全面推进依法治国基础性工作的思考",载《新华文摘》2014 年第 21 期。

④ 姜伟:"全面深化改革与全面推进依法治国关系论纲",载《中国法学》2014 年第 6 期。

⑤ 王乐泉:"论改革与法治的关系",载《中国法学》2014 年第 6 期。

似乎很不匹配，尽管其初衷或是着眼于解决当下立法短缺而现实改革又急需的一些问题。我们始终要清醒对待这些不容忽视的问题：形成这种局面的根本原因是什么？是体制惯性，还是新的路径依赖？结合当前全面改革与依法治国相关要求与形势，有没有可以改变这种局面的办法及突破口？从依法保障平等就业权来看，立法先行是前提条件，立法要为相关改革提供法律依据。同时，立法也要为促进平等就业与反就业歧视法的改革服务。这是把握依法保障平等就业权法治建设中处理立法与改革关系的基本方略。当前立法的主要任务是依法正面规定平等就业权，包括平等就业权的概念、内容、运行机制以及反就业歧视的若干基础问题等，使平等就业权走出概念空洞与大而化之的困境，为有关改革提供明确的法律依据。同时，促进平等就业与反就业歧视立法本身也要为相关改革服务，立法机关既要根据改革需要及时清理那些阻碍平等就业与反就业歧视的法律法规等规定，又要把现实中那些亟待解决的促进平等就业与反就业歧视等重要问题，通过改革的"变"适时上升为法律的"定"，通过立法巩固相关改革成果。

（二）法治与政策的关系

促进平等就业与反就业歧视涉及面广泛而且复杂，唯有依靠法治权威才能有效推进。但法治又不是万能的。一方面，法律具有相对稳定性，一旦"定"下来，全社会就应统一遵守。另一方面，政策具有相对灵活性，可以针对具体问题适时调整。在依法保障平等就业权语境下，由于我国当前还面临劳动法若干理论不足、法制建设后进等实际困难，试图通过一步到位式的立法达到依法保障平等就业权效果的想法显然是不切实际的。在理论研究与法制建设相对不足的情形下，如何回应实践中那些亟待解决的不平等就业问题，政策回应仍不失为一种可行的过渡办法。促进平等就业与反就业歧视政策经过反复实践并符合法制化的条件时，政策法制化与最终法治化应成为我国依法保障平等就业权立法建设的一个重要考量因素。目前亟待解决的一个问题是，我国积极就业政策在完成阶段性历史任务后，已经显现出与市场化就业体制机制下依法保障平等就业权客观需要不相符的一些问题。这需要积极就业政策适时改革并与立法"两条腿走路"：一方面，制度建设的一个重要成果标志，是将经过实践检验证明是行之有效的政策措施通过法律形式固定下来。[①] 积极就业政策应当按照依法治国与依法保障平等就业权的相关要求，积极向法

① 郜风涛著：《中国经济转型期就业制度研究》，人民出版社2009年版，第195页。

制化转型提供经验，避免长期停留在“政策法”阶段。另一方面，立法应当在为积极就业政策法制化转型提供保障的同时，适时把政策改革中的一些成熟经验和制度上升为法律，巩固政策成果。

（三）当下与前瞻的关系

依法保障平等就业权首先是人权保障的客观需要，是对人的尊严尊重的客观需要。同时，依法保障平等就业权在中国当下还具有维护社会公平正义、优化人力资源配置、促进统一人力资源市场建设、提升就业质量等积极意义。从长远来看，依法保障平等就业权还具有适应灵活就业趋势和促进职场民主化、多样性、社会融合等积极价值。如何看待依法保障平等就业权近期与长远的价值目标，立法应当处理好当下与前瞻的关系。比如，结合世界经验，我国《平等就业法》的立法应当首先解决当下那些较为突出的问题，包括正面赋予劳动者平等就业权并规定平等就业权的概念及权利内容，规定平等就业权的运行机制，规定就业歧视的定义与认定规则，规定反就业歧视的专门机构，规定平等就业权的救济机制与法律责任等。同时，对于就业歧视范围的规定也应立足于当前最为突出的问题，包括性别歧视、年龄歧视、身份歧视、身体歧视、残疾歧视、学历歧视等。立法在科学规划的基础上，按照“重点突出、从易到难、逐步推进”的改革思路，通过对这些基础而重要问题的先行规定并初步建立起法律制度体系后，通过实践循序渐进并逐步完善，把改革风险降到最低于与整个社会可以接受的范围内，应成为《平等就业法》立法应考虑的又一重要关系。

（四）赋权与反歧视的关系

无论是基于常识，还是从法律逻辑与实践经验来看，表面上的反就业歧视总离不开对其背后权利的保护，或者说，反就业歧视背后总有一个具体权利作为基础和“支点”。因此，制定统一的《平等就业法》的一个关键任务是以权利为“抓手”和牵引，依法正面赋予劳动者平等就业权，使平等就业权这个关乎民生的基本权利具体而生动，彻底改变我国平等就业权长期处于概念缺乏、内容空洞的宣示状态。同时，国际人权法与国际劳工标准中的两个核心是平等与不歧视，平等权利是不歧视贯彻的法律精神和“权利支点”。我国制定统一的《平等就业法》，应当立足于依法治国的基本要求，积极借鉴这一主要国际经验，把正面赋权建设作为依法保障平等就业权的逻辑起点，把反就业歧视作为促进平等就业的一个关键措施。依法赋权与反就业歧视两者是目标与手段的基本关系。因此，仅就正面赋权与反就业歧视两者在《平等就业法》中的顺位来看,平等就业权的正面规定显然优于反就业歧视。

(五)公平与效率的关系

制定统一的《平等就业法》属于社会法立法范畴,《平等就业法》涉及的公平与效率关系及其处理当然应以社会法这一主要理论场域来审视。在社会法理论场域中,公平与效率的基本关系是公平优于效率,是在公平前提下出效率,效率应为促进公平服务。因此,在制定统一的《平等就业法》时,首先应把握依法保障平等就业权的价值基点即促进劳动者公平就业与社会公平正义,并在若干具体制度设计上要根据公平与效率的基本关系来合理取舍。比如,基于世界普适经验与任何权利都是有成本的一般理念,在经济形势好的时候,立法对平等就业权的保护力度相对较高;在经济形势不好时,立法通过"底线"保护来兼顾劳权保障与促进发展两者的关系。立法基于"等者等之、不等者不等之"的正义理念,通过区别对待不同形式的就业,对不同劳动者的平等就业权实施合理的区别保护。这些都体现了社会法理论场域中《平等就业法》对公平与效率关系的基本处理思路。特别要注意的是,制定《平等就业法》既要彰显《依法治国决定》提出的良法先行要求,又要避免我国劳动立法长期存在的立法本身过度偏重形式平等,实践中却面临因为立法对权利义务的配置未体现合理区别对待而普遍遭遇选择性执法之困境。走出劳动立法困境的根本仍在于回归社会法视野中公平与效率的正确关系,在立法起始阶段就应根据公平正义的一般要求即"等者等之,不等者不等之",对不同劳动用工主体配置不同的权利义务及责任,而在法律施行中则应按照平等对待原则一视同仁,从而在公平基础上通过效率的牵引进一步促进公平的范围及程度。

(六)普遍与特殊的关系

平等就业权的基本权利属性决定了其权利主体应该是所有劳动者,依法保障平等就业权首先要符合普遍保护的要求。比如,社会法理论场域中的平等就业权是形式平等就业权与实质平等就业权的统一体,这就要求《平等就业法》对平等就业权内容的规定首先应体现权利的普遍性。同时,社会法理论场域中的实质平等就业权是基于社会弱势劳动者倾斜保护理念和客观需要而产生的,这就要求《平等就业法》对平等就业权内容的规定还应体现权利的特殊保护要求,且特殊保护的"度"仅限于消除形式平等就业权造成的不足之层面,不能破坏形式平等就业权的基本价值。

(七)全面与重点的关系

任何制度的投入都是有成本的,应当确保制度投入的针对性和优先性。

当前，伴随着我国劳动用工制度深刻转型，以劳务派遣、非全日制用工等为代表的各种灵活就业与非正规就业日益兴起，[①]这对依法保障平等就业权提出了新的挑战。《平等就业法》应当处理好全面与重点的关系，核心是既要把促进平等就业与反就业歧视的制度设计覆盖各种类型就业中的所有劳动者，首先要基于形式平等就业权的要求实现“所有劳动者的公平正义”，还应着重关注实践中那些特别需要解决的不平等就业与就业歧视问题。比如，针对当前劳务派遣中被派遣劳动者、非全日制劳动者、家政企业劳动者等面临的各种不平等就业问题，[②]《平等就业法》应当在价值理念上实现从偏重灵活性向灵活性与安全性并重转型，[③]注重灵活就业和非正规就业劳动者基本权利建设，规定基本权利“底线”保护标准与用人单位违法不平等招工的监督机制和惩戒机制，达到既规范又促进的双重效果。

（八）管制与自治的关系

在市场化劳动用工体制和机制下，依法保障平等就业权除了要依靠法治的权威外，还应充分尊重市场机制在劳动力资源配置中的决定性作用。这就要求《平等就业法》首先要依法创设劳动力自由、平等流动的制度环境，消除一切形式的不合理差别对待和就业歧视。如果立法不能创建公平的制度环境，所谓让市场机制在劳动力资源配置中起决定性作用，不仅是一个不切实际的幻想，还会造成更多被动的局面。比如，在相关制度对平等招工与禁止就业

---

① 灵活就业不等于非正规就业。前者是针对就业形式的多样化和灵活性而言的，是指在劳动时间、劳动报酬、工作方式、工作场地等方面具有灵活性的就业形式。后者是针对就业部门而言的，国际劳工组织在20世纪70年代提出了“非正规就业”概念，《1998～1999年世界就业报告》将其描述为在小企业、家庭经济和自雇式的就业。总之，劳动者求职部门正规与否是区分正规就业与非正规就业的标志。同时，根据原劳动和社会保障部2002年12月全国城市劳动力就业和社会保障随机调查推算，全国城镇非正规就业人数约为1.5亿人，占总就业人数的20.34%。分别参见杨燕绥：“面对前所未有的就业压力，需要改变就业观念”，载杨燕绥等编著：《劳动法新论》，中国劳动社会保障出版社2004年版，第18页；杨燕绥、赵建国著：《灵活用工与弹性就业机制》，中国劳动社会保障出版社2006年版，第16～17页；石美遐著：《非正规就业劳动关系研究》，中国劳动社会保障出版社2007年版，第25页。

② 比如，在立法仅仅规定劳务派遣只有一层劳动关系的情形下，劳务派遣往往被异化为派遣单位和要派单位都想逃避法律义务与责任的“工具”。劳务派遣在适用范围上不断突破法律规定的“三性”岗位而广泛存在的客观事实应引起高度警惕，并应采取针对性立法改革措施。参见李雄：“我国劳务派遣制度改革的误区与矫正”，载《法学家》2014年第3期。

③ 喻术红、班小辉：“欧盟反对歧视非全日制工人的制度探析”，载《比较法研究》2014年第5期。

歧视规制还系统性缺位的情形下,简单地让市场机制在劳动力资源配置中起决定性作用,不仅根本背离了市场经济也是法治经济和公平经济的本意,还会使缺乏平等制度环境及法律规制的劳动力市场出现"逆改革"倾向,进而破坏好不容易初步建立起来的劳动力市场价值体系与运行机制。因此,《平等就业法》首先要承担起对劳动力市场管制的重任,在管制的基础上充分尊重市场机制的决定性作用,达到法律管制与市场自治的有效平衡。在目前情形下,《平等就业法》对劳动力市场管制的一个核心是要突出对用人单位招工行为的规制,要从依法完善招工制度的制定、依法监督招工制度的运行以及依法否定性评价招工制度等关键环节对招工制度实施全方面、无缝隙的法律管制。特别要指出的是,在当前西方劳动力市场出现放松管制现象的背景下,中国人力资源市场建设究竟要采取何种治理模式,或者说,究竟是要加强管制还是要放松管制,已经成为当前人力资源市场建设不能回避的一个实质性问题。笔者始终认为,究竟是管制还是放松,关键要看不同时期人力资源市场面临的主要问题以及具体的改革环境。当前,我国人力资源市场建设还普遍面临劳动者基本权利短缺、彰显公平正义的劳动用工规则普遍缺失、诚信劳动用工文化尚未有效形成等具体问题,在全面加强依法治理人力资源市场的背景下,以立法为牵引,突出立法对上述基础问题解决的优先地位,并突出执法监督与司法救济,把依法管制与强化管制作为当下人力资源市场建设的重点,在通过法律管制形成一个较好用工环境的情形下,市场机制在劳动力资源配置中起决定性作用才真正有用武之地,整个人力资源市场才尽可能按照法治思维和法治要求健康运行。

(九)规制与合作的关系

在市场化劳动用工背景下,促进平等就业与反就业歧视,尽管法律是最权威的手段,但我们对通过市场机制的促进作用不能忽视。换句话说,促进平等就业与反就业歧视,不能仅仅依靠法律的刚性规制,还需要各方对话与合作,在减少对抗的基础上,力争使用人单位自觉地承担起促进平等就业与不歧视的社会责任义务。比如,面对雇主为了规避劳动力市场的雇佣风险而不雇佣那些容易受歧视的群体这一新问题,域外普遍看法是:与其要问为什么歧视案件如此之多,还不如问为什么歧视案件如此之少。在歧视方式不断复杂化和微妙化的新时代,反就业歧视法必须放弃以诉讼为导向力图惩罚违反者的路径依赖,而要转移到用法律激励雇主自动消除其组织内的歧视这种解决问题的新方法上来。[①] 我国在制定《平等就业法》时应充分注意这一新动向。鉴于当前及未来一个时期面临的就业主要矛盾、劳动争议的敏感性、劳动争议妥善解决在和谐社会中的特殊作用、反就业歧视要与最大限度促进就业良性互动，以及推动构建包容社会文化等诸多考虑，促进平等就业与反就业歧视纠纷的解决还应当特别注重对话与合作，综合运用协商、调解等非诉讼程序机制，[②]既要使用人单位在法律的正面激励下自觉承担促进平等就业与不歧视的社会责任义务，也要使就业歧视争议尽量通过便捷和低成本的途径解决，[③]力争把就业歧视争议带来的各种负面影响和问题降到最低程度。

（十）制度与观念的关系

依法保障平等就业权不仅是一项法律工程，更是一场观念改造工程。面对不平等就业与就业歧视背后根深蒂固的各种文化偏见和思想观念，除了要依靠法律强制推行外，还应注重公民法治信仰与平等文化的持续培育。因此，《平等就业法》既要致力于明确规定依法保障平等就业权的“一揽子”制度，使良法走在法治的前沿，也要为公民法治信仰与平等观念的塑造提供必要的制度牵引与制度空间。比如，《平等就业法》对平等就业权本身的正面规定不仅可使该权利获得概念明晰、内容丰富、保障有力的崭新形象，有利于引导人们对平等就业权的清晰认识和自觉维护，还可使反就业歧视观念深入人心并对用人单位自主用工权形成必要的限制，有利于促进其自觉承担平等用工与不歧视的社会责任。

三、制定统一《平等就业法》应解决的十大问题

在《依法治国决定》提出要加快完善体现权利公平、机会公平、规则公平的法律制度的背景下，依法正面规定并保护平等就业权，既是对《依法治国决定》的积极回应，也是根本改观我国一直以来把促进平等就业与保护平等就业权简单等同于反就业歧视的误区。因此，依法正面建设平等就业权而非仅仅被动反就业歧视，是制定统一《平等就业法》的一个初衷。结合世界经验，立足于我国当前及今后一个时期依法保障平等就业权要解决的主要问题，

---

① Laura Beth Nielsen, Robert L. Nelson, *Handbook of Employment Discrimination Research: Rights and Realities*, Springer, Chicago, 2008, pp. xiv – xvi.

② 李雄：“我国劳动争议调解制度的理性检讨与改革前瞻”，载《中国法学》2013年第4期。

③ 谢增毅著：《劳动法的比较与反思》，社会科学文献出版社2011年版，第202页。

《平等就业法》应着力解决如下十大问题：

（一）立法目的

立法目的是一部法律的价值依归。从世界范围来看，平等是依法保障平等就业权的核心价值。促进平等就业权的核心措施反就业歧视的立法目标也一般被理解为增进某种意义上的平等。[①] 平等既包括人的尊严的平等，也包括基本权利的平等，还包括人们对平等文化的认同与践行。在我国，依法保障平等就业权具有多重特殊的价值意蕴，不仅涵盖对人的尊严与基本权利的保护，还包括促进社会公平正义、促进就业制度科学发展、推动经济社会发展、推动劳动法制建设、促进社会融合、[②]提升国际竞争力等价值承载。然而在目前相关条件还比较有限的情形下，要把平等就业权承载的这些价值目标都纳入《平等就业法》又是不现实的，至少在立法技术上会有障碍。

较为可行的思路是：应根据《平等就业法》在当下及未来一个可预见的时期要解决的主要问题来确定立法目的。结合前文关于《平等就业法》要处理好的有关重要关系，《平等就业法》的立法目的可定位于依法保障平等就业权，消除就业歧视，促进男女平等就业与社会融合，推动社会公平正义。[③] 至于依法保障平等就业权的其他价值目标，则可通过促进平等就业与反就业歧视实践与日后适时修法来逐步实现。

（二）平等就业权定义

平等就业权是一个实践品性特别强的法律概念，依法保障平等就业权首先应得到法律的清晰确认。同时，平等就业权在全世界又是一个重大的责任话语，具有不同的意思场域。平等就业权也绝非一个抽象或均衡的问题，而是一个与各个国家和未来紧密勾连的具体问题。我国立法对平等就业权的规定尚停留在口号式和宣示性层面，并无具体、实质性的权利内容。受上述因素等

---

① Christopher McCrudden, Changing Notions of Discrimination, in Stephen Guest & Alan Milne eds. ,*Equality and Discrimination*; *Essays in Freedom and Justice* 84,86 (1985); Jhon Garder, "Liberals and Unlawful Discrimination", 9 *Oxford J. Leg. Stud.* 1 (1989).

② 1995年哥本哈根社会发展国际会议对社会融合做了较为权威的界定：社会融合是人们在充分尊重个人的尊严、共同利益、多元主义和多样性、非暴力和团结的情况下一起生活的能力以及参与社会、文化、经济和政治生活的能力，包括社会发展的所有方面和所有政策。参见李磊："城乡社会一体化的法理思辨及其制度构建"，载江西财经大学法学院：《2014年中国社会法年会论文集》（上），第68页。

③ 李雄、刘山川："我国制定《反就业歧视法》的若干问题研究"，载《清华法学》2010年第5期。

共同影响，人们对平等就业权的认识和理解一般定格于就业机会平等或者反就业歧视等。立足于社会法语境中平等就业权的特殊性与我国依法保障平等就业权承载的价值功能等，我们就不难为平等就业权的定义做如下归结：所谓平等就业权，是指国家通过立法、执法、司法以及文化等手段保障劳动者在身份平等、权利平等、机会平等、规则平等的基础上享有的形式上的平等就业权。同时，国家通过保障体面劳动、禁止就业歧视、强化就业与职业培训、加强社会保障等途径保障社会弱势劳动者享有实质上的平等就业权。平等就业权是形式平等就业权与实质平等就业权的统一。

同时，为保持法治统一，应当根据依法治国和依宪治国的基本要求，首先，要在《宪法》中增补规定公民依法享有平等就业权，[①]禁止就业歧视；其次，要对《劳动法》和《就业促进法》做相应完善，核心是依法明确规定劳动者享有平等就业权以及平等就业权的定义，使《劳动法》、《就业促进法》与《平等就业法》对平等就业权的界定与《宪法》保持一致。

（三）平等就业权内容

从根本上讲，平等就业权内容的法制化也是我国劳动标准法制化的体现。从客观来看，自《劳动法》实施以来，我国劳动立法基本上都以该法为主要依据，制定了一系列劳动法律法规。在依法治国背景下，面对日益纷繁复杂的劳动力市场，现有劳动立法面临的一个最为核心的问题是，劳动标准体系尚未真正建立起来，进而根本影响到我国劳动法的法治化建设和程度。具体而言，我国现有劳动立法中劳动标准体系面临的主要问题有：

首先，现有劳动标准基本上以计划经济背景下的劳动用工为原型，已不适应现实需要。较为突出的问题是，劳动标准以传统劳动用工为基本背景，主要体现为劳动用工主体的单一性、劳动报酬的凝固性、劳动时间的统一性与劳动关系的国家性。在这种劳动用工背景下，由于国家意志与强力干预特别突出，劳资双方自治空间几乎没有存在的空间，决定了当时劳动标准的无比刚性。在新经济背景下，各种灵活用工形成的复杂关系如何依法确认，如何在公平与效率、发展与维权之间取得合理平衡，已成为当前劳动立法面临的一大挑战，也是现有劳动标准适应性不足的集中体现。

其次，现有劳动标准未能公平对待劳资双方，已经影响公平正义。在西方

① 臧震："工作权及其司法救济制度研究"，载柳文华主编：《经济、社会和文化权利可诉性研究》，中国社会科学出版社2008年版，第283页。

法谚中,公平正义的化身即是“等者等之,不等者不等之”,也就是要合理地区别对待。反观我国现有劳动标准,基本上不考虑不同劳动者与用人单位的不同情况,而是简单采取“一刀切”式立法,即对所有的劳动者与用人单位一视同仁。这种表面上的同等对待实际上是最大的不公平,已经在实践中导致诸多问题。比如,立法未对弱势劳动者赋予更多的权利,导致劳动者利益保障整体上还处于“欠账”的尴尬境地。又如,立法未对用人单位承担的用工义务合理区分,包括对中小微企业必要的优惠及豁免,导致在经济形势不好的情形下用人单位无法承受法定用工义务,进而引发诸如政府被迫出面“埋单”、劳资不和谐等系统性难题。

最后,现有劳动标准在立法中规定模糊或者刻意回避,已经影响到劳动司法的有效性与劳动者权益保障的实效性。纵观我国劳动立法与劳动标准建设历程,不难看出,实践中出现的很多问题基本上可归结为立法本身存在问题,也就是形式上的有法可依实际上却无法可依,尽管这些问题也包括理论研究不足的原因等。比如,立法规定了平等就业权并禁止就业歧视,但对于究竟什么是平等就业权以及就业歧视的界定标准是什么,立法则语焉不详。如果法律仅仅是宣示性或原则性地规定权利,不仅劳动者的权益无法得到根本保障,也会伤害劳动法治的精神和要求。

作为劳动标准体系的重要组成,平等就业权在我国一直处于概念和权利宣示阶段,使依法保障平等就业权面临诸多实际困难。从本书关于平等就业权的定义可以看出,平等就业权是一个“权利束”,蕴含丰富的权利内容。因此,《平等就业法》应在定义平等就业权的基础上,继续对其内涵的权利内容细致规定,充实其权利内容,进而揭开平等就业权的神秘面纱。

根据本书设想,在社会法理论场域中,平等就业权是形式平等就业权与实质平等就业权的统一体。其中,平等就业权内容体系的第一层次即为形式平等就业权。所谓形式平等就业权,是指作为平等就业权的主体劳动者,在法律上享有平等就业的权利,具体包括:劳动者身份平等;劳动者就业权利平等;劳动者就业机会平等;劳动者就业规则平等。在形式平等就业权基础上,还要进一步提出实质平等就业权,才是本书最终设计的平等就业权内容体系的完整图景。所谓实质平等就业权,是指作为平等就业权的主体劳动者,由于其在社会、经济、文化等方面存差异,依据社会法要求以及平等就业权所承载价值功能的客观需要,依法享有从国家获得就业帮助,并实际享有平等就业的权利,具体包括:体面劳动;不歧视;职业培训;社会保障。

(四)平等就业权与用工自主权的关系

在市场化劳动用工背景下,从权利平衡的角度来看,平等就业权与用工自主权在法律上乃是一对相互对应的权利。① 因此,平等就业权与用工自主权关系的厘定是依法建立健全平等就业权法律保障制度体系的一个关键。同时,在市场机制对劳动力资源起决定性作用的情形下,平等就业权与用工自主权的关系本质上主要是一个如何看待对平等就业权限制的问题。对此,《平等就业法》要规定的主要内容有:

1. 平等就业权的权利内容

综观我国平等就业权保障现状,一个最大问题是平等就业权因为停留在概念与权利宣示层面,没有具体的权利内容,没有与用工自主权划清界限。在劳动力市场整体上处于供过于求以及依法诚信用工环境尚未真正形成的背景下,表面上平等就业权与用工自主权都得到法律明确规定并可以和睦共处,但普遍事实是,劳动者面对用人单位形形色色的招聘要求,不仅不清楚自己究竟享有哪些平等就业的权利,也不清楚用人单位的招聘要求是否存在就业歧视的嫌疑。强势的用工自主权使平等就业权普遍遭遇被忽略或者被侵害的尴尬境地。《依法治国决定》提出依法保障公民权利,加快完善体现权利公平、机会公平、规则公平的法律制度,可以说,依法正面建设公民基本权利已成为新时期中国法治建设的一个普遍诉求。从平等就业权本身来看,只有依法明确规定平等就业权的权利内容,对平等就业权这一基本权利的限制才不至于越过正义的边界,才能正当化。同时,平等就业权具有不同的意思场域,是一个需要系统分析的多形概念且关涉面十分广泛的权利束。平等就业权的内容是其概念内涵的核心,是使平等就业权从宣示性权利走向具体性权利的关键性标志。根据前文论述,平等就业权在内容体系上是形式平等就业权与实质平等就业权的统一。所谓形式平等就业权,是指作为平等就业权的主体劳动者,在法律上享有平等就业的权利,具体包括:劳动者身份平等;劳动者就业权利平等;劳动者就业机会平等;劳动者就业规则平等。所谓实质平等就业权,是指劳动者由于在社会、经济、文化、职业能力等方面存在差异,依法从国家获得就业帮助并在实质层面上实现就业平等的权利,包括获得"体面劳动"、反就业歧视、获得职业培训、获得社会保障。②

① 秦国荣著:《劳动权保障与〈劳动法〉的修改》,人民出版社2012年版,第60页。

② 李雄:"论平等就业权",西南政法大学2008年博士学位论文,前言第5页。

2. 平等就业权限制的法律原则

作为基本权利体系的重要内容，平等就业权应当遵循基本权利限制的一般要求。基本权利限制的依据既包括法治精神，也是客观实现的需要。从法治精神来看，最早规定限制基本权利的法律性文件是法国《人权宣言》，第4条规定："自由包括从事一切不损害他人的行为的权利。因此，行使各人的自然权利只有以保证社会的其他成员享有同样的权利为其界限。这些界限只能够由法律确定。"这一规定既是法治精神的体现，也渗透出基本权利应受限制且只能依法限制的内涵。我国《宪法》第51条规定："中华人民共和国公民在行使自由和权利的时候，不得损害国家的、社会的、集体的利益和其他公民的合法的自由和权利。"这也说明我国基本权利受到限制，且指明了基本权利限制的目的和条件。从客观现实来看，权利总是有牙齿的，基本权利在现实生活中是一个相互关联的价值体系，一方基本权利必然影响另一方基本权利，一项基本权利的行使往往隐含对其他基本权利的侵害之危险。因此，为保证社会整体的价值秩序，国家有必要依法对基本权利予以限制。基本权利限制对平等就业权产生了直接影响，且只有把平等就业权的限制纳入平等就业权的概念内涵，平等就业权概念的界定才是完整的，平等就业权相关理论才能"孵化"出适应我国国情的平等就业权法律保障制度。首先要关注的问题是，平等就业权限制的法律原则有哪些？

法律原则是指可以作为规则的基础或本源的综合性、稳定原理或准则，是对立法无法避免的"不可预见的缺陷"的重要补充。因立法者认识能力的局限性，不可能预知未来一切事情，也因立法者的表现手段有限，即使能预见一切问题，也不可能在立法上完全表现出来。[①] 一般认为，对包括平等就业权在内的基本权利限制应当遵循如下三个主要法律原则：(1)平衡原则。所谓平衡原则，是指国家对平等就业权和用工自主权及其所代表的利益进行平衡，在结果上达到一种大致的平衡与和谐。权力在其本性上是权利与权利妥协的产物，权力的运用主要在于实现权利或者在权利发生冲突时伸张一种权利而剥夺另一方权利。[②] 权利与权利之间具有平等性，平等就业权与用工自主权也不例外。由于平等就业权与用工自主权各有不同的权利利益，如若出现权利冲突，就须第三方居中裁决，国家在这方面负有不可推卸的义务。国家居中裁

① 梁慧星著：《民法解释学》，中国政法大学出版社1995年版，第250页。

② 张卫东："平等就业权初论"，载《政治与法律》2006年第2期。

决之目的就是要尽可能平衡两者之间的利益，在结果上实现一种大致的平衡与和谐。需要进一步指出的是，在社会法理论场域中，国家对劳资利益的平衡决不能“不偏不倚”，而应当对相对弱势方劳动者有所倾斜。这也是劳动法独立于民法存在的关键价值。(2)关联原则。所谓关联原则，是指对公民就业权所实施的各种限制必须确实是基于职业、工种或岗位本身特殊性的内在要求。或者说，该种限制应与相对应的工作具有内在的需要，确属从事该工作所必须、合理之限制，故该原则也可称为“内在需要”原则或必要性与合理性原则。① 如国际劳工组织《(就业和职业)歧视公约》(1958 年)第 1 条第 2 款规定：“对一项特定职业基于其内在需要的任何区别、排斥或优惠不应视为歧视。”关联原则也被广泛认为是比例原则。比例原则是一个涉及人权的公权力限制基本权利的目的与所采取的手段之间是否适当。② 比例原则包括三方面内容：妥当性原则、必要性原则和均衡性原则，此所谓比例原则的“三阶理论”。妥当性原则旨在强调手段必须符合目的性，反之则可能出现限制违宪。必要性原则旨在突出手段与方案的负面影响或造成的损害应最小。如果手段是唯一的，则不存在必要性问题。均衡性原则旨在强调所采取的手段不能造成过度负担并侵害法律所保护的另一种利益。值得一提的是，传统比例原则包括的妥当性原则、必要性原则和均衡性原则等“三阶理论”实际上存在重大缺陷，没有在对基本权利限制的起始阶段设定一个目的正当性原则，最终使比例原则陷入“无本之木”、“无源之水”的尴尬质疑。从实现实质正义、保障人权等目的考量，应依法设定平等就业权限制的四个主要法律原则，即目的正当性原则、妥当性原则、必要性原则和均衡性原则。同时，立法应建立目的正当性审查的综合评断机制，要把握对立法者、行政者目的正当性审查适当的度，应对立法者政治过程的结果保持适度克制，对行政者的专业判断结果予以适度尊让。③ 鉴于平等就业权限制的核心议题是如何正确对待平等就业权与用工自主权的关系问题，因此，贯彻关联原则有必要建立“真实职业资格”(或称“工作内在需要”)制度，合理限制用工自主权，实现平等就业权与用工自主权之间的大致平衡与和谐。(3)有利原则。有利原则是基于劳动法立法宗旨而

---

① 许建宇：“社会法视野中的劳动权——作为社会权的劳动权之基本范畴解析”，载林嘉主编：《劳动法评论》(第 3 卷)，中国人民大学出版社 2005 年版，第 113 页。

② 陈新民著：《德国公法学基础理论》(下册)，山东人民出版社 2001 年版，第 368 页。

③ 刘权：“目的正当性与比例原则的重构”，载《中国法学》2014 年第 4 期。

出现的一项独立的劳动法基本原则,具有坚实的法理基础。[①] 有利原则含义具有较大的包容性和发展性,体现在劳动法各个方面。本书所指有利原则的基本含义为:在用人单位根据“真实职业资格”对平等就业权做出限制并给予解释时,如果产生分歧,应当依据劳动法“倾斜保护劳动者劳动权”的本位思想,做出有利于劳动者的解释。总之,在平等就业权限制的法律原则中,有利原则实质上是对平衡原则和关联原则不足的修复和补充,是平等就业权法律保障的最后屏障和终极正义。

3.依法规制对平等就业权的限制

如前文所述,对平等就业权的限制主要涉及国家和用人单位两大主体。在依法治国背景下,为最大限度避免国家公权与用人单位私权对平等就业权不合理、不合法的各种限制,《平等就业法》应当以平等就业权限制的基本法律原则作为实践中限制平等就业权不可逾越的尺度和“红线”。比如,国家对平等就业权限制的情形主要有:(1)无劳动能力者;(2)未到就业年龄或超过就业年龄者;(3)法定竞业禁止;(4)真实职业资格需要;(5)特殊群体就业保护或纠偏行动;(6)基于党风、廉政建设需要或体现社会公正等考虑而实施的就业回避和限制;(7)因本人曾有不良经营或信誉记录而不适宜从事某些工作或担任某些职务;(8)法律禁止并存的某些双重或多重劳动关系;(9)法律明确禁止的所谓劳动即“非法劳动”;(10)基于保护国家安全利益的需要;(11)正在承担国家、省重点工程、科研项目的技术和管理的主要人员,未经单位或主管部门同意的;(12)由国家统一派出而又未满轮换年限的赴新疆、西藏工作的人员;(13)有违法违纪嫌疑正在接受审查尚未结案的人员。[②] 一旦用人单位以招聘要求设置权为代表的用工自主权对平等就业权的限制越过平等就业权限制的法律原则设定的尺度及“红线”,应依法认定为对平等就业权构成不合理或者不合法的限制。

---

① 有学者指出,有利原则实乃劳动法“维权”宗旨即“保护劳动者的合法利益”的应有之义,其基本理论为“弱者理论”,具体表现在以下三个方面:(1)生存权优于经营权。劳动权具有生存权属性,其分量应重于用人单位的经营权;(2)实质平等优于形式平等。劳动法不以形式平等为其目标,唯以“倾斜立法”为手段,追求劳动关系的具体平等、结果平等和实质平等为目标;(3)社会公共利益优于个体利益。劳动法着眼于保护劳动者这一弱势群体,通过协调与平衡社会公共利益与个体利益之间的关系,实现社会公共利益的最大化,彰显社会本位。参见许建宇:“‘有利原则’的提出及其在劳动合同法中的适用”,载《法学》2006年第5期。

② 参见根据2015年4月30日人力资源社会保障部《关于修改部分规章的决定》第2次修订的《人才市场管理规定》第27条。

4. 依法规制用人单位的招工权利

如果根据就业权限制的法律原则来规制对平等就业权的限制仅仅提供了一种方法或者思路，那么依法规制用人单位的招工权利，则可从微观层面和源头上最大限度抵制用工自主权对平等就业权的侵犯，这也更符合当前我国促进平等就业与反就业歧视的客观实际。针对我国用工自主权与平等就业权相比过于自由并明显占据优势的现状，积极域外相关经验，①《平等就业法》应从以下主要方面对用工自主权依法规制：(1)在用工自主权中植入经济民主理念，以企业社会责任为主要实施载体，创新用人单位民主管理模式。经济民主是指这样一个经济组织运行的模式：作为行为主体的决策，来自每一个执行决策的人。经济民主与传统的等级制截然相反，强调对企业的管理来自具有平等权利和同等重要性的全体劳动者。经济民主的理论证成包括自由原则、平等原则、自主原则和法治原则等。② 经济民主要求用工自主权不仅要在内容上符合用人单位利益，还应在程序上符合民主精神。实际上，经济民主理念与《劳动合同法》规定的用人单位所有涉及劳动者切身利益的规章制度应当经过民主程序产生的基本要求高度契合。在依法保障平等就业权语境下，建设用人单位经济民主的一个关键是依法建设用人单位的招聘用工制度，通过经济民主的强制介入与压力机制最大限度保证用人单位招聘用工制度对平等就业权的尊重。(2)既要依法明确制定招工制度是用人单位用工自主权的组成部分，又要规定招工制度必须符合平等招工与不歧视的法律原则。(3)基于

① 比如，法国《劳动法典》“法律篇”第122～133条和“条例篇”第122～216条规定，凡雇用20人以上的私法上的企业或组织都必须在开业后的三个月内制定内部管理规则，该规则适用于所有员工和雇主。同时，法国《劳动法典》对企业内部管理规则制定的程序以及管理规则的法律监督做了具有建设性的规定：首先，企业必须征求企业委员会的意见。如没有企业委员会，要征求员工代表的意见。如企业违反该规定，则其制定的管理规则无效。其次，雇主要把管理规则予以公示。最后，企业应当把经过公示的管理规则及其相关反馈意见一并提交劳动监察官，接受劳动监察官对内部管理规则的合法性监督。在企业内部管理规则的法律监督上，法国《劳动法典》规定了两种主要措施：一是劳动行政监督，即劳动监察官对企业内部招工规则等管理制度的程序和内容的合法性进行监督，这是一种直接的监督措施。二是司法监督。在法国的司法体制中，不仅设有作为一审的劳动法庭以及上诉法院和最高法院中的社会庭来专门审理劳动就业等方面的歧视案件，而且法官通过对雇主针对雇员的惩罚措施是否合法的认定，进而判断企业内部招工规则等管理制度是否合法。相对于劳动行政监督而言，司法监督是一种间接监督。

② 邵渝：“论经济民主”，资料来源人民网，最后访问时间：2014年12月18日。

现代社会政策“源头干预”的理念,[①]应当依法建立健全用人单位内部经营管理人员依法招工的专门培训机制,并使该培训机制作为评价用人单位承担企业社会责任、在就业歧视争议中是否真正尽到注意义务等重要参考。(4)既要依法规定制定招工制度是用人单位的法定义务,还要对招工制度的制定程序、监督办法和生效要件等作出行之有效的规定。比如,从发布招聘广告、提供求职申请表、组织面试等环节全程把关,不仅因为这些都属于用人单位招工制度的重要组成,也因为这些环节的就业歧视带有更强的隐蔽性和复杂性。应对用人单位通过中介机构的招聘行为予以规制,明确要求中介机构既不能以用人单位的要求实施就业歧视,也不能自行实施就业歧视。[②] 针对当前仅仅原则性规定规章制度只需经过民主和公示等程序就可生效而实际上用人单位规章制度制定权利无限放大的现状,[③]《平等就业法》要在《劳动法》与《劳动合同法》的基础上,进一步做实用人单位制定涉及所有劳动者切身利益规章制度的民主程序、监督机制、异议机制以及法律否定性评价机制等,总的要求是使规章制度从制定目的到制定生效全过程都应符合平等就业与不歧视的正义要求。(5)建立健全招工制度与招工情况备案制度。针对现行立法招工备案制度的不足,建议建立健全招工制度与招工情况备案制度,主要包括:依法规定劳动行政部门主动监督招工规则的法律职责,并规定劳动行政部门主动监督的形式、途径、程序和监督结果处理等,使劳动行政监督形成一种长效机制;明确用人招工规则等管理制度与招工情况的主动备案义务以及用人单

① 笔者已经论及,劳动法很多问题既是一个法律问题,也是一个社会政策问题。现代社会政策的一个重要理念是摒弃以往只把社会政策作为成本的旧思维,而把政策投入视为一种重要的生产力。同时,现代社会政策强调源头干预和上游干预,旨在从源头预防问题的发生,进而使政策干预更加积极主动和有效。

② 陈维政、李贵卿著:《实施工作分享,破解就业难题》,中国经济出版社2007年版,第294～295页。

③ 《劳动合同法》第4条规定:“用人单位应当依法建立和完善劳动规章制度,保障劳动者享有劳动权利、履行劳动义务。用人单位在制定、修改或者决定有关劳动者切身利益的规章制度或者重大事项时,应当经过职工代表大会或者全体职工讨论,提出方案和意见,与工会或者职工代表平等协商确定。用人单位应当将规章制度和重大事项决定公示,或者告知劳动者。”关键问题是,根据本课题组通过座谈、咨询、会议等途径调研和课题组专门调研显示,由于法律没有具体规定规章制度应当如何民主制定以及如何法律监督等实质性内容,用人单位往往通过虚拟民主投票人或者使民主投票人内部化、虚拟民主现场或者使民主活动形式化、使公示途径神秘化或者提高劳动者参与公示异议的成本等手段,公然规避法律有关民主和公示的规定,进而达到规章制度在形式外衣上符合法律有关要求。

位对招工条件的说明义务；在依法赋予劳动者求职“知情权”的基础上，建立健全劳动者求职过程的投诉机制和申诉机制；对劳动行政部门和用人单位的法律义务跟进相应的法律责任；等等。（6）全面构建劳动用工诚信制度体系。近年来，随着我国经济社会持续发展，道德滑坡、诚信缺失等形势日益严峻，引起中央及全社会的普遍关注。其中，劳动用工诚信问题显得尤为突出。[①] 应该说，当前我国面临的劳动用工诚信问题不能简单归结为道德问题，更多地与制度短缺和制度不当有关。从制度层面寻求破解劳动用工失信问题是必由之路，劳动用工诚信建设归根结底需要依法建立健全制度保障体系。主要改革设想是，一方面，依法构建覆盖全社会的劳动用工征信系统。有四条重要发展思路值得考虑：一是加快推进我国劳动人事用工制度改革。基本思路是在完善分类管理的基础上，最终实现劳动人事用工征信系统的既有区别又有对接的统一模式。二是改革现行人事档案制度。核心任务是弥补人事档案中“个人信用”记录的漏洞，建立健全人事档案的“个人信用”信息。三是加快建设现代人才评价体系。基本方案可以考虑为：按照“小政府、大社会”以及建立公民社会的社会治理改善理念，并按照“行政主导、统筹规划、多方建设、社会联动”的构建模式，坚持以市场需求和市场化运作为导向，建立满足全社会多层次、多样化、专业化、现代化的信用服务体系和人才评价体系，方可破解当前

① 比较典型的问题有：劳动立法至今尚未真正建立劳动用工“产权”制度，核心是劳动者的平等主体地位、用人单位的用工义务、劳动关系的调整机制这三个重大问题远未达成共识。如果没有健全的劳动用工“产权”制度，让市场机制在劳动力资源配置中起决定性作用就会面临新的困境和改革难题；劳动用工信用担保规定遭遇公然抵制。《劳动合同法》第9条规定：“用人单位招用劳动者，不得扣押劳动者的居民身份证和其他证件，不得要求劳动者提供担保或者以其他名义向劳动者收取财物。”关键问题是：实践中已经出现了用人单位不直接要求劳动者提供财产担保而要求其提供“人保”的大量例子。目前学界对此讨论尚无定论，司法裁判也出现了不同认识的“尴尬”；用人单位民主管理事实上沦为其“单决权”。民主管理最直观地反映了用人单位用工诚信度。《劳动合同法》第4条规定用人单位应当依法建立和完善劳动规章制度，保障劳动者享有劳动权利、履行劳动义务。同时，用人单位在制定、修改或者决定直接涉及劳动者切身利益的规章制度或者重大事项时，应当经过民主讨论和公示程序。关键问题是：用人单位规章制度合法化的程序过于简单，导致实践中用人单位仅仅给予劳动者形式民主而实际上单方决定劳动规章制度的普遍问题；劳动争议解决也面临失信问题。劳动争议解决表面上是一个定分止争的过程，实际上暗含了劳动用工诚信问题，主要是劳动者依法诚信维权问题。《劳动争议调解仲裁法》虽然规定了我国劳动争议解决的一般程序即和解、调解、仲裁与诉讼，并对仲裁与诉讼程序设置了严格条件，但现实突出的问题是：很多劳动者在维护权利过程中几乎不考虑走法定程序，转而诉诸以寻死和自残抗争、静坐、上访甚至暴力等方式给用人单位和政府施压。无可争议的事实是，目前劳动争议信访问题已成为各级人民法院面临的一个改革难题。

传统纸质人事档案管理体系造成的人才信用信息不对称的局面，从而使个人信用在人才流动中不仅是可度量、可支付、可使用的资源，还变成可记录、可评价、可查询的资源，形成可管理、可监督、可奖惩的体系与机制，最终建立防范人才信用风险的长效机制。四是加快建设用人单位诚信用工评价体系。核心任务是建立健全合理科学评价用人单位用工诚信的记分机制与考评体系，既要在选择政府采购供应商、政府工程承包商、落实专项扶持资金等方面出台面向依法诚信用工、劳动关系和谐的企业倾斜优惠政策，又要对不依法诚信用工的企业实行最严格的惩罚机制。另一方面，依法构建劳动用工诚信制度保障体系。针对当前劳动用工诚信问题比较突出的领域，采取针对性强的改革完善措施。比如，在劳动立法宗旨上，国家应加快建设市场化劳动用工的基础劳动用工"产权"制度，主要解决好劳动者平等主体地位、用人单位用工义务、劳动关系调整机制这三个重大问题。同时，基于《依法治国决定》提出要依宪治国的相关要求，我国《宪法》首先应确认劳动用工"产权"制度。作为人格权具体内容之一的劳动用工信用权是人格权发展的结果并随着社会发展而不断充实。该认识已体现在《世界人权宣言》中。[①] 我国《宪法》是否将劳动用工诚信作为人权利益明确规定，值得探讨。即使宪法不直接规定劳动用工信用权，也应为其提供救济的依据，进而为劳动用工诚信法律规制建设提供原则上和方向上的指导；在劳动用工信用担保上，目前可以考虑的办法是，最高人民法院应在其即将出台的《关于审理劳动争议案件适用法律若干问题的解释》(五)中对《劳动合同法》第9条关于用人单位招用劳动者时不得要求其提供担保或者以其他名义向劳动者收取财物的规定予以细化，主要应规定用人单位可否要求劳动者提供财产担保以外的"人事担保"；在用人单位民主管理上，主要措施是建议最高人民法院应在其即将出台的《关于审理劳动争议案件适用法律若干问题的解释》(五)中对用人单位劳动规章制度的合法化做形式上和实质上的同步规制，避免劳动用工诚信在民主管理中面临新的"陷阱"。在劳动争议解决上，国家应重视研究市场经济条件下劳动关系发展的特点和规律，牢牢把握当前及未来一个时期我国劳动关系发展态势，充分认识诱发劳动关系矛盾的触点增多而燃点降低、劳动关系敏感性和关联性增强、劳动争议将更加集中和显性化、突发性和传导性更强等发展趋势，高度重视当前人民法院面临的劳动者不通过劳动争议解决程序而偏好信访的严重问题。国

① 胡大武著：《侵害信用权民事责任研究》，法律出版社2008年版，第216页。

家应有的基本态度是：既要依法维护劳动者的合法权益，又不能囿于维稳的政治任务而迁就劳动者；既要加强法治宣传教育，又要构建和谐劳动关系统一领导、多方参与的联动机制；既要充分尊重劳资双方的主体地位，又要加强用人单位内部民主管理建设；既要积极推进劳动用工诚信文化建设和企业社会责任建设，又要加强对媒体引导管理并把握热点问题和敏感问题报道的主动权等。(7)强化司法评价对用人单位招聘行为的牵引作用。《依法治国决定》指出，强化人权的司法保障，从依法保障平等就业权来看，用工自主权的法律规制最终需要司法评价和确认。以"富士康"近年来连续出现的若干用工问题为例：表面上看，近乎军事化管理的"富士康"确实有把员工作为"机器"来使用的嫌疑，但只要稍加分析，就不难看出"富士康"暴露的如"静音模式"、通过低工资迫使员工加点加班、工作环境压抑等问题不能简单归结为管理问题，而在于其作为世界工厂而实施的不道德、不人性、不合法的用工制度。面对"富士康"这些在中国当下具有标志性的用工事件，国家应当根据依法治国相关要求，突出立法在整个劳动法法治化建设中的引领作用，尽快启动我国劳动标准体系化研究和完善工作，主要方向是全面依法构建一种既兼顾效率与公平、又具有最大适应能力的弹性劳动标准制度体系，包括对用人单位用工自主权与招工权的法律规制。同时，国家应当深化劳动司法改革，关键是要在坚持"底线"保护的基础上，以社会法特殊的权利义务观为指导，正确对待用人单位的自主招工行为，通过司法评价和确认来塑造合乎人性与公平正义的自主用工观念，进而把用人单位招工权的自主空间限制在法律容忍的限度内。

(五)平等就业权与反就业歧视的关系

国际人权公约关于就业权的规定主要包括两个方面：一是从正面规定人人享有平等就业权，二是禁止就业歧视。在我国，制定统一的《平等就业法》尽管与制定单独的《反就业歧视法》目的都是促进平等就业与反就业歧视，但这两种不同的立法思路具有明显的价值差异，集中体现为依法正面规定平等就业权不仅为反就业歧视提供必要的权利基础和"权利支点"，也有利于从观念到制度全面彰显平等就业权承载的多重价值意蕴。同时，在依法治国背景下，作为一项关乎基本民生与社会和谐的重要领域立法，制定统一的《平等就业法》更是对《依法治国决定》提出的加快完善体现权利公平、机会公平和规则公平的法律制度的积极回应。

同时还应看到，依法正面建设平等就业权的一个关键措施是依法反就业歧视，平等就业权本身不能取代反就业歧视。因此，《平等就业法》在依法建设平等就业权的同时应为依法反就业歧视留下必要的制度空间，使两者相辅相成，相得益彰。从依法反就业歧视来看，《平等就业法》需要解决的核心问题是就业歧视的界定、就业歧视的例外、①反就业歧视的专门机构、就业歧视的法律责任等。同时，《平等就业法》在对就业歧视规定的所有内容中，目前最需要解决的是依法规定就业歧视的定义。

在国际组织有关平等与不歧视的立法体系中，涉及禁止就业歧视的国际公约主要有3个，即联合国《消除一切形式种族歧视国际公约》、《消除对妇女一切形式歧视公约》和国际劳工组织在1958年国际劳工大会上通过的《(就业和职业)歧视公约》(第111号公约)。一方面，这三个公约都对就业歧视做了界定，即就业歧视是指“根据种族、肤色、性别、宗教、政治观点、民族血统或社会出身所做出的任何区别、排斥、优惠，其结果是剥夺或损害在就业和职业上的机会和待遇上的平等”。另一方面，上述三个公约在定义就业歧视的基础上，进一步展示了把握就业歧视深刻内涵的关键“因子”，具体包括：(1)歧视原因，包括种族、肤色、性别、宗教、政治观点、民族血统或社会出身等；(2)歧视行为，包括任何区别、排斥、限制或优惠；(3)歧视类型，包括故意歧视和事实上导致歧视的行为，即直接歧视和间接歧视；(4)歧视领域，包括获得职业的权利、获得报酬的权利、休息休假的权利、获得劳动安全卫生保护的权利、接受职业培训的权利、享受社会保险和福利的权利以及组织和参与工会等方面的权利；(5)歧视后果，即剥夺、取消或损害在就业和职业上的机会和待遇上的平等；(6)歧视例外，即就业歧视的本质特征是没有正当理由的差别对待，在有正当理由的情况下，某些区别、限制或优惠不构成就业歧视。

我国现有立法尚未对就业歧视做出明确界定。国内学者除了直接援引《(就业和职业)歧视公约》(第111号公约)对就业歧视予以界定外，还从歧视产生的社会历史和文化背景等视角对就业歧视作了概括式定义。比如，歧视有复杂的社会历史和文化背景，它与人们在社会交往中逐步形成的“刻板印象”和“社会偏见”紧密联系。所谓歧视，是指被法律禁止的针对特定群体或个人实施的旨在克减、限制或剥夺其法律权利的任何不合理的区别对待措施。歧视的显著特征是对本质相同或类似的人或事进行不合理的区别对待。②

对比就业歧视界定的中西模式，我们不妨做如下归结：一方面，从禁止就

① 李雄、刘俊：“我国就业歧视界定模式之选择”，载《新华文摘》2010年第17期。
② 周伟：“论禁止歧视”，载《现代法学》2006年第5期。

业歧视的国际立法和实践来看,禁止就业歧视在全世界都是一个重大的责任话语,具有不同的“意思场域”。无论是国际劳工组织,还是欧盟,包括其他国家和地区,他们对就业歧视都有不同的理解和运用,就业歧视的内涵及外延在不同环境中彰显出其无限的包容性、开放性和发展性。另一方面,我国对就业歧视的界定,既不能只满足于对反就业歧视的国际立法及实践进行简单地描述,不能简单地用表态的方式去看待反就业歧视的国际化,也不能不加反思和批判就在描述中不知不觉地接受西方的经验及被其支配。实际上,反就业歧视的世界性并非一个全新的现象。确切地讲,而是一种对待反就业歧视的视角和方法论。因此,我国就业歧视的界定应当立足于我国国情,应当根植于我国传统文化,应当以反就业歧视需要解决的主要问题为基本导向,应当反映就业歧视界定的世界趋势,实现就业歧视界定的“中国化”。特别要指出的是,我国就业歧视的界定还应当符合依法治国的相关要求。《全面深化改革决定》指出,要消除一些阻碍平等就业的制度障碍和就业歧视。《依法治国决定》进一步指出,依法保障公民权利,加快完善体现权利公平、机会公平、规则公平的法律制度。应当说,在新的历史背景下,公民权利建设正全面进入法治建设轨道,依法对公民权利进行直接规定是实现依法保障公民权利的逻辑起点。因此,制定《平等就业法》,既要优先正面直接规定平等就业权是什么,使平等就业权长期面临的概念空洞、权利缺位的根本问题能够得到立法的有效回应和解决,又要基于平等就业权与不歧视这一基本关系的处理原则,对就业歧视的定义及例外等基础性问题明确规定,使反就业歧视作为依法保障平等就业权的一个关键举措,而不能以反就业歧视取代依法正面规定平等就业权的主导地位。

在认识到我国就业歧视界定应当注意的文化基础、问题导向和发展趋势等问题后,我们就不难提出中国语境下就业歧视界定可以考虑的模式。在整体上,我国就业歧视的界定应符合市场化就业的基本要求,即市场化就业的重心应在促进层面,亦即坚持国家宏观调控下市场激励的主导原则,而不是要破坏市场机制在促进就业中的决定性地位。同时,一个健全的反就业歧视法治应当首先保证平等就业权的基础地位,正确对待促进平等就业与反就业歧视的关系,兼顾劳资双方合理利益,正确处理用工自主权与平等就业权这对轴心权利的相互关系,依法划清用工自主权与平等就业权的界限,坚持既规范又促进的发展思路。同时,我国就业歧视的界定应包括如下“因子”:歧视原因、歧视行为、歧视类型、歧视领域、歧视后果和歧视例外等。沿着该思路,所谓就业歧视，是指用人单位在没有正当理由的情况下，不是根据劳动者的专业、学历、工作经验、工作技能以及职业资格等与“工作内在要求”密切相关的“自获因素”，而是基于劳动者的性别、户籍、身份、地域、年龄、外貌、民族、种族、宗教等与“工作内在要求”没有必然联系的“先赋因素”，采取的任何区别、排斥、限制或者优惠，其目的和结果在于取消或损害劳动者的平等就业权。①

（六）平等就业权的运行机制

在市场化就业体制和机制下，依法保障平等就业权不仅要求依法构建平等就业权本身，还原其权利本来的面貌，还应选择一个合适的平等就业权的运行机制。在各种可供选择的方案中，统一人力资源市场不仅符合市场化就业体制机制本身的要求，符合使市场机制在资源配置中起决定性作用的改革要求，也能使平等就业权庞大的权利体系与丰富的权利内容能够获得最大程度地展开，释放最大限度的制度功能。因此，依法构建一个定位准确、制度健全、功能发达、富有活力的统一人力资源市场，便成为《平等就业法》要解决的又一个重大问题。

《全面深化改革决定》指出，加快完善现代市场体系，使市场在资源配置中起决定性作用。客观来看，建立统一人力资源市场，既要与计划经济的“遗产”相对接，又要直面新形势和新挑战，既有破题之难，又有立题之惑，确实是一件宏大而艰苦的系统改革工程。② 同时，劳动力资源不同于其他资源要素的一个最大特点在于劳动力资源本身具有人身属性和人权保障属性，这就要求市场机制在决定劳动力资源配置中首先要尊重人的尊严，尊重人的自由流动与平等流动，重视劳动力资源流动后可能面临的生存危机与社会保障等问题。显然，仅靠市场是不能解决这些问题的。因此，从依法保障平等就业权的要求来看，构建统一人力资源市场应当针对当下我国劳动力市场面临的法制体系残缺、户籍制度与劳动力市场分割、市场机制不健全与激励不足、平等就业规则缺位、服务体系脆弱以及社会保障无力等主要问题，有针对性地从统一市场法制、统一市场范围、统一市场管理体制、统一劳动用工制度、统一市场服务体系以及统一社会保障制度 6 个主要方面逐一进行修复。同时，依法建设我国统一人力资源市场还应依法处理好保障与促进、管制与放松、政府与市场等轴心关系，并对企业在促进平等就业与不歧视中应承担的企业社会责任等

---

① 李雄、刘俊：“我国就业歧视界定模式之选择”，载《河南社会科学》2010 年第 3 期。

② 李雄：“我国统一人力资源市场的障碍与出路”，载《经济经纬》2008 年第 2 期。

重要问题一并解决。对此,前文已有相关阐述。

(七)平等就业权捍卫的专门机构

从世界范围来看,促进平等就业与反就业歧视的一个重要经验是法律态度要尽可能坚决,措施要尽可能有效。因此,很多国家都建立了促进平等就业与反就业歧视的专门机构。这些反就业歧视的专门机构称谓各异,如英国"平等和人权委员会"(the Commission for Equality and Human Rights)、美国"平等就业机会委员会"(Equal Employment Opportunity Commission)、加拿大"人权委员会"(Human Rights Commission)、法国"反歧视促平等高级公署"(High Authority to Combat Discrimination and Promote Equality)、澳大利亚"人权与平等机会委员会"(Human Rights and Equal Opportunity Commission)等。同时,这些反就业歧视专门机构的共同特点有:依法成立,其地位、职权、组成、工作程序、工作范围等都有法律依据,具有高度权威性;由政府成立,经费与人员来自政府,但又依法独立于政府,属于公共机构或特殊法人;职责主要涉及处理就业歧视方面的投诉,向政府、企业及司法机关提供有关就业歧视方面的法律咨询及建议,向社会开展教育与宣传等;处理就业歧视的程序与手段主要是接受投诉、开展调查、进行调解,其调解虽不具有法律约束力,但因其专业性和权威性,深受当事人及社会大众的尊重;与司法机关相比,这些机构更注重就业歧视纠纷的和平解决,在调解无效的情况下,可以建议当事人采取诉讼方式解决。有特别需要时,这些机构有权独立向法院起诉等。①

对我国而言,面对当下劳动行政执法机构面临的诸多问题以及促进平等就业与反就业歧视机构存在的主要问题,《平等就业法》要优先解决的问题是,基于《依法治国决定》提出依法行政与加快建设法治政府的相关要求,以推进权力清单制度建设为契机,重构促进平等就业与反就业歧视的专门机构,依法规定其职能职责及工作机制,既要使执法机构真正有法可依,又要在立法的源头上把执法机构的权力关在制度的"笼子"里,最终使该机构既要积极依法作为,又不能违法作为或者不作为。有关具体设想,本章第二节将作专门阐述。

(八)平等就业权的救济机制与责任制度

无救济则无权利。平等就业权除了在国家立法和执法层面要有一个明确

---

① 王春光著:《平等就业——部分国家和地区反就业歧视的立法与实践》,知识产权出版社2011年版,第105~106页。

的表态外,最终还要依赖于一个健全有效的权利救济机制与法律责任制度的支撑。相关研究与争论目前主要集中在平等就业权是否具有可诉性、是否应建立保障平等就业权的宪法诉讼制度、是否应建立保障平等就业权的公益诉讼制度、平等就业权的司法救济机制如何有效对接劳动争议仲裁与诉讼机制、如何设置侵犯平等就业权的法律责任制度等重要问题。

《平等就业法》作为依法保障平等就业权的专门法律,我们认为应把其主要定位于实体法,作为社会法的一个子法而存在。同时,任何实体法的存在都应有相应的程序救济手段。如果程序救济不完善,也就是调整模式上有缺陷,将动摇该实体法作为独立部门法的地位。因此,《平等就业法》应对平等就业权的救济机制和责任制度做原则性规定,为建立与之匹配的程序法提供实体法上的铺垫。①

同时,我国现有平等就业权救济还面临从理念确立到制度转化、从宏观设计到微观操作等诸多问题,需要根据依法治国的相关要求,以国家治理能力现代化转型为契机,采取系统治理模式,全面构建平等就业权救济体系。基于此,《平等就业法》应从实体法立场对平等就业权的救济与责任制度做如下规划:一是确立平等就业权救济的总体目标应该是:平等就业权救济应符合国家治理现代化转型要求,依法构建集党的领导与政策、国家立法、依法行政、公正司法、民众守法于一体的多元纠纷解决机制,坚持整体和谐主义法治观,坚持对话与合作,综合运用多种手段和途径,使司法内部救济与司法外部资源相得益彰,最终形成具有中国特色的平等就业权救济体系。二是建立平等就业权的综合救济机制,包括当事人双方协商、调解、仲裁、诉讼以及多元主体参与的对话合作等机制。三是突出平等就业权救济的独立诉讼机制。独立诉讼机制的一个最大优势是以社会法的价值依归和权利救济的特殊要求等作为平等就业权诉讼的指导原则,可以克服民事诉讼追求的表面上的私人利益甚至原被告"双赢",②而忽视了平等就业权司法救济个案背后的社会利益之不足。在现有诉讼模式下,平等就业权的独立诉讼机制由于尚无独立的劳动争议诉讼法支撑,改革方向可通过最高人民法院典型案例指导制度、司法解释等途径,

---

① 关于我国应建立独立的劳动争议诉讼法之设想,学界早有争论。因受制于诸多因素,劳动争议目前仅在仲裁环节有独立的《劳动争议调解仲裁法》的支撑,但其诉讼问题还是被纳入民事诉讼程序解决。

② 赵红梅著:《私法与社会法:第三法域之社会法基本理论范式》,中国政法大学出版社2009年版,第432页。

把处理劳动争议案件的特殊理念、司法标准与司法程序等植入个案，通过司法实践来推动平等就业权司法救济的不断完善，为最终制定独立的劳动争议诉讼法提供必要的司法经验。四是健全诉讼程序和机制，如引入举证责任倒置、刑法惩罚机制、“禁止报复行为”、申请禁止令、“现行给付”等多种救济机制。五是不断加大对就业歧视行为的惩罚力度，如增加赔偿额度、建立精神赔偿或者惩罚性赔偿制度等。总的要求是就业歧视法律责任形式多样化，法律责任程度不断加强，加大用人单位就业歧视的违法成本，使其不敢冒犯法律。[①] 需要进一步指出的是，依法保障平等就业权，不仅要强化实施就业歧视主体的违法成本，使其不敢歧视，更要突出就业歧视的依法防治，即要实现从不敢歧视向不能歧视的根本转型，坚持从源头治理，才能依法建立健全促进平等就业与反就业歧视的长效机制。

（九）平等就业权法治与平等文化的合作

依法保障平等就业权不仅关乎劳动者切身利益，也与国家法律、用人单位、用工习惯乃至整个社会文化关系紧密。因此，促进平等就业与反就业歧视需要在国家、用人单位、劳动者以及整个社会之间构建一种对话与合作机制。主要是基于市场经济中信任的基础地位，如果没有信任，就没有交易。同样，如果没有信任，用人单位的招聘诉求与劳动者的求职诉求就会产生错位。因为根据常识，在一般情形下，人们是不愿意与自己不信任的对象合作的。构建该合作机制的目的是在法律框架下建立各方主体的信任机制，使用人单位在制定招工制度与实施招工计划这一微观而决定性环节就能最大限度的以合作姿态而非对立情绪自觉遵守相关规定并积极践行企业社会责任。

《平等就业法》为实现这一目标，应在立法中处理好管制与自治、规范与促进、约束与激励等重要关系。比如，建立健全依法保障平等就业权的区分制度，核心是针对不同规模与实力的用人单位配置不同的促进平等就业的法律义务、针对标准就业与非标准就业的劳动者赋予不同程度的平等就业权利。同时，尽管用人单位与劳动者各有不同，但根据平等就业权承载的保障生存权这一核心功能以及公平正义的要求，立法应对所有用人单位促进平等就业的法律义务以及所有劳动者享有平等就业的权利都要设定一个最低标准，且该标准应当符合“体面就业”的要求，应当体现发展性并符合持续实现更高就业

---

① 李雄、刘山川：“我国制定《反就业歧视法》的若干问题研究”，载《清华法学》2010 年第 5 期。

质量的要求,并应当符合正义的要求。立法应当构建处理就业歧视争议的缓冲机制,包括必要的投诉与对话协商机制等。同时,立法应当建立民众参与就业歧视争议讨论的公共论坛机制,培育促进平等就业与反就业歧视公共话语的形成以及社会共识的诞生,使反歧视事业的发展成为一个“知”与“行”、政府和民众不断相互促进的双向过程。①

(十)消除阻碍平等就业权的制度性歧视

无论是从反就业歧视制度与实践相对发达的国家来看,还是从我国现状来看,都存在较为普遍的制度性就业歧视。根据加拿大皇家委员会报告的定义,“制度性的歧视,意味着这样一种实践或态度,它的后果是因为个人或者一个群体被强加的而非其真正的特征从而限制其享有普遍可得之机会的权利……该歧视的关键不在于对其产生原因的界定,无论它是因为妨碍他人潜能之发挥的主观愿望而激起的,还是因为完全无辜的受鼓动的实践或态度而无意中产生的副作用。如果以不成比例的方式对某些团体产生了消极影响,那么,它就给出了一个信号,那就是产生这种负面影响的实践很可能就是歧视性的”。② 在我国,制度性就业歧视还广泛存在于有关法律、行政法规、政府规章和各种规范性文件中,集中体现为对劳动者的身份歧视、就业机会歧视和就业权利歧视等。③

当前,我国还存在一些能够对促进平等就业与依法保障平等就业权产生直接负面影响的各种歧视性规定。《全面深化改革决定》指出,健全政府促进就业责任制度,规范招人用人制度,消除城乡、行业、身份、性别等一切影响平等就业的制度障碍和就业歧视。这本身就说明我国当前还存在比较严重的歧视性就业规定。《平等就业法》作为我国促进平等就业与反就业歧视的一项专门立法,应当解决好“破”与“立”的辩证关系。比如,《立法法》修改标志着我国已从有法可依到迫切需要有良法可依的新阶段。《平等就业法》应根据修改后《立法法》的基本精神和新要求,通过科学设计立法体制,合理配置立法资源,明确立法权限和法定程序,既要增强立法的公平正义性与可行性,又要使促进平等就业与反就业歧视的规定接地气。特别要指出的是,在依法治

① 孙亮:“欧盟反歧视的立法与实践”,载蔡定剑、张千帆主编:《海外反就业歧视制度与实践》,中国社会科学出版社 2007 年版,第 68 页。

② R. S. Abella, *Equality in Employment*: *A Royal Commission Report*, 1984.

③ 周伟等著:《中国的劳动就业歧视:法律与现实》,法律出版社 2006 年版,第 196 ~ 293 页。

国背景下，地方层面推出了依法治市、依法治区、依法治县等相应措施，加之《立法法》赋予设区的市享有地方立法权，这更需要进一步依法限定地方立法权限。就依法消除阻碍平等就业权的制度性歧视而言，地方立法应当严格按照依法治国及《立法法》相关要求，正确对待GDP与依法保障平等就业权的关系，正确对待促进发展与保障民生的基本关系，坚持民生立法，禁止出台各种阻碍平等就业权的歧视性规定。同时，《平等就业法》还应当根据宪法关于促进平等就业与反就业歧视的最高要求，既要依法明确规定劳动者根据宪法享有平等就业权并禁止就业歧视，又要明确否定那些与宪法规定不相符的各种规定。当然，正如已提及的，依法治国首先要依宪治国，宪法首先应增补规定公民享有平等就业权并禁止就业歧视。

四、《平等就业法》的立法框架

在对我国制定一部专门的《平等就业法》的主要理由、应处理的十大关系以及要解决的主要问题等逐一讨论后，接下来的主要任务就是对《平等就业法》的立法框架做整体性和前瞻性设想，以供未来立法参考。同时应当注意，依法治国要求民主立法和科学立法，我国在制定《平等就业法》时，不仅要以以往劳动立法存在的各种问题为鉴，还要根据依法治国关于民主立法和科学立法的相关要求为指导，使《平等就业法》尽可能最大限度地倾听民意，尽可能最大限度地“打捞”沉默的声音，尽可能使立法贴近现实生活，从而使《平等就业法》的宗旨、原则、规则等在彰显“所有劳动者公平正义”的同时，能够实现立法本身期待的治理效果。

第一章：总则。其涉及的主要内容有：立法目的，适用范围，基本原则，国家在促进平等就业与反就业歧视中的地位与职责，促进平等就业与反就业歧视的专门机构，用人单位在促进平等就业与反就业歧视中的社会责任，促进平等就业与反就业歧视的社会一致行动、激励措施等。

第二章：平等就业权与就业歧视的界定。其涉及的主要内容有：平等就业权的定义，平等就业权的内容，就业歧视的定义，就业歧视的例外，平等就业权与自由择业权的关系，平等就业权与用工自主权的关系，平等就业权与反就业歧视的关系等。

第三章：平等就业权的运行机制即统一人力资源市场。其涉及的主要内容有：政府促进平等就业与反就业歧视的职责，用人单位促进平等就业与反就业歧视的社会责任，统一人力资源市场的法制，统一人力资源市场的范围，统一人力资源市场的管理体制，统一人力资源市场的用工制度，统一人力资源市场的服务体系，统一人力资源市场的社会保障制度等。

第四章：促进平等就业与反就业歧视的专门机构。其涉及的主要内容有：国家设立促进平等就业权与反就业歧视专门机构的目的，促进平等就业与反就业歧视专门机构的设置，促进平等就业与反就业歧视专门机构的管理与监督，促进平等就业与反就业歧视专门机构的职责，促进平等就业与反就业歧视专门机构的工作机制，促进平等就业与反就业歧视专门机构的保障措施等。

第五章：平等就业权的救济机制。其涉及的主要内容有：平等就业权争议的定义与归位，平等就业权争议解决的一般途径，平等就业权的违宪审查与宪法诉讼，平等就业权的劳动争议诉讼，平等就业权的公益诉讼，平等就业权的民事、行政与刑事诉讼，平等就业权诉讼的民众参与机制，平等就业权争议解决后的执行等。

第六章：法律责任。其涉及的主要内容有：违反促进平等就业与反就业歧视法律责任的一般规定，政府违反促进平等就业与反就业歧视义务的法律责任，用人单位违反促进平等就业与反就业歧视义务的责任，中介组织违反促进平等就业与反就业歧视的法律责任，其他义务主体违反促进平等就业与反就业歧视的法律责任等。

第七章：附则。其涉及的主要内容有：本法的地位及效力，实施日期等。

第二节　加强平等就业权执法保障机制建设

"徒法不足以自行"。即便是我们通过制定一部专门的《平等就业法》来处理好促进平等就业与反就业歧视的若干关系并解决了立法层面若干主要问题，也必须通过强有力的执法来贯彻法律的意志并使法律得以有效执行。同时，我国已经出台了关于劳动行政执法的若干规定，但实践中不平等就业与就业歧视的现象依然普遍，除了立法本身存在问题外，这说明执法层面还面临着很大问题。

《依法治国决定》指出，法律的生命力在于实施，法律的权威也在于实施；深化行政执法体制改革，坚持严格规范公正文明执法，强化对行政权力的制约和监督。中共中央、国务院《关于构建和谐劳动关系的意见》（中发〔2015〕10号）指出，健全劳动保障监察制度，实现监察执法向主动预防转变。结合前文指出的我国当前劳动行政执法存在的若干主要问题，加强平等就业权执法保

障的改革思路应着力解决好如下三个问题:

一、制定专门的《劳动保障监察法》

在我国,行政机关对劳动权的执法保障又称为劳动监察,是指劳动保障行政部门对用人单位以及劳动服务组织遵守劳动保障法律、法规、规章等情况进行检查监督,对违法行为的主体依法予以处理的行政执法活动。[①]《劳动法》第85条规定:"县级以上各级人民政府劳动行政保障部门依法对用人单位遵守劳动法律、法规的情况进行监督检查,对违反劳动法律、法规的行为有权制止,并责令改正。"

针对我国当前劳动行政执法存在的各种规定过于分散、规定不统一以及执法不独立等问题,统一劳动行政执法的法律依据除了要在《平等就业法》中体现外,还应根据《依法治国决定》提出的建设权力清单制度要求,制定专门的《劳动保障监察法》予以保障。同时,从依法保障平等就业权来看,《劳动保障监察法》应规定如下主要问题:政府在平等就业权执法保障中的地位和职责,平等就业权执法保障的专门机构,平等就业权执法保障专门机构的设置,平等就业权执法保障专门机构的地位和职责,平等就业权执法保障专门机构的执法程序和执法机制,平等就业权执法保障与平等就业权争议仲裁及诉讼的对接机制,平等就业权执法保障专门机构的监督机制,劳动者对就业歧视等不平等就业的投诉机制,平等就业权执法保障专门机构的法律责任等。

二、构建平等就业权执法保障的补强机制

制定《劳动保障监察法》主要还是一种规划考虑。从近期要解决的主要问题来看,构建平等就业权执法保障的补强机制很有必要,使规划立法与近期改革有机衔接。

一是在《劳动保障监察条例》中扩充规定就业歧视监察内容。2004年出台的《劳动保障监察条例》将"单位招聘职工的行为"划出监察内容,导致就业歧视监察失去直接法律依据。2007年出台的《就业服务与就业管理规定》才将用人单位强行检查乙肝、职业中介机构发布歧视性就业信息的行为纳入劳动监察。对其他形式的就业歧视是否应当纳入劳动监察,至今尚无定论。近年来,国内有关劳动监察改革的主流呼声是扩权,包括扩大对就业歧视范围的

---

① 李炳安著:《劳动权论》,人民法院出版社2006年版,第219页。

劳动监察。也有学者认为,从《劳动合同法》第85条来看,我国现有劳动监察事项过多,已影响到劳动监察的实效。考虑到我国目前劳动监察在人员及能力等方面面临的实际困难,建议我国劳动行政机构应将工资、工时、安全、卫生作为劳动监察的主要对象,其他事项应通过劳动仲裁和诉讼程序解决。[①] 本书认为,且不论现有劳动监察实效性不足的具体原因,但如扩大就业歧视的劳动监察范围,无疑将为促进平等就业与反就业歧视设置一道坚固的执法防线。值得深入的一个问题是,是否将劳动监察作为依法促进平等就业与反就业歧视的前置程序,需结合当前劳动监察专业能力、监察效率等因素而定,不宜盲目借鉴域外做法。[②] 就我国目前来看,基于不平等就业与就业歧视问题与争议的普遍性、劳动监察执法在整个促进平等就业与反就业歧视中的前沿性、司法改革的困局与司法的有限性等实际情况,可以从争议涉及劳动者人数、争议请求的赔偿额度、争议对社会的影响等角度,在对不平等就业与就业歧视争议分类的基础上,构建劳动监察执法前置以及与仲裁和司法的分类治理机制,或许更符合平等就业权保护中需要坚持的协商与调解、慎诉以及对话合作等价值。当然,从权力清单制度建设要求以及正确处理劳动监察执法与仲裁和诉讼的关系来看,应当避免劳动监察过度,主要是劳动监察无果情形下应当及时向劳动仲裁和诉讼转移,避免劳动者平等就业权救济出现“真空”或者“脱节”现象。

二是统一平等就业权的执法保障机构。针对我国目前劳动监察中存在的机构繁多、职责模糊、权限不清和效力低下等具体问题,建议设立一个综合、有效的劳动执法监察系统。主要措施为:在人力资源和社会保障部设立劳动监察司,在各地设立相应的分支机构,实行条条管理,保证执法组织的垂直性和独立性;每一级劳动监察部门可分设若干子部门,并规定其具体职责和工作机制;在我国目前专门成立平等就业机会委员会的条件还不成熟的情况下,比较现实的做法是在现有的各级劳动监察机构中设立平等就业监察部门,并考虑吸收一定比例的专业人员和女性成员作为劳动监察员;加强基层劳动监察机

① 谢增毅著:《劳动法的比较与反思》,社会科学文献出版社2011年版,第195页。

② 比如,美国要求绝大部分就业歧视案件的受害人应首先向联邦平等就业机会委员会(Equal Employment Opportunity Commission, EEOC)提起申诉。该制度安排的主要目的在于减轻法院审判负担,将大量不值得审理的案件提前过滤。然而,由于EEOC处理案件周期过长,使很多案件都无法处理完毕而草草收场。参见阎天:“重思中国反就业歧视法的当代兴起”,载《中外法学》2012年第3期。

构的建设,尤其要加强街道专职、兼职劳动监察员的组建工作,依靠包括工会、妇联等组织在内的社会力量来完成劳动监察任务;统一劳动监察机构还要注重该机构的"实体化"建设。可资汲取的类似教训有:我国台湾地区虽然设立了"就业歧视评议委员会",但大都隶属于劳工行政系统,无独立组织和预算,又因采取委员会制并非常设机构,与其他行政部门为平行非主管关系,因此在处理投诉个案的效率和成效上均不理想。因此,依法推进平等就业权执法组织的"实体化"建设,实有必要。当然,从发展来看,成立一个权威、高效、专门的"公平就业机会委员会"是一个更理想的选择。①

三是突出平等就业权的执法保障重点内容。

首先,针对目前普遍存在的不平等就业与各种就业歧视的现象和问题,采取相应措施,积极开展形式多样、途径广泛、力度深入的反就业歧视联动活动。劳动执法的监察对象为用人单位,以雇主方作为监察相对人,已经成为传统性和普遍性规则。在我国社会转型时期,在就业压力不断增加和"资本强势"的特殊背景下,加强对用人单位的招工监察,更具有现实必要性。特别需要指出的是,目前不平等就业与就业歧视最容易发生的环节包括用人单位招工规则的制定、招工广告、招工登记、面试及录用等。在实践中,一个很突出的问题是用人单位往往根据自己的意愿随意招工,用人单位的招工行为是法律最难以控制和规范的一个环节。依法规制用工自主权,就成为切实保障平等就业权的一个关键性措施。对此,平等就业权保障的执法监察应当采取积极的针对性措施,从规范用人单位的招工规则、招工广告、招工登记、招工面试、录用说明以及推进招工备案登记"实体化"建设等方面,全面加强招工的"透明化"和相关投诉及申诉机制的建设,把"招工"、"找工作"与反就业歧视及落实平等就业权等环节有机地结合起来,形成联动。

其次,密切关注我国历史遗留下来的各种带有歧视性的就业政策与法律,以"权力清单"为"红线",明确政府该做什么,做到"法无授权不可为";既要加大对各种就业歧视性规定清理的力度,又要着重关注并消除这些歧视性规定的负面影响。我们要特别警惕和克服那种为了追求经济利益,而不惜牺牲劳动者平等就业权利益的各种"短视"行为。平等就业权保障的执法尤其要注意加强对上述现象和行为的监督和检查。同时,在发现各种侵犯劳动者平等就业权行为的基础上,加大查处力度,尤其要加强对包括高校毕业生、农民

---

① 喻术红:"反就业歧视法律问题之比较研究",载《中国法学》2005年第1期。

工、女性劳动者、残疾人等在内的社会特殊就业群体平等就业权侵害行为的专项治理和处罚力度。

最后，重视预防歧视与纠偏行动相结合。依法治国要求系统治理，平等就业权执法保障是立法的延续。这就要求立法既要突出平等就业权的正面规定及禁止就业歧视，还要重视就业纠偏行动，包括强制性的就业配额制度与引导性的雇主激励机制相结合，兼顾干部人事制度与劳动保障制度，①构建预防歧视与纠偏行动相结合的平等就业权法律保障制度。

四是创新劳动监察执法方式。中共中央、国务院《关于构建和谐劳动关系的意见》（中发〔2015〕10号）指出，全面推进劳动保障监察网格化、网络化管理。在信息技术不断充实人们生活的背景下，劳动监察执法应以网格化、网络化管理为发展方向，在政府官方网站、人力资源市场、街道、社区、微信等平台进一步畅通促进平等就业与反就业歧视的投诉渠道，扩大日常巡视检查覆盖范围，强化对就业歧视较为突出问题的专项整治，②加强用人单位依法招工诚信档案建设，突出用人单位实施就业歧视曝光及公开道歉等惩戒机制。

五是建立健全劳动者对就业歧视的投诉机制与宣传教育机制。域外的经验是，投诉不仅简单易行，而且有利于尽量避免诉讼的对抗情绪，还能够使执法机构对就业歧视做出最快的反应。我国也应当注重促进平等就业与反就业歧视执法中投诉机制的建设，把劳动者自觉自主地参与纳入平等就业权执法保障机制中来。国内目前可资借鉴的实践经验有：2012年10月华南师范大学2012届本科毕业生小梁因自己是女生而被拒绝录用，进而向广州市越秀区人力资源和社会保障局投诉，要求其纠正招聘单位的性别歧视行为，同时要求招聘单位赔礼道歉。处理结果是：在充分调查基础上，广州市越秀区人力资源和社会保障局组织了协商，招聘单位最终愿意纠正招聘歧视行为，并在相关媒

---

① 李昊："少数民族就业纠偏行动：宪法平等原则的实施机制"，载《法学论坛》2015年第2期。

② 在依法治国背景下，促进平等就业与反就业歧视的调控手段应当结合我国平等就业与反就业歧视面临的系统性缺陷，由综合性行政机关进行的、针对规范的行政命令仍有存在必要，其作用不可忽视。比如，2004年7月16日国家发展和改革委员会等九部门联合发文，要求各地进一步清理和取消针对农民跨地区就业和进城务工歧视性规定和不合理收费。当然，为使行政命令得以有效执行，还需建立配套的内部行政归责制度，同时要慎用这种带有"运动式"色彩的执法方式。

体上向小梁赔礼道歉。这是广东反性别歧视投诉成功第一案。[①] 建立健全劳动者对就业歧视投诉机制与宣传教育机制的主要措施有:设立官方投诉的"绿色通道",包括电话、网站、主题日、机构接待等;建立健全促进平等就业与反就业歧视的公益讲座、公共论坛等机制;利用现代信息平台,如通过手机微信平台建立平等就业权法治宣传与反就业歧视投诉指引;组织各种民间活动开展平等就业权法治宣传与反就业歧视知识与能力培训;把促进平等就业与反就业歧视法治宣传与教育引入大学、社区、人力资源市场等。

三、强化对平等就业权执法保障的监督

"一切有权力的人都容易滥用权力,这是万古不易的一条经验。有权力的人们使用权力一直到遇有界限的地方才休止。"[②]《依法治国决定》指出,要强化对行政权力的制约和监督。学界对此不仅展开了热烈讨论,也开出了大致相同的"药方",核心措施是要把行政权力关进制度的笼子里。[③] 特别要强调的是,自《劳动法》实施以来,我国已经初步建立了调整劳动力市场的劳动法律制度体系,但实践中反映的各种劳动用工问题说明现有劳动立法、执法等还存在诸多问题。其中,有法不依仍然是当前劳动执法面临的一个较为突出的问题。因此,进一步强化对劳动执法的监督,既是对我国以往相关问题的"补课",也是依法治国对劳动执法监督提出的新要求。

首先要重视外部监督。一方面,执法机构要接受各级人大的行政执法监督,主动向人大汇报执法情况,建立行政执法主体述职与考评相结合的长效监督机制。另一方面,建立健全个人与社会举报制度与投诉机制,实行全民监督执法制度。任何法规要得到有效实施,从根本上说,取决于经济状态。但当有经济条件时,法律要得到有效实施,除了执法者的意愿和能力外,还取决于这些法律的受益者的外部压力,如果这些法律的受益者有强大的组织力量,形成经济、政治与社会压力,那么法律也必然会得到不折不扣的实施。但在我国,劳动者目前显然缺乏这些力量。[④] 在欧盟,推广平等就业权与反就业歧视除了法制以外,政治意志与社会一致是解决不平等就业问题的不可或缺的部分。

---

① 柯新华著:《就业与劳动权益保护——维权实例与实务指引》,法律出版社2013年版,第8~9页。

② [法]孟德斯鸠著:《论法的精神》(上册),张雁深译,商务印书馆1987年版,第154页。

③ 王开广:"专家建议将执法权关进制度的笼子里",载《法制日报》2014年11月25日。

④ 常凯主编:《劳动关系学》,中国劳动社会保障出版社2005年版,第241页。

平等就业涉及每一个劳动者的切身利益,因此,行政执法监督应当充分动员劳动者与社会力量,通过公共论坛、媒体报道、热点分析等途径广泛参与,形成法律受益人群体对执法的外部压力,既逐步培育平等就业的社会文化,又有利于加强对行政执法的监督力量。特别要注意的是,依法构建劳动执法的外部监督机制,要通过相关制度和机制保障对外部监督的积极回应,增强外部监督的信心和动力,避免外部监督的形式化和"空洞化"倾向。

其次要重视劳动系统内部的行政执法监督。一是制定各项监督制度和规则,使平等就业权保障的执法监督有法可依、有章可循,把劳动行政监督的权力关进制度的笼子里。同时,平等就业权保障的执法要做到"权为民所用",消除行政执法过程中损害劳动者利益的各种行为,通过检查、监察、述职、报告等多种途径,加强对劳动行政执法人员的监督。二是建立健全重大行政处罚案件备案制度,要求重大行政处罚案件在规定的时间内必须向上级行政机关备案。

第三节　建立健全平等就业权司法保障机制

《依法治国决定》指出,加强人权司法保障,保证司法公正,提高司法公信力,努力让人民群众在每一个司法案件中感受到公平正义。这既为新时期我国司法改革指明了方向,也是建立健全我国平等就业权司法保障机制的行动纲领。

同时也要看到,经过30多年来的改革发展,我国社会已经发生巨大变化,利益分歧和不断复杂的多元社会逐渐取代了大家庭式的同质社会。这就需要法律治理及时转型,关键是要在法律治理中有效植入民主与科学精神,使法律治理更加贴近现实客观需要与民意。从我国平等就业权的司法保障来看,我国现有平等就业权司法保障还面临从理念确立到制度转换、从宏观设计到微观操作的诸多问题。需要根据依法治国的相关要求,以国家治理能力现代化转型为契机,采取系统治理模式,建立健全平等就业权的司法保障机制。有4条发展思路值得重视:

一、建立平等就业权独立司法保障机制的必要性

从法治的角度来看,保护公民权利不能只是停留在法律宣言的层面上,也不能停留在宣告公民享有的具体权利上,尽管这很重要。更为重要的是将权

利保障落实到具体制度尤其是权利救济制度的构建上。诚如“有权利必有救济”,“无救济即无权利”。权利救济是评判法律体系是否健全的重要标志。①同时,如前文所述,社会法是平等就业权的主要理论场域,平等就业权的救济机制应当符合社会法的整体要求,并应当符合社会权的司法救济趋势。鉴于我国目前尚无独立的社会法权利救济机制,有关社会权的司法救济只能通过现有三大诉讼机制来解决。在全世界促进平等就业与反就业歧视司法救济机制都在重大转型的背景下,结合我国正全面推进依法治国这一难得的重大改革机遇,建立平等就业权独立的司法保障机制就成为依法保障平等就业权的题中之意。

一方面,建立平等就业权独立的司法保障机制是社会法独立发展的必然要求。在一个充满竞争的社会,歧视现象与弱者产生都是不可避免的。平等、自由、博爱永远是一种精神或价值取向,实质上人生来不平等才是客观的。②社会法自其产生之日起就担负着保护社会弱势群体的利益,保护公民的权利尤其是社会弱势群体的权利,是社会法的精髓和宗旨所在。③ 同时,任何实体法都应有与之对应的程序法作为救济手段。自社会法在我国独立以来,无论是理论研究还是制度建设,有关社会法的具体问题均成为关注的重点,而社会法的调整方法问题却一直成为“冷学”。在这种重实体轻程序的研究与实践理念指导下,我国社会法领域的争议长期被纳入民事诉讼程序解决。实际上,民事诉讼是承载不了如此沉重负荷的。实践中,尽管社会法个案在民事诉讼中得到解决甚至出现劳资“双赢”局面,但民事诉讼贯彻的自由、平等、意思自治等理念与法律原则是无法有效保护社会法承载的社会利益的。民事诉讼机制解决社会法争议最终导致的普遍问题是:表面上把问题解决了,法律却伤害了社会法追求的社会利益以及社会法承载的社会公平正义之价值秩序。因此,从科学发展我国社会法的客观要求来看,社会法研究与制度实践不仅要关注具体问题,更要重视社会法的调整方法问题,核心是建立与社会法匹配的独立司法保障机制。

另一方面,建立平等就业权独立的司法保障机制是有效并依法保障平等

---

① 柳经纬:“从权利救济看我国法律体系的缺陷”,载《比较法研究》2014 年第 5 期。

② 郑尚元著:《劳动法与社会法理论探索》,中国政法大学出版社 2008 年版,第 283 ~ 284 页。

③ 史探径著:《社会法学》,中国劳动社会保障出版社 2007 年版,第 18 页。

就业权的客观要求。国际人权理论认为,人权是一种能够通过司法诉讼程序得到救济和保障的权利,那些不能进入司法诉讼程序获得最后救济的诉求,只能是福利、利益、主张等,而不是人权;可诉性是区分人权与非人权的重要标志。虽然该观点有待商榷,但其确实为我们认识司法可诉性、司法人权救济和司法人权保障等对界定人权和实现人权的极端重要性具有积极的参考价值。① 同时,如果社会大众的利益诉求得不到司法上的有效救济,势必会导致利益表达与诉求的错位、矛盾纠纷严重游离于法律之外、社会秩序稳定形势日益严峻。因此,应当回归人权实现的理性原点,从社会管理转型社会治理,核心是变权力导向为权利导向。② 另外,透视各国实践可以清晰地观察到,社会权宪法化及其救济司法化的趋势业已形成,并以三种主要形式彰显巨大的发展潜力:一是宪法明确规定社会权,并视为主观权利直接予以司法救济;二是宪法没有明确规定社会权,但确立了司法审查,通过适用正当程序与平等保护原则间接予以司法救济;三是宪法规定社会权作为国家政策指导原则,并视为客观权利间接予以司法救济。③ 平等就业权在权利属性上既为宏观层面的基本权利,也为中观层面的社会权,还为微观层面的生存权,这些都决定了平等就业权的司法保障应建立独立的司法保障机制。同时,从诉讼角度来看,诉的利益是诉讼追求的核心价值目标,诉的利益的性质决定了应采取匹配的利益救济机制。社会利益是社会法承载的价值本位,社会利益兼有的国家利益属性与个人利益属性决定了社会利益救济手段的综合性。大量实践反复表明,在涉及劳动用工的诸多争议中,由于用工的复杂化导致用工中各种法律关系的多元化与复杂化,进而要求对纠纷性质的定位不能再简单套用"非此即彼"的思维,使劳动用工纠纷对接于纯粹的私法或者公法范畴,任何试图依靠单一的民事诉讼或者其他诉讼机制似乎都难以奏效。平等就业权是一个关乎私权与公权的综合性权利束,应当充分利用私法与公法各自的资源,建立有别于私法救济与公法救济的独立的平等就业权司法保障机制。

二、通过完善立法推动平等就业权司法保障机制的建立健全

域外促进平等就业与反就业歧视的一个重要经验是,制度性的歧视需要

---

① 李林:"完善人权司法保障制度意义重大",资料来源中国法学网,最后访问时间:2013 年 12 月 20 日。

② 汪习根:"论人权司法保障制度的完善",载《法制与社会发展》2014 年第 1 期。

③ 龚向和:"社会权司法救济之宪政分析",载《现代法学》2005 年第 9 期。

制度性的救济。[①]《依法治国决定》指出，加强立法建设，发挥立法的引领作用和推动作用，同时注重提升立法质量这一关键问题。我国作为制定法国家，宪法与法律文本权利的完善程度直接关系权利保护的实效。在我国，立法权具有最高的法律地位，执法权和司法权只能在立法设定的范围内活动。同时，中国现行立法对以平等就业权为代表的社会权的可诉性的制约主要体现为三方面：一是宪法不具有诉讼功能、违宪审查尚未建立、社会权的实施机制不充分等构成平等就业权可诉性不足的根本原因。二是立法仅规定具体行政行为的可诉性，受司法审查的公权力行为有限。三是立法对可诉权利类型的规定存在明显缺陷。[②] 因此，建立健全平等就业权的司法保障机制，首先应在立法上对平等就业权的可诉性及其相关问题明确规定，才能使平等就业权的司法保障机制有法可依。

为此，最高人民法院院长周强在《2015年最高人民法院工作报告》中明确指出：坚持司法为民，不断提升司法公信力；绝不允许让群众为立案来回奔波。可以说，司法救济作为依法保障平等就业权的最后屏障，要落实让人民群众在每一个司法案件中感受到公平正义，要实现司法公信力，首先要落实平等就业权遭受侵害后能够顺利进入诉讼程序，切实破解我国平等就业权诉讼与反就业歧视诉讼“立案难”问题。立法层面规定平等就业权可诉性及其相关问题的基本思路是：

（一）建立健全平等就业权的违宪审查制度与宪法诉讼机制

基本权利的司法保护趋势主要体现在两个方面：一是原来不实行司法审查的国家逐渐建立了宪法法院或者中立机构，开展了对基本权利的司法救济；二是一些国家和地区对传统不具有可司法性的社会权利开始了司法救济的尝试。[③] 在我国，关于宪法规定的公民权利是否具有可诉性问题的讨论由来已久，至今尚未达成共识。《依法治国决定》指出，要健全宪法实施和监督制度，坚持依宪治国和依宪执政，同时要健全宪法解释程序机制，加强备案审查制度和能力建设。这为下一步相关改革指明了大的方向，具体措施仍有待深入研究。从依法保障平等就业权的要求来看，宪法作为法律效力位阶最高的法律，

---

① 汪庆华：“加拿大反就业歧视研究报告”，载蔡定剑、张千帆主编：《海外反就业歧视制度与实践》，中国社会科学出版社2007年版，第296页。

② 龚向和著：《社会权的可诉性及其程度研究》，法律出版社2012年版，第367～368页。

③ 郑贤君著：《基本权利原理》，法律出版社2010年版，第376页。

理应承担对所有下位法律及各种规范性文件的违宪审查任务，并应建立侵犯平等就业权的宪法诉讼机制。相关主要措施有：

（1）改变宪法重实体、轻程序的理念，建立平等就业权的宪法保护机制。法律面前人人平等，既是中国宪法规定的公民基本权利，也是保障公民权利的重要原则。[①]《依法治国决定》指出，坚持法律面前人人平等，平等是社会主义法律的基本属性。一直以来，我国宪法虽列举了大量包括劳动权在内的实体社会权，却没有实现社会权的程序规范。这与我国崇尚宪法为"根本法"且认为基本权利作为上位法的价值应由下位法具体规定的观念密切相关。"根本法"理念缺乏对国家权力机关的警惕，对国家权力的绝对推崇与信任不利于社会权的保障。[②] 在全面推进依法治国背景下，立法推动平等就业权司法保障机制建设首先应借助当前难得的共识与社会思潮，确立宪法对包括平等就业权在内的社会权的程序规范建设之应有地位。

（2）建立平等就业权的违宪审查制度。我国宪法把包括平等就业权在内的基本权利的救济全部交由立法机关制定具体法律来实现。实际上，这种无条件的信任很容易导致立法权侵犯平等就业权时却无相应的救济。"权利救济之大端莫过于宪法救济"，[③]而且无论是从世界经验来看，还是从依法治国要求来看，建立平等就业权的违宪审查制度，无疑是平等就业权在宪法层面获得司法保障的一个优先考虑。违宪审查的主要目的在于制裁违宪行为，以制约国家权力，保障公民权利。应该说，我国宪法已包含了违宪审查的制度设计，《宪法》第 62 条规定全国人民代表大会有监督宪法实施的权利，第 67 条规定全国人民代表大会常务委员会有解释宪法和监督宪法实施的权力，并有权撤销国务院及地方政府制定的同宪法相抵触的各种规定。但遗憾的是，我国违宪审查制度实施效果并不现实。从依法保障平等就业权来看，很多学者建议建立宪法法院。但考虑到近期有关改革尚有难度，可根据《宪法》第 70 条规定，由全国人大设立专门的宪法监督委员会，把国家机关和政党以及企业团体的行为是否违宪纳入审查范围，[④]并根据目的正当性、适当性原则、必要性

---

① 蔡定剑主编：《中国就业歧视现状及反就业歧视对策》，中国社会科学出版社 2007 年版，"前沿"第 1 页。

② 龚向和著：《社会权的可诉性及其程度研究》，法律出版社 2012 年版，第 401 页。

③ 程燎原、王人博著：《权利及其救济》，山东人民出版社 1998 年版，第 374 页。

④ 龚向和著：《社会权的可诉性及其程度研究》，法律出版社 2012 年版，第 405 页。

原则和狭义比例原则4个条件具体审查。[①]

(3)建立平等就业权的宪法诉讼制度。作为基本权利的平等就业权与作为民事权利的人格权在内涵上具有一致性。从世界范围来看,在现代法治的整体图景下,人格权已不仅仅是传统民法之固有领地,人格权应该在宪法的基本权利清单中占据一席之地。有学者也指出,人格权的当代发展要求突破狭隘实证民法的空间,以期在广阔的宪法秩序下寻求规范基础。[②] 纵观法治国家的依宪治国史,各国宪法均对公民诉权予以明确规定。[③] 可以说,建立以司法为中心的宪法诉讼体制仍然是保障人权实现民主政治的最优途径。在我国,从宪法层面构建平等就业权的司法保障机制,可解决当下平等就业权司法保护面临的"无路可走"的制度"瓶颈"。同时,我国关于宪法诉讼的理论可谓众多,[④]但实践甚微。[⑤] 在依法治国背景下,着眼于平等就业权司法保障的世界经验,[⑥]立足我国国情,建立平等就业权的宪法诉讼制度,不是要不要的问题,而是技术性问题。

---

① 学界对此已有关注,主要参见刘权:"目的正当性与比例原则的重构",载《中国法学》2014年第4期;刘小楠主编:《反就业歧视的理论与实践》,法律出版社2012年版,第57页。

② 龙卫球:"自然人人格权及其当代进路考察——兼论民法实证主义与宪法秩序",载《清华法学》2002年第2期。

③ 左卫民、朱桐辉:"公民诉讼权:宪法与司法保障研究",载《法学》2001年第4期。

④ 比如,有学者从基本权利角度提出基本权利至少是一种"客观的最高价值规范",任何国家机构皆不得抵触(参见许宗力著:《法与国家权力》,台湾月旦出版社股份有限公司1993年版,第59页)。基本权利效力通过普通法律得到具体化只是实现其效力的基本形式,并不是唯一的形式。基本权利一旦被规定在宪法上就具有直接的效力,即使被普通法律具体化以后仍保留其自身的效力,制约被具体化法律的实施过程(参见韩大元:"论社会变革时期的基本权利效力问题",载《中国法学》2002年第6期)。如果不能被独立的司法机构实施,宪法就只能是一张空文而已。即使权利条款包罗万象,它们也不过是空中楼阁,毫无现实意义(参见张千帆著:《西方宪政体系》(上册·美国宪法),中国政法大学出版社2000年版,第6页)。

⑤ 根据学者统计,我国利用宪法基本权利反就业歧视的司法实践主要有以下三个方面:一是法院直接援引宪法基本权利之劳动权作为判案的依据;二是法院根据公民依法享有的社会生活保障权对案件进行裁判;三是劳动者利用宪法规定的平等权作为提起诉讼的主要依据。参见周伟等著:《中国的劳动就业歧视:法律与现实》,法律出版社2006年版,第305~307页。

⑥ 实际上,各国近年来对社会权的司法救济实践无不说明了社会权"可司法性"的发展趋势。有关社会权的司法救济措施包括:一是集体申诉制度。在个人难以请求对社会权予以司法救济的情况下,将社会权视为"集体权利"而由集体申诉;二是通过扩大解释公民政治权利与自由来保护社会权,即将公民的自由权等作扩大解释以涵盖社会权的内容;三是公共利益诉讼,即任何人都可以为他人提起诉讼,请求法院的司法救济。参见张翔:"基本权利的受益权功能与国家的给付义务",载《中国法学》2006年第1期。

建立平等就业权宪法诉讼机制要考虑的技术层面的主要问题有:一方面,劳动者提起宪法诉讼要有平等就业权被侵犯的事实、因果关系以及客观现实性等基本要件。正如前文论及,平等就业权尽管是一种承载生存权保障这一核心功能的基本权利,但由于其关乎经济、政治以及社会等众多因素,平等就业权的最终实现不仅要靠法律保障,还受制于经济等复杂条件。无论如何,在市场化就业体制和机制下,就业权并不意味着国家对劳动者负有直接雇用或者招募的义务。国家不可能为每个公民提供工作岗位,这是显而易见的。劳动权的最初实践也说明国家不可能承担直接提供工作的义务。① 另一方面,司法介入的程度宜限制在司法最低限度范围内。司法限度本质是司法克制的体现,一个最低限度主义的法院解决它所遇到的案件,但它对很多事情并不作出裁定,而寻求根据一个狭窄的理由裁决案件,避免清晰的规则和终局性的解决方案,并避免提出一些基础性的原则。② 我国在建设宪法实施机制与监督机制的初期,应在维护宪法最高法律权威的同时,又不至于在现有体制下造成较大的变动和不可估量的改革风险,把解决问题与改革成本等因素统筹考虑。从该意义上讲,选择建立一种适合于我国国情的平等就业权宪法诉讼制度,并无一种必然的统一模式,而是一个将宪法尝试运用于实践个案的逐步探索与完善的过程。

(4)完善平等就业权的宪法解释机制。宪法解释是探求宪法规范内涵的一种活动。一般认为,宪法解释包含两层含义:一是根据宪法规定的解释程序和权限,对宪法条文的具体含义、精神等作出说明。这种解释确保宪法的原意,或称为原旨主义解释,“是解释所有法律文件的首要的和基本原则”。③ 二是宪法解释机关通过宪法性法律、决议等形式对宪法中没有规定的事项,在不违背宪法原则的前提下,予以增加、修改或补充。这种解释被称为非原旨主义解释。《依法治国决定》指出,要健全宪法解释程序机制,无论采取原旨主义解释还是非原旨主义解释,都应当最大限度地符合宪法的立法本意与价值追求。正如罗纳德·德沃金所言:“法律解释的本质是找到完美确定结果,特别

---

① 张翔:“基本权利的受益权功能与国家的给付义务”,载《中国法学》2006年第1期。

② [美]凯斯·R.桑斯坦著:《就事论事——美国最高法院的司法最低限度主义》,泮伟江、周武译,北京大学出版社2007年版,第1~23页。

③ [美]约瑟夫·斯托里著:《美国宪法评注》,毛国权译,上海三联书店2006年版,第149页。

是宪法解释中更是如此。”[①]考虑到我国目前存在宪法解释的双元实践模式，完善平等就业权的宪法解释机制首先要解决的一个问题是“全国人大的监督宪法（督宪权）和解释宪法（释宪权）与法院司法宪法（司宪权）的关系”。[②] 从全面提升我国宪法权威及其实施效果的角度来看，健全宪法解释程序机制有必要把督宪权与司宪权分开，承认司宪权服从督宪权，就可在理论上破解只有全国人大常委会有权解释宪法的难题，从而赋予法院在实践中可就个案作出是否合宪的解释，全国人大常委会保留最终解释权。[③] 米歇尔曼认为：“法官的判决是普遍法则与具体个案的媒介。要将普遍法则适用于具体的个案脉络，我们必须解释法则。每一次解释都是对普遍法则的内涵与价值的重构。”[④]赋予法院解释宪法权利的目的是使审判机关获得保护宪法的“尚方宝剑”，既可克服全国人大常委会解释宪法之“休眠”弊端，也可克服立法机关无法应对千变万化的具体事实之困境，使司法在个案中通过解释宪法来激活宪法的解释功能，通过具体案件的宪法解释推动制度变迁。

（二）完善平等就业权司法保障的劳动争议解决机制

根据现有规定，平等就业权是否能够获得劳动争议解决机制的救济，尚不清晰，成为近年来学界反复讨论的一个重要话题。争论的焦点问题有：平等就业权争议是否属于劳动争议？劳动争议处理机制是否符合平等就业权保障的客观需要？根据我们对平等就业权救济在宪法层面的突破设计，结合前文有关社会法语境中我国平等就业权救济制度设计应注意的相关问题，就不难提出完善我国平等就业权司法保护的劳动争议解决机制的整体图景。有两个问题值得重视：

（1）重构劳动争议定义。劳动争议是平等就业权在劳动法层面获得司法保护的一个基础性概念。我国现行立法及相关规定并未对劳动争议定义做出

---

① ［美］罗纳德·德沃金著：《自由的法——对美国宪法的道德解读》，刘丽君译，上海人民出版社2002年版，第49页。

② 蔡定剑：“中国宪法实施的私法化之路”，载《中国社会科学》2004年第2期。

③ 龚向和：《社会权的可诉性及其程度研究》，法律出版社2012年版，第412页。

④ Frank I. Michelman, “The Supreme Court, 1985 Term-Foreword: Traces of Self-Government”, 100 *Harv. L. Rev.* 1986, p. 38.

规定，只是在劳动仲裁和劳动诉讼的受案范围中对此做了相应规定。[①] 学界对劳动争议的界定各抒己见，观点纷呈。有学者将其界定为以劳动关系为中心所发生的一切争议。[②] 有学者认为，应以对应的劳动关系为标准来界定劳动争议，劳动关系是一个从建立到消灭的全过程。同时，劳动关系有单个劳动关系与团体劳动关系之分，与前者对应的即为劳动者与用人单位之间关于劳动权利义务的争议，为狭义劳动争议；与后者对应的劳动争议包括狭义劳动争议和团体劳动争议。[③] 笔者认为，以劳动法的调整对象尤其是劳动关系运行的全过程来界定劳动争议，这一思路无疑是正确的，可作为劳动争议重构的基本方向。[④] 劳动法的调整对象包括劳动关系以及与劳动关系有密切联系的其他社会关系，后者包括劳动关系建立的前提条件和劳动关系结束后的必然结果所形成的社会关系。从劳动关系建立的前提条件来看，根据市场化劳动用工的基本流程，劳动力市场的双向选择是劳资双方订立劳动合同与用工的重要前提。因此，把人力资源市场中的招工与求职过程中所发生的争议（如就业歧视争议）纳入劳动争议范畴，在逻辑上应无障碍。我国台湾地区近年来也有类似规定，其“两性工作平等法草案”规定，劳工与雇主之间，因工作平等事项所引发之争议得准用劳资争议处理法之规定处理。从改革步骤来看，目前可考虑通过最高人民法院的司法解释，把劳动关系建立过程中的就业歧视争议优先纳入劳动争议范围，使之与《劳动争议调解仲裁法》把劳动合同订立过程中的争议作为劳动争议的规定相一致，可解决就业歧视诉讼“有名无实”与立案难的现实问题，[⑤]为平等就业权在劳动争议解决机制内获得司法保护打开立案难的大门。需要进一步指出的是，上述讨论主要还是基于逻辑与法

---

① 比如，《劳动法》第77条把劳动争议规定为“用人单位与劳动者发生的争议”。最高人民法院2001年《关于审理劳动争议案件适用法律若干问题的解释》将劳动争议定义为：(1)劳动者与用人单位在履行劳动合同过程中发生的纠纷；(2)劳动者与用人单位之间没有订立书面劳动合同，但已形成劳动关系后发生的纠纷；(3)劳动者退休后，与尚未参加社会保险统筹的原用人单位因追索养老金、医疗费、工伤保险待遇和其他社会保险费而发生的纠纷。《劳动争议调解仲裁法》第2条以列举式方式规定了若干属于劳动争议的情形。

② 史尚宽编著：《劳动法原论》，正大印书馆1978年版，第241页。

③ 王全兴著：《劳动法》，法律出版社1997年版，第473页。

④ 李雄、吴晓静：“我国反就业歧视法律规控研究”，载《河北法学》2010年第12期。

⑤ 《就业促进法》第62条规定：劳动者受到就业歧视的，可以向人民法院起诉。该规定尽管赋予了劳动者面临就业歧视后享有诉权，但在现有三大诉讼机制下，就业歧视诉讼几乎都面临诉讼无门的尴尬，使法律规定的就业歧视诉讼实际上“有名无实”。

律层面而展开的,实践中把就业争议不作为劳动争议的现象仍很普遍,尽管原因很多,但司法本身对此类争议的不重视甚至回避姿态确实是一个重要因素。因此,如何真正把逻辑与法律层面的就业争议纳入司法解决渠道,最终还需要通过强化立案制度、严格司法解释、强化司法责任等手段综合治理。

(2)改革劳动争议处理体制。劳动争议处理体制改革在我国一直是备受关注的一个改革难题,有关讨论的一个焦点问题是是否取消现行的"先裁后诉"模式。主张取消的学者对当前劳动仲裁制度的缺陷做了如下归结:仲裁前置缺乏法律与法理依据,人为地增加劳动争议解决程序,并增加当事人的负担;①三方机制有名无实,即《劳动法》第81条规定"劳动争议仲裁委员会由劳动行政部门代表、工会代表、用人单位方面代表组成"的三方机制,其实是形同虚设,因为实践中用人单位一方往往由政府的计划部门、经济或贸易委员会等部门充任,造成仲裁委员会内部两个行政部门并存的局面;②劳动仲裁机构高度行政化,受行政干预的情形普遍,或者习惯于以行政思维解决劳动争议案件,无法承担独立、理性仲裁之重任;劳动仲裁强制前置,违背了"仲裁自愿"的传统仲裁立法原则,造成司法资源的浪费,并且是造成劳动者一方"状告无门"的根源;③劳动争议强制仲裁前置,可能会出现在同一法院和仲裁机构因适用法律不同而作出不同的裁决,造成法律适用上的混乱;仲裁裁决最终依赖于法院的执行,其权威性尚有不足;④从实际情况来看,劳动争议仲裁机构解决的劳动争议案件比重依然很小,很多劳动争议案件因为仲裁机构承担的事务繁多或因仲裁后诉讼至人民法院,最终使劳动争议仲裁事实上被"架空"而劳动争议诉讼却成为解决问题的主要机制;等等。总之,我国现行劳动争议处理体制与不断深化的改革以及市场经济环境中劳动关系发展的客观需要已不相适应,建立一个适合我国国情且符合市场经济运行规则的劳动争议处理体制已迫在眉睫。⑤ 同时,针对现有劳动争议处理体制存在的诸多不足,学者们

① 秦国荣著:《劳动权保障与〈劳动法〉的修改》,人民出版社2012年版,第221页。

② 同上书,第234页。

③ 徐智华:"劳动争议处理几个疑难问题研究",载《中国法学》2003年第3期。

④ 王全兴、侯玲玲:"我国劳动争议处理体制模式的选择",载《中国劳动》2002年第8期。

⑤ 刘小鹏:"浅谈确立裁审分离的劳动争议处理体制",载《新视点》2002年第11期。

也提出了一些较有代表性的改革主张。比如，建立劳动争议“只审不裁”模式、[①]“只裁不审”模式、“两裁一审”模式、[②]或裁或审且各自终局模式等。

笔者认为，究竟如何重新定位我国劳动争议处理体制，并选择一个什么样的处理模式，确实是一个非常棘手的改革难题。但如从依法保障平等就业权的要求来看，结合劳动争议不同于普通民事争议的特殊性，现行“先裁后诉”模式仍有其存在的必要性。[③] 比如，依法保障平等就业权不仅需要法律管制，也需要劳资自治；不仅需要依法规制，也需要对话与合作；不仅需要依法规范，也需要依法促进。可以说，处理平等就业权争议这种全球性理念与处理劳动争议的的世界共识不谋而合。从世界范围来看，劳动争议（Aiternative Dispute Resolution，ADR）由于满足了劳动争议敏感问题非讼解决、遵循了劳资合作发展等客观需要而日益发达，[④]许多国家和地区都在普通民事诉讼程序之外建立了专门的劳动争议处理机制。[⑤] 在世界范围内劳动争议 ADR 趋势下，我国劳动争议处理体制改革显然不能违背劳动争议解决的一般规律与发展趋势，总的改革理念与思路应该是在普通民事诉讼程序外建立包括调解在内的多元化、专业化的劳动争议处理机制。

主要改革措施有：在平等就业权争议中引入强制调解制度，把调解作为劳动争议仲裁的前置程序；改革《劳动争议调解仲裁法》仅规定部分案件“一裁

---

① 主张该模式的学者甚至认为应在人民法院中设立“劳动法庭”，专门处理劳动争议案件，提高法院办案水平。参见“劳动法：劳动者的‘大宪法’——教授与律师的对话”，载《中国经济时报》1997 年 7 月 17 日。

② 该模式主张在劳动争议发生后，当事人应先向基层劳动争议仲裁委申诉，若不服仲裁裁决可向地区劳动争议仲裁机构上诉，再不服的可向地区中级人民法院起诉。参见申柳华：“论我国劳动争议处理体制的重构”，载《广西政法管理干部学院学报》2004 年第 5 期。

③ 劳动争议不同于普通民事争议，具有较强的法律性、政策性和社会性等，也是一个较为敏感的问题。如果由司法直接介入纠纷的解决，不仅容易在劳资之间形成一种紧张关系，不利于劳资合作与和谐，也会使法院过度陷入劳动争议案件，不利于维护法院的权威性和司法独立性。参见李雄：“劳动立法需构建区别对待制度”，载《检察日报》2015 年 4 月 14 日。

④ 李雄：“我国劳动争议调解制度的理性检讨与改革前瞻”，载《中国法学》2013 年第 4 期。

⑤ 谢增毅著：《劳动法的比较与反思》，社会科学文献出版社 2011 年版，第 199 页。

终局”的做法,[①]平等赋予劳资双方诉权。但为了提高诉讼质量并节约司法资源、缩短结案时间并降低维权成本,并在减免诉讼费用情形下最大限度地避免“滥诉”风险,有必要设立上诉限制机制,即只有涉及重大法律问题或者重大影响的案件才能够进入上诉程序。[②] 这种上诉限制机制的最大好处是既坚持了劳资双方诉权平等,也有效兼顾了案件的及时解决并有利于推动劳动司法改革;深化劳动争议仲裁机构“去行政化”改革,关键是根据权力清单制度建设相关要求,以功能定位和职能职责划分为核心,厘清劳动争议仲裁机构与劳动行政部门的关系;加大劳动争议仲裁专业化建设,提升劳动争议仲裁的权威性。核心措施是根据依法治国的相关要求,建立仲裁员资格准入制度、仲裁员库与自主选择机制、仲裁员退出机制等,提升仲裁员仲裁的法律水平与仲裁技能;夯实劳动争议仲裁机构的三方机制,除了要加大吸引劳、资、政之外的专家学者及律师外,还应组建劳动争议仲裁员库,确保三方机制的全面落实;加强劳动争议调解与仲裁及诉讼的对接机制建设;[③]做实《就业促进法》规定的就

---

① 《劳动争议调解仲裁法》第47条规定:下列劳动争议,除本法另有规定的外,实行一裁终局:(1)追索劳动报酬、工伤医疗费、经济补偿或者赔偿金,不超过当地月最低工资标准12个月金额的争议;(2)因执行国家的劳动标准在工作时间、休息休假、社会保险等方面发生的争议。实际上,传统的先裁后审模式经过劳动争议调解仲裁法调整,改为部分争议一裁终裁模式,进而产生一些新的问题,主要有:这种模式赋予劳动者诉权,却限制了用人单位的诉权,造成诉权配置的不平等,在法理上难以自圆其说,也不符合国际通行做法;限制诉权的标准过于简单,因为标的大小与案件的复杂程度没有直接关联;当前劳动仲裁能力普遍不足,一裁终裁排除了法院监督,难以保证仲裁质量。参见李雄:“劳动立法需构建区别对待制度”,载《检察日报》2015年4月14日。

② 李雄:“劳动立法需构建区别对待制度”,载《检察日报》2015年4月14日。

③ 主要改革措施有:确立我国劳动争议ADR解决的主导地位,建立劳动争议诉讼补充性和终局性新格局和新常态。这首先需要在观念上分清提高司法权威与盲目诉讼崇拜的区别,认识到多元解纷机制大背景下劳动争议解决机制的生态平衡而非司法垄断,更不能把《依法治国决定》提出的加强公民权利的司法保障简单等同于“让有事找法官”。同时,重构劳动争议调解与仲裁及诉讼的对接机制,改革思路是建议最高人民法院通过司法解释,统一规定劳动争议调解与仲裁及诉讼的分工关系,通过调解这个关节点打通其与仲裁和诉讼等纠纷解决机制就成为可能,进而形成“流水不腐、户枢不蠹”的良性循环。参见李雄:“我国劳动争议调解制度的理性检讨与改革前瞻”,载《中国法学》2013年第4期。

业歧视诉讼机制,使劳动者真正有渠道提起起诉;[①]适时考虑建立独立的劳动法院;[②]等等。

(三)补强平等就业权司法保障的三大诉讼机制

(1)从民事诉讼来看。一般认为,以平等就业权为代表的社会权如欲在民事诉讼程序获得救济,就必须讨论社会权的第三人效力问题,也即社会权是否解决私人间权利侵害问题。回答该问题仍然要回到平等就业权的权利属性之定位上。前文已论及平等就业权同时具有宏观层面的基本权利、中观层面的社会权以及微观层面的生存权等多重权利属性,这决定了平等就业权不仅是一种权利束,也是一种具体性权利。一旦平等就业权获得具体性权利之地位,其可诉性理论支撑就不难理解了。日本学者大须贺明先生不仅提出了"具体性权利论",还认为《日本国宪法》所保障的劳动的权利是国民的具体性权利,司法权必须以该条款规定为法的基准,进行审判活动。[③] 从逻辑上讲,平等就业权获得民事诉讼程序救济应该没有问题。实际上,我国实践中早已出现通过生存权视角直接援引宪法判案的尝试,为我国确定宪法直接效力提供了先例。[④] 当下民事诉讼相关改革的方向是扩面,在厘定侵犯平等就业权即侵犯劳动者人格权基础上,将平等就业权司法保护与就业歧视争议纳入民

① 《就业促进法》第62条规定:"违反本法规定,实施就业歧视的,劳动者可以向人民法院提起诉讼。"该规定尽管突破性赋予劳动者在遭遇就业歧视时享有诉权,但并未进一步规定诉讼渠道。在实践中,劳动者以就业歧视起诉而被人民法院不立案的情况还比较普遍,主要原因是人民法院要么认为立案后会带来不好的社会效应,要么认为没有立案案由。实际上,担心社会效果恐怕是法院的普遍心理,但却是杞人忧天。从立案案由来看,根据最高人民法院发布的《民事案件案由规定》,民事案件案由是人民法院将诉讼争议所包含的法律关系进行概括,目的是在民事立案和审判中准确确定案件诉讼争点和正确适用法律,促进审判工作规范化。因此,确定案由并非受理诉讼的必要条件。同时,即便是要确立案由,根据以往相关做法,就业歧视案件可确定为一般人格权纠纷。参见刘小楠主编:《反就业歧视的机制与原理》,法律出版社2013年版,第110~111页。

② 劳动争议具有普通民事争议诸多不同之处,这决定了劳动争议处理机制的独立性,即设置专门的劳动审判机构由专门的法官审理劳动争议案件是各国普遍做法。国际上早有法制先进的国家在该方面树立的典范——以劳动法律关系调整和解决劳动纠纷的实际需要为基本着眼点,来设计和修改劳动争议处理的程序制度。比如,德国在魏玛宪法进步思想的影响下,基于对劳动关系特殊性考量,于1926年创设专门处理劳动法问题的司法机构即独立劳动法院,制定专门的《劳动法院法》。分别参见周湖勇著:《劳动诉讼制度研究》,中国法制出版社2013年版,第125页;李运华著:《就业权研究》,中国社会科学出版社2009年版,第215~216页。

③ [日]大须贺明著:《生存权论》,林浩译,法律出版社2001年版,第221页。

④ 周永坤:"宪法基本权利的直接效力",载《中国法学》1997年第1期。

事诉讼受案范围。同时，平等就业纠纷以及就业歧视纠纷既有劳动争议纠纷的特点，也有侵犯人格权纠纷的性质，简单把平等就业纠纷以及就业歧视纠纷作为劳动争议纠纷或者侵犯人格权纠纷，都无法全面反映该法律关系的本质。因此，应将平等就业纠纷以及就业歧视纠纷作为独立民事案由。[①] 另外，基于平等就业权争议处理要求的及时特点，要对民事诉讼程序进行相关改造，核心是针对包括平等就业权争议在内的劳动争议处理程序要设置更为简便、快捷的审理程序。

（2）从行政诉讼来看。目前包括平等就业权在内的基本权利在行政诉讼中获得司法救济面临的主要问题有：一方面，行政诉讼立法阻却平等就业权争议，集中体现为行政诉讼受案范围标准之一为具体行政行为，而侵犯平等就业权的主体用人单位实施的就业歧视行为是排除在外的。2014 年经全国人大常委会修正的《行政诉讼法》尽管其受案范围包括"行政机关滥用行政权力排除或者限制竞争的"、[②]"认为行政机关侵犯其他人身权、财产权等合法权益的"，[③]但该规定依然模糊或者使平等就业权的行政诉讼救济面临诉讼无门之困境。另一方面，行政诉讼援引宪法条款的依据缺失。根据《行政诉讼法》第 52 条及最高人民法院《关于执行〈中华人民共和国行政诉讼法〉若干问题的解释》第 62 条规定，法院的审判依据是法律、行政法规和地方性法规等，却没有规定可以援引宪法。这是当前我国行政诉讼保护基本权利不足的最重要的原因。[④] 需要指出的是，《行政诉讼法》（2014 年修正）第 1 条规定的"……根据宪法，制定本法"与第 5 条规定的"人民法院审理行政案件，以事实为依据，以法律为准绳"，虽然为人民法院审理行政案件援引宪法提供了法律上的通道和可能，但在宪法相关规定尚未跟进的情形下，平等就业权要在行政诉讼层面获得司法救济，尚有距离。改革的主要思路是：除了要以"社会实力"视角重新审视用人单位的主体资格外，[⑤]还应在宪法增补规定的基础上，通过司法解

---

① 林嘉、杨飞："论劳动者受到就业歧视的司法救济"，载《政治与法律》2013 年第 4 期。

② 参见《行政诉讼法》（2014 年修正）第 12 条第 8 项规定。

③ 参见《行政诉讼法》（2014 年修正）第 12 条第 12 项规定。

④ 龚向和著：《社会权的可诉性及其程度研究》，法律出版社 2012 年版，第 398～399 页。

⑤ 自 20 世纪以来，一些私法主体势力不断膨胀和扩张，拥有类似国家行为的垄断性，有些大企业的经济实力甚至超过了一些国家。这种类似国家权力的组织力、经济力、社会力，在德国法上被称为"社会实力"。社会实力视角为私法主体承担类似国家权力的责任提供了新的理论支撑。参见陈新民著：《德国公法学基础理论》（上册），山东人民出版社 2001 年版，第 289 页。

释补充规定审理行政诉讼可以直接援引宪法有关规定。

(3)从刑事诉讼来看。鉴于我国目前刑事诉讼与劳动法争议解决有关的问题面还非常狭窄,单一的拒不支付劳动报酬罪显然无法涵盖对平等就业权的刑事诉讼司法救济。因此,在刑事诉讼机制中寻求平等就业权司法救济,便成为各国相关改革的一个共同方向。对我国而言,改革的一个关键是在实体法中增加就业歧视罪。① 刑法保护是平等就业权司法保护中最具强制力的保护。劳动权的刑法保护意指"通过对侵犯劳动权构成犯罪的行为追究刑事责任来确保劳动权实现的安全性"。②

(四)建立平等就业权司法保障的公益诉讼制度③

公益诉讼作为一种新的社会现象和法律现象越来越多,成为当下中国法学理论界与实务界普遍关注的一个焦点问题。④ 从历史上来看,公益诉讼是20世纪五六十年代美国在经历剧烈的社会变革后广泛使用的术语。当时的社会背景是:伴随着社会化大生产和全球经济"一体化"纵深发展,人类行动和关系日益频繁地呈现出一种集体性、而非仅仅个人性的特征。一项单独的人类行动可能对许多人有益或有害,产生了大量的"现代型纠纷"。⑤ 现代型纠纷最典型的特征是其往往同时危害两种类型的利益,即特定的私人利益和公共利益。对于特定的私人利益,现实的受害人可以通过传统的民事诉讼途径维护自己的权益;但公共利益由于传统的当事人适格理论之限制而无法获得有效的法律保护。这就对以民事诉讼为代表的传统诉讼机制提出了一个最现实也是最严峻的挑战:传统的诉讼机制如何与时俱进并有效保护以社会公共利益为核心内涵的新型社会的、集体的和分散的权利和利益。基于对上述特殊社会背景的积极回应,各种尝试改革方案不断推陈出新,而公益法和公益

---

① 域外已有类似规定。比如,芬兰《刑法典》第四十七章规定了"雇佣犯罪",包括劳动歧视犯罪。法国《刑法典》对劳动权的保护十分具体,包括劳动歧视犯罪。参见薛长礼:《劳动权论》,科学出版社2010年版,第158~160页。

② 冯彦君:"劳动权论略",载《社会科学战线》2003年第3期。

③ 李雄:"社会法视野下的公益诉讼",载《检察日报》2011年5月12日。

④ 目前,我国公益诉讼研究与实践较为集中的领域包括:政府信息公开案;环境侵权案;非法查验身份证案;公务员报考费案;就业歧视案;消费者权益保护案;妇女权益保护案等。分别参见项炎主编:《公益诉讼的理念与实践》,武汉大学出版社2010年版,第3~147页;徐卉著:《通向社会正义之路——公益诉讼理论研究》,法律出版社2009年版,第114~141页、第199~222页。

⑤ 比如,垄断、不正当竞争、侵犯消费者权益、环境污染等损害不特定多数人利益的纠纷。参见贺海仁主编:《公益诉讼的新发展》,中国社会科学出版社2008年版,第58页。

诉讼便是改革措施之一。①

纵观公益诉讼的实践与发展,我们大致可归结:公益诉讼在全世界都是一个重大的责任话语,具有不同的“意思场域”。同时,公益诉讼在不同的国家和地区的称谓不同,不仅充分说明了公益诉讼概念的包容性与发展性,也体现了该国和地区公益法律组织和公益律师强调的工作侧重点,以及特定语境下公益诉讼的作用和定位。② 另外,尽管各国和地区公益诉讼在用语和界定方面各有千秋,但该类诉讼都是围绕公共利益而展开的,在诉讼理念、机能与具体制度等方面均有别于传统诉讼。

通过公益诉讼保障平等就业权的初步设想。公益诉讼的目的在于“通过法律让司法获得变革社会的力量”,从而实现对社会公共利益的切实维护。③ 在全面推进依法治国背景下,突出司法对人权的保障是法治国家的鲜明特征。平等就业权不仅关乎劳动者个人权利,更是一种承载保障生存权并涉及社会整体利益的基本人权。然而,作为平等就业权之“大敌”就业歧视,表面上看只是侵害了劳动者个人利益,但其实质上同时构成对整个劳动者群体生存权的极大威胁,并构成对社会利益的侵犯。就业歧视关系到社会公共利益,社会正义的价值要求工作岗位向每一个主体保持平等开放的可能性,要求消除就业歧视、实现平等和保障人权。④ 因此,在社会法视野中,建立平等就业权保障的公益诉讼制度,不仅是社会法本位社会利益保护的内在使然,也将是一个积极的创举。

在全面构建独立公益诉讼机制的条件尚不成熟的情形下,目前可以考虑改革的方向是:

首先,要在思想上达成广泛共识。公益诉讼本质是一种理性而和平的法律运动,它首先承认在现有的政治和法律空间内提出变革社会的法律主张和

---

① Louise G. Trubek & D. Trubek, “Civic Justice Through Civil Justice: A New Approach to Public Interest Advocary in the United States”, in M. Cappelletti ed. , *Access to Justice and Walfare State*, Alphen aan den Rijn: Sijthoff; Stuttgart: Klett-Cotta; Bruxelles: Bruylant; Firenze: Le Monnier, 1981.

② Sarat & Scheingold, “Cause Lawyering and the Reproduction of Professional Authority: An Introduction”, in *Cause Lawyering: Political Commitments And Professional Responsibilities*, New York: Oxford University Press, 1998.

③ 李雄、刘俊:“中国公益诉讼:概念、理念与发展展望”,载《河南财经政法大学学报》2012年第3期。

④ 林嘉、杨飞:“论劳动者受到就业歧视的司法救济”,载《政治与法律》2013年第4期。

要求,所采取的是严格的法律手段而非广泛的政治动员,所提出的是具体的法律要求而非抽象的政治诉求。[①] 同时,建立平等就业权的公益诉讼保障制度,可以把现实中各种不平等就业现象以及就业歧视暴露于社会普遍监督之下,通过公共论坛形成对就业歧视的外部压力并促进公益诉讼司法的理性发展。进而,通过公益诉讼牵引整个社会对促进平等就业与反就业歧视形成广泛共识,倒逼用人单位重视平等招聘并避免就业歧视。

其次,针对《民事诉讼法》仅仅规定了环境侵权、消费侵权公益诉讼,建议通过继续修改《民事诉讼法》、司法解释等途径增补规定侵犯平等就业权的公益诉讼以及相应的诉讼机制。比如,平等就业权公益诉讼的原告扩展机制、预防滥诉机制、诉讼风险控制机制等。

再次,最高人民法院司法解释可对平等就业权公益诉讼做原则性规定,既为平等就业权获得公益诉讼救济打开"绿色通道",也便于地方各级人民法院在公益诉讼中基于司法改革与社会法等要求积极而适度地能动司法。同时也应看到,我国建立平等就业权公益诉讼保障制度还面临若干具体问题。比如,公益诉讼的主体资格、公益诉讼的程序机制、公益诉讼的滥诉预防机制等。从提起公益诉讼的主体来看,可以考虑由检察机关提起公益诉讼。主要理由包括:一是检察机关提起公益诉讼有其理论基础。检察机关提起公益诉讼打破了原告适格的传统理论,具有正当当事人的理论基础。在公益诉讼原告扩张的若干理论中,虽然程序当事人的确认不以实体法律关系主体与诉讼的关联性为成立要件,但任何一项诉讼活动的进行,都需要以既有的法律秩序为基础,以维护法律的稳定性。当事人如果与实体法无任何牵连,诉讼价值便无从体现。因此,公益诉讼原告扩张也要尽量避免滥诉,在确认程序当事人的同时,还要确立正当当事人理论,用来解决诉讼主体与实体法的实际关联性,使诉讼具有实质意义。确立正当当事人目前比较有代表性的观点是诉的利益说。诉的利益乃原告谋求判决时的利益,正所谓"无利益便无诉讼"。西方国家普遍认为国家利益或社会公共利益的承受者的实体权利受到侵害时,存在"诉的利益"。我国民事诉讼法对存在国家和社会公共利益的民事可诉性规定非常模糊,但不可否认的是现实中社会公共利益日益受到重视。检察机关的地位与性质决定了其应当是国家与社会公共利益的最佳代表者,检察机关

---

① 李雄、刘俊:"中国公益诉讼:概念、理念与发展展望",载《河南财经政法大学学报》2012年第3期。

提起公益诉讼符合“诉的利益”要求。二是检察机关提起公益诉讼有其法律依据。我国《宪法》规定了检察机关是国家的法律监督机关,《人民检察院组织法》也有相同规定。检察机关提起公益诉讼,体现了宪法的人民主权和法治原则两个基本理念。另外,我国《刑事诉讼法》、《民事诉讼法》与《行政诉讼法》均以基本原则的方式分别规定人民检察院对刑事诉讼、民事诉讼与行政诉讼实行法律监督。同时,检察机关的法律监督与其提起公益诉讼并不矛盾。检察机关的法律监督是目的,检察机关提起公益诉讼是手段,法律监督是形式,公益诉讼是内容。就特定的法律监督对象而言,如果没有诉权,检察机关的法律监督将是一种被架空的抽象的权力。实际上,检察机关提起公益诉讼体现了法律监督与诉讼权利的融合。从该意义上看,检察机关的法律监督应当是全方位的,监督的内涵是广泛的,检察机关提起公益诉讼当是法律监督的应有之意。三是检察机关提起公益诉讼有其现实需要。在我国,检察机关提起公益诉讼除了具有理论基础和法律依据外,还有非常现实的紧迫性。改革开放30多年来,国家以经济增长为主的改革模式尚不足以全面顾及国有资产的管理,目前国有资产流失已经到了触目惊心的地步。检察机关有必要对造成国有资产流失的行为进行起诉,可以弥补我国相关保护机制的不足,使国有资产获得应有的司法保护。同时,近年来出现的大量现代型纠纷,也迫切要求检察机关提起相关公益诉讼。该类纠纷主要是围绕社会公共利益的纠纷,典型形态包括与环境污染有关的公害诉讼、涉及人数众多的消费者权益诉讼、劳动者权益诉讼以及垄断和不正当竞争诉讼等。该类诉讼的一个典型特征是原告起诉成本大并面临巨大风险。检察机关提起公益诉讼,不仅容易调查取证,还可以克服其他主体提起诉讼中的滥诉问题。更有价值的是,检察机关提起公益诉讼,与法院拥有共同的政策理解力和法律把握力,更容易在公共政策方面达成高度一致,使个案诉讼形成适应于将来社会发展需要的公共政策,并有利于对现行法制进行修改完善,促进法制进步,最终使公益诉讼避免陷入纯粹私益纷争纠缠之中,而是对个案公益诉讼的积极超越。根据前述,我们或许应当对检察机关提起公益诉讼给予足够的理解和宽容。实际上,自20世纪末我国首例由检察提起公益诉讼以来,检察机关参与或提起公益诉讼活动就一直未停止过。目前迫切需要达成共识的是,检察机关提起公益诉讼,既不应当局限于三权分立模式，[①]也不应当局限于诸如民事公益诉讼、行政公益诉讼或者环境公益诉讼等范畴，而应当另谋出路，以社会法为分析框架，认真审视社会法视野下检察机关职能拓展的必要性与必然性，全面构建检察机关提起公益诉讼的"一揽子"制度体系。应当说，检察机关提起公益诉讼所期待的这种法律突围，既是中国社会发展的必然，也是中国法治建设的必然。值得一提的是，2015 年 5 月 20 日全国检察机关行政检察工作座谈会在吉林长春召开。最高人民检察院检察长曹建明在会上指出，最高人民检察院将提请全国人大常委会授权在部分地区开展为期 2 年的检察机关提起公益诉讼改革试点工作。待全国人大常委会授权后，最高人民检察院将正式部署开展试点工作，最大限度维护国家和社会公共利益。[②] 这固然是一个积极的改革信号，但如检察机关提起公益诉讼的程序、规则、监督、责任机制等问题尚需深入研究。

最后，扩大促进平等就业与反就业歧视的典型案例宣传。公益诉讼除了通过法律获得变革社会的力量外，还在于其特有的示范诉讼效应对以后诉讼的启示和建设性作用。然而，我国现有促进平等就业与反就业歧视的公益诉讼尚未形成气候，此类公益诉讼应有的宣传、示范效应尚未有效彰显。比如，本课题组通过梳理我国近年来较有影响的公益诉讼案件后发现：与促进平等就业和反就业歧视有关的公益诉讼在 2012 年全国十大公益诉讼案件中占据 3 件，分别是残疾人士促进"残疾人权益"系列诉讼案、公民"被乙肝"失去公务员录取资格案和女大学毕业生诉巨人教育就业性别歧视案，但在 2013 年与 2014 年公布的全国十大公益诉讼案件中，则无一例有关就业或促进平等就业及反就业歧视的公益诉讼案件。[③] 由此可见，实践中名目繁多的就业歧视却未能引起普遍关注，促进平等就业与反就业歧视公益诉讼案件尚未在官方宣传阵地占有应有地位。从全面有效推进我国促进平等就业与反就业歧视公益诉讼要求来看，除了要在立法与制度层面加大突破力度外，舆论宣传也至关重要，应借助相关权威媒介确立典型案件并加大宣传力度，力争在观念意识上尽

---

① 我国检察机关的职能不能与西方三权分立相提并论，不仅因为"三权分立"只是国家权力的一种划分方式，并不具有普世性，也因为我国检察机关职能定位延续了"大检察"的传统。应当说，我国检察机关的监督权是法律监督权，是一种区别于行政权和审判权的独具特色的国家权力。因此，目前学界在三权分立框架下来讨论检察机关职能，并讨论检察机关提起公益诉讼的各种弊害，显然是不够的。

② "检察机关提起公益诉讼改革试点将开展"，载《人民日报》2015 年 5 月 22 日。

③ 资料来源中国法学创新网，最后访问时间：2015 年 2 月 14 日。

快培育人们对平等就业与反就业歧视的广泛共识，进而通过公益诉讼让司法获得变革社会的力量。

三、借力指导案例制度推动平等就业权司法保障机制建设

成文法国家普遍遇到的问题是：法律条文过于抽象和刚性，难以适应现实生活的复杂多变情况；而出于法律的稳定性及修法程序的严肃性考虑，又不能动辄修法，朝令夕改。故法律条文与社会现实需要之间的矛盾不断涌现，[①]法律适用难以统一问题日渐突出。相比通过立法修改解决类似问题而言，确立案例指导制度显得更为有效。我国案例指导制度由来已久。自最高人民法院1985年5月开始公布指导性案件以来至今已有30年的历史。当前，在全面推进司法改革背景下，如何提升司法公信力并保证人民群众在每一个案件中感受到公平正义，成为人民法院审判工作的最高标准。同时，受我国法学理论研究后进、立法质量不足、司法能力不足、司法行政化严重、[②]各地情况不同，以及法治文化薄弱等因素影响，司法质量仍面临诸多问题，已根本影响到司法的公信力与司法的公平正义。因此，最高人民法院适时推动指导案例制度建设，以期破解当前司法尺度不一、同案不同判、法治权威受损这一全国性难题。

2010年11月26日，最高人民法院颁布了《关于案例指导工作的规定》（以下简称《案例指导规定》），声明制定本规定的目的是"为总结审判经验，统一法律适用，提高审判质量，维护司法公正"。应该说，指导案例制度尽管没有明确的强制适用规定，但却能够在事实上引导人民法院的审判工作、指导法官对各种疑难案件的审判方向与尺度，进而能够促进整个法治思维的统一、法律理解的统一以及法律适用的统一，最终致力于用同一把尺子衡量相同案件，最大限度确保人民群众在每一个案件中感受到公平正义。

但也应当看到，纵观世界案例型国家的司法制度，无不强调案例本身的质量与配套制度及法治文化的支撑。反观我国，指导案例制度的大力推动尽管带有明显的解决当下司法问题的现实诉求，但在案例遴选标准厘定、裁判意见统一、法官司法能力匹配、民众法治文化支撑等方面还面临系统性缺陷。如果

---

① 李贵方："可将指导性案例上升为司法解释"，载《检察日报》2015年1月13日。

② 所谓"司法行政化"，即以行政目的、构造、方法、机理及效果取代司法自身的内容，形成以行政方式操作的司法。这种替代与错位的根本问题是违背司法运行和司法建设的内在规律。参见龙宗智、袁坚："深化改革要求遏制司法行政化"，载《法学研究》2014年第1期。转引自《中国社会科学文摘》2014年第5期。

忽视了这些问题，指导案例制度就可能在实践中造成新的系列难题，从而放大我国司法改革的难度。

从借力指导案例制度推动我国平等就业权司法保障机制建设这一具体诉求来看，指导案例制度需在以下四个方面实现突破：

（一）健全指导案例遴选标准体系

首先，应当确立一个指导案例遴选的基本原则。目前指导案例尽管经由人工筛选，但一些案例是基层法院审理后经过最高人民法院上升为指导案例，这种让“上级法院遵从下级法院”裁判的指导案例制度有违司法判例制度的一般原理。[①] 因此，首先应建立平等就业权指导案例遴选的基本原则。《案例指导规定》把维护司法公正作为其最高价值承载，整体上与当下我国司法改革要求具有一致性。但也应当看到，建立平等就业权司法救济的案例指导制度，不仅要符合我国案例指导制度的整体价值导向，还要注意平等就业权司法救济的自身特殊性，通过平等就业权案例指导制度推动我国平等就业的权利意识、规则意识与平等就业文化等同步发展。从该意义上讲，依法构建我国平等就业权案例指导制度，除了要使劳动者在个案中感受到公平正义外，还应致力于促进我国通过法律治理人力资源力市场的现代化转型。因此，平等就业权语境下案例指导制度的建设首先应在价值理念上有一个积极转型，而不是局限于《案例指导规定》当时规定的最终维护司法公正层面。建立平等就业权指导案例遴选基本原则的整体考虑是：保障平等就业权与反就业歧视指导案例不仅要解决法律“漏洞”问题，也要解决就业实践中出现的各种重大疑难案件，更要构建一种全社会普遍认同的就业基本价值秩序和行动规则。从该意义上讲，保障平等就业权与反就业歧视指导案例既是一个针对具体问题的解决方案，也是一个着眼于整体和未来的司法政策与司法布局。由此我们不难型构出保障平等就业权与反就业歧视指导案例的如下遴选原则：全局性原则、普遍性原则、代表性原则、指导性原则。

其次，应建立一个平等就业权指导案例遴选的标准体系。除了要遵循《案例指导规定》的相关要求外，[②]还应基于依法治国与平等就业权司法救济

---

① 何家弘：“完善司法判例指导制度是法治国家建设的需要”，载《法制与社会发展》2015 年第 1 期。

② 《案例指导规定》第 2 条对指导性案例的具体标准规定为：已经发生法律效力且社会广泛关注，或法律规定比较原则，或具有典型性，或是疑难复杂案件或者新类型案件等。

自身特殊性等考虑,充实如下遴选标准:维护宪法和法律权威,回应当下保障平等就业权与反就业歧视面临的主要法律"漏洞"问题,体现重点施治并对社会产生较为广泛的影响,体现地方法院合理的司法能动与司法创新,能够对以后类似案件的解决产生正向的指引作用,能够通过典型有效控制社会不当行为并对公民和市场主体行为生成矫正机制等。

最后,建立一个指导案例遴选的科学程序。鉴于我国当前司法行为的整体环境不佳,因此司法人员不宜享有太大的自由裁量权,且指导案例遴选仍应采人工选编模式。[①] 同时,保障平等就业权与反就业歧视指导案例的遴选应当有一个涵盖理论界、律师界、立法部门、执法部门、司法部门以及社会代表等主体的支撑体系,并应当有一个民主表达与集中的决议机制。

(二)加强司法能力与司法能动建设

一方面,要正确处理司法解释与指导案例制度之间的关系。这是加强司法能力与司法能动建设的基本前提。从数据来看,截至2005年最高人民法院以公报形式公布的案例有500多例,而最高人民法院发布的迄今仍然有效的司法解释多达1256件。[②] 当前,即便是在强调通过立法尤其是良法牵引我国法治建设的背景下,我国立法性司法解释依然强势,大大压缩了指导案例制度的发展空间。长期存在的抽象司法解释事实上为法院量身定做了审判的具体标准,不仅在很大程度上侵涉了司法裁量权的行使空间,也使法院的审判工作越来越依赖司法解释,逐步使法院丧失了自身独立性,尽管在形式上表现为独立审判。同时,法官过度依赖司法解释还会对司法改革形成新的路径依赖,主要是法官基于实践变化对法律精神的理解与创新运用能力会受到司法解释的制约,特别是在错案追究责任制度压力的倒逼下,法官优先适用司法解释并以此寻求更为稳妥的裁判效果,事实上已成为当前一种很普遍却又很不正常的司法现象。相比而言,指导案例制度则可避免司法解释的诸多负面影响,既符

---

① 司法判例制度可以分为自然生成和人工选编两种模式。在前一种模式下,判例是在法院审判过程中自然生成的,无须人工筛选和编辑。在后一种模式中,法院判决必须经由一定的机构按照一定的程序筛选乃至编辑加工之后才能作为判例。自然生成是司法判例制度的最佳模式,但是以法院判决的普遍性发布与汇编为条件,而我国已经开始的各级人民法院生效裁判文书通过互联网公布的做法尚需时间完善。因此,目前还应采用人工选编模式,即《案例指导规定》确立的模式。参见何家弘:"完善司法判例指导制度是法治国家建设的需要",载《法制与社会发展》2015年第1期。

② 董皞:"迈出案例通向判例的困惑之门:我国实现法律统一适用合法有效之途径",载《法律适用》2007年第1期。

合司法运行的基本规律,也可以与立法形成制度上的衔接,激发并提升法官的司法能动性与司法能力,并在本质上与制定法不冲突。[①] 正确处理司法解释与指导案例制度之间的关系,关键是应根据《立法法》修改的基本精神,把司法解释严格限定在忠于立法目的、原则和原意的框架内,并使司法解释主要针对具体的法律条文。就平等就业权案例制度建设而言,鉴于目前相关立法要么过于抽象要么处于空白,而相关指导性案例依然处于空白状态,[②]相关法治建设应当在充分考虑当前我国七大部门法中,社会法法治建设还很薄弱,尤其是社会法立法建设还很后进等客观现实的基础上,把重心放在法律创建上,有关平等就业权的具体规定应由立法先行。同时,应在平等就业权指导性案例与司法解释之间建立沟通机制,即着眼于解决案例指导制度的法律效力问题,使之成为必须一体遵循的法律,应将有关平等就业权指导性案例适时上升为司法解释。

另一方面,深入推进我国司法改革,实现司法公平正义,不仅要在立法建设上下功夫,还要打造一支政治素养过硬、法律知识扎实、司法能力过关的司法队伍。从域外来看,以法国司法改革为例,关于司法官地位的问题,一直是法学界人士关注的焦点之一。如果司法官招聘法规可以在一定程度上保证法官职业能力的话,对于保障司法所追求的公正,还需要对法官在职期间的地位予以保护,以实现司法官在履行职务时的独立和加强对外界压力的抵御能力。[③] 我国对法官职业准入的要求,除了学历外,目前只有通过司法考试这一硬性要求。在全面推进司法改革背景下,有关思路和对策尽管已经很多,但如试图在短时期内要把所有问题都解决好,显然是不现实的。因此,选择一个改革突破口,成为所有改革方案中亟待解决的一个现实问题。司法改革的核心仍然是人的问题,亦即司法改革的核心是司法队伍的建设问题。当前,我国司法队伍建设在“入口”关与“出口”关都难以有效遴选司法的理想人选。改革的基本出路仍在于在坚持通过司法考试这一基本“门槛”的基础上,既要拓宽

---

① 林峰、王书成:“司法式立法及制度反思——以《劳动合同法》等法律的实施为分析样本”,载《法学》2012 年第 3 期。

② 根据笔者梳理,自 2011 年 12 月 20 日到 2015 年 4 月 15 日,最高人民法院发布了 10 批共 52 个指导性案例,其中与劳动法有关的仅有劳动合同解除案和拒不支付劳动报酬案,而涉及依法保障平等就业权与反就业歧视的案件则处于空白状态。

③ 程俐:“司法制度的发展”,载金邦贵主编:《法国司法制度》,法律出版社 2008 年版,第 41 页。

包括法学专家、优秀律师等在内人员作为司法人员的遴选渠道，又要建立健全在职司法人员轮训的长效机制，同时还要完善司法人员绩效考核机制与强制退出机制。① 我们总不能仅要求司法人员承担司法责任，国家对司法人员的专业化及职业化培养责任不容忽视并应当及时跟进，既要注重对法官的专业素养和实务能力的要求，又要重视法官公正廉洁、司法为民、政治素养过硬的司法观念。值得一提的是，任何法律都会存在"漏洞"，任何案件的审判结果都只是一种相对正义，这就要求法官在审理保障平等就业权与反就业歧视具体案件时，不仅要坚守宪法和法律权威，还要洞察法律的本意，要以法治思维理解和阐释法律，要以满腔的正义情怀对待各种疑难问题，并要克制"造法"冲动。可以说，这些都应成为当前我国依法保障平等就业权的司法能力与司法能动建设的重要内容。

（三）推进人民法院审判尺度的统一

审判尺度是否统一，直接关乎司法公正与司法公信力。一直以来，受思想认识不足以及阶段性历史任务不同等诸多因素影响，法律服务于经济社会大发展成为我国整个立法的一个主要价值导向。在依法治国背景下，我国立法建设又面临一次难得转型机遇，核心是立法价值的转型与立法规划的转型。同时，立法转型的关键是要确保法律的统一性、权威性、针对性、有效性与系统性。以审理劳动争议案件为例，尽管国家层面出台了若干法律规定以及司法解释等，但地方层面仍然通过地方性法规、政府规章以及各种规范性文件等要求司法机关按照地方的要求行事。较为典型的例子是，在司法压力和"现官"不如"现管"等因素影响下，一些地方人民法院的法官在审理案件时往往要面临纷繁复杂的规定适用困境，同时也不由自主地优先适用效力层级最低的规定。究其隐含的主要原因，恐怕与当前司法改革中法官为避免各种不必要的麻烦而采取的一种更符合地方要求与地域色彩的特殊"司法能动"策略紧密相关。比如，笔者曾应邀参见一个全国性劳动法学术会议，一些地方高级人民

---

① 在依法治国背景下，为全面落实习近平总书记提出的"让人民群众在每一个司法案件中感受到公平正义"这一司法目标，全国各级人民法院都开展了司法人员在职轮训工作。笔者有幸应邀为一些地方人民法院讲授劳动法与劳动司法专题课，接触到大量法官。笔者通过与他们深入交流发现：一方面，法官普遍认为进入专业政法院校进行在职轮训确实收获颇多，包括专业知识的更新、司法裁判理念的更新、司法裁判原则与技术的更新、司法裁判尺度进一步合理科学的把握等。另一方面，考虑到多方面原因，司法人员在职轮训尚未与其绩效考核真正挂钩，没有考核压力的在职轮训在一定程度上也影响了司法人员在职轮训的实效。

法院的法官在会议讨论中甚至发出了这样的呼吁：我们迫切需要一个统一的哪怕是错的规定来指导我们司法审判工作。这恐怕较为贴切地反映了当下司法适用规定的困境。同时，鉴于目前平等就业权的指导性案例还非常有限，地方司法实践面临司法尺度统一的问题相对更大。

改革方略是：首先，国家应同步权力清单制度建设步伐，在清理各种规定的基础上，根据依法治国及依法保障平等就业权的相关要求，注重法制创建工作，有预见、有计划、有重点地推进相关立法工作。其次，指导性案例是正确适用法律和司法政策、切实体现司法公正和司法高效、得到当事人和社会公众一致认可、受到人民群众称赞并经得起历史检验的案例，[①]因此，指导性案例应当满足审判尺度统一这一基本要求，才能发挥其独特的启示、指引、示范和规范等功能。改革方向是最高人民法院应借助发展指导案例制度的大环境，把实践中那些能够推广的保障平等就业权与反就业歧视案例所体现的基本法理、审判理念、审判标准、司法尺度等核心问题，根据最高人民法院把握的统一法治精神和法治规则，通过进一步"加工"在指导案例中重点体现，使法官能够学习借鉴指导性案例所体现的裁判方法和法律思维，坚持法律原则性与灵活性的统一，把握相对统一的审判尺度，实现司法个案的公正。最后，国家应尽快启动清理法律法规等后续督查工作，着力解决清理后各种地方性规定依然优先于法律法规而适用的问题，进而使保障平等就业权与反就业歧视指导案例的有效适用尽快走出地方性规定抵触的困境。

（四）强化司法在法治文化培育中的特殊作用

法国思想家卢梭曾说：一切法律中最重要的法律，既不是刻在大理石上，也不是刻在铜表上，而是刻在公民的内心里。法治文化是法治社会的精神要素和文化土壤，是建设社会主义法治国家的重要支柱。[②] 习近平总书记指出："法治精神是法治的灵魂。人们没有法治精神、社会没有法治风尚，法治只能是无本之木、无根之花、无源之水。""只有内心尊崇法治，才能行为遵守法律。只有铭刻在人们内心中的法治，才是真正牢不可破的法治。"这些重要思想意蕴法治既是一种理性的办事原则，体现为普通民众知法懂法用法护法；更是一

---

① 胡云腾："人民法院案例指导制度的构建"，载苏泽林主编：《中国案例指导制度的构建和应用》，法律出版社2012年版，第19页。

② 柳行："充分发挥法治文化对依法治国的促进作用"，载《人民日报》2014年12月31日。

种文明的生活方式，体现为法治意识、法治观念、法治精神深入人心。[①] 总之，依法治国的根本是使法治精神深入人心，使法治信仰与法治要求成为人们的价值依归与行动准则。今天之所以强调在全社会树立法治意识，是因为我国虽然已经形成中国特色的社会主义法律体系，但有法不依、执法不严、违法不究现象还比较严重。这正说明法治意识还没有在全社会广泛地、牢固地树立起来。[②] 同时，法律意识就像思想意识一样，都不是天生的而是通过社会实践逐步形成的。现在居住在城市的许多人，往前推及30年，也是从农村来的，当时也没有多少甚至没有法律意识。经过城市生活的历练，我们才具备了一定的法律意识并提高了自己的文化素质。因此，劳动者的法律意识也要靠养成。在这方面政府应当积极作为，应当在遵循人类认识规律的基础上，以符合法治国家的正义理念和标准构建劳动者权利与政府权力之间的良性互动关系。

当前，民众虽然具有一定的法律观念，但尚不具备牢固的法治理念，民众还普遍缺乏基本的诚信意识、社会责任意识、权利义务意识和规则意识等。作为纠纷解决的最后屏障，司法机关与法官对法治的理解与实践将直接影响甚至决定律师及法学教育对法治践行的基本走向。因此，国家在加强依法保障平等就业权与反就业歧视司法能力建设并统一司法尺度的同时，还应重视平等就业与不歧视法治文化建设，尤其要重视司法在平等就业与不歧视法治文化建设中的引领作用、导向作用、评价作用和塑造作用，主要措施包括通过典型案例的示范诉讼，借助媒体通报制度，通过案例的宣传建立相关的价值导向，引导公众认同相关的行为规则，从根本上降低今后发生类似诉讼的数量，[③]进而形成一个社会普遍承认、尊重、遵守平等就业与不歧视法律与规则的法治环境，为保障平等就业权与反就业歧视指导案例的有效适用营造必要的社会环境。

需要进一步指出的是，除了司法对法治文化建设的牵引外，还应当重视政府的积极作为。比如，当前各级人民法院正掀起司法人员在职轮训的热潮。通过在职轮训，司法人员在司法职业素养上确实有所提升。但我们也应当看到，依法治国是一个系统治理工程，司法建设尽管至关重要，但如果没有在源头突出对用人单位、广大劳动者进行法治精神的培育，他们就可能在习惯下继

---

① 付子堂："形成有力的法治保障体系"，载《求是》2015年第8期。

② 李君如："没有法治意识就没有法治国家"，载《人民日报》2015年3月27日。

③ 俞慧斌："示范诉讼的价值再塑与实践考察"，载《北方法学》2009年第6期。

续我行我素,对法治规则的意识、理解和遵守就可能与司法建设形成错位。最终结果是司法本身的努力依然是事后的和被动的,也就是司法是被动解决不诚信劳动用工问题与就业歧视争议等,而源头的问题即用人单位不平等用工与就业歧视尚未被纳入促进平等就业与反就业歧视法治文化建设的整体部署。因此,我们说强化司法在平等就业法治文化中的特殊作用,并非要忽视甚至否定政府在其中应有的义务与责任。

四、强化平等就业权司法保障的法律责任制度

在我国现有七大部门法中,社会法的法治化程度还很低,其中又以权利救济的法治化程度低最为明显。比如,有关促进平等就业与就业歧视的法律责任制度还很脆弱,集中体现为相关法律责任过轻甚至责任缺位,违法成本很低,使违法用工及就业歧视不断公然抵制法律规定。因此,强化平等就业权司法保障的法律责任制度建设,应成为改革的一个主要方向,一个基本目的是要达到用人单位及相关主体不敢就业歧视的实质性效果。同时,加强平等就业权司法保障法律责任制度建设还应当充分认识到侵犯平等就业权本身所造成的各种负面影响及问题,根据这些负面影响和问题来设计相应的法律责任,才能到达促进平等就业与反就业歧视的最大效果。

社会法理论场域中平等就业权承载着多重价值,侵犯平等就业权的就业歧视具有很强的破坏性。它不仅剥夺了劳动者的平等就业权,还对人们平等就业的观念产生持续的影响。因此,世界各国都在不断探索制裁就业歧视的法律责任形式,总的趋势是就业歧视的法律责任形式日益多样化,法律责任程度不断加强。比如,加大用人单位歧视行为的法律成本,使其不敢冒犯法律,是许多国家的共同经验。以美国为例,美国企业对待就业歧视的态度是非常不愿意发生这样的行为。其原因主要包括:一是平等首先是一个正义的事情,用人单位非常清楚其所必须承担的避免和消除歧视的法律义务;二是如果用人单位不正视有关法律,他们就可能卷入诉讼,并可能支付巨额的赔偿费;三是用人单位必须充分考虑企业的形象;四是美国的企业认为,员工的士气是企业发展的灵魂,如果员工受到歧视,势必动摇军心,影响企业的发展。[①] 同时,美国制裁就业歧视的法律责任形式可谓多样化,包括雇佣、升职、复职、赔偿预期工资损失、支付应发工资福利、赔偿违约金、补偿性赔偿与惩罚性赔偿、赔偿

① 曹艳春:"性别就业歧视的法律救济之思考",载《政治与法律》2007年第4期。

利息损失、授予资历、禁令救济、赔偿律师费与诉讼费等。[①]

我国目前有关就业歧视法律责任形式之规定依然守旧。就业歧视的法律责任形态主要是罚款、没收违法所得、责令改正、关闭与吊销营业执照等行政措施，就业歧视的民事责任与刑事责任仍然很单薄，就业歧视的实施者付出的成本很低，[②]就业歧视法律责任还不足以对用人单位等产生震慑作用。在《就业促进法》实施多年以后，“用人单位有多大的胆，歧视就有多大的产”，是歧视成本过低的一个必然结果。

改革的主要目标：依法建立健全促进平等就业与反就业歧视的一体化法律责任制度与激励机制，即实现不能歧视、不敢歧视与不想歧视的有机统一。其中，不能歧视要解决的关键问题是立法与制度设计要依法正面建设平等就业权，依法界定就业歧视，并依法规制用工自主权；不敢歧视要解决的关键问题是立法与制度设计要强化就业歧视的法律责任与违法成本，真正能够遏制就业歧视；不想歧视要解决的关键问题是立法与制度设计要立足于市场化就业体制和机制的内在要求，尊重市场机制在资源配置中起决定性作用的地位，着力解决依法促进平等就业中政府责任与市场边界、法律规制与市场自治、国家规范与市场激励等核心关系。

改革的主要方向：一方面，建立形式多样且违法成本较高的就业歧视法律责任制度，[③]使用人单位及相关主体不敢实施就业歧视或者以其他形式侵犯平等就业权。另一方面，依法保障平等就业权，不仅要强化实施就业歧视主体的违法成本，使其不敢歧视，更要突出就业歧视的依法防治，即要实现从不敢歧视向不能歧视根本转型，坚持从源头治理，才能依法建立健全促进平等就业与反就业歧视的长效机制。

改革的主要措施：一是强化政府促进平等就业与反就业歧视的责任。社

---

① Mack A. Player, *Employment Discrimination Law*, West Publishing Co., St. Paul, 1988, Table of Contents.

② 刘明辉：“首例就业机会性别歧视案折射的立法缺失”，载《妇女研究论丛》2014年第2期。

③ 李雄、刘山川：“我国制定《反就业歧视法》的若干问题研究”，载《清华法学》2010年第5期。

会法理论场域中的平等就业权主要体现为一种积极权利,①与政府义务是对应的关系。如果权利受命于政治,它们可以出于国家的理由而被废除。② 在建设法治中国背景下,法治政府与政府治理能力提升的一个关键是政府角色与责任的转型。我们恐怕不是要主要讨论"小政府大社会"的问题,而是主要关注如何构建一个问责的政府,一个权力和责任对称的政府。③ 因此,构建平等就业权司法保障的法律责任制度,首先要捋顺政府的责任。政府在促进平等就业与反就业歧视中的义务主要包括尊重义务、保护义务和给付义务。反观《就业促进法》相关规定,政府促进平等就业与反就业歧视的法律责任缺位非常明显。改革方向是:一是不应过分强调促进就业的政策性因素,使立法异化为一种政治宣言和纲领。应当重视适时把相关政策上升为法律,防止过度的法律政策化。在法律责任中,要用具体的制度和规则来贯彻政策精神,用确定性强的法律语言来表达政策要求,使立法中的"硬法"与"软法"相得益彰。④ 二是引入缔约过失责任。缔约过失责任是现行《合同法》规定的一种责任形态,其渗透的法律精神是缔约方应最大限度地尊重诚实信用原则。劳动合同作为债的合同异化物的合同,本属地道的民事合同,⑤将缔约过失责任引入劳动法中,第一个效果就是如果劳动合同没有缔结成功而一方又存在过错,过错方应承担缔约过失责任。从依法保障平等就业权与反就业歧视来看,在缔约过程中,劳动者付出了缔约成本,如果用人单位因为歧视而拒绝与劳动者签约,应承担缔约过失责任。国外的做法包括用人单位应向劳动者补发工资(Back Pay)、消除影响和重新安置等。我国也应在该方面做出积极的制度安排。三是充实就业歧视的侵权损害赔偿责任。就业歧视是一种特殊的侵权行

---

① 权利按属性可区分为消极权利和积极权利。消极权利是指依市民社会中自由的法则获得的,个人不需要社会、国家或集体的帮助即可享有财产权和自由权等。对于这些权利,国家只能消极地"不作为",只有当权利人与他人发生纠纷时才居中裁决。积极权利是指弱势主体通过国家的积极行动来实现其利益的一种权利(参见黄越钦著:《劳动法新论》,中国政法大学出版社2003年版,第54页)。同时,在社会权范畴中,从国家义务性质分析,社会权主要是由国家积极义务保障实现的权利(参见龚向和著:《作为人权的社会权:社会权法律问题研究》,人民出版社2007年版,第17页)。

② 张翔著:《基本权利的规范建构》,高等教育出版社2008年版,第174页。

③ 陈明明:"治理现代化的中国意蕴",载《新华文摘》2014年第13期。

④ 李雄、刘俊:"《就业促进法》中平等就业的制度困境",载《河南省政法管理干部学院学报》2010年第2期。

⑤ 董保华著:《劳动关系调整的社会机制》,上海交通大学出版社2000年版,第163页。

为，实施就业歧视行为者应当对侵权损害承担全部赔偿责任。[①] 同时，尽管歧视行为的成立不要求雇主具有歧视故意，但在歧视行为法律责任的设计上，可考虑歧视行为者的主观状态。当雇主实施歧视行为具有故意时应加重其责任，增加对受害人的救济力度，赔偿金额度可以包括精神损害赔偿或者惩罚性赔偿；[②]当雇主缺乏故意时，以补偿受害人实际经济损失为主。[③] 四是引入主观故意推定制度。虽然主观故意并不影响判断歧视行为是否成立，但却对就业歧视法律责任的配置具有积极意义。鉴于实践中主观故意是否存在很难探究，为方便司法操作，建议引入刑法上主观故意推定制度，即法官或其他司法人员可根据一定的客观事实，推定用人单位的心理状态，除非有足够证据证明用人单位并非故意，否则就可推定用人单位的行为是故意歧视行为，并应承担惩罚性赔偿责任。[④] 五是充实用人单位就业歧视的行政责任内容。用人单位的就业歧视行为是一种严重破坏人力资源市场管理秩序的行政违法行为，应承担行政法的责任。我国现行劳动行政处罚办法对此尚无体系化规定，[⑤]《平等就业法》应当充实并完备用人单位就业歧视的行政责任内容，主要包括：罚款；在取消就业歧视行为前不得新招员工；存在就业歧视的用人单位无权与政府签订行政采购合同或作为政府资助建设项目的承包商等。六是在刑法中引入就业歧视罪，为平等就业权提供最强有力的司法保护。值得注意的是，与多数国家一般仅对就业歧视课以民事责任的做法不同，部分国家坚持在劳动立

---

① 信春鹰主编：《中华人民共和国就业促进法解读》，中国法制出版社2007年版，第199页。

② 笔者于2014年12月12日至13日应邀参加由上海市法学会、上海市劳动和社会保障学会、台湾政治大学、华东政法大学主办的“劳动关系的管制与自治研讨会”，通过与会法官的主题发言了解到，当前法院在认定就业歧视精神赔偿上的一般逻辑为：首先认定就业歧视成立；其次认定就业歧视侵犯了劳动者的人格尊严权；最后根据就业歧视造成了劳动者精神损害而要求就业歧视行为者承担精神损害赔偿。且不论法官此种逻辑是否合理科学，但就业歧视的精神损害赔偿已引起实务界的普遍重视。

③ 谢增毅：“英美两国就业歧视构成要件比较”，载中国人民大学复印报刊资料：《经济法学、劳动法学》2009年第2期。

④ 郜风涛、张小建著：《中国就业制度》，中国法制出版社2009年版，第401页。

⑤ 根据2015年4月30日人力资源社会保障部《关于修改部分规章的决定》第二次修订的《人才市场管理规定》第37条规定：“用人单位违反本规定，以民族、性别、宗教信仰为由拒绝聘用或者提高聘用标准的，招聘不得招聘人员的，以及向应聘者收取费用或采取欺诈等手段谋取非法利益的，由县级以上政府人事行政部门责令改正；情节严重的，并处10000元以下罚款。”应该说，新修订的《人才市场管理规定》对用人单位的就业歧视行为规定了相应行政处罚措施，能够起到一定的威慑作用，但从进一步加大就业歧视的违法成本并有效遏制就业歧视来看，《人才市场管理规定》尚未建立起体系化行政处罚办法。

法中使用刑事责任方式来保护劳动权,包括平等就业权。如法国,尽管学界近年来流行一种"去刑法化"的思潮,但法国劳动法为落实就业领域的反歧视原则,保护雇员的平等就业权,仍然对就业歧视行为设置了刑事责任。① 我国目前对就业歧视罪是否入刑还有争议。但可以肯定的是,如果将就业歧视罪入刑,对于震慑实施就业歧视行为主体、加大其违法成本、有效保障平等就业权等将产生重大促进作用。

五、正确对待平等就业权司法保障的有限性

自由、平等是现代社会的重要特征,是公民权利的重要组成。一个和睦共处、长治久安的社会,必然有一个健全的民意表达机制与矛盾释放机制作为支撑。因此,在全面建设法治中国背景下,法律作为现代社会的最优治理模式和手段,立法也应当承认公民在没有其他有效手段维护其合法权益时享有抵抗权。《依法治国决定》指出,构建对维护群众利益具有重大作用的制度体系,建立健全社会矛盾预警机制、利益表达机制、协商沟通机制、救济救助机制,畅通群众利益协调、权益保障法律渠道,保障合理合法诉求依照法律规定和程序就能得到合理合法的结果。笔者认为,对于局部性、小规模的合理抗争活动,应当予以最大限度的容忍并积极疏导。② 同时,我们说立法应当建立健全社会矛盾释放的安全阀,并不否定通过其他途径来解决各种矛盾和纠纷。可以合理设想的是,随着我国社会转型不断深入,各种利益冲突和矛盾将不断出现,法律治理总是有限的,必然要求依法建立以法律治理为主导的多元解纷机制。从社会法语境中健全平等就业权的司法保障体系来看,除了要从普遍角度认识社会转型中法律治理的有限性外,还应充分认识社会法的特殊治理理念与作用机制及其对平等就业权司法救济体系构建的影响。社会法的目的在于使富者与贫者达成一种建立稳定秩序的合作,强调沟通与共谋,耦合社会碎片,达到社会整合,重在动态运行的合作机制,为社会强势群体搭建一套共生的法律制度,如建立的利益平衡机制、利益表达机制、利益调整机制、矛盾纠纷解决机制等。③ 因此,即便我们建立健全了平等就业权保障的各种司法制度,

---

① 郑爱青:"法国刑法对劳动权利的保护",载《工人日报》2005 年 7 月 18 日。

② 李雄:"如何破解社会转型中的法律供给'综合症'",载《中国党政干部论坛》2013 年第 8 期。

③ 李炳安:"略论社会法的逻辑起点和基本范畴",载《法学评论》2014 年第 2 期。

但权利总是有成本的,“司法是权利保障的最后屏障”也不是自动就能实现的。比如,虽然建立了专门劳动法院,德国在应对劳动权保障上还是遇到了实际困难,包括雇员法律意识淡薄、雇员对救济渠道不了解、雇员受到雇主法律观点的不利影响、诉讼成本昂贵、担心被雇主报复而不愿起诉或者在雇佣关系解除后才起诉等。[①] 这些带有普遍性的问题实际上给通过司法保障平等就业权提出了一个更高的要求和期待:依法保障平等就业权应当构建一个系统治理框架,除了要坚守司法最后的正义外,还应当基于促进平等就业与反就业歧视本身的特殊性来挖掘司法保障之外的资源,一个积极的选择是要重视保障平等就业权中的对话与合作机制建设。正如前文所述,一些反就业歧视法在实践中由于过于强势,迫使雇主想方设法地避免雇佣风险,从一开始就不雇佣那些受歧视的群体,从而更加助长了就业歧视的产生,[②]也伤害了法律想要保护的群体。这种现象在引起学界的警惕后,他们的结论是:在歧视方式不断复杂化和微妙化的新时代,反就业歧视法必须放弃以诉讼为导向力图惩罚违反者的路径依赖,而要转移到用法律激励雇主自动消除其组织内的歧视这种解决问题的新方法上来。[③]

平等就业权的司法保障也应当构建一种对话与合作机制。法律治理总是有成本的,也是有限的。正如我们所强调的,一个和睦相处、长治久安的社会,必然有一个健全的民意表达机制与矛盾释放机制作为支撑。即便是在全面推进依法治国背景下,法律作为现代社会的最优治理模式,也应承认公民合理的自治权与自治空间。面对包括不平等就业在内的各种社会问题,政府应有的姿态是:既不能在涉诉信访等问题面前给钱式处理,否则助长了不正之风并形成新的路径依赖;也不能简单化处理,否则损害了劳动者情感并不利于激励其积极投身到促进平等就业与反就业歧视的宏大事业中来,也损害了法律权威。特别要注意的是,我们说要注重纠纷解决中的对话与合作,也要避免过度涉诉信访,特别是把涉诉信访问题简单化处理,甚至把司法解决的温和与对话合作反而成为涉诉信访的又一个“推手”。一直以来,党和政府主要是将涉诉信访问题的解决纳入官方社会危机管理的结构和流程中,从而使涉诉信访的制度

---

① [德]沃尔夫冈·多伊普勒著:《德国雇员权益的维护》,唐伦亿、谢立斌译,中国工人出版社2009年版,第137页。

② 冯祥武著:《反就业歧视法基础理论问题研究》,中国法制出版社2012年版,第20页。

③ Laura Beth Nielsen, Robert L. Nelson, *Handbook of Employment Discrimination Research: Rights and Realities*, Springer, Chicago, 2008, pp. xiv – xvi.

功能被打上深刻的政治维稳的“烙印”,并作为司法工作的“减震器”而存在。在新的历史背景下,信访问题的法治化处理成为改革的一个普遍共识,已被纳入《依法治国决定》。改革的基本路向是:以《依法治国决定》相关要求为指导,正确定位涉诉信访功能,即将其主要作为反映民意的民主渠道;以国务院《信访条例》为依托,整合国务院各部委制定的信访部门规章、各省市制定的信访地方性法规或政府规章,制定一部符合中国国情的《信访法》。立法的主要内容包括:除了信访的一般性规定和共同性规定外,还应当构建涉诉信访的5个核心机制,即“有理访的纠正机制、无理访的终结机制、违法访的惩戒机制、错案责任倒查机制、疑难案件听证机制”。①

鉴于我国当下面临的就业主要矛盾、劳动争议的敏感性、劳动争议妥善解决在和谐社会中的特殊作用、反就业歧视要与最大限度促进就业良性互动,以及推动构建包容社会文化等诸多考虑,促进平等就业与解决反就业歧视纠纷要特别注意以下两点:一方面,既要避免陷入“法院中心主义”陷阱,鼓励民众好斗好诉,把依法保障公民权利简单等同“让有事找法院”,把法院视为压倒性的唯一具有权威性的机构,使法治社会异化为一个诉讼社会。因为“法治绝不意味着一切纠纷都由法院解决,司法解决只是最后的手段,成本既高,技术甚繁。提倡把一切纠纷和社会矛盾都纳入司法渠道来解决,经由诉讼解决一切社会矛盾的单向思维,是对法律之治的肤浅理解,也是法治不能承受之重。”②特别是在我国已经实行新的劳动争议仲裁和诉讼收费制度下,劳动争议“井喷”势头更为明显,司法压力不断增大。尤其是在当前司法改革与司法能力建设还不能有效满足劳动争议处理客观需要的情形下,警惕“法院中心主义”陷阱就显得格外迫切。同时,如果不正确对待司法的有限性,不注重多元解纷机制的构建,司法就可能突破其应有的职责范围,不断人为地压缩其受案范围。比如,当前普遍存在的社会保险争议未被人民法院乃至劳动争议仲裁机构作为受案范围的现象,已经在一定程度上说明司法过度后又一个极端倾向;也要正确理解中国语境下的法治之路,从国家治理现代化之大背景思考司法救济平等就业权的有限性问题。实际上,我们常说司法是实现社会正义的最后防线,那么党的政策无疑是实现社会正义的第一道防线,国家立法无疑

---

① 李雄等:“当前涉诉信访原因及对策探究”,载《中共天津市委党校学报》2014年第3期。同时,相关政策及立法建议还得到重庆市副市长吴刚同志亲自批示,并得到民盟中央采纳。

② 许章润:“司法权威:一种最低限度的现实主义进路”,载《社会科学论坛》2005年第8期。

是实现社会正义的第二道防线，公共行政是实现社会正义的第三道防线。从中国法治发展的经验来看，尽管我们的司法体制不完善，司法腐败可能还比较严重，但中国社会总体上实现了良好治理，这在很大程度上是因为党的政策、国家法律和公共行政提供了绝大多数的社会正义。① 因此，在全面推进改革背景下，法治必须服务于国家治理，依法治国要求司法公正固然重要，但党的政策和国家立法更重要。从该意义上讲，我国通过司法救济平等就业权应在国家治理现代化背景下全面构建新常态，核心是依法构建集党的领导与政策、国家立法、依法行政、公正司法、民众守法于一体的多元解纷机制，坚持整体和谐主义法治观，进而摆脱以西方法治模式为蓝本的法治理想，促进中国特色社会主义法治建设。另一方面，基于一个有效的平等就业权争议解决应当最大限度符合社会法视野下劳资争议解决的整体要求之考虑，平等就业权争议的解决还要注重对话与合作，综合运用协商、调解等非讼程序机制，②使就业歧视争议尽量通过便捷和低成本的途径解决，③力争把就业歧视争议带来的各种负面影响和风险降到最低程度。如此一来，法律在保障平等就业权的同时，也实现了劳资最大程度的和谐。

① 强世功："'法治中国'的道路选择——从法律帝国到多元主义法治共和国"，载《文化纵横》2014 年第 4 期。

② 李雄："我国劳动争议调解制度的理性检讨与改革前瞻"，载《中国法学》2013 年第 4 期。

③ 谢增毅著：《劳动法的比较与反思》，社会科学文献出版社 2011 年版，第 202 页。

结　语

《依法治国决定》对加强公民权利建设并加强公民权利的法治化保障提出了新要求。有人说这是我国法治的春天来了，我国公民权利法治化建设的机会来了，我们当然为之兴奋并备受鼓舞，但这个春天姗姗来迟，人们对这个机会见仁见智。依法保障平等就业权，无论是从域外发展趋势与经验来看，还是从我国依法治国战略要求来看，都无疑具有充分正当性和无比紧迫性。现在面临的关键问题是，依法保障平等就业权，是继续坚持传统的以反就业歧视为主导的法律治理模式，还是要形成新的认识框架和共识？对这两个关键问题的不同回答会形成不同的法律治理理念、路径和制度安排。同时，法律治理模式的选择尽管会面临左右为难的困境，也会遭遇质疑甚至批评的声音，但这些都是正常的。毕竟在中国这样一个深度转型的国家，在长期经历了促进发展与制度失范、公平与效率争论等“阵痛”后，站在历史的新起点上，面对法治中国与“中国梦”的全新洗礼，人们在对美好未来憧憬的同时，也难免对过去和历史产生依恋情结。但无论如何，我们总要面对现实和未来。就依法保障平等就业权而言，究竟是要选择以反就业歧视为主导的法律治理路径，还是要创新思路，主动权应当既取决于客观现实，也取决于国家治理现代化转型的根本要求。笔者认为，在《依法治国决定》提出加快完善体现权利公平、机会公平、规则公平法律制度的背景下，制定一部统一的《平等就业法》,不仅是对我国以往促进平等就业与反就业歧视实践的总结和回应,也是对《依法治国决定》要求正面建设公民权利的政治诉求和法治主张的积极回应,更是对当前世界范围内促进平等就业与反就业歧视法治从被动反就业歧视向主动建设平等就业权利重大转型的积极回应。同时,制定一部统一的《平等就业法》,不仅可以有效整合现有各种法律和政策等资源,还能够把促进平等就业与反就业歧视的理念、制度设想与实践经验等统筹归位,实现立法的统一、经济和高效等多重积极效应。

同时,这究竟是一个"权利的时代",①还是"走向权利的时代",②也许每个人都有自己的立场、认识和判断。但无论如何,"权利话语"已经成为这个时代的主流话语,平等这个古老的话题在现代社会依然被奉为一种崇高的理念。③ 尤其是在我国深入融进经济全球化与全面推进依法治国这一双重重要背景下,④在平等就业权彰显的人性光辉的普照下,广大劳动者正积极参与为基本权利辩护、为实现平等就业与反就业歧视的集体正义行动中来。

当前,在我国所有的部门法体系中,社会法的法治化程度整体上还比较低,特别是权利建设与权利救济的法治化程度低最为突出。以《就业促进法》为代表的就业立法面临的最大问题是没有"认真对待权利"。依法保障平等就业权正面临"权利短缺"与"权利配置不平等"的双重困境,平等就业权策略主要还是一种对当下各种不平等就业问题简单应对的策略,是一种存在"系统性缺陷"的平等就业权策略。⑤ 从大的方面来看,法律原则性规定了平等就业权,在平等就业权尚未遭遇侵害之前,我们总是习惯于将其视为理所当然,甚至忽视其客观存在,并在各种不同场合反复使用这个看似天经地义的概念。

---

① [美]路易斯·亨金著:《权利的时代》,信春鹰等译,知识出版社 1997 年版,第 8 页。

② 夏勇主编:《走向权利的时代:中国公民权利发展研究》,社会科学文献出版社 2007 年修订版,第 23 页。

③ 张千帆:"平等是一门科学——就业歧视法律控制的比较研究",载《北方法学》2007 年第 4 期。

④ 值得注意的是,经济全球化使法律全球化特征日益明显。法律全球化尽管不意味着一体化,但却对劳动法的发展提出了挑战,包括个体劳动权保护基于各国劳动法限制而无法满足世界范围内流动劳动力的要求等。我国《劳动法》应紧密关注这一国际趋势,适时修改,以此建立一个更加有效的劳动权保护法律制度。参见叶静漪、魏倩:"《经济、社会和文化权利国际公约》与劳动权的保护",载《北京大学学报》(哲学社会科学版)2004 年第 2 期。

⑤ 李雄、刘山川:"论我国平等就业权重构的必然性",载《甘肃政法学院学报》2009 年第 5 期。

而当我们面对形形色色的不平等就业和就业歧视现象时,我们才开始重视它并珍惜它。我们对平等就业权概念所反映的具体权利内涵一直处于几乎集体失语的尴尬境地。纵观世界权利发展史,我们不难归结出这样一个朴素而简单的道理:最能维护权利的方式莫过于主动而持续地为权利辩护。

当下中国权利话语因缺少制度化的规范内涵而易被滥用,[①]而制度的一个明显功能是使复杂的人际交往变得更易理解和更可预见,从而不同个人之间的协调也更易于发生。[②] 中国共产党第十八届三中全会公报指出,"经济体制改革是全面深化改革的重点,核心问题是处理好政府与市场的关系,使市场在资源配置中起决定性作用和更好发挥政府的作用"。这一旨在凸显中央坚持市场化改革决心的话语表明:要由市场而非政府在资源配置中发挥决定性作用,且市场的作用是决定性的而非仅是基础性的。[③] 对劳动力市场而言,我国平等就业权面临的"系统性缺陷"以及中央推出的重大改革迫切需要达成这样一种共识:一方面,保障平等就业权,既要依法进行,也要支持国家经济改革和政治目标,特别是要使我国就业促进制度从过去以解决失业问题为主要任务的被动就业战略向积极主动的就业促进战略转型,即要实现我国从人口大国向人力资源大国和人才红利大国的根本转型,进而为我国经济社会的可持续发展与国际竞争提供匹配的人力资源支撑。依法保障平等就业权,既是对我国以往劳动法制建设中劳动权相对短缺历史的"补课",也是为应对我国劳动关系集体化转型政府劳工政策完善的一个重点。[④] 另一方面,重视依法保障平等就业权,在让市场决定性配置劳动力资源中具有基础性、全局性和前瞻性的地位和作用,并在城镇化建设中能够通过平等就业带动人的城镇化与全面发展。[⑤] 因此,必须实现理论创新与制度突破,形成新的认识框架,实现平等就业权的"中国化"。其中,理性回归就业法的核心问题即平等就业权法

---

① 秦小建:"宪法为何列举权利?——中国宪法权利的规范内涵",载《法制与社会发展》2014 年第 1 期。

② [德]柯武刚、史漫飞:《制度经济学:社会秩序与公共政策》,韩朝华译,商务印书馆 2000 年版,第 142 页。

③ 易军:"《法不禁止皆自由》的私法精义",载《中国社会科学》2014 年第 4 期。

④ 有学者指出,我国劳动关系正由个别劳动关系调整向集体劳动关系调整转型。为适应这种转型,政府的劳工政策也必须从劳动关系的个别调整为主转变为集体调整为主。同时,确认和保障劳工权益是劳工政策的核心特征。参见常凯:"劳动关系的集体化转型与政府劳工政策的完善",载《中国社会科学》2013 年第 6 期。

⑤ 文军:"城镇化的核心是人的城镇化",载《光明日报》2013 年 10 月 16 日。

律保障，既是域外促进平等就业与反就业歧视的新发展和新趋势，具有正本清源的作用，也是我国就业促进法律机制现代化转型与科学发展的基本前提。

《全面深化改革决定》指出，规范招人用人制度，消除城乡、行业、身份、性别等一切影响平等就业的制度障碍和就业歧视。《依法治国决定》进一步指出，坚持法律面前人人平等，平等是社会主义法律的基本属性；加强重点领域立法，依法保障公民权利，加快完善体现权利公平、机会公平、规则公平的法律制度。这两个决定共同勾勒出我国平等就业权法治建设的顶层设计和基本蓝图。同时应当看到，我国正致力于全面建设法治文化，而法治文化的核心是制度文化。对平等就业权法治建设而言，全面、系统地建设平等就业权法律保障制度，仍然是核心和关键。平等就业权法律制度不仅沉淀着平等精神和价值观，也可以塑造人们的行为，通过制度的有效实施养成大家共同遵守的平等就业规则和习惯。从该意义上讲，依法构建平等就业权法律保障制度，在平等就业权法治文化建设中具有统摄性。笔者认为，制定一部《平等就业法》，不仅符合世界趋势，更符合我国国情。既是对我国当下促进就业面临的"系统性缺陷"的积极回应，更是依法治国要求立法尤其是良法先行的迫切期待。

同时我们也应当看到，中国法治之路必然是漫长而艰辛的，必然依赖于人们的普遍自觉与共同参与。依法保障平等就业权，既是一项宏伟的法治建设，也是一场艰苦的观念改造，同时还是一种集体行动机制。首先，从法制意义上来讲，宣言劳动权不是为了作为摆设而加以炫耀，而是为了实现劳动权。宣言权利是手段，实现权利才是目的。[①] 依法保障平等就业权，不仅要求在法律层面要有一个明确的宣示，更要为了实现平等就业权而制定具体可行的法律以及相关制度，使平等就业权的制度功能得以充分发挥。基本路径应当是在总结国内外主要经验与教训的基础上，摒弃传统上把平等就业权视为就业机会平等或者把其简单等同于反就业歧视等"大而化之"的旧思维，厘定依法保障平等就业权与反就业歧视这对"轴心关系"。[②] 认真对待平等就业权，以依法界定平等就业权概念内涵为逻辑起点，以依法构建平等就业权内容体系为基本依据，以依法构建统一人力资源市场为运行机制，以依法构建制度体系为关键措施，全面构建依法保障平等就业权的"一揽子"制度体系。这也是本书旨

① 冯彦君："劳动权论略"，载《社会科学战线》2003 年第 1 期。

② 李雄、刘俊："我国就业歧视界定模式之选择"，载《新华文摘》2010 年第 17 期。

在解决的中心问题。其次，法律的权威源自人民的内心拥护和真诚信仰，[①]依法保障平等就业权，除了要依靠法治思维和法治手段外，消除根深蒂固的不平等就业文化才是攻坚的最后“堡垒”。有学者一针见血地指出，为什么这么多年来，经过平等理论的建构、辩论和行动计划的实施，实现性别平等仍然是如此的虚幻？[②] 这需要长期的社会宣传和教育，[③]培育相互尊重、宽容、多元的社会文化。同时，平等就业文化的培育尽管要突出形式多样，但应融入平等就业权法律制度建设之中，避免以叶为干。最后，促进平等就业与反就业歧视还是一种集体行动机制。大量实践已经反复证明，对平等就业权采取的个体化、碎片化的救济是远远不够的，平等就业权需要社会层面的集体行动和共同推动，需要形成社会一致行动。

总之，中国经济在经历了长期高速增长和巨额累积这一世界奇迹后，经由民主法治进一步公平分享改革发展成果，通过改革创新获得制度红利以支撑经济社会的可持续发展，本是顺理成章、水到渠成之事。在依法治国背景下，把体现人民利益、反映人民愿望、维护人民权益、增进人民福祉落实到依法治国全过程，[④]把人权的法治保障纳入中国特色社会主义法治体系整体中，[⑤]运用法治理念、逻辑、制度、机制建立健全劳动法治，是我国法治建设的重要内容。[⑥] 其中，依法保障平等就业权，依法建立健全促进就业的新机制和新常态，显然是改革的一个核心议题。尽管人们对正义的认识和理解也许永远无法达成共识，也尽管人们对平等就业权或许还有这样那样的认识和看法，但我们相信绝大多数人都不愿意看到不平等就业与就业歧视。因为在一个公平的社会中，我们相信绝大多数人是不能接受“谁要工作谁就得忍受不平等”这种屈辱。[⑦] 现实情况是，随着平权运动的不断展开和深入发展，其内部张力越来越显著。越来越多的行为被主张成歧视，越来越多的人群要求平等保护，越来

---

① 韩大元：“中国社会变迁六十年的公民宪法意识”，载《中国社会科学》2014 年第 12 期。

② ［美］玛萨·艾柏森·法曼（Martha Albertson Fineman）：“经年之后，平等仍未实现——公民权、自主权与性别权利之辨”，王新宇译，载《比较法研究》2014 年第 3 期。

③ 林燕玲主编：《反就业歧视的制度与实践——来自亚洲若干国家和地区的启示》，社会科学文献出版社 2011 年版，第 19 页。

④ 习近平：“加快建设社会主义法治国家”，载《求是》2015 年第 1 期。

⑤ 付子堂：“在全面推进依法治国中全面保障人权”，载《检察日报》2014 年 12 月 10 日。

⑥ 陈步雷：“劳动法治应注重保护劳动基本权利”，载《人民日报》2015 年 2 月 12 日。

⑦ ［德］赖纳·汉克著：《平等的终结》，王薇译，社会科学文献出版社 2005 年版，第 144 页。

越多的主体参与平等观的塑造。[①] 可以说,“中国需要持续的平权改革”。[②] 而在促进平等就业与反就业歧视的所有方案中,鉴于就业本身是一个关涉多个领域、多个层面的复杂问题,法律治理无疑是最优选择。依法治国首先要求依宪治国,全面有效实施宪法必须加快基本权利立法。[③] 尽快制定一部统一的《平等就业法》并依法保障平等就业权,无疑高度契合了依法治国和依宪治国的根本要求。依法保障平等就业权的整体图景是:失范的社会问题治理之道在于规范化的复归,依法保障平等就业权是一项复杂的系统工程。建立健全平等就业权法律保障制度,既要以平等就业权意识为核心的法治思维能够真正在国家、政府与社会等层面成为人们的基本价值共识,坚持以更加理性、务实和开放的姿态探究平等就业权法律保障的路径和机制;又要在制度层面、文化层面与集体行动层面,对促进平等就业与反就业歧视实施系统治理,逐渐养成人们的法治自觉与法治自信。[④] 只有这样,才能使平等就业观念深入人心并践行于人们对平等就业规则的普遍敬畏与尊重,由内到外、由里及表地产生一种健康的社会氛围,使市场在国家必要干预下克服逐利原则之弊端并对人力资源实现高质量的配置,使以平等就业权为核心的“体面劳动”更好地迸发活力并创造价值,从而创造更多的社会财富并公平惠及每一位劳动者,最终兑现人民福祉,并实现“所有劳动者的公平正义”。

---

① 阎天:“反就业歧视法的一般理论——中美两国的建构与反思”,载《环球法律评论》2014年第6期。

② 戴志勇:“中国需要持续的平权改革”,载《南方周末》2011年7月21日。

③ 魏治勋:“全面有效实施宪法须加快基本权利立法”,载《法学》2014年第8期。

④ 汪习根:“论法治中国的科学含义”,载《中国法学》2014年第2期。

图书在版编目(CIP)数据

平等就业权法律保障制度研究 / 李雄著. —北京:法律出版社,2016
ISBN 978-7-5118-9650-6

Ⅰ. ①平… Ⅱ. ①李… Ⅲ. ①劳动就业—劳动权—法律保护—研究—中国 Ⅳ. ①D922.504

中国版本图书馆 CIP 数据核字(2016)第 146310 号

平等就业权法律保障制度研究 李 雄 著

策划编辑 沈小英
责任编辑 陈 妮 吴 镝
装帧设计 李 瞻

开本 720 毫米×960 毫米 1/16
印张 21.5 **字数** 373 千
版本 2016 年 6 月第 1 版
印次 2016 年 6 月第 1 次印刷
出版 法律出版社
编辑统筹 财经出版分社
总发行 中国法律图书有限公司
经销 新华书店
印刷 北京京华虎彩印刷有限公司
责任印制 吕亚莉

法律出版社/北京市丰台区莲花池西里 7 号(100073)
电子邮件/info@lawpress.com.cn
销售热线/010-63939792/9779
网址/www.lawpress.com.cn
咨询电话/010-63939796

中国法律图书有限公司/北京市丰台区莲花池西里 7 号(100073)
全国各地中法图分、子公司电话:
第一法律书店/010-63939781/9782
西安分公司/029-85388843
重庆公司/023-65382816/2908
上海公司/021-62071010/1636
北京分公司/010-62534456
深圳公司/0755-83072995

书号:ISBN 978-7-5118-9650-6
定价:65.00 元
(如有缺页或倒装,中国法律图书有限公司负责退换)